国际航运中心高级航运人才培养工程
国家级一流本科专业建设项目
国家高等学校特色专业建设项目

U0368229

航运公共管理与政策

（第二版）

主　编　王学锋
副主编　章　强　万　征　戈佳威

上海交通大学出版社
SHANGHAI JIAO TONG UNIVERSITY PRESS

内容提要

本书阐述了航运公共管理基础知识,重点论述了航运公共政策的相关理论与实践。航运公共管理的内容包括航运政府部门管理,航运公共企业管理以及航运非营利组织管理。航运公共政策的内容包括中国的航运公共政策,国外主要国家和地区的航运公共政策,国际航运协议组织的航运政策,全球航运压载水管理政策等。

本书可作为高等院校航运管理、交通管理、物流管理、交通运输等专业的教科书及专业教师的教学参考书,也可供在政府部门、行业组织及企事业单位中从事相关航运实践工作的人员参考使用。

图书在版编目(CIP)数据

航运公共管理与政策/王学锋主编. —2 版. —上海:上海交通大学出版社,2022.8

国际航运中心高级航运人才培养工程

ISBN 978 - 7 - 313 - 27023 - 8

Ⅰ.①航… Ⅱ.①王… Ⅲ.①国际运输−水路运输−交通运输管理−高等学校−教材②国际运输−水路运输−运输政策−高等学校−教材 Ⅳ.①F550.84

中国版本图书馆 CIP 数据核字(2022)第 110779 号

航运公共管理与政策(第二版)
HANGYUN GONGGONG GUANLI YU ZHENGCE(DI - ER BAN)

主　　编:王学锋

出版发行:上海交通大学出版社

邮政编码:200030

印　　制:上海天地海设计印刷有限公司

开　　本:710mm×1000mm　1/16

字　　数:390 千字

版　　次:2011 年 11 月 1 版　2022 年 8 月第 2 版

书　　号:ISBN 978 - 7 - 313 - 27023 - 8

定　　价:72.00 元

副 主 编:章　强　万　征　戈佳威

地　　址:上海市番禺路 951 号

电　　话:021 - 64071208

经　　销:全国新华书店

印　　张:20

印　　次:2022 年 8 月第 2 次印刷

序

　　建设上海国际航运中心是党中央、国务院的重大战略部署,既是我国经济发展的需要,也是融入全球经济一体化和积极参与世界经济竞争的需要,意义重大。十多年来,上海国际航运中心建设已经取得了重大进展,基础设施建设成果显著,软环境改善成效明显。随着上海国际航运中心建设的进一步推进,航运人才的培养与集聚日益为人们所重视。

　　上海海事大学以服务于国家航运事业发展和上海国际航运中心建设为己任,努力培养又好又多的大学生,为实现中国由海运大国向海运强国的转变而努力奋斗。我校的航运管理专业是教育部、财政部批准的第六批高等学校特色专业建设点,也是上海市第三期本科教育高地建设项目。

　　本系列教材以教育部教学质量与教学改革工程为指导,以高校学科专业布局结构优化与调整为基础,以特色专业建设为主要内容。系列教材主要有如下特点:

　　(1) 对航运管理专业原有课程体系进行了梳理和调整,部分教材为国内首次编写。

　　(2) 在行业管理和企业实践方面,适应国际航运市场的新变化和国际航运业务的新特点。

　　(3) 在重视实践的基础上,注重对组织和管理能力的培养。

　　希望本系列教材的出版,对于国际航运与物流人才的培养有所裨益。

上海海事大学党委书记、校长

2010 年 9 月

第二版前言

　　国际航运业与世界经济贸易息息相关,是人类命运共同体进程和经济全球化发展的重要风向标。改革开放四十多年来,我国的国际航运业不但进一步融入了世界,而且在国际航运舞台上发挥着前所未有的作用,正在迈向海运强国。中国是一个海运大国,航运业的发展具有悠久历史,自2001年底加入世界贸易组织以来,航运管理法制建设也在不断完善。

　　国际海上货物运输是最重要的贸易货运方式,国际海事组织秘书长说过:"没有海员的贡献,世界上一半的人会受冻,另一半人会挨饿!"这实际上说的就是国际海运方式的重要性。自2020年新型冠状病毒(COVID‐19)疫情暴发以来,国际集装箱班轮运输中的"一舱难求""一箱难求"现象更充分地显现了国际航运业的不可或缺。国际集装箱班轮公司在这一期间的经营活动都取得了丰厚的回报,相关海上集装箱运输辅助服务业也取得了很好的经营效益。但是,海上集装箱运输市场上的行为是否符合法律法规的要求是运输及其相关企业需要面对的问题,可以看到航运业内的人士、国际贸易从业人员、有关政府和国际组织都在关注这一问题。同时,这也是目前一个最新的尚未有答案的问题。了解国际航运的"游戏规则",对于国际航运和国际贸易等实践者和管理者都有重要意义。

　　本书聚焦国际航运公共管理与政策的基本理论与方法,并分析有关实践案例。全书在阐述航运公共管理概念和理论的基础上,介绍航运政府部门及其管理方法,同时论述了航运公共企业管理和航运非营利组织管理问题的内容。在航运公共政策方面,以介绍航运公共政策概念和理论为基础,论述我国的航运公共政策,还阐述了国外一些国家和地区以及国际航运协议组织的航运政策。本书最后研究了全球航运压载水管理政策案例。

《航运公共管理与政策》自 2011 年出版十多年来,航运公共管理与政策发生了不小变化,为了适应国际航运行业治理的需要,我们编写了这本《航运公共管理与政策》(第二版)。对于本书的疏漏之处,恳请读者批评指正!

编　者

2022 年 6 月

前　言

中国是一个海运大国，航运业的发展具有悠久的历史。在当前国际航运市场的进一步开放和自由化的背景下，国际航运政策作为航运在国际航运领域的应用，对一个国家或地区的国际航运业的兴衰荣辱起着关键性的制约作用，是航运管理中重要的一部分。自2001年底中国加入世界贸易组织以来，日益激烈的市场竞争对航运企业管理水平和服务质量带来了机遇与挑战，航运管理法制建设也面临着给国际航运业的发展提供"竞争、开放、透明"的法律环境的要求。我国近几年来，不断完善和制定符合世贸组织规则和国际惯例的法律、法规，《中华人民共和国国际海运条例》的颁布实施就是其重要的体现。

航运管理专业作为公共管理学科下的专业，在教学过程中不仅要让学生掌握航运业务知识和实际操作办法，更应扩展学生的宏观视角，从航运公共管理的角度更加系统全面地学习国际航运政策，本书正是为适应这样的需求编撰而成。

本书由上海海事大学交通运输学院王学锋教授主编，负责对全书结构的设计及最后定稿。陈莉、林荣琴、陈鑫娟参加了全书的编写工作。本书的编写参考了同行专家的有关著作、教材和资料，并在参考资料中列出，在此向他们表示衷心的感谢！

由于编者水平有限，加上本书首次结合公共管理的基础理论知识论述国际航运政策，书中疏漏之处在所难免，恳请各位读者批评指正。

编　者

2010 年 10 月

Contents

目　　录

第 **1** 章
航运公共管理

1.1 公共管理概述

20 世纪 30 年代,"公共管理"(public management)以不同于"公共行政"(public administration)的概念出现,但在相当长的时间里未引起世人的重视。20世纪 70 年代以后,随着政策分析途径和商业途径的发展,公共管理渐渐走入人们的视野;到了 20 世纪 80 年代,在新公共管理运动的推动下,公共管理在英语国家开始盛行,并在许多大学课程、专家论文、著作及刊物中取代了"公共行政"。

在"公共管理"被接纳之前,国内广泛使用的是"行政""行政管理"或"公共行政"这样的词汇,相应的学科称为"行政学""行政管理学"或"公共行政学"。在我国,相对于公共行政和公共政策,"公共管理"是一个新生事物,更是直接催生学科调整的原因。1996 至 1997 年,国务院学位委员会组织修订我国研究生专业目录,在涉及行政管理学时做了较大改动,在新颁布的《授予博士、硕士学位和培养研究生的学科、专业目录》中增加管理学门类,下设五个一级学科,其中一个命名为公共管理学,在公共管理学一级学科下,设有行政管理学、社会医学与卫生事业管理学、教育经济与管理学、社会保障学、土地资源管理学等五个二级学科。在本科专业设置方面,根据 2018 年 1 月底,教育部发布的《普通高等学校本科专业类教学质量国家标准》,公共管理类专业包括公共事业管理、行政管理、劳动与社会保障、土地资源管理、城市管理、海关管理、交通管理①、海事管理以及公共关系学等九个专业。

根据《普通高等学校本科专业类教学质量国家标准》,公共管理学科具有如下五大特点。第一,学科价值的公共性。公共价值是公共管理科学的基本价值取向,也是其区别于其他管理学科的本质特征。第二,学科基础的综合性。政治学、经济

---

① 近年来,为深化专业教学改革,我国主要海事高等院校(如上海海事大学、大连海事大学等)的传统优势专业——航运管理专业均根据专业性质,更名为交通管理专业。

学、管理学、法学、社会学等多个学科共同构成公共管理学科的发展基础。第三,学科内容的专业性。公共管理学科已形成一套以现代公共管理理论为基础,以现代公共事务管理活动为核心,广泛和深入使用现代管理技术的独立专业知识体系。第四,学科方法的多样性。公共管理问题的探究与解决需要多元和先进的科学方法。第五,学科导向的应用性。公共管理学科探讨公共管理事件中蕴含的客观规律,运用公共管理的理论和实践经验,打造公共意识,构建公共组织和制度体系,推动国家治理体系和治理能力的建设,是国家治理的核心学科之一。

总的来看,"公共管理"的学科及专业设置反映了中国现代化事业对良好治理的强烈需求,在过去几十年间,我国学术界在公共管理的基本问题上分歧逐渐缩小,有关公共管理的理论基础和实践日渐夯实。

1.1.1　公共管理的概念

对于何为"公共管理",学术界未有统一定论。一般而言,公共管理指公共组织对社会公共事务的管理[1]。公共性贯穿公共管理全过程,公共性是公共管理区别于其他管理的本质特征之一。在公共管理研究范式中,公共性指的是一种公有性而非私有性,一种共享性而非排他性,一种共同性而非差异性[2]。有效地增进与公平地分配社会公共利益是公共管理活动的重要内容和目标。值得指出的是,公共利益不等同于共同利益,公共利益是共同利益,但共同利益并不一定是公共利益,它们的差别体现在"公"字上,只有那些具有社会共享性的共同利益才是公共利益[3]。现代公共管理是以一种开放的思维模式,动员全社会的力量,来建立一套以政府为中心的开放主体体系。它要以最大限度地谋取社会公共利益为目标,通过提供公共产品和服务,来满足社会民众不断增长的物质与精神利益的需求,实现社会的稳定与公共利益的增进。就基本模式而言,现代公共管理具有以下八大特征[4]:第一,公共利益与个人利益相统一,重在公共利益上。第二,政府组织与其他公共组织相统一,重在政府组织上。第三,社会问题管理与资源管理相统一,重在问题解决上。第四,结果管理与过程管理相统一,重在结果管理上。第五,管理所追求的公平与效率相统一,重在公平上。第六,公共组织的外部管理与内部管理相统一,重在外部管理上。第七,服务管理与管制管理相统一,重在服务上。第八,管理制度与技术相统一,重在制度创新上。

就管理理念而言,公共管理存在着政府本位和社会本位两种不同的管理理念。在政府本位理念下,公共管理就是政府管理,只有政府且只能是政府才是公共管理的主体,只有政府且只能是政府才能有效履行公共管理的功能。但是由于公共管理具有公共性、社会性和管理性,公共管理的政府本位理念不是一个能够充分体现公共管理内涵的管理理念。政府本位理念不能为公共管理的公共性和社会性提供切实的保障,也无法真正促成高效的管理。为了恪守公共管理的公共性和社会性,有效实现管理目标,政府本位理念需要向为社会本位理念转化。在公共管理的社会本位理念中,政府已经不是公共管理的唯一主体,政府只是公共管理的重要主体之一,甚至仍然是最重要的主体。非政府公共组织等其他公共管理主体也参与公共管理活动,多元主体在社会公共事务的管理过程中"平等协商、良性互动、各尽其能、各司其职"。不同类别的公共管理主体在不同性质、不同层次的社会公共事务管理中以平等协商为基础,充分发挥各类管理主体的优势,合理分配公共管理职能,实现管理职能与管理能力的协调[5]。

1.1.2　公共管理的发展进程

西方公共管理的发展与政府干预经济理论的发展密切相关。从 1776 年亚当·斯密的《国民财富的性质和原因的研究》及美国独立宣言发表至 19 世纪 70 年代以前,政府的职能范围是较小的,政府几乎不介入经济的运行,绝大多数国家奉行"小政府"的古典经济学理论,认为市场的失灵会被自功修复,因此,对经济不加干预。事实上,在经济学领域或其他领域也没有产生系统性的有市场影响力的学说来指导政府如何矫正市场失灵。当社会事务缺少了"经济"这一大块,政府部门所要处理的事情就简单得多。政府在相当长的时间里沿袭着过去几百年政府面临的一些基本事务,主要是国防、社会治安、基础教育等。虽然在这一时期要求政府干预经济的提案也会出现,如英国 19 世纪 40 年代的社会立法和 1844 年的皮尔金融决议,但主流思想还是要求国家少干预。在 19 世纪 70 年代以后,自由资本主义浪潮开始兴起。有人把这归因于英国经济学家、思想家约翰·斯图加特·穆勒在其著作中宣扬社会主义,提倡国家应制定再分配政策以及其他社会改革的立法;由于理论的影响和经济形势不景气造成的压力,到 19 世纪末,国家的干预范围扩大了,主要包括以下一些方面:对基础设施和自然资源的国有化,管理通信、金融、信贷和公共卫生,对农业提供补贴支持,减少环境污染,提供养老金保险等,以及提供教育科研支持,但是这样的干预与 20 世纪 30 年代的情况相比还是微不足道的。1929 至 1932 年的经济大危机期间,整个资本主义世界产生了极大的震动,市场缺陷不再能够自动修复的观念开始流行,凯恩斯理论应运而生。在凯恩斯主义的直接指导下,西方各国政府干预经济以矫正市场失灵的热情空前高涨。从第二次世界大战后到 20 世纪 70 年代,西方国家政府干预的范围和程度大大加强,直至达到政府干预的顶峰,对此,经济学家卡尔斯·弗里曼在《两个世纪争论的结果:变革总比不变要好》一文中谈道:"到了 19 世纪 70 年代和 90 年代,特别是 20 世纪 30 年代的经济危机之后,国家的管理体制就全面和昂贵了。"

从上述政府对市场经济干预的历史的简要回顾中可以看出,虽然总体而言,在 19 世纪 70 年代到 20 世纪 70 年代的 100 年之间,政府对经济的干预一直在加强,但相对 20 世纪 30 年代以后的政府介入经济领域的程度而言,20 世纪 30 年代以前政府管理的社会事务还是较为单一的。在此过程中,公共行政也逐步走向了公共管理。

20 世纪 20 年代,在西方国家初具形态的公共行政理论对于较为简单的社会事务的政府管理尚能应付,甚至还是一种颇具优势的管理理论,它所倡导的公共行政模式在公共部门中持续了很长时间,并且成为最成功的管理理论之一。对此,该理论的倡导者、德国社会学家马克斯·韦伯这样解释道:"官僚制组织发展的根本原因在于,它纯粹在技术上优于其他任何组织形式。充分发展的官僚制组织与其他组织相比,完全像生产的机械模式与非机械模式相比。精密、速度、明确、档案知识、连续性、仲裁权、统一性、严格服从、减少冲突和人事成本,这些都是严格的官僚制组织具有优势条件的特点。"之所以能够使政府——官僚制组织采用"机械"模式来处理事务,从而使管理效率大大提高,其实与政府所面临的事务较为简单明了、程序化有关。当然,这也和当时倡导的政治与行政相分离密切相关。同样是官僚制理论的开创者之一,美国的行政学教授、前总统伍德罗·威尔逊在 1887 年提出行政要与政治严格分离,并且也将政策制定与严格执行政策的行政任务分离。这就使行政处在特定的"政治"范围之外。政治不允许操纵行政事务,而行政也游离于政治之外,公共行政就是细致地和系统地执行公共法律。总之,政府活动的广泛决策不是行政性的,详细地执行这些决策才是行政性的。在这种思想的广泛影响下,西方国家成功地将职业化、专门技能和功绩制的价值观引入政府事务的管理上,为公共活动提供了标准。

随着 20 世纪 30 年代以后政府管理的事务迅速增多,人们开始感到公共行政理论的不足。虽然从本质上来讲其理念、原则等没有变化,但公共部门还是对其管理技术做出了某些调整,最明显的表现就是引入私人部门的科学管理思想,以使"行政的实践和研究具有某种形式、目的和自信心"。而有些学者则主张引进与科学管理思想相竞争的人际关系理论。总之,传统的公共行政学试图在官僚制理论中融合进科学管理思想和人际关系理论,从而在行政管理中找到他们所确信的"唯一最佳方法",他们相信行政管理应遵循恰当的原则和正确的方法。

西方国家经过二十世纪四五十年代的大规模国有化,政府对经济事务的涉及范围之广、程度之深前所未有,但政府部门显然没有做好充分准备,加之 20 世纪 70 年代西方经济持续滞胀,公众对于政府部门的不满终于爆发出来,规模庞大臃肿、效率低下的公共部门受到了猛烈和持续的抨击。传统行政学所倡导的官僚制的理性光环似乎一夜之间就消失了,官僚制成了懒惰、中庸、缺乏进取心、官僚作风、无效率等的代名词,而根植于官僚制理念的政府组织形态也不再有效。人们转而寻找官僚制之外的新的组织形态、新的理论来指导公共部门的管理。而经济学理论因其实用性就成了研究公共部门管理的最有效途径。

1.1.3 公共管理的主体

在公共行政管理中,主体通常为狭义的政府,即行政机关。公共管理的主体与行政管理的主体相比更为宽泛。如果将社会划分成两大部门,那么一类是"私人部门",另一类就是与之对立的"公共部门"——公共管理的主体。

公共部门是公共事务的管理者和公共服务的提供者。广义的公共部门泛指负责提供公共产品或进行公共管理,致力于增进公共利益的各种组织和机构。狭义的公共部门主要是指拥有公共权力,制定和执行国家宪法、法律法规,维持社会秩序,从事社会公共事务管理,提供公共产品和公共服务,运营经费全部来自国家公共财政划拨,不以营利为目的,追求实现公共利益的国家政权组织,包括国家各级立法机关、行政机关、司法机关。

政府部门是公共部门的核心部分,政府部门是指以财政拨款作为经费来源,免费或部分免费地向社会提供公共品和服务的单位的总称。在这里,政府是指广义政府而非狭义政府,包括行政机关、立法机关和司法机关,其中行政机关是政府的核心部分。

公共企业是另一个管理主体,在我国又称为国有企业,他们是由政府出资建立,用以解决市场失灵问题,承担明显的公共责任。公共企业部门从事产品和服务的生产和销售,依靠销售取得收入是政府部门实现其提供公共服务目的的必要途径,是公共利益实现的必要保障。公共企业既要从整体上服从公共利益,又要在一定程度上追求盈利(或减少亏损),这就使公共企业在管理上不可避免地带有工商管理的许多特点。

非政府组织的不断壮大也成为公共部门不可或缺的组成部分(对非政府组织的称呼各种各样,有的称社会公众组织,有的称非营利组织,也有的称类行政组织,总之它们是独立于政府和公共企业之外的一类公共部门。当然,也有人将之视为独立于公共部门和私人部门的第三部门组织)。非政府组织是指具有社会公共管理职能的社会公众组织,它们有非政府性、非营利性和公益性等特点,介乎政府和市场之间,担当起两者的桥梁和沟通作用。非政府组织往往基于政府的授权、委托或组织内部的契约形成的权力来行使公共管理的职能,如社区自治组织、环境保护协会、行业协会等。

除了上述三大管理主体之外,还不排除以下情况:当私有部门基于某种普遍的或特殊的公共利益而介入公共事务中,行使某种公共权力(政府授予或公众委托)时,这一私人部门的性质已悄然发生了变化,即它在某一特定时期、特定情况下已成为公共组织,尽管这种转变是不稳定的、可变化的。因此,当以追求私利为主的私人部门在某些特定情况下行使公共权力、追求公共利益时,我们完全也可以将它视为公共部门来对待。当然,有部分非营利性组织也不能成为公共管理主体,原

因在于这些组织不具有管理公共事务的职能和实现公共管理职能的权力。可见，

图 1.1　公共管理主体构成图

有些公共部门特别是非政府部门和私人部门的分界并不总是清晰明确的，然而这并不妨碍我们将公共管理主体定位在公共部门——政府机构，公共企业及具有公共权力、行使公共管理职能并以追求公共利益为目标的非政府组织，具体如图 1.1 所示。

公共管理主体由行政部门扩展到整个政权机构，由公共权力机关扩展到非政府公共组织，突破了行政管理学的政治——行政二分法的传统，同时也突破了长期以来对公共物品与私人物品、公共事务与私人事务之间的二分法。因此，公共部门管理绝不是单纯地研究政府机构内部的管理，而是将研究的视野拓展到了整个公共部门，这是公共管理与传统公共行政的一个非常大的区别。

1.1.4　公共管理的客体

传统的行政管理的客体主要是行政机关内部事务和社会公共事务，而公共管理的客体主要包括社会问题、公共项目、公共物品和资源。

1. 社会问题

社会问题是层出不穷的，只有符合公共管理目的、属于公共管理机构职责范围内的社会问题，才成为公共管理的对象。因此，必须善于识别各类社会问题，合理地选择那些主要的或重大的社会问题作为公共管理的对象。一般来说，作为公共管理对象的社会问题必须具备以下几个前提条件：

(1) 该问题是一种客观存在的社会失调现象。

(2) 该问题影响到一定社区内成员的正常生活，受到人们的普遍关注。

(3) 该问题必须依靠社会的力量进行综合治理才能获得解决。

(4) 该问题的解决有助于推动社会整体的进步与发展。

2. 公共项目

所谓公共项目是指为实现公共管理目标而采取的一系列行为及其过程，它是公共管理中最直接的对象。公共项目具有以下特点：

(1) 把特定的公共管理活动划分为必要的行为步骤或阶段，以便有效地实现公共管理的目标。

(2) 仔细考虑每个步骤之间的关系，尤其是与特定结果之间的关系。

(3) 明确每一步的实施者和责任者。

(4) 有明确的完成每一步骤和整个项目的时间表。

(5) 经常检查资源分配与预先规划是否相符合。

3. 公共物品和资源

对公共物品和资源的管理是公共管理的主要内容之一。

所谓公共物品,是指可以供社会成员共同享用的物品。公共物品具有广义和狭义之分。狭义的公共物品是指纯公共物品,即那些既具有非排他性又具有非竞争性的物品。广义的公共物品是指那些具有非排他性或非竞争性的物品,一般包括俱乐部物品或自然垄断物品、公共池塘资源或共有资源以及狭义的公共物品三类[6]。所谓非竞争性,是指某人对公共物品的消费并不会影响其对其他人的供应,即在给定的生产水平下,为另一个消费者提供这一物品所带来的边际成本为零。所谓非排他性,是指某人在消费一种公共物品时,不能排除其他人消费这一物品(不论他们是否付费),或者排除的成本很高。著名经济学家萨缪尔森与威廉·诺德豪斯在他们合著的《经济学》中指出:与来自纯粹的私人物品的效益不同,来自公共物品的效益牵涉对一个人以上的不可分割的外部消费效果。相比之下,如果一种物品能够加以分割,因而每一部分能够分别按竞争价格卖给不同的个人,而且对其他人没有产生外部效果的话,那么这种物品就是私人物品。

资源是指一国或一地区内拥有的人力、物力和财力等物质和精神要素的总称,按其形成方式分为自然资源和社会资源。作为公共管理对象的资源主要包括公共信息资源、人力资源及自然资源。

(1)公共信息资源指一定社区的人们共同拥有和可能享用的各种精神产品,包括文化产品、科技成果、经济信息等。它是现代人类社会赖以生存和发展的基础。

(2)人力资源是指一定社区的劳动力、人才方面所形成的社会资源。在诸多社会资源中,人力资源是最活跃和最宝贵的财富。因此,对一定社区内共有的人力资源的开发和利用,并促使其发展,便成为公共管理的重要内容之一。

(3)自然资源指一定社会赖以存在和发展的各种自然性物质条件,如土地资源、矿产资源、水资源、生物资源、海洋资源、气候资源等。自然资源属于一定社区的成员所共有,对它的合理利用与开发、保护与再造是公共管理的重要内容。

1.2　航运公共管理概述

1.2.1　航运活动的构成要素

航运活动是航运公共管理的最终落脚点,了解航运活动的构成要素及特点对理解和认识航运公共管理十分必要。

1. 构成航运活动的主要因素

1)船舶

船舶是满足贸易领域对水上运输需求的唯一服务性工具,是航运活动的主要物质条件,船队规模的大小反映航运活动的能力与水平,造就一支船队的主要条件是世界造船业基础和船东投资。船队规模、结构和单船质量受到贸易规模、结构以及国际性技术规范制约。此外,世界各国各地区通航港口的发展状况也对船队的发展产生重大影响。

在航运领域内,已形成了专门的船舶市场来提供水上运输所需的船舶,它包括新船订造、旧船买卖和拆解船等业务活动。船舶市场的景况取决于整个航运市场的供求状况。

2) 港口

港口是水运航线的集散点或连接点,是船舶挂靠作业的场所,是航运活动得以顺利开展的重要物质基础。国际性商港主要是由稳定的国际贸易海运货流促成的。随着港口进出口贸易量的增长、船舶大型化及作业效率的要求,港口的集疏运水平已成为航运领域极其重要的问题。一方面,港口在世界范围已呈星罗棋布的态势,为国际航运活动提供了良好的集疏条件;另一方面,港口分布在某些地区分布不均衡的状况,也给国际航运活动的畅通带来不利影响。

港口建设需要巨额投资,一般由政府根据港口腹地经济发展形势加以规划和筹资。进出口运量、货种、船型等因素是决定港口规模和工艺技术的主要内容。此外,各种集疏运方式的配套衔接,以及港口所在地城市的建设规划等,也是港口发展中必须予以同步解决的重要内容。

3) 货源

货源是航运业赖以生存和发展的根本因素,最直接地影响航运船队和港口的发展,是航运活动的主要依存条件。航运货源包括货物种类、货物流向及流量等内容,其由贸易结构所决定。从市场经济的角度来说,货物是对水上运输服务的需求,也就是航运市场供求关系中的具体需求。航运活动实质就是提供船舶运能去满足贸易运输需求,航运交易就是船货的结合。因此,货运需求的增减对航运经营活动有重大影响。

4) 航运经营人

航运经营人泛指运用自己拥有的船舶或租用他人的船舶来满足贸易领域中货主的水上运输需求的船东或者二船东,亦称船舶经营人。他们在船舶供给总量上满足航运市场上贸易货主对运输的总需求。因此,船舶经营人是整个国际航运活动的主体。除航运经营人外,为保证航运活动的顺利开展,还需其他市场主体提供相关航运服务,如船舶经纪、船务代理、船舶供应、船舶理货、船舶修造、船员劳务等。

船舶经营人买卖船舶或与贸易货主达成货运协议,进而与上述有关航运服务提供方发生各种经济关系。船舶的每一个航次生产活动,船舶经营人一般均会委托船务代理来代办各种与船舶运输有关的业务,并同时与供应、理货等行业发生各种业务联系。国际航运领域内存在的航运服务业群体是国际航运发展和生产日益社会化的必然结果。现阶段,船舶经营人与各类航运服务提供方已形成相互依存的整体,共同成为国际航运活动中使得船方、港方、货方三者协同的重要力量。

5)航运法律法规

航运法律法规不仅包括各个国家所制定的有关航运法律法规,还包括各国在国际上所达成签署的各种公约和规则。各国的航运立法旨在维护本国的主权及其经济利益,航运国际公约和规则是为了保障世界航运安全和解决法律冲突。

航运法律法规对于国际航运活动既具有保护性,又具有约束性,是指导航运发展和维护航运秩序的重要依据。航运法律法规规定了航运经营人的责任以及船、港、货相结合的规则,并对船舶技术性能及其营运安全提出了相应的要求。

6)航运外部环境

航运活动以货物贸易为依存条件,而货物贸易特别是国际贸易,其结构及发展水平取决于世界政治和经济形势。因此,世界的政治和经济形势是航运活动重要的外部因素。

此外,由于航运活动一般需要巨额投资且需承担风险,因此,银行及保险业的作用十分重要,它们是支持国际航运活动的重要因素。从广义上说,航运的支持行业还应包括造船业、服务于船舶经营活动的各种行业以及其他运输行业。但就航运外部环境而言,主要是指银行和保险业。

航运活动离不开其他运输方式的衔接配合,这可以看作是综合运输活动中各种运输子系统之间的关联和制约,也可以看作是航运活动的外部因素。事实上,其他运输行业的发展和配合程度对航运活动的效率有直接影响。

2. 航运活动的特点

随着全球化进程的加快,在全球化视野下,航运活动有相当比例属于国际航运,国际航运主要从事不同国家(地区)之间的运输,通常都要远涉重洋,不但活动范围广阔,航行距离漫长,运输风险很大,而且其活动要受有关国家的法令、规章或国际公约的约束,其经营也要受国际航运市场的影响。国际航运活动的特点可以归纳为以下六个方面。

1)国际航运市场具有环境全球性

世界经济、国际贸易和国际航运之间存在相互依存、相互促进的关系。因此,世界政治、经济形势是国际航运最为根本的外部环境,没有稳定的政治形势和世界范围生产力的发展,就不会促进国际贸易的进一步发展,与此同时也影响到国际航运的发展。总而言之,国际航运依赖于国际贸易,同时又促进国际贸易的发展。

2)国际航运活动是一种市场活动

国际航运活动提供的劳务是使物质产品产生位置的移动,这种服务虽然不是实物形态,但具有商品属性,具有价值和使用价值,是价值与交换价值的统一体。因此,国际航运是在市场经济机制下提供船舶运力来满足国际贸易对海上运输需求的一种活动,这就要求国际航运经营者必须时刻置身于市场环境之中,依据市场经济规律来处理具体的事务,其中包括航运发展战略和航运经营战略。在现实世界中,国际航运市场就是国际航运经营的一个十分重要的外部环境。

3) 国际航运活动具有激烈的竞争性

在国际航运市场中,特别是在不定期船运输市场中,汇集着众多参与国际航运活动的经营人,他们之间的竞争非常激烈。国际航运活动的竞争性是表现在多方面的。从国际航运活动的主体来看,有各国国有船队之间的竞争、国有船队与民营船队之间的竞争、航运公会与联营体船队之间的竞争、航运公会/联营体船队与非航运公会/联营体船队之间的竞争、民营船队之间的竞争,以及各种性质的船公司与租船人和托运人之间的竞争、租船人之间的竞争和托运人之间的竞争等。从国际航运活动的内容来看,有航线之争、货源之争、租船方式之争、托运方式之争、代理方式之争以及各种市场营销手段之争等。

4) 国际航运活动涉及各国经济利益和主权问题

国际航运活动在国民经济发展过程中的特殊作用,使世界各国政府都对该行业进行不同程度的干预,以保护和发展本国商船队。而这种保护性干预往往是通过政府制定相应的政策加以实施的。因此,航运政策是主权国家制定的对航运活动的保护性措施。

与此同时,海上运输安全和海洋环境污染等问题也为各国所关注。因此,在国际航运活动的长期实践中逐渐建立和完善的各种国际性条约与规章,对开展国际航运活动提供了重要的技术保证、组织保证和法律保证。各国的航运活动必须受国际公约和规章的约束。

5) 国际航运活动需要多种运输方式的配合

由于国际贸易货流的主要载体是海上运输,因此,在各洲大陆的海岸线上形成了许多为国际贸易运输服务的港口。以这些港口为枢纽,其他水、陆、空各种运输方式呈辐射状地得到相应的发展,在客观上形成了以各种运输方式相互配合的国际贸易运输系统。国际航运活动则是该运输系统的主体,它一方面促进口岸腹地各种运输方式的发展,另一方面又受到口岸腹地运输条件的制约,尤其是口岸本身的集疏运状况对国际航运的发展有直接的影响。

随着贸易运输领域内的集装箱化运动的纵深发展,国际航运活动为了提供"门到门"的运输服务,远洋船舶运输亟须与江河、沿海运输以及公路、铁路和航空运输建立有效的联系,以促进整个运输大系统内部的协调和运作,给社会带来更大的效益。

6) 以国际航运活动为中心形成了专业性的行业群体

由于国际航运必须有巨额投资,并且国际航运活动本身具有风险性。因而,在国际航运的实践中,需要与有关的专门行业建立稳固的联系,诸如银行、财团、保险等金融机构已成为国际航运不可缺少的支持性行业,又如修造船、船务代理、船用物料供应、船舶及货物检验、理货、海事仲裁机构等,也都伴随着国际航运业发展而产生与发展。因此,以国际航运活动为中心,客观上已形成了一个从事国际航运活动的行业群体。它们彼此间相辅相成,从总体上推进着国际航运业的发展和壮大。

1.2.2　公共管理与国际航运

公共管理所涉及的领域十分宽泛,可以说凡是以政府为主体的公共组织或公共部门作为管理者所从事的管理工作均属于公共管理的范畴。航运业属于经济领域中的一个产业分支。政府及其他非政府公共组织等机构对航运活动的过程、结果等方面展开管理,实际上也就是在从事公共管理活动。由于航运活动还与国家政治、安全、社会发展、国际关系等诸多方面有着紧密联系,航运活动毫无疑问属于公共管理的重要对象。

航运公共管理就是运用现代公共管理理论,以涉及航运业务活动的公共部门为主体,以航运行政管理为核心,以服务航运业相关者为导向,以提升管理效率和管理效果为重点,以通过相应的管理活动增加社会福利为目的,以计划、组织、协调和控制为主要手段,对涉及航运活动的各种活动实施全方位的有效管理,并提供相应的服务。它不是对传统航运行政管理的全面否定,而是在传统航运行政管理的基础上所进行的管理理念的转变和管理模式的改进。虽然航运公共管理仍然以行政管理为基础,但其内涵和外延都远远超过了传统行政管理的范畴。航运公共管理的实质是一般意义上公共管理在航运业这一特定领域的具体应用。航运公共管理从本质上遵循公共管理的一般规律,并具备公共管理的一般性特征。

1.2.3　航运公共管理的主客体

1. 航运公共管理的主体

我国现行的航运管理模式是从传统的计划经济体制下转型发展而来的,随着我国航运市场的不断完善,再加上打造服务型政府以及"放管服"改革等一系列政府改革措施的深入,我国航运公共管理主体正在由单一的政府航运行政管理部门,向以政府行政部门为主、其他多元化各类公共组织共同参与的模式转变,一些航运公共管理工作逐渐由航运行政管理部门向航运业中相关行业协会等公共组织转移,航运公共管理主体实现了多元化。

1) 航运政府部门

航运是一种重要的交通运输方式,航运业在国民经济中具有相当重要的作用。运输船队是保证本国外贸运输独立自主的坚强后盾,海上货物运输是国家外汇收入的重要来源之一,保障航运活动的稳定顺利开展对于维护国家产业链和供应链的稳定和安全至关重要。此外,运输船队还是国防的重要后备力量,在一定程度上关系着国家的国防安全。世界上几乎所有国家都设有不同形式的国家层面的航运管理机构,从而对航运业进行多手段、全方位的管理。

目前我国航运管理机构大体分为 4 级:交通运输部以及省(自治区、直辖市)、市(自治州)、县(自治县)的航运主管机关。近年来,随着我国政府机构改革的持续深化,为适应我国航运发展需要,航运管理体制及相关管理部门也进行了必要调整。

2) 航运国有企业

1978 年 12 月召开的党的十一届三中全会,吹响了中国经济体制改革的号角,也拉开了国有企业改革的序幕。1984 年 10 月,党的十二届三中全会做出的《中共中央关于经济体制改革的决定》指出,增强企业的活力,特别是增强全民所有制大中型企业的活力,是以城市为重点的整个经济体制改革的中心环节。《中共中央关于经济体制改革的决定》肯定了国有企业改革的重大现实意义,开启了以国有企业改革为中心环节的中国经济体制改革新航程:扩权让利—承包经营责任制与“两权分离”—建立现代企业制度—深化国有企业和国有资产管理体制改革。数十年来,我国航运国有企业在国有企业的改革浪潮中历久弥新,取得了巨大进步。

航运国有企业是参与我国航运公共管理的主体之一,对推动我国航运业发展发挥着关键作用。历经多轮改革,截至 2020 年底,在我国中央管理企业中以航运业为主营业务的企业主要有中国远洋海运集团有限公司和招商局集团有限公司。除中央企业外,我国还有相当数量的地方国有企业,就航运业而言,主要的地方航运国有企业包括福建省海运集团有限责任公司、江苏远洋运输有限公司、宁波远洋运输有限公司等。

3) 航运非营利性组织

航运非营利组织在航运公共管理和服务方面的主要任务集中在服务、协调、监管、自律等方面。具体来看,一是对航运发展战略、航运管理体制、航运活动发展过程中存在的问题及国内国际航运市场的发展态势进行调研,向航运行政管理部门提出意见和建议;二是向业务主管部门反映会员的愿望与要求,保护会员权益;三是向会员宣传政府的有关政策、法律、法规并协助贯彻执行,组织会员订立行规行约并监督遵守,自觉维护航运市场秩序,促进航运活动发展;四是协助业务主管部门建立航运信息咨询平台,搞好服务质量和市场营销等工作,并接受委托,开展规划咨询、职工培训、技术交流、展览、抽样调查等工作;五是开展对外交流,促进区域和国际航运合作。

2. 航运公共管理的客体

传统的航运行政管理的对象主要是航运业务,尤其是航运运输业务本身及其相关的企业管理,对于整个航运产业的宏观管理相对存在不足。随着航运业的发展壮大和公共管理理念的深入,人们深刻认识到只有对航运业务进行全方位的综合管理,才能保证航运业务的顺利开展和航运功能的全面发挥,才能预防航运业务负影响的形成和扩散。这就使得航运管理的客体被不断扩展,不仅包括传统的行业管理,而且还包括航运资源管理、航运环境管理、航运文化管理、航运公共物品与服务的提供等许多方面,出现了从事务管理向现象管理、从经济管理向社会管理转化的趋势,航运管理客体逐步扩大。

1.2.4　航运公共管理的主要特点

从公共管理的视角来看,现代航运管理毫无疑问是具有公共性的管理。纵观世界各国,政府机构依旧是航运管理中的关键主体。市场经济条件下的政府是有限政府,航运管理中的政府也应该是有限政府。在内涵上,航运公共管理应当具有公共性;在外延上,作为航运公共管理关键主体的政府,其在管理职能上总体是有限的。航运公共管理的特点可从公共性和有限性两大方面予以展开。

1. 航运公共管理的公共性

公共管理所强调公共性的主要体现:第一,管理主体的多元化,不同于传统行政管理仅限于政府行政机关,其核心主体是政府行政机关,同时还包括非政府组织中的非营利社会组织;第二,管理客体的公共性,公共管理主要是对社会公共事务的管理;第三,管理目标的公共性,公共管理的目标是为了更有效地为社会公众提供公共物品,保障和促进社会公共利益的公平分配。考察现代航运管理活动不难发现,现代航运管理正是这种具有公共性的管理。

1) 航运管理主体的公共性

由于航运管理对象的特殊性和政府本身应承担的职能,政府无疑仍是航运管理的主要主体,但不是唯一主体,更多的非政府组织甚至是公众也参与到航运管理中来,并发挥着越来越大的作用,他们拥有公共权力,承担着与政府、企业不同的公共责任。

2) 航运管理客体的公共性

航运业务赖以开展的资源如海洋、海岸线等具有强烈的公共性,航运业务的主要构成要素之一港口作为基础公共设施也具有极强的公共性。航运活动还具有很强的外部性,所谓外部性,即不属于买卖或交易双方的预测,但却是组织运作过程中可能产生的事物。它体现出一种活动不仅产生活动者所希望的或只影响他自己的结果,而且对他人和环境造成影响。通常而言,活动的外部性倾向于特指其负外部性,随着绿色航运概念的深入,人们逐渐意识到航运活动可能产生影响公共利益的强大负外部性,尤其是对海洋环境的破坏。航运公共管理的主要任务之一就是对这些外部性很强、影响公共利益的航运活动进行管理。

3) 航运管理目标的公共性

航运管理的目标是建立起以先进技术作为支撑,保障客货运输和国家安全,便捷、高效、环保的具有国际竞争力的航运系统,从而满足社会进步、经贸发展、人民生活水平提高和国家安全对航运的发展需求,即建立航运强国。航运强国战略所追求的是航运活动所产生的公共利益,它的实施过程甚至有可能涉及国家主权和安全等相关的公共事务。

2. 航运公共管理的有限性

航运管理的公共性要求政府作为航运管理的核心主体,航运管理理应成为政府的一项重要职责。公共管理理论认为,市场经济条件下,政府的作用总是有限的,市场经济条件下的政府应该是职能有限的"有限政府",而不是计划经济条件下包揽一切的"全能政府",政府能做和应做的是那些市场和社会不能做或不愿做的事情,以弥补市场和社会调节的不足,解决市场和社会机制的失灵问题,其主要职能是向社会提供公共产品和公共服务。因此,我们也要清楚认识到,政府在航运管理方面的作用也是有限的,航运管理中的政府也应该是有限政府。在强调加强政府航运管理的过程中,不能沿袭计划经济体制下全能政府的思路,而应该遵循有限政府的思路,对政府航运管理的职能和职责范围进行合理科学的定位,在此基础上改革和完善我国政府航运管理体制。政府航运管理的有限性,主要表现在以下几个方面。

1) 政府机构航运管理作用范围的有限性

政府部门进行航运管理以航运实践活动为客体,但这并非意味着所有的航运实践活动都需要政府机构的介入,政府机构应该介入哪些航运实践活动,应遵循有限政府的思路,政府所起的作用是弥补市场和社会调节的不足,解决市场和社会机制的失灵问题。凡是公民、法人和其他组织能够自主解决的,市场竞争机制能够调节的,行业组织或中介机构通过自律能够解决的事项,除法律另有规定的外,行政机关不要通过行政管理去解决。因此,对于那些通过市场机制的调节作用能够有效控制的活动,就应充分发挥市场机制的作用,无须政府介入;只有当航运实践活动产生了负外部性时,才需要政府干预,以矫正其产生的外部性问题。

2) 政府机构航运管理作用方式的有限性

政府履行其航运管理职能应以何种方式介入航运实践活动,对此,我国传统的政府职能是采取直接的行政手段无限介入。随着市场经济体制的建立,为建立与市场经济相适应的行政管理体制,我国改革开放以来的历次行政改革都强调以政府职能转变为核心,在职能转变过程中,重要的一点是将政府职能定位于服务行政,要求从直接行政到间接行政的转变,由强制行政到指导行政的转变。同样,新时期政府进行航运公共管理也要按照服务行政的总体要求,调整和转变管理的手段和方式。传统意义上政府航运管理的手段主要是法律手段、行政手段和经济手段,这些仍然是政府机构展开航运公共管理不可或缺的基本手段,但是这些手段的运用必须按照法治原则的要求,在法律框架下依法使用,建立在尊重和充分发挥私人自治、社会自律和市场调节作用的基础之上,尤其是行政强制性、直接性手段的运用不能过度。应根据新时期海洋实践活动的需要,更多地运用柔性和互动的手段,如指导、引导、提倡、示范、激励和协调等行政指导方式,以及合作、协商、伙伴关系确立认同和共同目标等方式。

3) 政府机构航运管理资源的有限性

政府航运管理资源的有限性是由于政府的资源是有限的。政府的资源有限表现为政府赖以建立的社会支持和物质基础是有限的。社会支持是政府能力得以发挥的基础。但是社会对政府的支持是有一定限度的,这在一定程度上取决于社会公民可能提供的资源。但并不是任何政府行为都能得到社会的支持,社会对政府的支持不是盲目的,往往是一个权衡和选择过程。

政府进行航运公共管理,不仅包括传统的行业管理,而且还包括航运资源管理、航运环境管理、航运文化管理、航运公共物品与服务的提供等许多方面,由于航运具有资本密集的特点,由政府提供的公共服务或公共产品的成本更高而风险更大,要求的投资更大,而政府能够从社会获取的财政总收入是有限的,因此,政府一般聚焦于事关一个国家经济命脉与社会发展的最为关键的能够用于航运管理的资源,其余的资源放手交由社会、市场去配置与管理。并且要更加注重用市场的力量来改造政府,在公共部门中引入市场机制,在公共部门与私人部门之间、公共部门机构之间展开竞争,以缩小政府规模,提高航运公共物品及服务供给的效率。

1.3　航运公共管理的理论基础

虽然公共管理学与政治学、经济学、工商管理学、伦理学、法学等多个学科都存在着密切联系,综合来看,经济学、管理学以及政治学和行政学为公共管理提供了丰厚的理论基础。对于上述各学科一些理论的了解,有助于深化对航运公共管理内在规律的理解。

1.3.1　来自经济学的理论基础

1. 公共产品理论

公共产品理论是新政治经济学的一项基本理论。其是正确处理政府与市场关系、政府职能转变、构建公共财政收支、公共服务市场化的基础理论。对于公共产品理论的起源,最早可追溯到 300 多年前,大卫·休谟就曾注意到:某些任务的完成对单个人来讲并无什么好处,但对于整个社会却是有好处的,因而只能通过集体行动来执行。三个多世纪以来,亚当·斯密、李嘉图、马歇尔、帕累托、庇古、凯恩斯、林达尔等众多经济学者对这一问题从各个方面做了研究和探索,但是直到著名经济学家保罗·萨缪尔森在 1954 年和 1955 年相继发表的两篇关于公共物品的短文之后,理论界对"什么是公共产品"才有了共识。简而言之,公共产品是指具有消费的非排他性和非竞争性等特征的产品[7]。所谓非排他性是指只要有人提供了公共产品,不论其意愿如何都不能排除其他人对该产品的消费。若想排除其他人从公共产品的提供中受益,或者在技术上是不可行或极其困难的,或者排除的成本过于昂贵而缺乏可行性。所谓非竞争性是指某物品在增加一个消费者时,边际成本为零,即在公共产品数量一定的情况下,将其多分配给一个消费者的边际成本为零。这并不意味着多提供一单位公共产品的边际成本也为零,在这种情况下,多提供一单位的公共产品的边际成本同其他产品一样是正的,因为公共产品的提供同样耗费了有限的资源[8]。

根据是否具备竞争性和排他性两个标准,可以把各类物品分为四类。同时具有竞争性和排他性的属于纯粹的私人物品或个人物品;同时均不具有竞争性和排他性的属于纯粹的公共物品或集体物品;具有排他性但不具有竞争性的属于收费物品或俱乐部物品;具有竞争性但不具有排他性的属于公共物品,如公海中渔业资源、空气等,人们既不为消费它而支付费用,也不能防止他人的消费。一般我们将俱乐部物品和公共物品称为准公共物品,在有些书中又称之为混合产品,因此,可以得到三类物品:处于两端的纯粹的公共物品、纯粹的私人物品以及处于两者之间的准公共物品。

纯粹的公共物品和纯粹的私人物品一般分别由政府和市场提供,准公共物品既可以由政府提供,也可以私人经营或受益对象自我提供,即存在非政府的供给途径。

公共产品理论针对公共产品、私人产品以及混合产品进行了分析和定义,论述了政府和市场各自的职责范围及其分界线。纯粹的公共产品必须具备三个基本特征:消费的非竞争性、受益的非排他性和效用的非分割性。

首先,消费的非竞争性表明某个人或者企业对公共产品(公共物品或服务)进行消费时不排斥也不妨碍其他人和企业同时享用,也不影响其他人或者企业消费该种产品和服务的质量和数量;受益的非排他性就是说在技术上不能将拒绝付款的个人和企业排除在公共产品的受益范围之外;效用的非分割性是指公共产品是对全社会提供的,具有共同消费、共同收益的特点,而不能按照谁付款谁收益的原则限定为付款的个人或者企业享用和消费。正式纯粹公共产品的特征决定了收费是困难的,因此仅靠市场机制远远无法提供最优配置标准所要求的规模。竞争性的市场不可能自发地提供公共产品,而公共产品对于社会的福利增进是至关重要的,因此在这样的两难处境下,政府机制成为解决问题的唯一途径。其次,在私人产品的提供问题上,市场机制和政府机制均可以提供,但在大多数情况下,在提供私人产品方面,市场机制比政府机制更有效率,可以更为有效地解决经济行为中的信息和激励问题。

　　公共产品理论认为政府机制更适宜从事公共产品的配置,而市场机制则更适宜从事私人产品的配置,这就划定政府和市场的理论分界。对于公共产品和私人产品之间的混合产品,公共产品理论也给出了原则性的分析方法,就是根据混合产品中公共产品性质或私人产品性质的强弱不同,或近似与公共产品处置,或近似于私人产品处置,或有政府和市场共同来提供。公共产品理论有效地解释了政府机制应该承担何种职责,一切与此相关的市场机制又应该承担何种职责。尽管经典公共产品理论为政府垄断公共产品的供给提供了理论依据,但政府提供公共产品严重缺乏效率使经典公共产品理论遭受质疑,市场重新介入了公共产品的供给,形成公私部门合作提供公共产品的形态。新技术以及公私勾结腐败的出现,又打破了公共产品供给的政府—市场二元机制,公共产品供给主体呈现多元化趋势。多主体供给形式大大提高了公共产品供给效率,并且使公共产品理论具有了一般适用性。在现代经济社会,仅靠政府去单一地提供公共产品是无法充分满足全体社会民众对公共产品多样化的需求的,借鉴公共产品理论,引入多元主体参与公共产品的供给可以很好地弥补政府提供公共产品存在的不足。随着我国治理体系和治理能力的现代化,治理取代管理,尊重民权、最大化公共利益,权力有限的服务型政府很可能引领新时期公共产品理论的发展[9]。

　　2. 公共选择理论

　　公共选择理论是一门介于经济学和政治学之间新兴交叉学科的理论,它是运用经济学的分析方法来研究政治决策机制如何运作的理论。

　　公共选择理论的代表人物詹姆斯·布坎南说:"公共选择是政治上的观点,它以经济学家的工具和方法大量应用于集体或非市场决策而产生。"丹尼斯·缪勒的定义常被西方学者引用:"公共选择理论可以定义为非市场决策的经济研究,或者简单地定义为把经济学应用于政治科学。公共选择的主题与政治科学的主题是一样的:国家理论,投票规则,投票者行为,政党政治学,官员政治,等等。"保罗·萨缪尔森和威廉·诺德豪斯在他们合著的流行教科书《经济学》中的定义如下:"这一理论是一种研究政府决策方式的经济学和政治学。公共选择理论考察了不同选举机制运作的方式,指出了没有一种理想的机制能够将所有的个人偏好综合为社会选择;研究了当国家干预不能提高经济效率或改善收入分配不公平时所产生的政府失灵;还研究了国会议员的短视,缺乏严格预算,为竞选提供资金所导致的政府失灵等问题。"通过这些定义,我们不难对公共选择理论及其研究的主题有一个概要的了解。

　　公共选择理论认为,人类社会由两个市场组成:一个是经济市场,另一个是政治市场。在经济市场上活动的主体是消费者(需求者)和厂商(供给者),在政治市场上活动的主体是选民、利益集团(需求者)和政治家、官员(供给者)。在经济市场上,人们通过货币选票来选择能给其带来最大满足的私人物品;在政治市场上,人们通过政治选票来选择能给其带来最大利益的政治家、政策法案和法律制度。前一类行为是经济决策,后一类行为是政治决策,个人在社会活动中主要是做出这两类决策。该理论进一步认为,在经济市场和政治市场上活动的是同一个人,没有理由认为同一个人在两个不同的市场上会根据两种完全不同的行为动机进行活动,即在经济市场上追求自身利益的最大化,而在政治市场上则是利他主义的,自觉追求公共利益的最大化;同一个人在两种场合受不同的动机支配并追求不同的目标,是不可理解的,在逻辑上是自相矛盾的;这种政治经济截然对立的"善恶二元论"是不能成立的。公共选择理论试图把人的行为的两个方面重新纳入一个统一的分析框架或理论模式,用经济学的方法和基本假设来统一分析人的行为的这两个方面,从而拆除传统的西方经济学在经济学和政治学这两个学科之间竖起的隔墙,创立使两者融为一体的新政治经济学体系。

公共选择理论重新为公共部门管理活动范围做出界定。布坎南提出,有关公共事务的决策,最好还是由公众自己来做出,而不是由政府代为决策;政府的活动范围应大大地缩小,并被限制在古典经济学所提出的三个基本职能上,其过人之处在于第一次将"经济人假设"引入对政府制度的分析中去,从而揭开了"政府"研究的"黑匣子"。如果说亚当·斯密告诉了我们政府应该做哪些事情,即"是什么"的问题,布坎南则为我们解释了"为什么"的问题。公共选择理论重新为公共部门管理活动范围做出界定,从而使公共管理学首先构筑在公共选择理论基础之上。

公共选择理论从经济人假定的官僚制组织出发,用经济学理论和逻辑分析方法来构建和演绎官僚政治模型,为我们提供清晰的政府部门运行过程和结果,使公共管理学建立在更为真实、可靠的模型上。公共选择理论进一步分析了政府机制下的个人决策行为,发现它与市场机制下的个人决策行为有很大的不同,这些不同给公共选择研究带来了复杂性和挑战性。具体的不同可能表现为以下几个方面。

(1) 偏好表达方式的不同。

市场机制中个人偏好通过货币购买来表达,而在政府决策机制中,公众偏好通过投票来表达,理论上它与个人货币量无关,但实际上不同的投票程序会产生不同的投票结果,个人表达偏好的能力并不完全是一致的。

(2) 个人偏好表露对决策结果产生影响的大小不同。

在市场机制中,个人偏好表露是取得自身利益的必要条件。而在公共决策中,由于个人显示偏好并去实施投票的行为可能不能给自己带来必要的回报,所以这就打击了个人显示偏好的信心,经济主体倾向于采取搭便车的态度。这使得人们没有足够的激励显示自己的偏好,投入公共决策程序中去。

(3) 人们偏好显示的程度不同。

当政府就某项公共产品提供与否、规模大小进行公众投票,并将公共品成本根据个人偏好的不同程度进行相应分摊时,人们就会在政治程序中隐瞒自己的偏好程度,以尽可能少分担成本而多享受效用。而在市场交易中这种隐瞒所带来的收益将要小得多。

（4）偏好体系不同。

市场机制情况下每个人的决策取决于自己的偏好。而在公共决策机制下,政府将不同投票者的偏好统一为社会偏好,但这种偏好并不同时符合所有个人的偏好。

（5）强制性方面。

公共决策可能并不是每个人都赞同却必须遵守,并承担一定的义务。这些对我们理解政府的决策过程和特点是极其有益的。

布坎南还通过建立官僚政府模型来帮助我们理解政府这种官僚制组织是如何提供公共服务的,公共服务能否由私人企业来履行。布坎南指出,"官僚们所做的每一件事情几乎都是正确的"或"他们所做的每一件事几乎都是错误的"两种观点都是不恰当的,这两个模型对于分析问题毫无用处。更有效的方法是把官僚们看成是理性的、追求效用最大化的个人,他们对自己得以在其中发挥作用的官僚制度的约束和刺激做出反应。由于公共部门提供的服务都缺乏竞争性,这就使它没有刺激去向资金分配机构证明自己是在有效地提供某种服务,决策部门也无从比较每个部门的业绩。另外,公共部门的结构阻止官僚们追求利润。由于这两方面的原因,官僚只能转而追求其职务上的非货币报酬,如豪华的办公室、高级轿车、广泛的业务旅行等,而更多的是追求显示其管理能力大小的预算规模,即部门预算的最大化。而以预算最大化作为官僚政治目标的话,对公共服务来讲又意味着什么?这就是公共服务的过度供应。这是从公共服务的数量上来说。那么从其质量上讲又如何呢?由于公共服务的质量属性和特征很难被非使用者——资金的拨付者发现或衡量,资金的拨付者只看到成本的提高而不是质量的改善,因此公共服务的质量也很难提高。

公共选择理论不仅令人信服地指出了官僚政治体制的缺陷,还明确地给出了答案。首先,可以考虑让几个公共部门被迫为拨款而进行竞争,这样就可能发生公共服务供应的实质性改善;其次,公共服务的公共供应并不等于公共生产。公共供应着眼于服务的资金是由公共部门提供出来的,而公共生产则指某项公共品或公共服务提供的组织形成,公共供应并不意味着必然要公共生产,公共供应完全可以和私人生产相结合。事实上,布坎南指出现在供应的许多公共服务以前曾经是由私人企业家提供给政府的。就连国防这个政府所有职能中最传统的一个,也曾经是由雇佣军承担的。现今在美国,武装力量使用的导弹、喷气式飞机和步枪也都是由国防工业部门而不是由政府本身生产的。美国的一些地方政府也借助私人企业来提供公共服务,如收集垃圾和防水,当然这要和私人企业签订合同,并且需要由政府官员监督合同的执行,可见后来西方政府改革所采取的一些做法在布坎南的公共选择理论中已经提及,包括合同外购、强制竞争、业务外包等。另一位公共选择理论大师、官僚制经济理论的主要代表人物尼斯坎南也表达了相近并更为激进的观点,认为如果必须改变官僚制组织的结构和刺激机制才能提高绩效的话,那么还不如依赖那些已存在于市场体系之中的结构和刺激机制,使原来由政府资助的服务转移到私人部门并加以市场化。公共选择理论所倡导的提供公共服务的建议构成了公共管理学的主要内容之一。

3. 委托—代理人理论

自罗纳德·科斯在1937年的一篇具有开创性的论文《企业的性质》发表以后,研究委托—代理关系的文献开始大量涌现,并出现了一门新的经济学,有人称之为代理经济学。由于在现实生活中委托—代理关系无处不在,代理经济学可说是能适用于广泛的经济问题和其他社会问题。实际上,委托—代理人理论是一种切实有效的经济学分析方法。

委托—代理人理论首先起源于对企业的观察。由于社会大生产、资本主义生产技术的提高,越来越多的企业呈现出现代企业制度的特点,即从古典企业形态下的所有者和经营者两者合二为一过渡到所有者和经营者的分离。人们把这种私人企业中的所有者——股东看作是委托人,把企业的主要经营管理者看作是代理人。由于两者的分离,问题就产生了。当我们把他们都看作是追求自我利益最大化的个人时,就有充分的理由相信,委托者和代理人之间的目标经常会发生偏差。作为委托者股东,他追求的是股东利益最大化,但是当对股东利益最大化的追求不能使经营者个人利益最大化时,经营者便不会自动地以委托人的目标为自己的目标。在这种情况下,委托人就希望通过对代理人的适当激励以及通过某种形式的监督,来约束代理人的行为,以使其目标尽可能与委托人保持一致,这就是监督成本。有时候,委托人为了确保代理人不做出危及他的行动,或者在危及委托人时他也能够得到补偿,委托人就会要求代理人支付一笔保证金。所以在大多数委托—代理关系中,委托人和代理人将分别承担监督费用和保证费用。此外,代理人的决策与委托人的目标之间总会存在某种偏差而使委托人的福利遭受一定的损失。这种费用称为剩余损失。因此,委托—代理关系产生的代理成本为委托人的监督支出、代理人的保证支出以及剩余损失。对现代企业来说,只有当代理成本小于两权分离所带来的企业收益的增加时,企业采取委托—代理关系才是必要的。也就是说,委托人总是想要找到一种有效的激励机制来促使代理人选择能符合委托人利益最大化的目标。如何在不确定和监督不完全的条件下构造委托者和代理人之间的契约关系以使两者的目标一致就成了大部分代理文献关注的问题。

有关委托—代理人理论的研究还表明,在构建这样的契约关系时,存在两方面的挑战,一是委托者的目标和代理人的目标存在明显的偏差,二是委托者和代理人所得到的信息存在差异。也有研究者指出,在对代理人行为特别是企业家决策进行研究时,往往忽视对决策程序步骤的分析。他们的研究提出,广义的决策程序应包括四个步骤:提议,即提出资源利用和契约结构的建议;认可,即对所需贯彻的提议做决策选择;贯彻,即执行已认可的决策;监督,即考核决策代理人的绩效并给予奖励。在实际决策时,提议和贯彻两个功能经常结合在一起由同一代理人做出,习惯上称为决策经营,决策认可和监督结合在一起称为决策控制。这样的分析试图为我们找到一条有效分离决策,从而减少代理成本的可能途径。

就委托—代理人理论对于公共管理的影响而言,虽然委托—代理人理论起源于私人企业,但是这种分析视角却同样适用于公共部门。公共部门的三个子部门,政府部门、公共企业部门以及非政府组织中,都适合用委托—代理关系来分析。

从政府部门看,实际政府就是受托人即代理人的角色。政府存在的必要性是为公众提供公共品,这源自公众的委托。公众希望代理人用纳税人的钱提供出数量多、质量好的公共品,尽可能提高纳税人资金的使用效益,但政府的行为目标却不明确。根据前述的公共选择理论可知,由于政府同样是由追求自我利益最大化的经济人组成的,因此它的行为指向极有可能是官僚自我利益的最大化,或是与它密切相关的某些特殊利益集团的利益最大化,只有在很少数的特定情况下,才有可能使政府组织和公众的目标保持一致。采取什么样的刺激与监督相容的制度,尽可能使政府提供公共品的目标不偏离公众利益,正是公共管理学研究的主题。但是在设计这样的制度时,同样会产生代理成本(这里的代理成本主要是监督成本)。与私人企业相比,这种监督成本更难衡量。由于政府处理公共事务的繁杂程度远远高于私人企业,对此进行监督所花费的成本也比私人企业高得多。这是政府部门在行使代理权时面临的第一个问题。第二个问题是,到底什么是公众的普遍利益?它又如何体现出来?现实是,公众利益有时过于抽象,人们看到的只是些分散的集团的利益,它们可能互相冲突,而普遍的公众利益几乎不存在。在私人企业中,股东则有明确的利润动机。在很多方面,我们也没有建立起一种很好的制度让每个人的意愿充分地表达出来,而这在私人企业中是较为容易做到的。由于公众普遍利益的模糊性导致现实中到底谁是委托者都很难确定,更不用说有效控制代理人——公共管理者了。欧文·休斯对此深有感触:"委托—代理人理论在公共部门中的运用结果与在私人部门中的运用结果相比较,在责任机制方面有一定的难度。我们难以确定谁是委托人或难以发现他们的真正愿望是什么。公共服务的委托人——所有选民,由于他们的利益非常分散,以至于不可能有效地控制代理人——公共管理者。对于代理人来说,在任何情况下都难以确定每一个委托人可能希望他们做什么。没有对利润动机的严重影响,没有股票市场,没有可与破产相提并论的事情。如果委托人没有适当的手段确保代理人实现他们的愿望,代理人付诸行动的可能性极小。如果说私人部门中也存在代理问题,在公共部门中则更为严重。"这里,欧文·休斯实际上提及了政府在行使代理权时委托人会面临的第三个问题,即缺乏有效手段来制约代理人行为,特别是对代理人违背公众利益的行为做出惩罚。在私人企业中,大股东可以采用"用手投票"机制罢免不合格的经营者,小股东可以采取"用脚投票"机制间接地使经营者受到罢免的威胁。而从公共管理的角度看,只要政府部门中的官员没有明显的违法违规行为,公众即使对结果不满意也只能接受,这可称为对政府部门的软约束问题。

从公众企业角度来看,它所面临的委托—代理关系较为复杂,实际上涉及两个层次的委托—代理:第一层次的委托—代理关系与上述政府部门相同,即公众将国有企业资产委托给政府生产经营;第二层次的委托—代理关系与私人企业相似,即政府作为公共企业的大股东即委托者,将企业委托给主要经营者。两个层次的委托—代理关系显然比一个层次的委托—代理关系复杂得多。除了上面提到的政府部门在提高委托—代理效率方面面临的三个困难外,公共企业还有自己特殊的问题。

与私人企业的委托—代理关系相比,它在具有私人企业普遍的委托—代理问题以外,更困难的地方在于委托者的目标指向是多元的。私人企业的股东目标则要简单得多,它是单一地追求股东利益最大化,在这单一目标下,经营者努力工作的指向非常明确。而对公共企业部门来说,有时候是企业效益目标,有时候是分担社会就业压力的目标,有时候是追求社会公平性的目标等。而且这些目标往往相互冲突,这就使得经营者即使想与委托人利益保持一致,也无所适从。

与私人企业相比,作为公共企业的终极委托者——公众来说,他们并不实际掌握公共企业的股权,也不可能通过转让的方式退出委托—代理关系,因而也比私人企业更缺少制约手段。

在非政府组织中,委托—代理问题也同样存在。公共部门中的非政府组织目标应该是公益性的,而非营利性的,这一组织的目标其实也是非政府组织出资人即委托人的目标,但非政府组织的运营者能否也以委托人的目标为自己的目标? 由于非政府组织的兴起时间较晚,对它的研究也不是非常成熟,有关这一部门的特殊的委托—代理问题还有待进一步深入地探讨。这样的研究不仅有助于深化委托—代理理论,对公共管理学的丰富同样也是不可缺少的。

总之,由于公共部门广泛存在委托—代理关系,为了有效地贯彻公共管理的精神,公共部门需要采用合同的形式将代理者的权利义务固定下来,因此,有专家将公共管理界定为契约制,是签约外包制和政府内部契约制的综合。如此看来,公共管理学就是研究契约型政府的不同角色,如何保证契约的有效性等。首席执行官、公共契约、私法契约、执行代理机构、信用与虏获等概念的提出为进一步深入地分析并提高公共部门管理效率开辟了新的视角。公共管理实践也在理论研究的推动下不断发展。

4. 信息不对称理论

信息不对称理论是指在市场经济活动中,各类人员对有关信息的了解是有差异的,掌握信息比较充分的人员往往处于比较有利的地位,而信息贫乏的人员,则处于比较不利的地位。信息不对称理论由三位美国经济学家——约瑟夫·斯蒂格利茨、乔治·阿克尔洛夫和迈克尔·斯彭斯提出。该理论认为:市场中卖方比买方更了解有关商品的各种信息;掌握更多信息的一方可以通过向信息贫乏的一方传递可靠信息而在市场中获益;买卖双方中拥有信息较少的一方会努力从另一方获取信息;市场信号显示在一定程度上可以弥补信息不对称的问题;信息不对称是市场经济的弊病,要想减少信息不对称对经济产生的危害,政府应在市场体系中发挥强有力的作用。这一理论为很多市场现象如股市沉浮、就业与失业、信贷配给、商品促销、商品的市场占有等提供了解释,并成为现代信息经济学的核心,已广泛应用于从传统的农产品市场到现代金融市场等各个领域。

联系委托—代理理论,其要解决的一个重要问题是如何使委托人对代理人监督成本尽可能小。从信息不对称理论的视角来看,委托人和代理人之间的信息是不对称的。美国哥伦比亚大学威廉姆·维克里和英国剑桥大学的詹姆斯·米尔利斯两位经济学家对信息不对称问题做了深入研究,提出了解决信息不对称问题的对策,极大地推动了信息经济学的发展。

公共部门的信息不对称现象广泛存在。从政府部门来看,当政府提供某项公共品时,如果没有一种完善的偏好表达制度,对于公共产品规模、数量、质量需求状况的信息往往分散在公众中间,政府对公共品需求的信息掌握并不充分,就会导致公共产品提供的规模要么过大、要么过小。在政府部门预算资金的使用上,政府部门往往对资金的使用方向、数量、运作功效等信息掌握充分,而公众相对处于信息劣势,无从判断资金使用的合理性,这为公众监督政府部门带来了难度。当政府直接介入生产领域为公众提供公共产品或私人产品时,政府作为委托者相对于公共企业经营者的代理人而言,信息不对称问题非常严重。当公共企业生产的产品属自然垄断行业时,自然垄断行业的特性决定了生产此产品的公共企业只有一家或两家,因此竞争几乎是不存在的。当政府对自然垄断产品的价格进行管制时,需要了解企业的生产成本,而居于信息优势地位的企业往往垄断这一信息,从而使公共定价有利于它获取较高的垄断利润。当公共企业生产私人产品时,虽然产品的定价可以通过市场机制来决定,但政府在选择代理人时却面临较少的信息,无法选拔到足够优秀的人才。

为什么会产生信息不对称问题? 基本原因包括两个方面,一是技术性的,二是经济人动机引发的矛盾冲突。从技术原因来看,信息的获取需要借助设备、媒体等传输工具,购买这些工具会花费成本,如果花费的成本超过了获取信息带来的收益,那么经济主体就会失去动力。此外,经济主体理解信息的能力也是不同的。有些时候,政府即使公布了完全的信息,但公众因知识水平的不同对信息的理解产生了较大的差异,这样的信息不对称也是很难克服的。总的来看,由于委托者或代理人愿意花费的成本不同(包括学习的精力和金钱等),造成信息的分布状况差别很大。从经济人动机引发的矛盾冲突看,不管公共部门中的委托者一方还是代理人一方,他们总是试图居于信息优势的地位垄断信息。当政府要求公众表达偏好以提供公共品,并按照公众的真实意愿分摊公共品成本时,公众往往将自己偏好的信息隐瞒起来,以减少分摊份额。当公众想要监督政府部门的资金使用情况时,政府部门希望将这方面的信息模糊化,以减少公众的监督。自然垄断行业的公共企业中占有信息优势的经营者总是试图隐瞒企业成本的真实信息,为企业谋取高额利润留有足够的空间。竞争性行业的公共企业经营者也总想以信息优势地位为自己谋取最大化的个人利益。有时,某些经济管理主体还制造虚假信息来误导其他人。

由于信息不对称,现实中会产生道德风险和逆选择,这在公共部门的管理中同样存在。道德风险的一般含义是当市场交易的双方达成一项合同或契约后,交易一方会在追求自身利益最大化时侵害另一方的利益。公共部门在引入合同方式进行管理后,委托者或代理人可能发现,利用道德风险对自己是有利的,从而使公共管理中的机会主义盛行。例如,合同的一方会利用合同的不完备性为自己谋利。由于任何合同都不可能预见所有影响合同履行的因素,因此在出现某些合同没有提及的特殊情况时,就会被一方加以利用来捞取不正当利益,即使这种机会主义行为违背了契约精神。道德风险的另一个典型表现是在某些市场经济领域,如证券投资,一般来讲政府不需要对证券市场的价格做出干预,但当政府认为证券市场低迷会对经济造成较大的负面影响而出面干预的话,就会给投资者带来道德风险问题,即投资者认为政府总会出面对不利的市场状况做出干预,从而降低对风险的评估,将风险转嫁给政府,长此以往就会增加政府承担的风险。政府对商业银行剥离不良资产同样也会增加商业银行的道德风险。

逆选择的含义是劣质产品驱逐优质产品,劣质产品泛滥。例如,政府在选拔公共企业经营者时由于信息不对称而无法对代理人的能力高下做出甄别,只愿意聘请报价较低的经理人,逆选择便不可避免。很明显,由信息不对称引发的道德风险和逆选择都会影响公共管理的有效性,加强公共管理以取得预期效果就需要研究解决信息不对称的对策。除了需要加强信息的传递和甄别外,政府部门加强管制以缓解信息不对称也是一条重要途径。值得一提的是,近年来发展较快的经济博弈论,实际上也是针对信息不完全下的经济人行为特征提出解决之道。经济学家将博弈论这一新的研究方法运用到经济分析中来,他们对市场失灵问题,即公共产品无法通过市场得以有效提供,有了新的看法。他们认为市场失灵的根本原因在于缺少一种合作的行动,如果有了这样一种合作的行动,合作各方的利益都会得到增进。但由于各行为主体在信息充分揭示和沟通上的困难,使得在市场制度下这种合作成为不可能,这就是"囚徒的困境"的博弈。博弈论的最新发展对公共管理也有较大的启发,即如何加强博弈能力来促进双方的合作。因此,公共管理学在很多方面都需要借鉴信息经济学的成果。

5. 交易费用理论

新制度学派的经济学家从个人效用最大化假设出发,试图揭示产权、制度在经济生活中的功能,以及它们对资产配置和经济增长所起的作用。在这一过程中他们发现了交易费用的概念。所谓交易费用,就是市场双方为了交易的达成需要耗费的一定的社会资源。在现实中,人们一方面希望交易达成以增进收益;另一方面也希望产权定位准确、合理,以使交易费用最小。美国经济学家科斯对市场交易成本的构成对及时交易的影响首次做出了明确解析:"……在市场交易中是不存在成本的,当然,这是很不现实的假定。为了进行市场交易,有必要发现谁希望交易,有必要告诉人们交易的愿望和方式,以及通过讨价还价的谈判缔结契约,督促契约条款的严格履行等。这些工作常常是成本很高的,而任何一定比例的成本都足以使许多无须成本的定价制度中可以进行的交易化为泡影。"实际上,我们可以将上述交易成本概括为搜寻成本、谈判成本、履行成本和违约成本。

尽管交易费用概念似乎并不高深,但只有当经济学家揭示出来以后我们才意识到它的存在。公共管理学家发现,不仅市场交易中存在交易费用,公共部门管理同样面临这一问题:在以往的政府部门管理中,往往只注重投入,而不考虑产出,这就有可能造成某项公共政策的推行过程花费很多资源,超过了政策推行所带来的收益。而从经济学角度分析,成本超过收益的事情是不值得去做的。这种只重产出不重交易费用的做法在公共部门中非常普遍。交易费用概念的提出在某种程度上颠覆了以往公共部门管理中根深蒂固的思想,即只要政策得以贯彻执行,政府部门就是完成了工作,而丝毫不考虑政府部门甚至整个社会付出的成本。

公共管理学家进一步将公共部门交易费用的分析引向深入。他们指出公共部门存在的交易费用的形式及其影响,如公共政策制定者在修订立法方面要达成一致所消耗的时间和精力,以及私人利益集团所要投入的时间和精力,选民对立法的未来收益和交易费用的估量会反映在他们愿意提供的选举支持度上,从而最终影响公共政策的出台和实施。交易费用还会影响公共部门管理者的行为选择。由于意识到交易费用的存在,公共管理者总是在可供选择的制度安排中选择能使交易费用最小化的安排。此外,政府改革的另外一个做法是在公共部门中采用对外签约的形式来降低行政经费,以期使交易成本较低,但有专家指出,这也不应该成为一种固定做法,即不能想当然地认为合同形式就能有效地降低交易费用,因为有时供应者和购买者之间的谈判会非常复杂。因此,也有可能由公共部门自己来完成反而交易费用更低。

20 世纪 70 年代以来经济学理论的上述发展——公共产品理论、公共选择理论、委托—代理人理论、信息不对称理论、交易费用理论等,通过对市场制度、政府制度、企业制度等的进一步研究,揭示了许多新的理念,也展示了新的研究方法,在社会科学领域引起了较大的反响。更因其对实践,包括公共管理活动的切实有效的指导,也引起了公共管理学者的兴趣并将它们运用到公共管理中来,逐渐树立了以市场为导向的解决思路和在公共部门引入竞争、对管理进行重组的观念,从而形成了以经济学理论作为主导理论基础的公共管理学。

1.3.2　来自管理学的理论基础

1. 科学管理理论

科学管理理论是西方管理理论的主流学派之一。这一理论由美国著名管理学家弗雷德里克·温斯洛·泰勒首先提出,之后得到众多其他学者的丰富和发展,至今仍有强大的生命力。纵观泰勒所提出来的一系列管理理论,一个中心的思想就是提高劳动生产率。泰勒之所以提出这一管理思想,有其深刻的现实原因和理论原因[10]。

泰勒所处的 19 世纪末期的美国,一方面资本主义经济发展较快,企业规模迅速扩大;另一方面由于缺乏管理现代化大工业的方法和技术,企业效率低下,同时劳资关系紧张,工人"磨洋工"现象大量存在。如何消除这些"风险",进而真正有效地提高劳动生产率,已成为人们普遍关心的问题。泰勒通过长期的调查和实证研究认为:"在工业的各种风险中,最大的风险是恶劣的管理。"这里的管理是指提高效率的制度和方法的网络,而管理的重要性又是最易被人忽视的。要解决生产效率低下的问题,与其说要找到超人,还不如说要加强系统的管理。最好的管理是一门科学,它是以一系列的规律、法则和原理为基础的。因此,要提高企业效率,就必须实行科学管理,而要进行科学管理,又必须设计合理的职能组织[11]。针对旧的管理体制,泰勒提出了著名的科学管理原则,还总结出科学管理的主要内容:

(1) 确立良好的管理目标,根据目标分工协作。

(2) 运用科学方法对实现预期目标所存在的问题进行试验和总结,以制定出相应的控制原则和标准程序。

(3) 精心挑选和培训工人,使其掌握工作技术。

(4) 因岗设人,创造使工人完成工作定额的良好环境。

科学管理理论对于公共部门的管理有着积极的理论指导作用,主要表现在以下几个方面[12]。

第一,注重对服务效率的追求。科学管理的最根本问题就是如何提高效率。改革开放 40 多年来,特别是党的十八大以来,我国在公共部门建设的各方面都取得了一定成就,全面深化改革的新举措不断深化,但是改革进入深水区攻坚期,一个必须直面的问题是政府管理的一些领域仍存在效率低下的状况,也就直接引发了政府公共物品供给和服务传输的效率低下,不仅浪费了大量的国家资源,更为严重的是,政府公信力也因此受损。这就要求公共部门推陈出新,尽快完善公共部门行政管理体制，不断提升行政效率。

第二，不断提升思想认识。泰勒把雇员雇主双方的思想革命当作科学管理思想的本质，体现了工作中雇员雇主双方转变原本思维方式的重要性。作为公共部门内部的一名公职人员，要始终牢记自己是人民公仆的形象。现阶段，老旧的传统官僚主义作风虽然得到了整治，但不可否认公共部门中仍然存在一部门公职人员打着"捧着金饭碗"的主意在工作中"磨洋工"的现象，要想改变这些公职人员的办事效率，就要从他们自身的源头上解决问题，彻底转变他们的思维方式，把自己的本职工作与自身的价值实现结合起来，真正站在人民的角度，实现思维方式的转变，这样才能在人民与公职人员之间建立和谐的关系，提高政府公信力，以及实现一致利益。

第三，建立科学的人事管理制度。选人是否得当直接关系到人才是否能发挥出最大优势，根据岗位对工作人员的要求和工作人员本身的特质与能力进行挑选匹配，最后的选择要符合工作人员在其岗位上能够体现其优势的要求，使得人适其事，事宜其人。对于选拔出的员工要进行教育与培训，要做到因岗施教，因人施教。这种选择与培训并不仅是入职前的一次工作，而且要在每个阶段要定期进行，要高度重视人事管理工作。

第四，完善激励制度。在旧式传统管理中，无论干得多或者少，所有人都可分享利润，这使干得多的组织成员积极性大打折扣，认为做多做少都是一样的，从而导致效率难以提升。要打破这样的僵局，首先要有明确清晰的奖惩机制。对于效率高、热情饱满的员工要给予奖励，对于效率低下的员工则要进行必要的惩罚。另外要注意的是，奖励要适度和及时，根据马斯洛层次需求理论，针对不同境况的员工予以不同适度的奖励，由此可见，公共部门的领导者在制定奖励制度时如何衡量就显得尤为重要。

泰勒的科学管理思想对当代公共部门的改革有着重要的启示意义。虽然，泰勒的科学管理理论有很大的借鉴意义，但是仍然存在一定的局限，科学管理并不是万能的，不能解决所有公共部门的问题。因此，公共部门要以客观、批判性态度并结合自身的情况进行吸收和借鉴，特别是我国正处于深化改革的阶段，一定要结合我国的实际国情，将理论与实践相结合，通过各方共同努力，我国的公共管理事业将会取得长足的发展。

2. 行为科学理论

行为科学是在管理学发展过程中形成的一门独立的新型学科。行为科学开始于 20 世纪 20 年代末 30 年代初的霍桑试验，创始人是美国哈佛大学教授、管理学家梅奥。霍桑试验的研究结果否定了古典管理理论中对于人的假设，试验表明工人不是被动的、孤立的个体，其行为不仅仅受工资的刺激，影响生产效率的最重要因素不是待遇和工作条件，而是工作中的人际关系。据此，梅奥提出了自己的观点：工人是"社会人"而不是"经济人"，企业存在着非正式组织，新的领导能力在于提高工人的满意度。梅奥的这一理论在当时被称为人际关系理论，也就是早期的行为科学。随后，许多社会学家、人类学家、心理学家、管理学家都从事行为科学的研究，先后发表了大量优秀著作，提出了许多很有见地的新理论，逐步完善了人际关系理论。1949 年在美国芝加哥召开的一次跨学科的会议上，人们首先提出了行为科学这一名称。行为科学本身并不是完全独立的学科，而是心理学、社会学、人类文化学等研究人类行为的各种学科互相结合的一门综合性学科。

行为科学以人的行为及其产生的原因作为研究对象。具体来说，它主要是从人的需要、欲望、动机、目的等心理因素的角度研究人的行为规律，特别是研究人与人之间的关系、个人与集体之间的关系，并借助这种规律性的认识来预测和控制人的行为，以提高工作效率，达成组织的目标。其研究的主要内容包括个体行为、群体行为、领导行为和组织行为等四个方面。个体行为主要是对人的行为进行微观的考察和研究。它是从个体的层次上考虑影响人的行为的各种心理因素，包括人的思维方法、归因过程、动机、个性、态度、情感、能力、价值观等方面。所有这些又与实际活动中的需要、兴趣、行为等有密切的关系。群体行为主要研究群体行为的特征、作用、意义、群体内部的心理与行为、群体之间的心理与行为、群体中的人际关系、信息传递方式、群体对个体的影响，个人与组织的相互作用等等。领导行为包括领导职责与领导素质论、领导行为理论、领导权变理论等，它把领导者、被领导者及周围环境作为一个整体进行研究。组织行为研究组织变革的策略与原则，变革的力量及其成就衡量方法等，对变革进行目标管理。此外，工作生活质量、工作的扩大化与丰富化、人和环境诸因素的合理安排、各种行为的测评方法等方面，也都在行为科学的研究范围之内[13]。

3. 系统组织理论

在管理学史上，最早率先使用系统观表述组织并建立了一套影响深远的系统组织理论体系的就是美国著名的管理学家切斯特·巴纳德[14]。巴纳德认为："协作体系就是由两个以上的人为了协作达到至少一个以上的目的，以特定体系的关系组成的，包括物的、生物的、人的、社会的构成要素的复合体。"而组织的定义则可以认为是"一个有意识地对人的活动或力量进行协调的关系"，他将各种具体协作体系中同物的环境、社会环境、人、人对体系做贡献的基础等事物，都视作外在的事实和因素。巴纳德认为组织的要素主要包括三点：协作的意愿、共同的目标和信息的交流[15]。

协作意愿是指个人要为实现组织的目的贡献力量的愿望。组织是由人组成的，组织目标的实现离不开人的互动和协作，所以要想让组织得以产生和发展，人们自愿向组织这一协作系统提供服务的意愿是非常关键的。共同的目标也就是组织作为一个有机整体存在所要实现的目标，从某种角度来说，它也是组织之所以存在的价值。对管理者来说,使组织的共同目标与成员的个人目标相符合是非常重要的,这里巴纳德指出管理者首先要注意两者间必然存在的差异,让成员认识到组织共同目标的实现也会带来个人目标的实现,从而让组织成员理解和接受组织目标。信息交流是共同目标和协作意愿的连接和沟通。巴纳德认为对于一个组织来说,若想达成共同的目标和协作的意愿,就必须有相关信息的交流,例如意愿、情报、指示或者建议等。而且在他看来,组织只有共同目标和协作的意愿,还只是具有静态层面的意义,要使组织成员在达成协作意愿的基础上,在共同目标的指引下能共同协作就必须有信息的交流,可以说组织的存在、运行和发展是以信息交流为基础的[16]。

巴纳德系统组织理论中有关组织三要素的论述对公共管理中的多元主体完善、自身建设均有积极的指导作用。以行政组织为例,制定科学合理的组织目标,行政组织才能得以生存。在我国,政府行政部门在制定组织目标时,要始终以公共利益为核心,坚持以人为本、执政为民,积极反映人民群众的利益诉求,最终确立的政府目标才可能最大限度地被人民群众接受,政府的各项政策才能得到更好的贯彻和执行。建构必要的贡献意愿体系,行政组织才能得以持续发展。行政组织内部必须建立起良好的行政文化体系。近年来,我国各级政府十分注重行政文化体系的建设,如通过建立科学合理的薪酬体系、引入选拔人才的竞争机制,以及《中华人民共和国公务员法》的执行,促进了政府部门人事管理的法治化,逐渐完善了政府部门内部的激励机制,激发了政府工作人员的积极性和主动性,促进了政府的正常、高效运转。建立顺畅的信息交流系统,行政组织才能得以良好运行。在层级节制的行政组织系统内部,管理层次过多,容易导致信息传递缓慢,且信息易失真。为了顺利实现行政组织的目标,在行政组织内部同样要保持交流的顺畅。要在行政组织内部建构起畅通的信息交流系统,减少协调的层级数,迅速准确地交流信息。同时,还要通过全面推行行政组织的政务公开,拓宽行政组织外部的监督渠道,加强行政组织与民众间的交流,实现行政组织内外部的平衡,促进行政组织的良好运作[17]。

4. 目标管理理论

1954 年,管理学大师彼得·德鲁克在《管理实践》一书中第一次提出"目标管理"的概念。"目标管理"的提出在当时的管理学界引起了巨大反响,并由许多企业和政府机构应用于管理实践当中。目标管理的中心思想是引导管理者从重视流程、管理制度等细节问题转为重视组织的目标。目标管理达到目的的手段是过程激励。德鲁克注重管理行为的结果,而不是对行为的监控,这是一个重大贡献,因为它把整个管理的重点从工作努力(即输入)转移到生产率(即输出)上来。德鲁克认为:"目标管理的主要贡献在于我们能够以自我控制的管理方式来取代强制性管理。"[18]

德鲁克从三个方面阐述了目标管理模式的结构。第一,目标在组织中以及在关键领域中的重要性。德鲁克指出,一个团体必须建立在共同信念的基础上,必须体现其在共同原则中的凝聚力,否则是很难取得良好成绩的。第二,确立目标是目标管理中非常重要且不易解决的一个问题。德鲁克对此提出了一种有效的方法,即分别确定每个领域内要衡量的是什么以及衡量的标准。第三,目标管理的成果检测——通过测评实现自我控制。德鲁克指出,管理人员不仅要知道自己的目标,而且要根据目标衡量自己的业绩。正是通过对执行成果的检测,才能对业绩进行衡量,对管理行为做出最佳调整。这就是目标管理非常重要的一个阶段——自我控制,这种控制不再是传统的上级对下级的控制,而是通过回馈信息不断加强管理的一种化被动为主动的控制。

目标管理作为一种自我控制、民主参与的管理理论和管理方式,在公共行政管理中发挥着重要的作用。我国公共部门在实践中也开始逐步推广运用目标管理的观念、制度和方法,开始进行体现"结果为本"、绩效取向的市场化改革。我国政府部门管理过程中使用目标管理方法主要体现在三个方面:第一,运用岗位目标管理,对公务员实行目标管理责任制考核。很多地方制定了目标管理责任制考核办法,引入定量考核方法,建立由考核测评标准、考核测评打分、加权评定等级和结果显示报告等组成的考核体系,将考核结果与适当的行政奖励和年终奖金挂钩,在提高工作效率和转变机关作风方面发挥了一定的激励作用。第二,运用成果目标管理,以组织追求的最终成果为中心,对政府进行以结果为导向的绩效管理,使政府重视管理活动的产出和结果,关心公共部门直接提供服务的效率和质量,注重资源配置的有效性和利益分配的公平性。第三,运用组织目标管理,以组织为中心,用目标链将组织的最高领导和基层联系起来,对基层领导干部进行政绩考核,通过具体的目标对基层管理活动进行调节和控制,以整合各部门的力量配合管理,有效执行目标。需要指出的是,在我国公共部门的目标管理实践中,由于自上而下的传统管理体制的制约和实施中的偏差,在一定程度上影响了目标管理的实施和效果的发挥[19]。

1.3.3　来自政治学与行政学的理论基础

政治学是研究在一定经济基础之上的社会公共权力的活动、形式和关系及其发展规律的一门学科。行政管理学是政治学的一个分支,它本身融合了政治学、法学、企业管理学等各种现代社会科学,其研究对象为国家行政组织对社会公共事务的组织管理,包括政府行政部门自身事务的组织管理。公共管理学是研究公共部门(核心是政府部门)运用社会公共权力对公共事务的管理,因而其主体、客体均与政治学、行政学存在交叉。换言之,公共部门尤其是政府部门行使公共权力不可能不受政治和行政制度的影响和制约。"政府的事务总是被深度纳入政治之中",不管是资本主义国家还是社会主义国家,政府部门的结构体系和运作过程,不可避免地是由一国政治观念、政治制度、政府体制、政治文化等综合因素决定的。因此,不理解政治,就无法理解公共管理学。政治学和行政学为公共管理学提供了必要的理论基础。

1. 政治行政两分理论

政治行政两分是公共行政中最重要的概念之一,它贯穿于整个公共行政学的发展中,也深刻影响着公共行政的实践[20]。一般认为政治行政两分是由美国公共行政之父威尔逊首先提出的,后由政治学家古德诺进一步深化拓展。但实际上他们并没有详细地论述这个理论具体包含的内容,仅仅对这一理论提出了一个供后人研究的假设。严格来说,威尔逊仅是提出了政治和行政相分离的看法,并不是这一理论本身。

威尔逊的政治与行政两分思想主要受益于德国政治学家布隆赤里。布隆赤里认为,政治是在重大而且带普遍性的事项方面的国家活动,此外,行政管理则是国家在个别和细微事项方面的活动。因此,政治属于政治家的特殊活动范围,而行政管理则是技术性职员的事情。对于这一观点,威尔逊予以赞同,他明确指出"行政管理的领域是一种事务性的领域,它与政治领域的那种混乱和冲突相距甚远。在大多数问题上,它甚至与宪法研究方面那种争议甚多的场面也迥然不同"。从历史的角度来看,政治与行政的分离不仅是政治学研究的进展,而且在很大程度上体现了资本主义经济发展的必然要求。在威尔逊所处的时代,美国经济飞速发展,国际影响迅速扩大。与此同时,政府的机构和职能日益复杂,在数量上前所未有地增加,行政管理的范围也不断扩大。正因如此,威尔逊认为行政与政治的分离已经是现代社会生活的必然[21]。

政治行政两分思想为现代文官制度奠定了理论基础。传统文官制度是建立在政治行政一体化学说的基础之上的,其显著特征表现为一种政党分赃的体制。在早期的美国,在政党分赃制度下,官职并非是一种专业的、稳定的职务,而只是作为执政党的"战利品"任意分配给本党党徒,政府的行政人员也经常随着执政党的变动而大规模地更替。政党分赃制度一方面导致了任人唯亲、效率低下、官吏腐败的现象层出不穷,另一方面由于政府官僚与政治家共进退,这必然经常使得政府的工作陷于混乱和不稳定之中。基于这种情况,威尔逊认为,从理论上讲,政治与行政应该分离,政治追求的目标在于民主,行政追求的目标在于效率。政治是经选举产生的政治家的活动,行政是技术官僚们的管理工作。政治行政两分实际上是一种理想的模式,即政治家参加选举并制定公共政策,而行政官僚只负责执行政策,在政治上保持中立。

2. 利益集团理论

"利益集团"这一概念最早出现于西方政治学领域,后又在经济学、社会学等学科中广泛使用。随着西方产业革命的兴起、各种社会矛盾的激化,以及政府职能的扩大,政府各项法律、政策的制定都涉及社会上不同人的利益,由此引起人们对政府行为的普遍关注,各种利益集团随之迅速发展起来。进入 20 世纪,特别是第二次世界大战之后,由于社会政治、经济、文化的发展,科学技术的进步,各种社会矛盾进一步尖锐和复杂,利益集团的总数和加入利益集团的总人数都以数量级的形式增加,对社会的影响也与日俱增,于是引起了学者们的广泛关注,利益集团理论便由此逐步发展与完善起来[22]。

　　利益集团理论主要有两大流派,分别是多元主义和精英主义。多元主义集团政治理论认为,多元社会源于社会结构的变化和社会的分工,出现了新的区别于以往以家庭为核心的社会组织,新的社会关系得以发展,从而使新的以共同利益为核心的集团油然而生。在复杂的多元主义社会中,大量社会组织如种族集团、工会组织和教会组织等以共同的价值观念和社会认同为中介而形成。在现代社会中,集团具有重要作用。集团是个人和大范围的国家政体之间的中介,是领袖和公民之间联系的媒介。在多元主义社会中,领袖需要依赖人们的广泛支持,这种支持通过选举和集团参与来体现。当集团较为强大,能够使个人不受煽动蛊惑时,社会就能保持稳定。多元主义的理论家们则更多地从积极的方面看待集团,认为集团的存在有利于政治制度,因为它能够在政府面前反映选民的意愿,使社会的许多利益通过组织的游说,通过集团和政府间的讨价还价,达成妥协和一致,最终使决策能够反映公众的利益。而精英主义政治理论则认为:精英控制着美国政治并且控制着重要决策。美国的古典精英主义理论家认为,在任何社会中,精英都是不可避免的。政治社会化成为精英发挥作用的重要因素。在政治社会化过程中,组织的存在成为一种需要,并成为一种价值体系。组织将这种价值传递给其成员,精英在其中发挥着作用。美国的当代精英主义政治理论从政治议程的形成出发,认为精英在一定程度上控制着政治议程。此外,洛伊和斯查特斯奇内德等人还提出了多元精英主义理论。他们认为,在美国,权力是分散的,但这种分散的权力并非被广泛地分享着。相反,在美国,权力分散于许多不同的精英手中,每个精英趋于控制一个公共政策的特别领域,构成多元的精英主义。应该说,精英主义认为是精英在控制美国。从一个侧面表达的仍然是强势利益集团对政治过程控制的担心。但在二十世纪六七十年代以后,美国利益集团数量众多,多元主义集团政治理论相对占据着主流地位[23]。

　　我国公共管理的相关研究也引入了利益集团理论,例如,有学者基于利益集团的研究视角,认为我国行政审批制度改革是一个利益重新分配和调整的过程,改革所涉及的有着利益冲突的相关利益集团——决策者利益集团、执行者利益集团、企业利益集团和消费者利益集团在这项制度变迁中有着冲突的利益和目标,导致了他们对改革采取不同的态度和行动策略,从而对改革进程产生不同程度的积极或消极影响。改革的成效取决于各相关利益集团之间的博弈而达成的一种均衡[24]。

3. 政府再造理论

政府再造理论源于企业再造理论,而企业再造理论则形成于 1993 年迈克·哈默和詹姆斯·钱皮合著的《再造公司:企业革命宣言》一书。他们认为再造是"为了在衡量绩效的关键上取得显著改善,从根本上重新思考、彻底改善业务流程,绩效的衡量应包括产品、服务质量、顾客满意度、成本以及工作效率"。[25]企业再造理论在深刻影响大企业的同时,也影响到西方国家公共部门的改革,以政府为代表的公共部门掀起了"重组政府"的热潮,成为 20 世纪公共管理改革的国际化趋势。政府再造就是"对公共体制和公共组织进行根本性的转变,以大幅提高组织效能、效率、适应性以及创新的能力,并通过改革组织目标、责任机制和组织文化等来完成这种转型过程"。它突破了传统意义上对"再造政府"的理解,不再局限于简单地改革政府机构、精简流程等,而是着力引进企业的先进经验来改造政府[26]。

对于政府再造问题,戴维·奥斯本和特德·盖布勒在《改革政府》一书中提出了政府再造的 10 条原则,成为政府改革的指南。①起催化作用的政府:企业化政府应该把政策制定(掌舵)与服务提供(划桨)分开;②社区拥有的政府:政府将部分控制管理权和职能转移至社区,采用参与式管理;③竞争性政府:把竞争机制注入提供服务中去,改变政府对公共服务的垄断;④有使命感的政府:政府要在内部放松管制,简化行政制度;⑤结果导向政府:依据结果而不是按投入进行拨款,引导政府对其施政结果负责;⑥顾客驱使的政府:经常关注并满足顾客的利益和要求,而不是满足官僚制度的需要;⑦有事业心的政府:政府进行有效的投资,既会花钱,也能挣钱;⑧有预见的政府:政府管理要有战略眼光和预见性,防患于未然;⑨分权的政府:政府下放权力给基层和雇员,重视参与和合作;⑩市场导向的政府:利用市场机制而不单纯使用行政机制解决问题,公共服务的市场要对社会开放。

随着信息时代的到来,以信息知识为基础的新文明极大地动摇并改变了西方社会的政治、经济和文化。政府系统作为社会系统的重要组成部分,必然会随着社会各方面的变革而发生一系列的改变。结合目前西方国家流行的政府再造理论和改革实践,可以概括出政府再造的一些特色和趋势。这主要包括如下几方面:第一,回归小政府模式。重新定位政府角色,根本转变政府职能,抛弃传统的"大政府""全能政府",建立有限政府、治理型政府和"小而能"的政府管理体系。第二,政府企业化。以企业家精神和现代企业管理的成功经验和科学方法重塑政府,改善公共服务的生产力,建立追求创新、高绩效和顾客导向的政府。第三,公共服务社会化。政府不再垄断公共服务,而是充分利用市场和社会的力量,推行公共服务社会化、社区化,提高服务质量和效率,实现共同治理。第四,组织结构扁平化。减少组织层次,弱化层级控制,取消过多规制,组织富有灵活性和适应性,讲求团队合作与授权赋能,工作流程精简、功能整合,建立无缝隙公共组织。第五,非官僚化。西方公务员制已经历了一场"静悄悄的革命",传统的官僚制度正向非官僚化发展。逐渐放弃公务员"终身制",代之以签订短期或临时合同以及聘任制等办法,文官制度的政治中立原则受到挑战,高级文官政治化,加大政府人力资源开发力度等。第六,政策执行自主化。实行政策制定与政策执行职能分开,提高决策与执行的质量和效率,执行部门具有较大的自主性,相对独立地在政府确立的目标和绩效指标的框架内运作,在政策执行过程中引进竞争。第七,政务电子化。适应知识经济时代的要求,运用网络化、自动化、电子化技术改造政府,转变行政管理和政府行为模式,树立新的政府形象,已是大势所趋[27]。

政府再造理论对于我国政府改革有着一定的指导意义,主要体现在如下几方面:第一,转变政府职能目标,提高政府的服务职能,实现从"管制型政府"向"服务型政府"的转变。第二,关注政府行政行为的结果,实行以结果为动力的绩效责任制,建立一个行之有效的绩效评估体系,创建高绩效政府组织。第三,坚持"顾客导向"的公共服务理念,并在服务中引入竞争机制,最大限度地提高人民群众的满意度。第四,从权力集中到适度的地方分权,运用控制战略,形成合理的权力结构。第五,运用文化战略,重塑政府文化,以廉洁、效能、服务的精神规范引导广大行政人员[28]。

◆▷ 参考文献 ◁◆

[1] 王乐夫.论公共管理的社会性内涵及其他[J].政治学研究,2001(3):78-84.

[2] 王乐夫,陈干全.公共管理的公共性及其与社会性之异同析[J].中国行政管理,2002(6):12-15.

[3] 陈庆云.公共管理基本模式初探[J].中国行政管理,2000(8):31-33.

[4] 陈庆云.公共管理研究中的若干问题[J].中国人民大学学报,2001(1):22-28.

[5] 陈庆云,鄞益奋,曾军荣,等.公共管理理念的跨越:从政府本位到社会本位[J].中国行政管理,2005(4):21-24.

[6] 沈满洪,谢慧明.公共物品问题及其解决思路——公共物品理论文献综述[J].浙江大学学报(人文社会科学版),2009,39(6):133-144.

[7] 秦颖.论公共产品的本质——兼论公共产品理论的局限性[J].经济学家,2006(3):77-82.

[8] 程浩,管磊.对公共产品理论的认识[J].河北经贸大学学报,2002(6):10-17.

[9] 杨雪婷.公共产品理论回顾、思考与展望[J].中国集体经济,2020(33):89-90.

[10] 李珍刚.泰罗科学管理理论体系及其启示[J].广西民族学院学报(哲学社会科学版),2002(S1):65-68.

[11] 王斌伟.泰勒科学管理理论对行政管理的借鉴意义[J].华南师范大学学报(社会科学版),2001(1):26-28.

[12] 于越.泰勒科学管理理论对我国公共部门的启示[J].劳动保障世界,2018(29):53.

[13] 刘继云,孙绍荣.行为科学理论研究综述[J].金融教学与研究,2005(5)：36-37.

[14] 尹刚,李金花.浅析巴纳德系统组织理论[J].法制与社会,2009(36)：267-268.

[15] 张晓兰.巴纳德组织结构思想及对行政改革的启示[J].西南农业大学学报(社会科学版),2008(1)：47-52.

[16] 张新平.巴纳德组织理论研究[J].广西经济管理干部学院学报,2000(4)：30-34.

[17] 郭铁.巴纳德行政组织理论初探[J].沈阳师范大学学报(社会科学版),2013,37(4)：36-38.

[18] 许一.目标管理理论述评[J].外国经济与管理,2006(9)：1-7+15.

[19] 赵路,朱正威.我国公共部门实行目标管理的问题及对策[J].理论导刊,2004(2)：16-18.

[20] 刘亚平,山姆·布朗.政治行政两分：起源、争议与应用[J].中山大学学报(社会科学版),2010,50(6)：175-181.

[21] 竺乾威.公共行政理论[M].上海：复旦大学出版社,2008.

[22] 丁轩,王新新.利益集团理论：从政治学到经济学——利益集团理论述评[J].国外社会科学,2008(2)：63-68.

[23] 杨帆,张弛.利益集团理论研究：一个跨学科的综述[J].管理世界,2008(3)：159-164.

[24] 潘秀珍.利益集团理论视角的中国行政审批制度改革[J].理论导刊,2006(3)：21-23,30.

[25] 王超然.西方"政府再造"理论及其对我国政府改革的启示[J].通化师范学院学报,2007(6)：8-11.

[26] 刘玮.政府再造理论对我国政府改革的启发[J].经济研究导刊,2015(13)：303-304.

[27] 侯书和.论西方国家"政府再造"理论及其发展趋势[J].山东理工大学学报(社会科学版),2003(2)：51-55.

第2章
航运政府部门管理

2.1 航运政府部门概述

2.1.1 我国政府部门概述

政府部门是公共部门的核心部分,是指以财政拨款作为经费来源,免费或部分免费地向社会提供公共品和服务的单位的总称。本书所讨论的政府部门是指广义政府而非狭义政府,包括行政机关、立法机关和司法机关,其中行政机关是政府的核心部分。在了解航运政府部门前,必须先了解我国国家政府部门的组织结构、管理体制及行政、司法、立法制度。

1. 我国政府的组织结构

我国政府的组织结构分为纵向结构和横向结构。

纵向结构也称层次结构,它反映行政组织内若干层次中特别是上下层之间的领导和服从关系。行政组织的直线—职能式结构是在综合直线结构和职能结构基础上形成的一种组织结构形式,各级部门间既有垂直领导关系,又有水平领导关系。我国现在基本上是采取直线—职能式的行政组织结构。从纵向看,我国政府组织划分为中央人民政府—省、自治区、直辖市人民政府—自治州、辖区(县)的市人民政府—县、自治县、县级市人民政府—乡、民族乡、镇人民政府五个层次。同时,各级政府内部按业务性质平行划分为若干职能部门,它们主要对同级政府和首长负责,也接受对口上级职能部门的领导。这样,形成了纵向上统一指挥、横向上分工协调、纵横交错的网络型行政组织结构体系。

横向结构又称为职能式结构,是横向分工形成的行政组织的职能制,即同级行政机关和每级行政机关内部各组成部门之间的组合方式。行政组织的横向结构,如果从各个工作部门的职能范围和业务性质看,一级政府可分为一般权限部门和专门权限部门。一般权限部门是一级政府的首脑机关,它负责统一领导指挥所辖行政区域内各行政机关的工作,其职权具有全局性和综合性。专门权限部门是一级政府所属的各职能部门,旨在执行一般权限部门的指示和决定,只负责某一方面的行政事务,其职权具有局部性和专门性。行政组织的横向结构使各级行政领导人都设有由其直接管理的职能机构,具有分工精细、能减轻行政首长的负担、有利于专业化等特点。但其所表现出的缺点是事权分散、容易出现扯皮和推诿的现象。我国横向组织结构可分为业务部和辅助部。业务部如国家发展改革委内设有产业发展司、投资司等机构。辅助部如各级政府内设有负责日常事务保障的机关事务管理局等机构。

2. 我国政府管理体制

在行政权力结构上,我国奉行议行合一制度,即国家权力机关统一行使立法和行政权力的制度,虽然立法、行政、司法权力由不同部门的机关来行使,但是各级行政机关、司法机关都是同级权力机关的执行机关,由国家权力机关产生,并向权力机关负责,接受权力机关的监督。

在行政组织结构上,我国实行的是国务院制。这是一种建立在合议制基础上的个人负责制的行政体制,它体现了民主集中制、法制以及国家最高权力机关负责原则,国家各级行政机关内部,实行首长负责制的领导体制,并坚持下级服从上级、地方服从中央的原则。

在执政体制上,中国实行一党执政的体制,中国共产党对国家生活实施领导。中国共产党是中国唯一的执政党,承担着对国家生活实施领导的职责,因此,国家行政机关也必须接受中国共产党的领导,不过,中国共产党的领导是通过政治、组织和思想等多种方式实现的。中国共产党通过对各级行政机关重要领导人员的管理,要求在政府任职的共产党员贯彻执行党的路线、方针和政策,实现其组织领导功能。

3. 我国行政制度

1) 中央行政制度

行政制度,是指有关国家行政机关的组成、体制、权限、活动方式等方面的一系列规范和惯例。中华人民共和国的中央行政制度包括全国人民代表大会体制下的中央行政机关、中央行政机关对地方各级行政机关的领导关系。中央行政机关是中华人民共和国国务院。国务院是国家最高行政机关。

国务院统一领导全国地方各级国家行政机关的工作,规定中央和省、自治区、直辖市国家行政机关职权的具体划分。实行首长负责制的领导体制,并坚持下级服从上级、地方服从中央的原则。

2) 地方行政制度

地方行政制度是国家为了方便行政管理的实施,而划分行政区域、设立地方分治机构的制度和惯例。

中国的行政区域划分:全国分为省、自治区、直辖市;省、自治区分为自治州、县、自治县、市;县、自治县分为乡、民族乡、镇;直辖市和较大的市分为区、县;自治州分为县、自治县、市。中央政府可以设立特别行政区。

地方政府分为一般行政地方的政府、民族自治地方的自治机关、特别行政区的地方政府和特殊形式的地方政府。

地方各级政府实行省长、市长、县长、区长、乡长、镇长负责制。

4. 我国司法制度

司法制度是指司法机关及其他的司法性组织的性质、任务、组织体系、组织与活动的原则以及工作制度等方面规范的总称。我国的司法制度是一整套严密的人民司法制度体系,包括侦查制度、检察制度、审判制度、监狱制度、仲裁制度、司法行政管理制度、调解制度、律师制度、公证制度、国家赔偿制度、法律援助制度等。

人民法院是国家的审判机关。中华人民共和国设立最高人民法院、地方各级人民法院和军事法院等专门人民法院。各省、自治区、直辖市设有高级人民法院,以下为中级人民法院和基层人民法院。人民法院审理案件,除法律规定的特别情况外,一律公开进行。被告人有权获得辩护。人民法院依照法律规定独立行使审判权,不受行政机关、社会团体和个人的干涉。最高人民法院是最高审判机关。最高人民法院监督地方各级人民法院和专门人民法院的审判工作,上级人民法院监督下级人民法院的审判工作。最高人民法院对全国人民代表大会及其常务委员会负责。地方各级人民法院对产生它的国家权力机关负责。

人民检察院是国家的法律监督机关。中华人民共和国设立最高人民检察院、地方各级人民检察院和军事检察院等专门人民检察院。人民检察院依照法律规定独立行使检察权,不受行政机关、社会团体和个人的干涉。最高人民检察院是最高检察机关。最高人民检察院领导地方各级人民检察院和专门人民检察院的工作,上级人民检察院领导下级人民检察院的工作。最高人民检察院对全国人民代表大会及其常务委员会负责。地方各级人民检察院对产生它的国家权力机关和上级人民检察院负责。

5. 我国立法制度

我国现行立法体制是中央统一领导和一定程度分权的,多级并存、多类结合的立法权限划分体制。立法包括全国人民代表大会及其常委会立法、国务院及其部门立法、一般地方立法、民族自治地方立法、经济特区和特别行政区立法。

立法制度是立法活动、立法过程所须遵循的各种实体性准则的总称,是国家法制的重要组成部分。立法制度是国家法制整体中前提性、基础性的组成部分。没有好的立法制度,便难有好的法律、法规、规章和其他规范性文件,因而再好的执法、司法制度也不能发挥应有的作用,实现法治或建设现代法治国家便没有起码的条件。

立法制度的状况是国家法制状况的更直接、更明显的标志。从结构的角度看,有没有健全的立法制度,直接反映出一国法制健全与否。从民主的角度看,立法权是否属于人民,立法机关是否由民意产生,立法程序或立法过程是否民主、是否有透明度,都直接和明显地反映一国法制的民主化程度。从特色的角度看,立法机关所立之法在国家法的渊源体系中居于何种地位,其他国家机关对法的渊源的作用程度,是当今民法法系与普通法法系各具特色的一个重要分野。

立法制度有成文和不成文两种形式。成文立法制度是以法的形式确定的立法活动、立法过程所须遵循的各种准则。不成文立法制度是立法活动、立法过程实际上所须遵循但并没有以法的形式确定的各种准则。一国立法制度成文的程度一般与该国整个法制和法治的发达程度成正比。现代立法制度主要是成文制度,许多国家不仅在宪法和宪法性法律中对立法制度做出规定,还有关于立法制度的专门立法。现时中国立法制度处于走向完善的发展过程中,宪法对立法制度的有关方面做出了原则规定,2015 年通过实施的《立法法》对中国现行立法制度的有关方面做出了较为具体的规定。

现代立法制度主要由以下制度构成。其一,关于立法体制的制度。其二,关于立法主体的制度。其三,关于立法权的制度。其四,关于立法运作的制度。其五,关于立法监督的制度。其六,立法与有关方面关系的制度。

全国人民代表大会(简称全国人大)立法,是中国最高国家权力机关,依法制定和变动效力可以及于中国全部主权范围的规范性法律文件活动的总称。全国人大立法是中国的国家立法,是中国的中央立法的首要组成部分。它在中国立法体制中具有最高性、根本性、完整性和独立性。

全国人大常委会立法,是中国最高国家权力机关的常设机关,依法制定和变动效力可以及于全国的规范性法律文件活动的总称。全国人大常委会立法与全国人大立法共同构成中国国家立法的整体,是中国中央立法非常重要的方面。它在中国立法体制中,以地位高、范围广、任务重、经常化和具有相当完整性、独立性为其主要特征。

国务院立法,是中国最高国家行政机关即中央政府,依法制定和变动行政法规并参与国家立法活动以及从事其他立法活动的总称。国务院立法兼具从属性和主导性;国务院立法范围尤广、任务尤重;国务院立法具有多样性、先行性和受制性。

地方立法,指特定的地方国家政权机关,依法制定和变动效力不超出本行政区域范围的规范性法律文件活动的总称。地方立法具有地方性,更具复杂性,具有从属与自主两重性,城市立法在地方立法中逐渐占据重要位置。

2.1.2　我国中央层面的航运政府部门

在我国,交通运输部作为国务院组成部门,是我国交通行业在中央层面的主管机关。交通运输部具体负责推进综合交通运输体系建设,统筹规划铁路、公路、水路、民航以及邮政行业发展,建立与综合交通运输体系相适应的制度体制机制,优化交通运输主要通道和重要枢纽节点布局,促进各种交通运输方式融合;负责组织拟订综合交通运输发展战略和政策,组织编制综合交通运输体系规划,拟订铁路、公路、水路的发展战略、政策和规划,指导综合交通运输枢纽规划和管理;负责组织起草综合交通运输法律法规草案,统筹铁路、公路、水路、民航、邮政相关法律法规草案的起草工作;负责拟订综合交通运输标准,协调衔接各种交通运输方式标准;牵头组织编制国家重大海上溢油应急处置预案并组织实施,承担组织、协调、指挥重大海上溢油应急处置等有关工作。交通运输部还负责船员管理和防抗海盗有关工作;负责国家公路网运行监测和应急处置协调工作,承担综合交通运输统计工作,监测分析交通运输运行情况,发布有关信息;拟订经营性机动车营运安全标准,指导营运车辆综合性能检测管理,参与机动车报废政策、标准制定工作;承担公路、水路国家重点基本建设项目的绩效监督和管理工作。此外,其还负责统筹协调交通运输国际合作与交流有关事项;管理国家铁路局、中国民用航空局、国家邮政局,并按有关规定管理国家铁路局、中国民用航空局、国家邮政局机关党的工作。就具体航运管理部门而言,主要属于部内司局的水运局以及三个部属行政机构,即交通运输部海事局、交通运输部长江航务管理局、交通运输部珠江航务管理局。现对上述四个航运管理部门予以介绍。

1. 交通运输部水运局

交通运输部水运局主要负责水路建设和运输市场的监管工作,拟定水路工程建设、维护、运营和水路运输、航政、港政相关政策、制度和技术标准并监督实施;负责国家重点水路工程设计审批、施工许可、实施监督和竣工验收工作;负责港口、航道及设施、通航建筑物、引航管理工作;负责船舶代理、理货、港口设施保安、无船承运、船舶交易等管理工作;负责国际和国境河流运输及航道管理工作;负责起草水路有关规费政策并监督实施;负责对台运输管理工作;负责组织协调国家重点物资运输和紧急客货水路运输;负责起草港口安全生产政策和应急预案,组织实施应急处置工作。

根据具体的职能分工,水运局下设国内航运管理处、国际航运管理处、港口管理处、经济运行处、工程管理处等多个处室。

2. 交通运输部海事局

交通运输部海事局对外又称中华人民共和国海事局,是交通运输部海事主管机构。作为交通运输部直属行政机构,交通运输部海事局实行垂直管理体制,履行水上交通安全监督管理、船舶及相关水上设施检验和登记、防止船舶污染和航海保障等行政管理和执法职责。其主要职责包括以下几个方面。

(1)拟定和组织实施国家水上交通安全监督管理、船舶及相关水上设施检验和登记、防治船舶污染和航海保障的方针、政策、法规和技术规范、标准。

(2)统一管理水上交通安全和防治船舶污染。监督管理船舶所有人安全生产条件和水运企业安全管理体系，调查、处理水上交通事故、船舶污染事故及水上交通违法案件，指导船舶污染损害赔偿工作。

（3）负责船舶、海上设施检验行业管理以及船舶适航和船舶技术管理，管理船舶及海上设施法定检验、发证工作，审定船舶检验机构和验船师资质，负责对外国验船组织在华设立代表机构进行监督管理，负责中国籍船舶登记、发证、检查和进出港（境）签证，负责外国籍船舶入出境及在我国港口、水域的监督管理，负责船舶保安和防抗海盗管理工作，负责船舶载运危险货物及其他货物的安全监督。

（4）负责船员、引航员、磁罗经校正员适任资格培训、考试、发证管理，审核和监督管理船员、引航员、磁罗经校正员培训机构资质及其质量体系，负责海员证件的管理工作。

（5）管理通航秩序、通航环境。负责禁航区、航道（路）、交通管制区、锚地和安全作业区等水域的划定；负责禁航区、航道（路）、交通管制区、锚地和安全作业区等水域的监督管理，维护水上交通秩序；核定船舶靠泊安全条件；核准与通航安全有关的岸线使用和水上水下施工、作业；管理沉船沉物打捞和碍航物清除；管理和发布全国航行警（通）告，办理国际航行警告系统中国国家协调人的工作；审批外国籍船舶临时进入我国非开放水域；办理港口对外开放的有关审批工作和中国便利运输委员会的日常工作。

（6）负责航海保障工作。管理沿海航标、无线电导航和水上安全通信，管理海区港口航道测绘并组织编印相关航海图书资料，归口管理交通行业测绘工作，承担水上搜寻救助组织、协调和指导的有关工作。

（7）组织实施国际海事条约；履行"船旗国""港口国"及"沿岸国"监督管理义务，依法维护国家主权；负责有关海事业务国际组织事务和有关国际合作、交流事宜。

（8）组织编制全国海事系统中长期发展规划和有关计划；管理所属单位基本建设、财务、教育、科技、人事、劳动工资、精神文明建设工作；负责船舶港务费、船舶吨税、船舶油污损害赔偿基金等有关管理工作；受部委托，承担港口建设费征收的管理和指导工作；负责全国海事系统统计和行风建设工作。

（9）承办交通运输部交办的其他事项。目前，交通运输部海事局在全国沿海沿江设有 15 个直属海事机构，分别是上海海事局、浙江海事局、江苏海事局、黑龙江海事局、辽宁海事局、天津海事局、河北海事局、山东海事局、连云港海事局[①]、福建海事局、广东海事局、深圳海事局、广西海事局、海南海事局以及长江海事局。

---

① 2016 年，根据《交通运输部关于调整长江海事局、江苏海事局、连云港海事局管理关系的通知》，江苏海事局（不含连云港海事局）由部海事局直接管理调整由长江海事局管理，连云港海事局（含盐城海事局）调整由部海事局直接管理；长江海事局、江苏海事局和连云港海事局管理关系调整后，江苏海事局对外保留直属海事局职责和机构序列，其机构规格、人员编制、领导职数以及所属分支机构、派出机构等事项均保持不变。

3. 交通运输部长江航务管理局

长江航务管理局是交通运输部的派出机构,受交通运输部委托或法规授权行使长江干线(四川宜宾—上海长江口,干线航道里程为 2 808 公里)航运发展规划、运输市场监管、水上安全监督、航道整治维护、三峡枢纽通航、水上治安消防等政府行业管理职能。2016 年,交通运输部领导实施深化长江航运管理体制改革,长江干线海事、航道实现了集中统一管理。目前,长江航务管理局下辖长江海事局(含江苏海事局)、长江航道局(含长江口航道管理局)、长江三峡通航管理局、中国水运报刊社和长航总医院等单位。

长江航务管理局的主要职责包括以下几个方面。

(1) 贯彻国家水路交通行业发展战略、方针政策和法规,组织或参与长江干线航运有关规章草案的拟定工作,按法定程序批准后负责监督实施;拟定长江干线航运发展战略,组织编制长江干线航运中长期规划和五年规划,报交通运输部批准后监督实施。

(2) 负责长江干线航运行政管理。负责长江干线航运市场宏观调控和秩序监督管理;规范长江干线水运建设市场,维护平等竞争秩序;负责长江干线港航设施建设和使用岸线布局的行业管理;组织长江干线国家重点物资和紧急物资运输;协助军事物资运输;负责长江干线水运规费稽征。

(3) 负责长江干线客货运输质量、航运基础设施工程项目和水运工程质量的监督管理。

(4) 负责长江干线航道、枢纽通航、通信、引航等管理工作。

(5) 按规定管理长江干线水上安全监督和航运公安工作。

(6) 协调长江水系各省(市)交通运输厅(局、委)及其航务管理机构、港口管理机构的相关业务工作,协调长江水系水资源综合开发中的有关航运工作。

(7) 指导长江干线水运行业体制改革、法制建设和结构调整;组织航运重大科技开发、推动行业技术进步;负责长江干线水运行业相关的统计和信息引导;负责政府间长江干线航运涉外工作,指导利用外资工作;开展国际间内河运输经济技术合作与交流;指导长江干线航运信息化和职工教育工作。

(8) 负责局机关和系统单位的年度固定资产投资计划、财务管理和审计监督工作。

(9) 负责局机关和系统单位人事、劳动工资、机构编制管理工作;按规定管理系统单位领导干部;负责系统单位党的建设、廉政建设和思想政治工作,指导长江干线水运行业精神文明建设和职工队伍建设工作。

(10) 承办交通运输部交办的其他事项。

4. 交通运输部珠江航务管理局

珠江航务管理局是交通运输部的派出机构,承担珠江水系航运行政管理职责。

具体职责包括以下几个方面。

（1）贯彻国家水路交通行业发展战略、方针政策和法律法规；开展珠江水系水运发展重大问题和体制改革研究；参与部珠江水系有关航运规章草案的拟定工作，按法定程序批准后监督实施。

（2）组织拟定珠江水系水运发展战略、中长期规划，提出珠江水系水运建设五年规划和年度计划建议；受部委托，对珠江水系报部审查审批的规划、计划及建设项目前期工作提出初步意见，参与有关审查工作和工程竣工验收工作。

（3）受交通运输部委托，负责珠江水系航运市场宏观调控和秩序监督管理。实施珠江水系省际客船、危险品船运输企业经营和新增运力的行政许可工作，实施从事内地与港澳间海上运输部分业务的行政许可工作，实施琼州海峡省际客船、危险品船运输市场监督管理工作。

（4）组织开展珠江水系水运建设市场监督管理，维护平等竞争秩序；协调珠江水系水资源综合开发利用中航运有关工作。

（5）负责协调珠江水系各省（自治区）交通运输主管部门及其航务、港口、通航建筑物等管理机构相关业务工作，指导、监督、协调珠江水系省际航道主管部门的航道管理和维护工作。

（6）指导珠江水系水路交通战备有关工作，协调珠江水系国家重点物资、应急物资水路运输，协助军事物资运输。

（7）组织开展珠江水运科技开发和信息化建设工作，参与部制定有关水运技术政策、标准和科技发展规划等工作；开展珠江水系水运统计资料的收集、整理、分析等相关工作。

（8）承担交通运输部珠江水系航运规划办公室的相关工作。

（9）承办交通运输部交办的其他工作。

2.1.3　我国地方层面的航运政府部门

1. 省级航运政府部门

在我国，省（自治区、直辖市）级交通运输主管部门分管辖区内的航运行政管理事务，由于我国各省（自治区、直辖市）航运行政管理的实际情况存在一定差异，各地在具体的航运政府部门的设置方面也存有不同。大体来看，主要有两类。

一类是直接在省级交通运输主管部门（如交通运输厅或交通运输委员会等）中内设相应的航运行政管理处室来进行本省管辖范围内的航运行政事务管理。如广东省交通运输厅下设水运管理处和港口管理处来负责港航行政管理事务。水运管理处的职责主要包括参与拟定水运发展战略，规划及起草地方性法规、规章；负责起草规范性文件；组织制定水路运输有关政策、准入制度、技术标准和运营规范并监督实施;负责水路运输市场、水路运政管理(水运执法除外)①;负责水路运输及其辅助性业务的管理;负责组织实施水路重点物质、防洪抢险、紧急客货运输等。港口管理处的职责主要包括参与拟定港口发展战略、规划、政策及起草地方性法规、规章;负责起草规范性文件;负责港口行政管理(港口执法除外);参与港口规划及建设项目审核;负责对港口公用基础设施的监督管理;负责港口及外轮理货、引航等港口辅助业,港口及港航设施建设使用岸线的行业管理;负责组织实施重点物质、防洪抢险、紧急客货运输的港口作业。

　　另一类则是由省级交通运输主管部门下设直属的具有一定行政职能的事业单位(如港航管理局等)来具体进行航运行政事务管理。这里值得特别说明的是,近年来,随着我国事业单位改革的深化,政事分开已大势所趋。因此,在航运领域,原省级层面承担航运行政管理职能的事业单位,逐步将行政职能转移给相应的行政机构,事业单位则聚焦强化航运公益服务。例如,江苏省于2018年成立江苏省交通运输厅港航事业发展中心,该中心由原江苏省交通运输厅港口局(江苏沿江港口锚泊调度中心)、江苏省交通运输厅航道局整合组建,承担港航公益服务和事业发展职能,而原江苏省交通运输厅港口局的行政许可、行政裁决等职能划入江苏省交通运输厅相应内设机构。江苏省交通运输厅港航事业发展中心的主要职责如下:贯彻执行国家和省有关港口、航道的方针、政策、法律、法规,参与编制港口、航道行业有关发展战略、发展规划、行业政策、法规规章、标准规范;参与编制并负责执行港口、航道建设计划,负责编制并监督实施港口、航道养护计划;负责指导全省港口公用基础设施建设、维护和管理工作;负责全省航道(不含长江)、省交通运输部门所属通航船闸的建设管理工作;承担全省航道(不含长江)、省交通运输部门所属通航船闸的养护工作;负责航道标志标牌的设置和管理工作;负责沿江港口锚地调度、航道船闸运行调度工作;负责全省航道网运行的监测、预警、信息服务和技术支持工作;承担全省船舶过闸费、航道赔(补)偿费的征收工作;承担港口、航道绿色发展工作;承担港口、航道的网络安全、信息化以及行业统计、信息调查工作;承担港口、航道行业技术交流、科技成果转化、科研项目实施管理、标准化等工作;承担港口公用基础设施和航道、船闸基础设施的安全管理和应急处置工作;承担水路运输事业发展工作;受省交通运输厅委托,承担有关行政审批前的符合性技术审查工

---

① 广东省早在2010年就开始整合交通运输领域的行政执法职权,将道路运政、水路运政、公路(含高速公路)路政、航道行政、港口行政、交通规费稽查等方面法律、法规、规章规定的行政处罚以及相关行政强制职权集中由各级交通运输行政主管部门行使。因此,广东省交通运输厅专门设有交通综合执法监督处,其主要职责是:指导、监督全省交通行政执法工作。承担省本级的道路运政、水路运政、公路(含高速公路)路政、航道行政、港口行政、工程质量监督管理和省管铁路建设运营等方面的行政处罚以及行政处罚相关的行政检查、行政强制等执法职能。组织、指导全省交通综合行政执法机构智能执法建设和管理工作。组织查处重大违法案件,协调跨区域的交通行政执法工作。

作;完成省交通运输厅交办的其他工作。

再如,浙江省于 2019 年在原浙江省港航管理局的基础之上成立浙江省港航管理中心,将原来承担的相关行政职能移交至交通运输厅内相关行政部门,港航管理中心主要从事公益服务类工作及部分行政管理的辅助工作。浙江省港航管理中心的主要职责包括协助编制综合交通运输体系规划以及港口、航道、水路运输等专项规划并组织实施;承担行业统计分析工作,协助行业信用管理工作。承担港航许可管理及执法指导的辅助工作;承担水运建设项目的前期工作、投资计划和预算编制的辅助工作;承担水运建设项目的技术指导工作;承担水运建设项目及港口岸线使用审批备案和建设市场监管的技术工作;承担省管通航水域的水上交通安全管理和船舶污染防治的具体工作;承担渡口渡船安全指导监管的辅助工作;承担水路交通运输安全生产和应急管理的具体工作;承担各类船舶、海上设施和船用产品的法定检验的具体工作,承担监督管理辅助工作;承担危险货物港口建设项目的安全技术审核工作;协助指导全省港口引航工作;承担全省水路运输市场管理的具体工作;承担水路运输经营许可的技术审核工作;协助推进水路运输结构调整和港航物流发展;承担航道保护和养护管理的具体工作;承担航道通航条件影响评价和过船建筑物运行方案技术审核工作;协助指导航道和船闸运行管理;承担智慧港航建设;协助推进水路交通运输科技创新、推广应用工作;协助推进行业绿色发展;承办浙江省交通运输厅交办的其他工作。

值得说明的是,我国不少地方的航运管理部门采用"一门多牌"的体制,如浙江省港航管理中心同时挂浙江省地方海事中心、浙江省船舶检验中心的牌子,实行一套班子领导,以实现集成、精简、高效的管理。

另外,我国一些地方航运管理部门还受交通运输部委托,承担一定的中央层级的管理事务。如云南省交通运输厅下设的直属单位云南省航务管理局,其加挂云南省地方海事局、云南省澜沧江航务管理局以及中华人民共和国澜沧江海事局的牌子。其中,加挂中华人民共和国澜沧江海事局的牌子就是受交通运输部委托,依法负责澜沧江对外开放水域及港口的水上安全监督和防止船舶污染工作;负责船舶检验业务、水上搜寻救助、污染事故应急处理和水上交通事故的调查处理管理工作。

2. 市、县级航运政府部门

市、县级的航运管理部门通常与省级的机构设置相对应,即省级交通主管部门设立相关机关来进行航运管理,市、县级也由其交通主管部门下设相应的管理部门,但需要指出的是,这种对应设置有时也并非完全一致。例如,广东省在省级层面通过省交通运输厅下设相关港航管理的职能处室来开展航运行政管理活动,而广州市则未在市交通运输局下设相关港航管理处室。在 2019 年的广州市行政机构改革中,广州市专门成立了港务局作为广州市人民政府的组成部门来开展航运行政管理活动。广州市港务局主要职责包括贯彻执行国家、省、市有关港口、水路运输、航道管理的法律、法规、规章和方针政策。起草有关地方性法规、规章草案和政策措施并监督实施；依法保护和合理利用港口资源，研究制定港航发展战略；负责编制港口、航道、锚地等相关规划；推进港航科技进步和信息化发展。组织拟订港航科技进步、环境保护和节能减排工作措施并监督实施；组织开展国际技术交流与合作等工作；负责港口行政管理，依法实施港口经营许可。依法对港口经营市场秩序实施监督管理；负责水路运输行政管理，依法实施水路运输经营许可；依法对国内水路运输市场秩序实施监督管理；负责本地区(部、省属单位除外)船舶修造业的行业管理；负责广州港水域、航道和锚地的行政管理；规范和加强航道建设、维护，保障航道畅通和通航安全；负责港口工程建设、水运建设市场的监督管理；负责水运工程建设质量监督管理和安全监督管理；负责对港口安全生产情况实施监督检查；负责对水路运输的生产安全工作实施行业管理；负责港口危险货物管理和港口设施的保安工作；负责港口、水路运输数据信息的采集、发布、统计和管理利用工作；负责水路军事运输管理、监督和协调工作。组织协调抢险救灾物资、国家重点物资和国防建设急需物资等的运输工作；负责港口行政、水路运政、航道行政、水运工程质量监督管理等职责范围内的行政执法工作；指导监督广州港公共基础设施的建设和维护、船舶进出港、锚泊、引航、船舶交易等公共服务；完成市委、市政府和上级相关部门交办的其他任务；按照政事分开的原则，原广州港务局及所属事业单位的行政职能和原市交委港口管理职能全部划入市港务局，为机关履行职能提供保障的事务性、技术性、辅助性工作交由市港务局所属事业单位承担。

2.1.4　其他一些国家的航运政府部门

由于各国政治、经济体制不同，航运业务发展情况也有所差异，故而各国在航运政府管理部门的设置方面也有较大差异。现简要介绍美国、德国、英国、日本、巴西等国的航运政府部门。

1. 美国

美国作为联邦制国家实行的是统筹管理的水上交通运输管理体制。美国将铁路、公路、水运、航空、管道等五种运输方式统一归口，实行统一管理。政府的运输管理部门和环境保护部门、国会以及军队和海关等五类机关协同工作。美国的航运管理机构主要分为5个部分：

(1) 隶属于政府的联邦运输部管理局和港务局；

(2) 隶属于国会的州际商务委员会和联邦海事委员会；

(3) 参与战备管理的海岸警备队和陆军工程兵；

(4) 从事环境保护的美国联邦环境保护署；

(5) 征收关税、参与运输管理的美国海关。

2. 德国

根据德国基本法,联邦交通、建设与住房部是联邦交通运输事业的主管机关,它在交通运输方面的业务范围覆盖铁路、公路建设与公路运输、内河航运和航道建设、海运、航空以及气象服务等各个领域。交通部下设中心事务司、基础事务司、住房事务司、铁路、航道司、航空、航天、航运司、公路建设和公路交通司、建筑和城市建设司等职能部门,以及 13 个高级专业管理局和航道与航运管理处及 3 个专门的监督管理机构。

3. 英国

英国采用大部制机构模式,现行的交通管理主要职责由运输部(由以前的环境保护、交通运输管理以及地方事务三个部合并组成的)负责。交通大臣正副共 4 人,均为国会议员,其中 3 位副职中有 1 人分管民航和水运。

英国运输部对国际航运进行管理的机构主要是"运输战略、道路与海上运输署"下属的"物流与海运处"和"海事与海岸警卫署"。其中,海事与海岸警卫署下设海事管理处、海上安全与防污管理处、地区海事管理处等职能部门,其主要职责:负责提供 24 小时的海上搜寻救助服务;英国籍和到港的外国籍船舶的安全管理;防止水域污染;英国籍船舶注册;为船员提供服务;等等。与美国等大多数议会制国家一样,英国的其他政府机构和部门(如财政部、海关、国防部、健康与安全部、环境部以及劳工部等部门)也拥有航运管理的部分职能。

4. 日本

日本的交通运输管理以集中统一和综合管理为主要特征。国土交通省为日本统管交通运输的中央部门,统一对全国的公路、水路、铁路、民航等进行综合管理。在国土交通省中,涉及水路管理职能的机构和部门主要有综合政策局、河川局、海事局、港湾局等内局以及船员劳动委员会、海上保安厅、海难审判厅等 3 个外局。

在涉及水路管理的部门和机构中,综合政策局涉及整个交通运输行业的政策制定、规划等;港湾局主要负责港口的建设、利用、维护和管理等事务;与航运相关的管理几乎涉及河川局、海事局、港湾局、海上保安厅等部门;海上保安厅是管理海洋、统一负责水上交通执法的专门机构。

在港口管理方面,日本漫长的海岸线上有着近 1 100 个港口。日本的港口按照其重要性分成特定重要港口和重要港口。日本的港口设施建设和管理的主体不统一,建设主体为国家、港口管理者、地方公团、集装箱码头公司等,管理主体多为地方港口管理当局。日本把港口行政系分成两种行政行为:一是港口建设行政,二是港口管理行政。建设行政职能是主管港口的开发利用及管理等方面的设施建设,其国家主管部门是国土交通省和经济企划厅。港口管理行政又可分为设施管理行政和港口经营行政,前者管理港口设施,后者则管理港口装卸搬运及码头经营活动,行政管理部门既涉及运输省、劳动省、大藏省、农村省、福生省和法务省等,又涉及地方机构和地方自治体,相对而言较为复杂,但管理主体是地方港口管理者。一般而言,日本每五年都要制定港口的开发、利用、维护以及航道开发维护的基本规划。

5. 巴西

巴西是联邦制国家,由于巴西河流众多,很多河流穿越多个州。联邦政府对交通运输事业的一个重要组成部分——水运事业的管理和协调非常重视。在国家一级的政府机构中,除了设有交通部之外,还专门设有国家水运管理署,与巴西国家航天署、巴西国家电力署、巴西国家石油署等重要的国家机关并列。巴西国家水运管理署是根据国会于 2001 年 6 月 5 日通过的法令设立的。根据这个法令,巴西国家水运管理署设于首都,是独立的法人机构,虽然与交通部有工作联系,但具备特有的自主权、独立的管理权,对重要河流设立地区性管理局和任命其领导人的人事权。

巴西国家水运管理署的国家水运管理署的最高决策机构由一个署长、两个副署和各司司长组成。署内设有办公厅、海运司、河运司、宣传司、国际司、技术司、监察司等。由于巴西海岸线长、海运事业发达,内河航运又穿越多个州,很多工作(特别是立法)牵涉到各州和各方面的利益,所以在国家水运管理署内部还特别设立了国会协调司,与巴西参议院和众议院加强联系和沟通。

另外,巴西主要有亚马孙河、巴拉那河、圣弗兰西斯科河三大水系,均为世界著名大河。国家水运管理署针对这种情况,结合对重要海运港口的管理,还设立了马瑙斯(亚马孙河)地区管理局、佛罗利亚诺玻利斯(东南部)地区管理局、贝伦(北部)地区管理局、累西菲(东北部)地区管理局和里约热内卢(海运)地区管理局。

2.2 我国航运管理体制的发展变迁

2.2.1 新中国成立伊始航运管理体制的初创

1949 年 10 月 1 日,中华人民共和国成立。中央人民政府交通部在原华北人民政府交通部基础上组建,并开始办公。新组建的交通部行政工作的重要开端就是于 1949 年 11 月 19 日在北京召开全国首届航务、公路会议。会议的一个重要内容就是初步议定交通部直属公路水路运输系统的组建方案。基于会议的议定内容,政务院 1950 年 2 月发布《关于 1950 年航务、公路工作的决定》,其中,确立全国航务管理体制如下[1]。

(1) 在交通部下设航务总局及国营轮船总公司(1951 年更名为中国人民轮船总公司),领导航务建设、航务管理与航运工作。

(2) 在沿海主要港口及长江设置航务局,即天津区航务局、营口区航务局、上海区航务局、广州区航务局和长江航务局。以上各航务局在交通部航务总局的直接领导下展开工作,但根据具体情况与领导上的便利,由交通部暂行委托各大行政区或省、市代管。

(3) 国营轮船总公司(将旧招商局业务归并)设于上海(后于 1951 年迁至北京与交通部航务总局合署办公),统一掌管国营轮船运输业务。

(4) 内河航运管理方面,跨越两大行政区以上的内河航运,由交通部航务总局直接管理。跨越两省以上的内河航运,由大行政区交通部设立内河航运局直接管理,并接受所经各省交通厅的指导。一省之内的航运,由省交通厅管理。但与跨越两省以上内河相通且能通行轮船的,按实际情形,由大行政区交通部或中央交通部航务总局直接管理。

1950 年 7 月,政务院财经委员会发布《关于统一航务港务管理的指示》,决定成立港务局,初步统一港务、航道及港监管理,具体包括以下方面[1]。

(1) 成立大连、天津、青岛、上海、广州 5 个区港务局及其分局或办事处。区港务局为中央人民政府所属机构,其中大连、天津、上海、广州 4 个区港务局暂托当地人民政府代管。

(2) 港务局根据中央人民政府交通部颁布的规章,统一管理航道、码头、仓库、引水工作和人员、规费征收、船舶登记与检查、轮船业登记、船舶进出口审批以及气象水文观测资料收集与发布、海事处理、船员考核等各项工作。

(3) 港口货物出入口检查及有关关税征收、港内外治安、港口防疫等工作分别由海关、水上公安、卫生部门负责。各有关部门在港口成立联合检查处,由港务局局长统一领导。港务局应与海军、海关、公安、卫生等部门加强联系,协调各项工作。

此外,由于历史原因,海港河道灯塔浮标管理、航道疏浚等事务在中华人民共和国成立之前一直在海关的管理范围之内。1950 年 1 月,中央人民政府政务院通过《关于关税政策和海关工作的决定》,其中就决定将管理“海港、河道、灯塔、浮标、气象报道等助航设备的职责,连同其工作人员、物质、器材,全部移交中央人民政府交通部或省市港务局”。1950 年 11 月,海关总署按照相关规定,将海关管理的航标移交交通部航务总局,其中港口航标移交各港务局,长江航标移交长江航务管理局,从此结束了长达 80 多年由海关管理航标的历史。交通部航务总局为接管航标成立了海务处,在沿海组建青岛、上海、厦门、广州 4 个区海务办事处;长江中游、上游和下游分别由长江航务管理局江务处、重庆和南京分局江务科管理,并建立分级管理体制。由此,海上航标与内河航标分开管理。

1951 年 3 月,第二届全国航务会议召开,根据会议议定并经政务院批准,交通部设置专业管理局以加强港口与航运生产的统一管理。1951 年 8 月,交通部撤销航务总局及中国人民轮船总公司,分设海运总局、河运总局和航道工程总局。在沿海分设北洋、华东和华南区海运管理局,同时在保留长江航务管理局外,另设黑龙江航务管理局和珠江航务管理局。由此,沿海和内河均实行分区统一管理港口和航运生产的体制。

根据第二届全国航务会议决定,水上安全监督体制也开始创立。交通部内设船舶登记局,负责船舶登记及技术检查事宜。此外,在海运总局设置海务监督处,各海运企业内设海务监督处(室、科),在沿海港口设置港务监督科、室。在河运总局设置航行监督处,内河航运企业设置航行监督处(科)或安全科。根据交通部指示,地方交通主管部门逐步采取相应措施,成立相关机构。

2.2.2　计划经济时期航运管理体制的探索发展

1953年至1957年是我国实施国民经济第一个五年计划,对私有生产资料进行社会主义改造,确立计划经济体制的时期。这一阶段,根据中共中央提出的中心任务和制定的各项方针政策,我国航政管理体制也做了必要调整和改革,建立并加强了以计划生产管理为中心的"集中统一、分级管理、政企合一"的计划经济管理体制。

1953年4月,交通部颁布《关于调整海运系统的组织机构和领导关系的指示》,决定实行港、航分立的管理体制,确定交通部直接管辖沿海和长江、珠江、黑龙江的主要港口,其他港口均由地方交通主管部门管理。相关主要内容如下。[1]

(1)部所属之海运管理总局作为专业机构,代表部领导海运系统的一切生产单位和辅助生产单位。

(2)大连、天津、青岛、上海、广州五港结束地方代管后,均由海运总局直接领导,但同时应接受地方市政府在政治上的领导和业务上的监督指导。为方便对中型港口的管理,决定仍实行分区领导,即大连区局直辖安东、营口两港,青岛区局直辖烟台、龙口、威海三港,天津区局直辖塘沽办事处和秦皇岛分局(1954年,根据秦皇岛港业务发展需要,秦皇岛港改为由交通部海运总局领导,将原交通部天津区港务管理局所属秦皇岛分局改名为"中央人民政府交通部秦皇岛港务管理局"),上海区局直辖连云港、宁波、温州三港,广州区局直辖汕头、湛江、海口、榆林等港。其余各地的港口及渔港由各省交通厅或航务局管理。

(3)华东、北洋两海运区局合并后改称为"中央人民政府交通部上海海运管理局",主要统一经营管理长江口以北各航线。华南区海运局改为"中央人民政府交通部广州海运管理局",经营管理华南各航线。原由海运局所办理之收发货物、代理业务全部移交港务局办理,海运局在各港之分支机构亦合并于港务局统一领导。

1954年1月,政务院公布实施《中华人民共和国海港管理暂行条例(修正草案)》,其中规定在沿海港口由交通部根据贸易、运输需要,并就其吞吐任务、设备能力,分别设置港务管理局、分局、办事处(统称港务局)。1954年4月,交通部批准海运总局发布《中央人民政府交通部海运管理总局海运管理局、港务管理局相互关系、责任、规章》,对海运管理局和港务管理局的关系进行理顺,该文件明确了海运管理局和港务管理局在海上客货运输与船舶服务方面的相互关系、责任及结算办法。

除上述改革外,在社会主义改造时期,交通部在航道管理、外轮代理管理等方面也做了进一步调整。1956 年,交通部成立航道管理局,之后还批准成立长江、珠江、黑龙江、上海、天津航道管理局,负责各江及沿海港湾航道工作。1953 年 1 月,将各对外开放港口中独立经营的外轮代理机构归并统一,进而成立各港务局领导的外轮代理分公司,并在交通部海运总局内设远洋运输科(对外称中国外轮代理总公司)。1956 年,中国外轮代理总公司完善建制,成为主管海洋运输代理业务的全国性机构。

1958 年至 1965 年,是我国掀起"大跃进"运动和进行国民经济调整的时期。这一时期,国民经济发展因"大跃进"遭受严重挫折,但随后展开的经济调整使得形势逐步好转。这一阶段,航政管理体制也经历了不少变动。

"大跃进"时期,交通部提出"全党全民办交通"的总方针和"水陆空运大跃进"的总任务,根据中央决定扩大地方事权的指示精神,交通部在 1958 年两度下放直属企事业单位。除长江干线的船舶、长江口以北沿海大港运输船舶以及上海海运局(包括上海船厂)仍实行以中央为主、地方为辅的双重领导外,其余全部下放地方。沿海港口下放地方 6 个,长江小港下放 3 个。

从 1958 年 11 月开始,中共中央开始纠正"大跃进"运动中的问题。1960 年底,中央开始对国民经济进行整顿。1961 年 1 月,中共八届九中全会正式确定对国民经济采取"调整、巩固、充实、提高"的八字方针。1958 年交通部大规模下放的直属企事业单位于 1961 年开始逐步收回,水运企事业单位收回后面临着重建管理体制的问题。1962 年,交通部制定《水运工作贯彻七十条的补充规定(草案)》,对水运企业实行交通部统一领导下的区域管理体制。将中央直属水运干线划分为北方沿海、南方沿海、长江 3 个航区,按航区分设管理局。航区管理局既是联合企业,统一管理航区内的船舶、港口、航道、航务工程等企事业单位,也是本航区的航运管理机构,负责监督国家有关航运政策、法规在本航区的贯彻执行。

为推动长江航运的企业经营与行政管理工作分开,1964 年 4 月,交通部党组向国家经委和总理报送《长江航运公司(托拉斯)实施方案的报告》,提出有必要成立托拉斯性质的长江航运公司,将由长江航运管理局管辖的港务监督、船舶检验等航政管理工作同企业经营分开。国家经委批准了交通部的方案并指示立即试办。为明确交通部与长江航运公司间的职权划分,1965 年 12 月,交通部还颁布了《部和长江航运公司职权划分的规定》,确定交通部主要以战略指挥为主,重点掌控方针政策。

在"大跃进"时期和国民经济调整阶段,为促进远洋运输发展,1958 年 8 月,交通部将水运总局(由海运总局发展而来)国际业务处改为远洋运输局,对外称为远洋运输总公司,承担远洋运输职责。1964 年,在上海建立中国远洋运输公司上海分公司。1965 年,将远洋运输局驻广州办事处改为中国远洋运输公司广州分公司。此外,这一阶段,交通部还加强了外轮理货管理。1962 年,交通部发出《调整外轮理货公司体制的通知》,要求各港成立独立的"外轮理货公司",与港务局分开,直接受交通部水运总局领导,但受条件限制,采取由港务局代部领导的过渡形式[2]。

1966 年 5 月,"文化大革命"全面发动,而后持续十年。1966 至 1976 年,是我国一个特殊的历史阶段,在此期间,社会长时间动乱,国民经济发展缓慢。国家的交通行政和交通事业发展受到严重干扰,航政管理自然也难以独善其身。

受"文化大革命"的严重冲击,交通部的行政工作在 1966 年末至 1967 年 5 月基本陷入瘫痪。为维持全国交通运输的正常运转,1967 年 5 月底,中央决定对交通部实行军事管制(1967 年 6 月至 1970 年 6 月是交通部实行军事管制时期)。1967 年 12 月下旬,中央发出《关于对长江航运系统实行全线军事管制的决定》,长江航运就此实行军事管制。交通部军管会设有"抓革命""促生产"两个领导机构,后者是生产指挥部,行驶交通部行政职能。1970 年 6 月,铁道部、交通部、邮电部的邮政部分(1973 年邮电部恢复建制,邮政总局重归邮电部)三部合并,定名为"中华人民共和国交通部",同时,成立交通部革命委员会。1970 年 6 月至 1975 年 1 月是交通部的"三部合并"时期[1]。这一阶段,交通部对部分港务局、设计院和航务工程局进行了调整下放。如北海港务局下放给广西壮族自治区管理,水运规划设计院迁至武汉与第二水运工程设计院合并,划归第二航务工程局领导,改称为交通部第二航务工程局领导设计研究院。为集中管理远洋运输工作,1972 年 2 月,交通部向国务院请示重新组建中国远洋运输总公司,同时中国远洋运输总公司亦作为中国外轮代理总公司。1974 年 10 月,交通部恢复远洋运输局,该局为一个机构,三块牌子,即远洋运输局、中国远洋运输总公司、中国外轮代理总公司。远洋运输局具有行政机构和企业双重行政,既是部机关的一个职能部门,又是部属企业机构,其编制属于企业,经费由企业开支[2]。

1975 年,交通部与铁道部分开,交通部恢复建制。这一年,航政管理工作中特别值得一提的是,国务院批转交通部《关于调整长江航运管理体制的报告》,同年 7 月,交通部下发长江航运公司体制调整的批复。1964 年成立的长江航运公司从 1975 年 9 月 1 日起恢复为长江航运管理局,并成立重庆、上海、武汉、南京、芜湖分局。长江航运公司所属各港务局均改为港务管理局,武汉、南京港务管理局由长江航运管理局直接领导,其余港口分别划归各有关分局领导。

2.2.3 改革开放时期航运管理体制的健全完善

1978 年 12 月,党的十一届三中全会召开,我国开始实行对内改革、对外开放的政策。党和政府的工作重点也逐步转移到经济建设上来,经济体制改革不断推进,政府职能也在不断转变,包含航政在内的交通行政得以稳健发展。

1978 年至 1980 年底这段时间,交通部对部内水运交通管理机构和职能做了以下 3 次调整[1]。

(1) 1978 年 3 月,交通部将原水运局一分为二,分别成立港口局和水运局。港口局分管港机、燃油供应、理货、港监等业务;水运局分管调度、商务(运价、货运、客运)、船舶技术等业务,直属海运和长江航运业务归口水运局管理。水运基本建设局一分为二,分别成立航道局和基本建设局。

(2) 1979 年 3 月,交通部撤销港口局,将港口局的职能(不含港监部分)并入水运局。同时,成立水上安全监督局,有关港监、环保工作由其负责。

(3) 1979 年 10 月,在保留水运局、水上安全监督局两个职能部门外,设立港务监督局(对外称中华人民共和国港务监督局),履行港口监督的职能。

进入 20 世纪 80 年代,改革交通运输管理体制成为当时交通部的重要工作内容。1984 年,交通部提出以"转、分、放"("转"是指交通部和各级交通部门要从生产业务型转到行政管理型,真正发挥政府职能部门的作用;"分"是指要坚决实行政企分开,简政放权;"放"是指下放企业到中心城市和放权给企业,使得企业更有经济活力)和"实现两个转变"(一是从主要抓直属企业转变到面向整个交通运输业,加强行业管理和指导;二是从直接抓企业的具体生产经营活动转变到抓好行政管理)为主要内容的改革设想,得到了党中央和国务院的肯定。政企分开、简政放权、转变职能、加强行业管理成为改革目标。进入 20 世纪 90 年代,建立社会主义市场经济体制成为我国经济体制改革的目标,政府改革的重点继续是转变职能,建立具有中国特色、适应社会主义市场经济体制要求的行政管理体制。21 世纪以来,我国社会主义市场经济体制已逐步确立,国民经济保持快速发展,并与国际经济全面接轨。继续深化改革,完善体制机制,不断提高交通行政现代化水平,推动交通经济发展方式转变成为这一时期我国交通行政的发展方向。在上述背景下,我国航政管理体制不断健全完善。

在港口管理体制方面,1984 年开始,交通部在基于前期大连港港口体制改革试点的基础之上着手在全国范围内进行改革,对交通部直接管理的港口实行"交通部和地方政府双重管理,以地方领导为主"的新管理体制。港口改革从 1984 年天津港试点开始到 1988 年底,对除秦皇岛外的沿海和长江干线 38 个港口分 4 批完成。同时,改革港口的投资体制,1984 年开始实行"以港养港、以收抵支"的政策。1996 年,国务院审查并批准了交通部提交的《深化水运管理体制改革方案》,其中决定港口按照政企分开原则设立行政管理机构,作为当地政府职能部门;将政企合一的港务局改组为港口企业,成为自主经营、自负盈亏、自我发展、自我约束的经济实体;改革港口财务制度,与新财税制度接轨。2001 年 11 月,国务院办公厅发出

《关于深化中央直属和双重领导港口管理体制改革意见的通知》,决定所有中央直属和双重领导的港口全部下放地方管理,同时实行政企分开。港口下放后原则上由港口所在城市人民政府管理。需要省级人民政府管理的,由省级人民政府按照"一港一政"的原则确定管理形式。港口下放后,实行政企分开,港口企业不再承担行政管理职能,并按照建立现代企业制度的要求,进一步深化企业内部改革,成为自主经营、自负盈亏的法人实体。港口财务管理由"以港养港、以收抵支"改为"收支两条线",取消港口企业定额上缴、以收抵支的办法,同时按规定征缴港口企业所得税。2003 年,《中华人民共和国港口法》出台,并于 2004 年 1 月 1 日起施行,我国新的港口管理体制就此以法律的形式固定下来[3]。

在内河航运管理体制方面,1982 年全国交通工作会议对长江航运管理体制改革提出相关要求:政企要分开,行政管理要集中统一,分级管理,对企业要下放权力,实行独立经营;要实行港航分开,大港口要由交通部统一管理;长江的航运、装卸企业要实行多家经营或组织联合经营。1982 年 5 月,交通部向国务院报送《关于长江航运体制的改革方案》。1983 年 3 月,国务院正式批转长江航运体制改革方案。随后,长江航运体制开展改革。1983 年 12 月,完成组建长江航务管理局和成立轮船总公司的工作,两机构从 1984 年 1 月 1 日开始正式办公。长江航务管理局是交通部的派出机构,统一负责长江干线的航政、港政、航道整治管理,发展规划,船舶监督检查,船员考试发证,水域防污,港航事故处理和运输市场管理等工作。长江轮船总公司是交通部直属一级独立核算的运输企业[1992 年,经国务院批准以长江轮船总公司为核心成员组建了中国长江航运集团;1996 年,更名为中国长江航运(集团)总公司;2009 年,与中国对外贸易集团总公司实施战略重组后成为中国外运长航集团有限公司;2017 年,中国长江航运集团有限公司调整为招商局集团二级公司]。在港航分管的基础上,航运企业实行多家经营,港口全部对社会开放,并开始将一些中小港口下放给地方。1987 年 8 月,国家经委和交通部联合上报《关于长江港口管理体制改革的请示》,同年 11 月获得国务院批准。1988 年,南京、镇江、武汉、九江 4 港分别下放给所在城市。1989 年,交通部直属的长江干线 26 个重点港口全部下放当地政府,实行交通部与地方政府双重管理,以地方为主的管理体制。1996 年,国务院批准的《深化水运管理体制改革方案》中明确要成立长江航运管理委员会,由交通部牵头,水系各省、直辖市人民政府参加,作为决策、协调机构,统筹决定长江水系航运发展和管理的重大事项。进入 21 世纪,为建立长江口航道建设、管理、养护一体化的长效管理机制,交通部自 2003 年开始进行长江口航道管理体制改革,拟将长江口航道建设有限公司调整为长江航道管理局,负责长江口航道的规划、建设、维护、管理和有关科研工作。2005 年 6 月,长江口航道管理局正式成立。在除长江外的主要内河航运管理方面,1983 年,经国务院批准,原黑龙江省航运管理局收归部直辖领导,成立具有政企合一性质的交通部黑龙江航运管理局(2000 年末,交通部黑龙江航运管理局下放地方并实行政企分开),统管黑龙江水系各项航政等工作。1986 年,组建珠江航务管理局,作为交通部在珠江水系派出的行政管理机构。

在水上交通安全监督管理体制方面,长期以来,我国的水上安全监督机构隶属于各港务局。20 世纪 80 年代,交通部在进行直属港口体制改革的同时,也根据海上交通管理和安全监督的需要,按照政企分开的原则,将港口安全监督和行政管理部分的工作从港务局划出,组建海上安全监督局,以进一步加强海上交通安全管理。先后将隶属于沿海各港务局的 17 个港务监督、15 个海上无线电通信机构和 3 个隶属于航道局的航标测量处划出,组建了大连、上海、宁波、广州等 14 个海上安全监督局(对外仍保留中华人民共和国港务监督局名称),实行交通部与所在城市双重领导,以交通部为主的管理体制。1996 年,国务院批准的《深化水运管理体制改革方案》确定了水上安全监督体制改革的原则。1998 年开始推进实施具体的改革。正是在本轮改革中,中华人民共和国海事局(交通部海事局)在中华人民共和国船检局(交通部船舶检验局)和中华人民共和国港务监督局(交通部安全监督局)合并的基础之上成立。1999 年 10 月,国务院批准并发布《国务院办公厅关于印发交通部直属海事机构设置方案的通知》,明确交通部在沿海省(区、市)和主要跨省内河干线及重要港口城市设立直属海事机构(当时共设置 20 个交通部直属海事局)。此外,全国 31 个省(区、市)(不含港澳台地区),有 27 个省(区、市)设置了地方海事机构(广东、海南、广西、黑龙江四地全部水域由交通部直属海事机构管理)。至 2005 年 6 月西藏地方海事局正式挂牌成立,全国水上安全监督管理体制改革工作全面完成[1]。

2.2.4　21 世纪以来航运管理体制的深化改革

2012 年 11 月,党的十八大成功召开。十八大以来,党中央团结带领全党全国各族人民,全面审视国际国内新的形势,通过总结实践、展望未来,对党和国家各方面工作提出一系列新理念、新思想、新战略,推动党和国家事业发生历史性变革、取得历史性成就,中国特色社会主义进入了新时代。全面深化改革成为我国在新时代的重要战略选择。在党中央的战略部署下,交通运输部(2008 年国务院进行机构改革,在原交通部的基础上组建交通运输部)也开始全面深化交通运输改革。我国航政管理体制也随之展开新一轮改革。

2014 年 12 月,交通运输部印发《关于全面深化交通运输改革的意见》。其中,明确提出要深化水路管理体制改革,具体包括深化港口管理体制改革、深化航道管理体制改革、深化海事管理体制改革、深化搜救打捞体制改革、深化交通公安管理体制改革等多个方面。在实践层面,上述多个领域的改革具有明显的交叉性和融合性。现重点介绍改革涉及面较广的港口管理体制改革和长江航运行政管理体制改革。

在港口管理体制改革方面,区域港口一体化成为我国港口体制改革的重要内容。所谓"区域港口一体化"一般是指某一区域内(在我国通常为省域范围内)的多个港口通过企业重组、港口管理机构改革等多种途径,使得区域港口资产得以整合,实现区域港口一体化运营;区域港口规划与管理得以统一,实现区域港口资源统筹管理。值得特别指出的是,区域港口一体化改革未对我国港口管理体制进行根本性的改革,其仍在《中华人民共和国港口法》所确立的"分级管理,一港一政"的基本框架下展开,只是更加注重强调省级港口行政主管部门在港口管理中的作用[4]。其中,最为典型的就是浙江省的区域港口一体化改革。2017年8月,交通运输部还专门印发《关于学习借鉴浙江经验推进区域港口一体化改革的通知》,号召沿江沿海省份在学习借鉴浙江改革经验的同时,牢固树立新发展理念,因地制宜、分类施策,坚持改革创新,坚持市场化导向,深化区域港口一体化改革,积极稳妥推进区域港口一体化发展。2015年8月,浙江省委、省政府做出重大决策部署,决定整合统一全省沿海港口及有关涉海、涉港资源和平台,组建浙江省海洋港口发展委员会和浙江省海港投资运营集团有限公司,加快海洋经济和港口经济一体化、协同化发展。其中,浙江省海洋港口发展委员会作为浙江省政府直属正厅级机构,根据省政府授权履行有关省级经济管理权限,负责海洋港口经济发展的宏观管理和综合协调。浙江省海港投资运营集团有限公司是我国第一家集约化运营管理全省港口资产的省属国有企业,是浙江省海洋港口资源开发建设投融资的主平台,其先后完成了浙江省内沿海五港和义乌陆港以及有关内河港口的全面整合。正是借鉴了浙江经验,近年来,我国沿江沿海多个省份纷纷成立省级港口集团,以对本省域范围内的港口企业进行整合,如2017年5月成立的江苏省港口集团有限公司、2018年12月成立的安徽省港航集团有限公司和湖南省港务集团有限公司、2019年1月成立的辽宁港口集团有限公司、2019年8月成立的山东省港口集团、2020年1月成立的江西省港口集团有限公司等。

在长江航运管理体制改革方面,2016年4月,交通运输部党组站在贯彻落实"四个全面"总体布局的高度,做出了深化长江航运行政管理体制改革的重大决策,出台了《关于深化长江航运行政管理体制改革的意见》。此次改革涉及范围广、调整幅度大、职能转变彻底,成为自1984年以来长江航运行政管理体制的又一次重大改革。通过本次改革,长江航务管理局作为交通运输部派出机构的地位和作用强化,实现了权责统一。长江航务管理局归口管理长江航运事务的职能定位、职责分工得到了明确。长江航务管理局受交通运输部委托管理长江海事局、江苏海事局、长江航道局、长江口航道管理局、长江航运公安局、长江通信管理局、长江三峡通航管理局等单位,建立"长江航务管理局统一领导、系统单位各司其职、基层单位整体联动"的管理格局。具体来看,江苏海事局、长江干线四川段水上安全监管纳入长江海事局管理(原隶属于江苏海事局的连云港海事局调整由部海事局直接管理,盐城海事局由江苏海事局成建制划转连云港海事局,作为分支机构进行管理);长江口航道管理局纳入长江航道局管理。长江海事、航道分别建立了相应的工作规则,深度融合、有序推进,长江干线实现统一管理。长江航道局实现政、事、企分开。长江航道局将长江航道行政管理职能移交长江航务管理局机关,现场执法职责移交长江海事局;长江航道工程局有限责任公司挂牌成立,建立了内部各项管理制度和运行机制。改革后的长江航道局,公益服务职能得到强化,管理层级优化,管理效能大幅提升。本轮改革使得长江航运实现"统一政令、统一规划、统一标准、统一执法、统一管理"和"一体化管理、一条龙服务"的发展格局,"集中统一、权责一致、关系顺畅、协调有序、运转高效"的长江航运行政管理体制机制全建立。自此,长江航运步入了统一管理、科学发展的崭新时代。

2.3 政府干预理论视角下的航运政府部门管理

市场与政府的关系一直是经济学界争论的焦点。其发展从古典经济学到凯恩斯主义经济学,再到新古典经济学、新凯恩斯主义经济学。福利经济学、制度经济学等始终存在着"看不见的手"(市场调节)与"看得见的手"(政府干预)之间的争论。虽然各种经济学派都认为市场经济主要是解决资源配置效率问题,单一古典经济学为主的自由经济主义认为在满足了完全竞争、完全理性、效用最大化三个基本假设的前提下,一切经济问题都可以通过市场机制自行解决,市场配置效率会自动达到最大化,无须政府行为的干预。而以新凯恩斯主义经济学为主的政府干预主义则认为古典经济学的"三大基本假设"是不可能同时具备的,市场机制自身天生存在着"缺陷"。因此,市场不是万能的,存在着"市场失灵"。而福利经济学则认为,评价一种经济制度是好是坏,是否有效率是一个标准,但不是唯一标准。一种经济制度的好坏最终要看它是否乐意使社会福利达到最大,而影响社会福利水平的不仅包括效率,还包括公平、公正等诸多要素。总体来看,政府在社会经济发展中所担当的角色在不断演变。

2.3.1 航运市场失灵

造成市场失灵的主要原因有两个方面,一是市场制度本身具有的缺陷;二是由于人们主观上对市场制度把握不准,人为造成了市场机制无法正常发挥作用,出现失灵。如一些规制违背了市场规律,破坏了市场机制的功能等。对于第一种情况,我们要积极地进行干预,以弥补市场的不足。对于第二种情况,则需要我们不断加深对市场规律的认识,主动顺应市场规律的要求。

除了人为因素造成的市场失灵外,经济学家经过长期的探讨,认为由市场机制本身缺陷造成的市场失灵主要有两类:一类是由市场制度本身的假设不完全造成的,即完全竞争的假设不存在,造成市场失灵,主要表现为公共物品、外部效应、竞争失灵、信息失灵、宏观经济失衡等5个方面;另一类则与完全竞争的假设无关,市场失灵是市场运行结果本身的缺陷所致,主要表现为个人偏好不合理,收入分配不公平两个方面。

在航运经济活动中,由于市场不完全、信息不对称、自然垄断现象、外部性及公共物品的存在等原因,航运市场会出现失灵现象,如出现恶性竞争、资源滥用等问题。

1. 航运市场是不完全市场

经济学原理告诉我们,市场机制主要是通过竞争实现资源的有效配置的,竞争不充分的市场是不完全市场,而且市场效率也相对较低。

我国航运产业是伴随着改革开放发展起来的,是最早与国际接轨、实行市场化运营的产业之一。虽然经过数十年的快速发展,市场化水平已经达到相当程度,但从总体上看,我国的航运市场目前还是不完全市场,主要表现在竞争不充分。我国航运市场竞争不充分主要表现在两个方面:一方面是以"价格战"为主的低水平恶性竞争严重。由于价格战、某些航线上零运费等现象的存在,我国的航运市场表面上看是过度竞争市场,相反,却正是因为市场发育不足而导致的。另一方面是竞争形式单一,竞争不充分除了表现在统一市场上的竞争尚未真正形成等方面外,还突出表现在企业只能进行价格竞争,造成竞争手段单一、非价格竞争匮乏等局面。

造成航运市场不完全的原因有很多,有市场发育程度方面的问题,有航运产业自身特点方面的问题,还有现行制度安排方面的问题等。

1) 市场发育程度不够

与航运业务发达国家相比,我国的航运市场发育程度还很不成熟,主要表现在市场行为不规范、市场不统一等许多方面。有些港航企业,作为航运市场的主体还没有完全市场化,尚不具备市场主体的资格,市场发育程度不足必然造成市场的不完全和大量的市场失灵。

2) 自然垄断客观存在

海岸线、海洋、港口是航运业务开展的根本,由于天然的分布和不可移动性,一般都具有天然的垄断性。加之我国现行的航运管理体制是按照行政区划分建立的,人为割裂了航运产业的有机联系。这就造成了市场资源配置功能的失灵,优质资源并不能通过市场流转,配置到优势地区或企业。这种资源的天然垄断不仅破坏了市场机制,而且直接导致竞争的不充分和垄断价格的形成。

3) 统一市场难以形成

航运产业要素是围绕航运资源集聚的,资源的自然垄断性决定了航运产业布局的地区性,进而形成了航运市场的地区性;此外,航运经济的综合性与我国特有的部门所有、条块分割、多头管理等现实也造成了航运市场事实上的割裂。航运经济的地区性和行业分割,导致统一的航运经济并没有形成,各地方和行业追求本部门、本地区和本行业的利益,使市场机制不能很好地发挥作用,影响了资源配置效率,因而从全局看,航运市场是不完全的,处于因市场割裂造成的局部竞争过度与整体竞争不足并存的"失调"状态,存在着市场失灵现象。

2. 航运市场存在信息不对称

完全竞争市场顺利运转的一个条件是市场的参与者具有完全的信息。但这一假设在现实中不可能完全成立,市场交易双方往往是在信息并不完全甚至是错误的信息条件下做出决定的,信息不对称的情况广泛存在。

作为航运业主要组成部分的航运服务业为航运业提供信息、人才、技术、管理、服务和保障等,属于知识、人才、信息密集型产业,航运产品在销售市场上主要表现为一种综合性的信息产品。因此,信息的全面性、准确性与传播的有效性在航运市场上显得尤为重要。信息不对称是造成航运市场失灵的主要原因之一,此时引进政府制度缓解信息不对称问题中的市场失灵,或由政府对信息进行管制被认为是一个可行的方法。信息不对称会导致下列问题。

1) 导致市场"柠檬化"

信息不对称在公共经济学和信息经济学中被区分为事前的不对称和事后的不对称。前者属于"逆向选择"问题,后者属于"道德风险"问题。逆向选择是指信息劣势只能根据劣势信息来做出交易的选择,从而使越来越多的劣质产品留在市场,而优质产品却被逐渐地驱逐出市场;道德风险是指处于信息优势地位的一方在追求自身利益的同时,损害另一方的利益。

具体到航运市场而言,逆向选择主要表现为由于事前货主与货运运输经营者所掌握的关于运输产品的信息不对称,货主处于劣势,无法区分产品和服务的质量,只能根据价格进行选择,造成"价低质劣"产品盛行;道德风险主要表现为处于信息优势地位的货物运输经营者利用信息优势采取机会主义行为,设置"消费陷阱",一定程度上损害货主的利益。由于信息不对称所形成的逆选择和道德风险,造成市场上的服务不尽如人意,优质产品与服务因不具备价格优势而被边缘化,出现"劣质品驱逐良品"的现象,最终将会导致市场的"柠檬化"。我国航运业目前普遍存在的各种名目繁多的附加费等一系列问题,在一定程度上都是与航运市场的信息不对称有关。

2) 导致消费非理性

由于存在信息不对称,航运业消费者无法根据信息识别企业与产品的优劣,价格成为消费者唯一的决策依据,这样做的后果便是:一方面将航运企业全都推上了价格战这一独木桥;另一方面,最终将把航运消费者由有限理性引向非理性,最明显的表现就是盲目追求价格最小化。我国航运市场上近洋航线的零(负)运费之所以屡禁不止,一方面原因在于航运消费的不成熟,另一方面便在于航运消费者的非理性消费,实际上,许多托运人已经知道零(负)运费的运作内幕,但出于非理性消费,他们在与承运人的"博弈"过程中,不仅屡遭损失,还助长了这种不良现象。

3)导致市场交易失灵

信息是市场交易的基础。由于信息不对称,使得航运市场供求发生矛盾,即使供给总量等于需求总量,也会出现一部分供给找不到需求,同时,又有一部分需求找不到供给的低效率现象,造成一部分市场无法实现。

4)导致交易费用增加

新制度经济学认为,任何市场交易都存在为了搜寻相关信息、达成交易而形成的交易费用。信息不对称会导致信息搜寻成本上升,增加交易费用,而过高的交易费用会造成交易困难和市场效率的损失。理性消费是建立在拥有全面的信息基础上的。航运市场上之所以会出现非理性消费,很大程度上就是因为市场上信息杂乱,信息搜寻成本太高,交易费用过高。

5)导致宏观决策低效

信息不对称不仅存在于运输服务的消费者与经营者之间,也存在于航运服务消费者、航运经营者与政府之间。信息不对称现象的存在使得政府决策部门并不能完全、准确地掌握有关航运市场、航运需求、航运企业经营行为等决策信息,既影响了航运宏观决策和调控的及时性和准确性,不利于航运产业的健康、稳定、协调发展,同时也影响了航运公共管理的针对性,降低了航运公共管理的效率。此外,还会导致航运公共管理部门无法向社会及时发布有关航运企业资信等方面的有用信息,造成航运信息的进一步不对称。

3. 航运活动存在明显外部性

航运活动根据外部效应的影响可分成两种情况:一是外部正效应或称外部效益,指产品或服务给其他人带来了收益;二是外部负效应或称外部成本,指产品或服务给其他人带来了损害。经济学家科斯提出了外部效应的市场化解决办法,即在信息完全、交易费用为零的情况下,通过明确界定产权,市场就能很好地解决这个问题,不需要政府的干预。然而现实世界信息不完全、交易费又颇高,依靠市场自身的能力往往所费颇大,依靠政府制度是一种最好的选择。

航运活动与相关方面的高度关联会使其相对方面形成各种各样的影响,这就是航运活动的外部性。一般来说,外部性有正、负外部性两个类别及其四种具体形式:正生产外部性(如养蜂)、负生产外部性(如水污染)、正消费外部性,负消费外部性。外部性的存在有时会降低市场效率,影响市场公正,造成市场失灵。

1)导致非公平竞争

价格与成本是相对应的,有什么样的成本,就会形成什么样的价格。由于外部性的存在,一些企业不用为其造成的负外部性承担费用,也不用为其分享的正外部性支付费用,从而使这部分费用不用进入成本与价格,不能真实反映企业经营管理水平,形成不公平竞争,甚至扰乱正常的市场竞争秩序。

2) 导致创新动力下降

由于航运的不可专利性,航运业中的一部分资本密集型的航运服务形式就具有了一定的外部性,然而在当前信息技术革命和经济全球化的动态复杂的国际航运市场环境下,中国航运企业若要保持可持续竞争优势必须增强创新能力,具体包括航运技术创新、航运组织创新和航运管理创新。

2.3.2　政府干预与干预失灵

政府与市场是两个性质不同、但又紧密相连的治理结构。著名经济学家萨缪尔森的一句名言就是:"没有政府和没有市场的经济都是一个巴掌拍不响的经济。"政府的政策失误会造成市场的某些缺陷,但政府有效的干预行为也会克服市场的某些缺陷。凯恩斯的政府干预理论认为,政府干预的目的就是要保护自由竞争,弥补自由竞争下私人经济的不足,从而提高有效需求。萨缪尔森曾指出,20 世纪是公司混合经济的时代,国家对经济的影响力日渐增强,将政府在经济方面的职能简单地概括为三点,即效率、平等和稳定。需要指出的是,政府干预并不总是有效的,政府同市场一样,也会出现失灵问题的。

1. 航运公共管理中的政府干预

地方政府是区域航运发展的主导机构和行业管理机构,必须能够承担航运产业发展规划、系统协调、资源管理、资源保护、公共工程投资等多样职能。面对航运发展过程中出现的市场失灵等诸多失灵现象,政府必须进行有效干预。要通过各种政治、经济、文化手段来干预航运市场,以弥补市场与道德的缺陷,保证航运市场的效率和航运活动的发展。同时政府对航运活动的干预也是航运公共管理的重要内容之一。政府对航运经济的干预主要是解决自然垄断、外部性、公共物品提供、市场发育不完全性等问题。

1) 对航运市场竞争不完全问题进行干预

如前所述,航运市场的不完全性导致了低水平竞争、市场发育不成熟、市场价格信号扭曲等一系列问题。这些问题有些属于市场发育程度不完善自然造成的,一些属于现有制度安排不合理而人为造成的。因此,第一,要通过各种扶持手段,包括经济方面和政策方面的,进一步加快市场的培育,扶持市场主体的发展,提高航运产业市场化水平。第二,要通过制度变迁来纠正制约航运市场发育、影响统一市场形成、人为造成垄断等问题的政策规定,使各种规制符合航运活动发展实际,顺应航运活动发展趋势。第三,要加快航运资源管理体制的改革,打破航运资源客观上存在的部门占有制(尽管这些部门只是代表国家行使管理权),加快航运资源资产化进程,建立统一的航运资源价值评估体系和流转机制,鼓励航运资源的社会化开发,消除因航运资源天然所在形成的自然垄断格局。第四,还要充分发挥公共管理职能,加强市场监管,打击恶性竞争与不公平竞争,彻底治理影响航运市场正常发育的各种问题。

2) 对航运市场信息不对称问题进行干预

航运市场信息不对称是造成市场失灵的主要原因之一,是无法完全通过市场本身来解决的。尽管政府也不可能拥有完全信息,但必须不断加大有效信息的供给量,尽可能消除信息不对称,并降低信息搜寻成本。第一,要完善政府公共信息供给机制,运用现代高科技手段,多渠道、多方式、多容量地提供免费航运信息,如建立官方网站、编制航运服务指南、建设航运服务网络平台、提供多形式咨询服务等;第二,要规范信息供给机制建立企业信息采集、发布制度,规范企业信息内容。

3) 对外部性进行干预

外部性问题的存在主要是由于产权安排缺陷造成的。因此,政府对航运外部性的干预主要在于以下几点:第一,要按照现代产权理论,通过立法、拍卖等行式尽可能地建立全面的产权制度,通过产权的界定尽可能避免因外部性所造成的"公地悲剧";第二,运用财政、税收、补贴等杠杆工具进行有效调节,对能够带来正外部性的企业进行奖励、补助,对产生负外部性的企业进行惩罚性收费,对因负外部性而遭受损失的企业进行必要补偿。

4) 加大航运公共物品的供给

航运活动的综合性决定了航运发展中公共物品的重要性。虽然有些公共物品可以委托私人部门提供,但总体上,单纯依靠市场是无法保证航运活动正常进行所需的公共物品的。公共物品的不足同样会引发市场失灵,影响航运活动发展。作为公共物品的主要提供者,政府应加大公共物品的提供,在航运基础设施、航运环境建设、航运公共营销、航运资源供给、航运人才培养、航运市场监管、航运信息提供、航运文化建设等方面提出充足的公共物品。

5) 有效协调航运活动中的多元参与方

协同理论告诉我们,航运活动的发展需要区域部门之间、产业(行业)之间、政府与企业之间、企业之间等方方面面的有效协同。而由于地方利益、部门利益、企业利益等不同,以及现实存在的"激励不相容"现象,市场自身很难进行有效协调。只有政府才能可能站在更为全面的角度,将有关方面协调起来,满足航运发展中的协同性要求。

6) 对产业安全进行干预

航运产业在发展过程中,会遭受外来竞争者挑战、自然灾害、政治危机、经济波动、突发事件等一系列因素导致的产业安全威胁。这些问题也是市场无法解决的,只有政府才能承担起维护产业安全的责任。因此,政府一方面要建立安全防范应急预案,加强安全问题的防范、预警与处置;另一方面要加强对航运产业的宏观管理,确保航运产业沿着持续、稳定、合理的方向发展。

2. 航运公共管理中的政府干预失灵

航运活动中存在的市场失灵现象说明航运活动发展中存在的某些问题仅靠市场体系的自发调整功能是无法解决的,具有内在缺陷,需要政府积极主动地进行针对性干预,以克服市场失灵所带来的问题。然而,如同市场不是万能的一样,政府同样也不是万能的。政府制度同样也会存在信息失灵、激励失灵、决策程序的缺陷,以及由于公共决策和执行中的经济人动机等导致政府干预失灵的问题。此外,随着社会经济的发展,公众对公共物品和政府职能的看法也不断变化,可能会将许多原本不属于公共物品的事物也要求政府提供。这样,有时就会出现政府行为的错位、越位、缺位等现象,政府对市场的干预也会出现缺失、偏差、无力、失败等现象,造成政府干预失灵。政府干预失灵主要表现在两个方面:一是政府职能缺位造成的政府干预失灵,也就是该管的事情没人去管,政府未尽到自己的职能;二是政府干预错误造成的失灵,也就是该管的事情没有管好,或管了不该管的事情,政府未正确发挥自身职能。

目前,在航运领域的许多问题,诸如管理体制问题、产业结构问题、产品结构问题、市场结构问题、市场秩序问题、服务质量问题、市场绩效问题、航运影响问题等,之所以长期得不到解决,有些甚至成为航运发展过程中的顽疾,都在一定程度上与政府干预失灵有关。政府对航运干预失灵的表现和原因主要集中在以下几个方面。

1) 现行管理体制制约

航运活动具有综合性的特点,这就决定了完全依靠市场调节是不够的,需要对航运活动进行积极而有效的干预。但现实中,由于目前的航运管理体制等原因,各级政府虽然都积极地对航运活动进行干预,但干预的有效性有时却不甚明显,主要表现在干预乏力和干预失度两个方面。

一方面,由于现行航运管理体制不适应航运业综合性、协同性等方面的要求,作为政府干预航运的主要实施者,各级航运管理部门具有综合部门的性质,却缺乏综合部门的职能,因而造成了干预乏力。在干预的范围、力度和手段不足的情况下,航运管理部门制定的一些干预性政策、措施等无法对整个航运产业链产生作用,常常使航运管理部门对航运活动的干预流于形式。如对航运资源合理利用的干预,就常常会因部门所有、条块分割等体制方面的原因而无法有效实施。

另一方面,由于我国正处于经济社会转型期和航运活动发展期,航运市场和航运公共管理体系还很不完善,人们有时把握不准政府与市场的界限,常常出现干预过多,或缺乏有效干预两种极化现象,造成干预失度,该干预的不干预,不该干预的乱干预,既造成了政府干预失灵,有时也会破坏市场机制,引致或加剧了市场失灵。如对航运发展所形成的文化冲击、环境破坏等市场机制本身无法解决的负影响问题,目前基本还没有纳入航运公共管理的范畴,更谈不上实施有效的干预。总之,由现行管理体制引致的干预乏力和干预失度都会影响干预的有效性,造成干预失灵。

2) 信息不完全制约

政府同样存在信息不对称现象,干预决策所需要的信息常常也是不完全的,这就造成政府干预的及时性、准确性、针对性有时会出现偏差。就航运活动而言,由于航运管理部门并不掌握完全信息,属于有限理性,因而在制定一些政策、措施时,有时会出现决策失误,使所做出的干预行为达不到预期目的,甚至产生相反作用,造成干预失灵。

3) 干预能力制约

政府对航运活动的干预不仅表现在干预的范围、力度等反面,而且还表现在干预的手段、干预的水平、干预成本的承受力等方面。

对航运活动实施有效干预必须具备较为有力的干预手段,但各级航运管理部门由于不具备综合管理的职权,因而普遍缺乏干预的手段。尤其是对核心航运产业以外的相关领域的干预,常常显得苍白无力。

干预水平也影响着干预的效果,如何干预、干预什么、干预到什么程度等,都与实施干预决策和执行的人员密切相关。由于我国航运活动正处于快速发展期,各地航运活动的发达程度不平衡,因而各级航运管理部门对航运现象的认识、干预的主动性与准确性等也不尽平衡。加之航运管理队伍自身的人员素质、寻租行为等,都会使干预对象的选择、政策法规的制定与理解等出现偏差,影响到干预水平。而低水平的干预必然会使干预达不到预期效果,造成干预失灵,如在制定干预政策时的地方保护主义、部门利益、短期行为等。

任何政府干预行为都会在人、财、物等方面形成干预成本,如果干预成本过大,或与区域经济发展水平不适应,就会降低干预能力。比如对航运市场秩序进行干预,需要专门的市场稽查力量。但现实中,许多政策法规落空或执行不力等问题都与监管力量不足、监管不力和不够有关。航运市场出现的零负运费、私拿回扣等现象除了存在制度性漏洞等方面的原因外,许多都是市场监管不力造成的。再如,实施航运干预需要有一定的经济基础,由于航运经费和航运投入的不足,常常导致政府导向性投入、公共物品供给等运用经济手段进行干预的能力受到制约,有时甚至因干预成本过高而主动放弃干预,造成干预失灵。

4) "经济人"动机制约

由于公共部门中也存在"经济人"动机,因此,公共部门,尤其是政府部门在对航运业实施管理过程中,不可避免地会因部门利益、地方利益,甚至是个人利益而影响决策的科学性与正确性,使管理与干预行为出现偏差,人为造成政府干预失灵。尤其是"寻租"现象的存在,对政府干预行为的正确性影响较大。

经济学家施蒂格勒等人的政府管制俘虏理论的研究表明,政府人员的经济人逐利行为有可能使政府的决策与执行被某些利益相关者所左右(俘虏),出现于公众利益不符的情况,从而影响政府行为的有效性。

2.3.3 航运政府部门的主要管理职能

政府与市场之间有着各自的分界,政府的活动范围主要限于市场失灵部分,然而并不是所有的市场失灵都要由政府弥补,政府是否要介入还要比较市场和政府的相对绩效。在现代经济下,随着公共品和公共服务需求的增加,政府规模相对扩大、对经济介入领域增大是不争的事实,也是符合经济的发展规律的。我们需要对现代经济下的政府职能展开进一步的研究。一般而言,政府职能主要包括政治职能、经济职能、文化职能、公共服务职能以及生态职能。就航运政府部门的职能来看,可从宏观调控、市场监管、公共服务、社会管理、保护环境五大方面予以论述。

1. 宏观调控

所谓宏观调控是指政府通过行政手段与经济手段,实现以经济主体为主导、经济主体与经济客体的对称关系为核心、经济结构平衡与经济可持续发展的经济行为。"宏观调控"一词具有中国特色,是用来诠释政府与市场关系的一个关键词汇。宏观调控出自宏观经济学,经济学界一般认为,宏观调控等于宏观经济调控,调控的主体是政府或国家,客体是国民经济的总量,主要是指总供给、总需求以及总价格、总就业量等。宏观调控的手段是货币、财税等宏观经济政策,不包括产业政策、结构优化标准和环境政策等。这是严格学理解释的"宏观调控"。事实上,宏观调控的作用不限于经济领域,去掉"经济"两字的修饰,宏观调控的外延应当是大于宏观经济调控的,只是人们通常将宏观经济调控简称为宏观调控而已。此外,国家的宏观调控实践和经济法学界并不囿于某种经济学观点,而把经济结构调控包括在宏观调控之内,规划(计划)和产业政策等均被认为是宏观调控的重要组成部分[5]。

在我国,航运政府部门十分重视航运领域的宏观调控,通过编制行业发展战略和规划、组织起草法律法规草案、制定部门规章、引导水路固定资产投资规模和方向等多种形式来进行宏观调控。例如,2016 年,交通运输部印发《水运"十三五"发展规划》,这一规划是落实《国民经济和社会发展第十三个五年发展纲要》的行业五年专项规划,是交通运输"十三五"发展规划体系的重要组成部分,也是"十三五"期间水运行业发展的纲领性文件,为"十三五"期间我国水运行业的健康、持续、科学发展奠定基础。《水运"十三五"发展规划》提出八大主要任务:一是建设海运强国。强化主要港口的战略支点作用,实施一流强港工程,加快国际航运中心建设;提高海运船队保障能力,优化海运船队结构,提高重点物资承运保障能力;深化国际合作,深化港口海事国际合作,培育国际港航运营商。二是打造黄金水道。全面提升长江干线能力,提高干线通航条件,扩大三峡枢纽通过能力;构建通江达海干支衔接的航道体系,加快高等级航道达标建设,加强国际国境河流及其他航道建设;加强航道养护。三是推进港口转型升级。推动港口资源整合和结构优化,推进港口资源整合,加快港口结构优化;拓展港口服务功能,发展现代物流和港口商贸及综合服务业;引导临港产业集聚集群发展。四是加强集疏运体系建设。完善港口集疏运体系规划,加强铁路集疏运设施建设,完善公路集疏运体系。五是发展现代水路运输服务。优化运输组织,完善江海联运,大力发展铁水联运;推进内河船舶标准化、专业化;发展"互联网 + "水运新业态;推进口岸便利化。六是提升管理信息化水平。加大信息技术应用,提升岸线资源管理信息化水平,加强长江航运信息化平台建设。七是加强绿色平安发展。全面节约和高效利用资源,加强资源管理,节约集约利用岸线资源;全面强化节能环保工作,大力推进节能降碳,推进设立船舶大气污染物排放控制区,全面开展污染综合防治工作;加强安全应急管理,全面强化运输安全管理,继续加强安全监管应急救助装备和基地建设,强化安全应急系统和平台构建。八是完善法规规范。完善管理体系,完善法律法规体系,改革市场监管体系,强化基础工作;健全标准规范,加强重点领域标准制定,推进多式联运标准对接。

2. 市场监管

所谓市场监管就是建立和执行市场经济法律制度的管理,规范市场行为,进而调节各种经济关系。当前,我国经济已经由高速增长转向高质量发展阶段,经济发展不能再依靠传统粗放的增长模式、发展路径,关键要发挥市场机制的作用,激发市场的活力和创造力。构建市场机制有效、微观主体有活力、宏观调控有度的经济体制,为高质量发展提供制度保障,市场监管发挥着越来越重要的作用。维护市场运行效率,必须提高政府监管效率,推动市场监管的改革创新。

我国航运政府部门一向注重航运市场的监督管理,以建设统一、开放、竞争、有序的现代航运市场体系。航运市场监管包括水路运输市场监管、水上交通安全监管、水路建设市场监管等多个方面,所涉及的监管手段也多样化。例如,为推进水路运输市场信用体系建设,进一步强化水路运输市场监管中的信用监管,2020 年,全国水路运输市场信用信息管理系统在我国正式投入运行。为了管理系统的运行规范,交通运输部还专门出台了《关于加强全国水路运输市场信用信息管理系统运行管理工作的通知》,其中明确交通运输部将结合年度市场秩序和服务质量督查检查工作,组织对报送失信行为信息的时效性、准确性等情况进行检查。检查结果予以公开,并与年度国内水路运输及其辅助业年度核查结果、港口经营市场督查检查结果进行比对,纳入"信用交通省"建设相关指标。再如,我国多次对《国内水路运输管理规定》进行修订,以充分发挥市场监管在促进水路运输发展中的积极作用。

在 2020 年新一轮的修订中①,就从四方面入手发挥市场监管的效能:一是着力为水路运输企业提供规范、便利、高效的政务服务,减轻企业负担。按照船舶最低安全配员标准,明确仅经营小型船舶的国内水路运输经营者的专职海务,机务管理人员不再强制要求具备船长、轮机长或大副、大管轮从业资历;推动政务服务事项网上办理和电子证照共享;精简班轮航线运营许可证件和备案事项;明确从事国内水路运输的船舶,既可随船携带"船舶营业运输证",也可提供具有同等效力的可查验信息。二是优化水路运输行政审批层级,下放部分客运许可权限。为方便企业办理业务,提高管理效率,压减审批层级,结合实际情况,明确规定了省际危险品船运输、沿海省际客船运输、长江干线和西江航运干线水上运输距离 60 公里以上省际客船运输的经营许可由交通运输部实施;其他内河省际客船运输的经营许可由省级水路运输管理部门实施。同时,明确省际普通货船运输、省内水路运输的经营许可由设区的市级以上地方人民政府水路运输管理部门实施,具体许可权限由省级人民政府交通运输主管部门决定。三是增加水路货物运输实名制管理和安全检查有关要求。为贯彻落实《反恐怖主义法》有关要求,保障水路货物运输安全,维护各方当事人合法权益和运输秩序,明确规定水路运输经营者应当对托运人身份信息进行查验,并对涉嫌在普通货物中夹带危险货物、谎报瞒报托运危险货物的进行安全检查,登记并保存相关信息,对存在违法情况的,应拒绝承运并报告有关主管部门。同时,规定了托运人应当主动配合,如实提供相关信息并接受安全检查。此外,明确违反上述规定不进行身份查验、安全检查、信息登记保存的,按有关法律法规的规定处理。四是补充了水路旅客运输管理的相关要求。为了维护水路旅客出行权益,提升水路旅客运输服务品质,适应信息化发展趋势,明确了客票和水路旅客运输服务相关内容。水路旅客运输经营者应当向旅客提供纸质客票、电子客票等乘船凭证,并向旅客明示退票、改签等规定,应当按规定为军人、人民警察、国家综合性消防救援队伍人员、学生、老幼病残孕等旅客提供优先、优惠、免票等优待服务,应当拒绝携带或托运国家规定的危险品及其他禁止携带或托运的物品的旅客乘船,鼓励水路旅客运输经营者开展互联网售票。

3. 社会管理

社会管理是指政府通过制定专门的、系统的、规范的社会政策和法规,管理和规范社会组织、社会事务,培育合理的现代社会结构,调整社会利益关系、回应社会诉求、化解社会矛盾,维护社会公正、社会秩序和社会稳定,建立经济、社会和自然协调发展的发展环境。改革开放以来,我国政府高度重视强化政府社会管理职能,在推进行政管理体制改革中不断改革和完善社会管理体制。

---

① 交通运输部以 2020 年第 4 号令颁布了《关于修改〈国内水路运输管理规定〉的决定》,自 2020 年 5 月 1 日起施行。

就航运政府部门而言,其也在一定程度上肩负着社会管理的职能。比较典型的例子就是海事管理部门面向船员群体的职业保障和权益保护。根据《2020年中国船员发展报告》的数据显示:截至2020年底,我国共有在职船员171.6万人,规模位居世界第一,其中女性船员25.8万余人。船员在航运发展的过程中起着最基本也是最重要的作用,他们是航运业发展的核心要素,是航运安全的基础保障,再考虑到船上特殊的工作环境、生活条件及职业风险等因素,有效保障船员权益具有很强的社会意义。

根据我国现行相关法规和规定,在日常海事管理中涉及船员权益的主要保障方面:一是对辖区航运公司实施体系审核,对船员培训机构、外派机构从事相关业务实施行政许可,并对上述公司、机构实施监督检查,确保相关法律法规得到落实,保障船员合法权益;二是对船舶和航运公司开展海事劳工条件检查,确保其符合海事劳工公约要求,对有缺陷的船舶采取措施直至其缺陷得到纠正,保障船员合法权益不受侵害;三是接受船员投诉和咨询,对职责范围内的船员投诉进行受理和解决,对于船员的咨询和疑惑给予必要的解答和援助[6]。在法律法规体系的建设方面,我国于2007年颁布实施了《中华人民共和国船员条例》,该条例旨在加强船员管理,提高船员素质,维护船员的合法权益,保障水上交通安全,保护水域环境。其中,专门有一章内容对"船员职业保障"进行规定。此外,我国于2008年颁布实施了《中华人民共和国船员服务管理规定》以加强船员服务管理,规范船员服务行为,维护船员和船员服务机构的合法权益。这些法规规章的出台有助于鼓励支持公民从事船员职业,特别是在我国积极推进社会主义新农村的进程中,为不发达地区的有志青年从事船员职业建立了畅通的就业渠道,增加了就业机会;有助于加强对船员服务机构的管理,规范船员服务市场,改变船员服务市场混乱的局面,维护和保障船员的合法权益,推动航运事业的可持续发展;有助于提高船员服务机构的管理水平和航运市场的规范有序,确保船员服务市场沿着健康良性的循环发展。

4. 公共服务

公共服务是指由政府部门、国有企事业单位和相关中介机构履行法定职责,根据公民、法人或者其他组织的要求,为其提供帮助或者办理有关事务的行为。公共服务事项是由法律、法规、规章或者行政机关的规范性文件设定,是相关部门必须有效履行的义务。

航运政府部门毫无疑问承担着大量的公共服务事项,如港航基础设施建设、助航设施保障、海难救助等。以长江口深水航道治理工程为例,该工程是为尽早建成上海国际航运中心,充分发挥长江黄金水道的作用,完善沿海港口布局,为改革开放形势下以上海为龙头的长三角地区经济的迅猛发展创造良好基础设施条件所开展的世纪工程。按照"一次规划,分期建设,分期见效"的原则,长江口深水航道治理工程分三期实施。一期工程设计通航水深为8.5米,二期工程通航水深为10.0

米,三期工程通航水深为 12.5 米,底宽 350～400 米,可满足第三、第四代集装箱船(实载吃水 11.5 米)全天候进出长江口,第五、第六代集装箱船和 10 万吨级散货船及油轮乘潮进出长江口的需要。工程自 1998 年开工,于 2011 年通过国家竣工验收,历时 13 年。工程总投资超过 150 亿元,完成建设各类整治建筑物堤坝总长约 170 公里,疏浚工程量超过 3 亿立方米。按每一方土纵向堆放,疏浚土总方量可以围绕地球 8 圈。如此巨大规模的水运工程不仅在我国历史上是空前的,在世界上也是罕见的。长江口通航水深从原先的 7 米提高到 12.5 米,大大提高了航道的通过能力,改善了船舶安全航行的条件,提高了大型船舶的营运水平,带来了显著的社会经济效益。

5. 保护环境

环境保护是政府的重要职能之一。在我国,生态文明建设是中国特色社会主义事业的重要内容,关系人民福祉,关乎民族未来,事关"两个一百年"奋斗目标和中华民族伟大复兴中国梦的实现。党的十八大以来,以习近平同志为核心的党中央站在战略和全局的高度,对生态文明建设和生态环境保护提出一系列新思想、新论断、新要求,为努力建设美丽中国、实现中华民族永续发展、走向社会主义生态文明新时代指明了前进方向和实现路径。党中央、国务院先后出台了一系列重大决策部署,推动生态文明建设取得了重大进展和积极成效。

航运政府部门也高度重视航运领域的环境保护,积极推动绿色航运发展。例如,在长江绿色航运发展方面,交通运输部于 2017 年专门出台《关于推进长江经济带绿色航运发展的指导意见》,其中明确要以长江生态环境承载力为约束,以资源节约、集约利用为导向,以绿色航道、绿色港口、绿色船舶、绿色运输组织方式为抓手,努力推动形成绿色发展方式,促进航运绿色循环低碳发展,更好发挥长江黄金水道综合效益,为长江经济带经济社会发展提供更加有力的支撑。该指导意见提出了一系列的具体举措来发展长江绿色航运,如推广清洁低碳的绿色航运技术装备包括优先采用生态影响较小的航道整治技术与施工工艺,积极推广生态友好型新材料、新结构在航道工程中的应用,加强疏浚土等资源综合利用;在航电枢纽建设和运营中采取修建过鱼设施、营造栖息生态环境和优化运营调度等生态环保措施;完善绿色港口创建制度,深入开展长江经济带港口绿色等级评价,高标准建设新建绿色码头,因地制宜制定老旧码头的升级改造方案,鼓励有条件的港区或港口整体创建绿色港区(港口);开展内河集装箱(滚装)经济性、高能效船型及船舶电力推进系统等研发与推广应用;鼓励船舶改造油气收集系统,加装尾气污染治理装备;鼓励 400 总吨以下内河船舶安装生活污水收集存储或收集处理装置;研究制定内河航道绿色建设技术导则,完善绿色港口评价标准;完善船舶建造规范和检验法规,研究制定长江水系过闸运输船舶标准船型主尺度系列国家强制性标准等。

2.3.4 航运政府部门的主要管理手段

政府履行基本职能以达到既定的目标,通常需要选择具体的路径和机制,也有人将之称为政府治理工具的选择。缺乏治理工具,政府的目标便无法实现。因此,我们不仅需要了解政府应该履行的职能,还需要对各项政策工具(即政府管理手段)有所了解。

政府部门和公共管理者在明确了其政策目标后,必须设计和选择某种有效的治理工具,改变政策目标群体的行为,从而使其行为能够符合政策目标,最终实现政策目标。这便涉及政府治理工具的选择问题。选择政府治理工具的过程是一个评价各种政府治理工具的过程。没有标准就不能够很好地选择。一般来说,评价公共政策有三个标准,即有效性、效率和公平。此外,在评价政府治理工具时还应考虑其他两个标准,即可执行性和政治合法性[7]。

有学者认为政府治理工具主要包括为直接行政、社会管制、经济管制、合同、津贴、直接付款、贷款保证、保险、税费、费用、债务法、政府公司和凭单制等[8]。在我国,基于政府管理实践,通常认为政府部门的管理手段主要有经济手段、法律手段和行政手段。三大手段之间存在诸多差异,如三者的内涵不同:经济手段是国家运用经济政策和计划,通过对经济利益的调整而影响和调节社会经济活动的措施;法律手段是国家通过制定和运用经济法律法规来调节经济活动的手段;行政手段则是国家通过行政机关,采取行政命令、指示、指标、规定等行政措施来调节和管理经济的手段。又如三者的特征不同:经济手段具有战略性、宏观性、指导性和间接性的特点,通过综合运用各种经济杠杆,通过调整市场主体的经济利益来影响和调节各种经济活动;法律手段对经济主体具有普遍的约束力和严格的强制性,对经济运行的调节具有相对的稳定性和明确的规定性;行政手段具有直接、快速和强制性的特点,它的作用方向是自上而下的,呈垂直性。行政手段是国家直接向企业下达指令性计划或规范企业行为的指令,它通过行政系统上下级隶属关系的强制力量进行。再如执行的主体不同:执行经济手段的主体有立法机关和行政机关;执行法律手段的国家机关有立法机关、司法机关和行政机关,而行政机关则是执行行政手段的唯一机关[9]。

航运政府部门实际主要也是通过经济、法律、行政三大手段来进行航运公共事务管理的。现分别结合我国航运政府部门管理实际来讨论上述三大管理手段在航运业中的实践。

1. 法律手段

改革开放以来,我国就高度重视航运领域的法律法规体系建设。早在 1983 年,就出台了《中华人民共和国海上交通安全法》。在随后的数十年中,我国又相继出台了《中华人民共和国海商法》《中华人民共和国港口法》以及《国内水路运输管理条例》《中华人民共和国国际海运条例》《中华人民共和国船舶登记条例》《中华人民共和国船员条例》等一系列法律法规。这些法律法规的颁布实施为保障我国航运业的快速有序发展提供了坚实基础。

近年来，随着全面依法治国进程的推进，围绕加快建设交通强国，完善综合交通法规体系，坚持科学立法、民主立法、依法立法，以高质量立法促进交通运输高质量发展已势在必行。2020 年，交通运输部出台《关于完善综合交通法规体系的意见》，提出到 2035 年，基本形成系统完备、架构科学、布局合理、分工明确、相互衔接的综合交通法规体系。跨运输方式、铁路、公路、水路、民航、邮政等各领域"龙头法"和重点配套行政法规制修订工作基本完成，覆盖交通运输各领域的法规体系主骨架基本建立；不同运输方式的法律制度有效衔接，支撑各种运输方式一体化融合发展，保障现代化综合交通体系建设；交通运输各方面法律制度更加成熟、更加定型，支撑交通运输治理体系和治理能力现代化基本实现。到 21 世纪中叶，全面建成与交通强国相适应的综合交通法规体系，交通运输各项法律制度更加巩固、更加完备，制度优势有效转化为治理效能，支撑交通运输治理体系和治理能力现代化全面实现，并达到国际先进水平。其中，还明确在 2035 年前要推动《海商法（修订）》《港口法（修订）》《航道管理条例（修订）》《内河交通安全管理条例（修订）》《船舶和海上设施检验条例（修订）》《水上交通事故调查处理条例》等颁布实施；2035 年前完成《船员法》《国际海运条例（修订）》《防治船舶污染内河环境管理条例》《船舶登记条例（修订）》《沉船打捞清除管理条例》等起草并报送国务院；在 2050 年前，在推动已报送国务院的法规项目颁布实施的基础上，完成《航运法》《港口管理条例》《通航建筑物管理条例》等的起草并推动其颁布实施。

据交通运输部《关于完善综合交通法规体系的意见》，我国航运法规系统由水运基础设施法规子系统、水路运输法规子系统、水上交通安全和防污染法规子系统构成。

水运基础设施法规子系统中的法律有《港口法》（待修订），该法主要规范加强港口管理、维护港口安全与经营秩序涉及的问题，具体包括港口管理体制，港口规划和建设、经营管理等方面的内容。随着水运业的发展，需要就港口管理体制、港口工程建设管理、港口生产安全管理、港口运输保障义务、港口绿色发展及岸线管理、港口资源整合、港口和船舶岸电使用管理等方面进一步修订完善。《航道法》（已制定）主要规范加强航道建设和管理，保障航道畅通，发展航道事业涉及的问题，具体包括航道的战略定位及发展政策、规划、建设、养护、安全、保护等方面的内容。水运基础设施法规子系统中的行政法规有《港口管理条例》（待制定），该条例主要规范港口规划、建设和经营行为，保护当事人合法权益等涉及的问题，具体包括港口规划和建设、经营秩序、港口收费、港口安全生产、基础设施维护、港口岸线管理等内容。《航道管理条例》（待修订）主要规范改善通航条件、保障航道畅通和航行安全等涉及的问题，具体包括航道规划与建设管理、对航道的保护以及航道养护经费安排等内容,随着上位法《航道法》的出台,需要对其予以全面修订。《航标条例》(已制定)主要规范航标的管理和保护、保障船舶航行安全涉及的问题,具体包括设置、管理、维护航标的规则以及禁止危害航标安全、影响航标效能行为等内容。《通航建筑物管理条例》(待制定)主要规范通航建筑物行业管理职责以及通航建筑物建设、运行、与水资源综合利用、枢纽及航运安全的关系等问题,主要内容包括通航建筑物规划、建设、验收、运行管理、保障安全和资金,以及多梯级通航建筑物联合调度要求等内容。

　　水路运输法规子系统中的法律有《海商法》(待修订),该法主要规范海上运输关系和船舶关系涉及的问题,具体包括船舶的相关权利、海上货物和旅客运输合同、船舶碰撞与海难救助、共同海损及海事赔偿等内容,随着航运与国际贸易的发展变化以及国内外立法环境的变化,需要对其予以全面修订。《航运法》(待制定)主要规范航运业法律地位、发展方向、市场规则、经营规范和市场调控涉及的问题,具体包括航运管理体制、政策导向、市场准入制度和相关主体规范、竞争秩序及调控、各方当事人合法权益保护、推动自动驾驶等先进技术在航运领域的发展及应用等内容。水路运输法规子系统中的行政法规有《国内水路运输管理条例》(已制定),该条例主要规范国内水路运输经营行为和运输市场秩序、保障运输安全涉及的问题,具体包括水路运输及其辅助业务的市场准入和退出制度、市场秩序维护及运力调控制度、市场主体行为及安全生产监管制度等内容。《国际海运条例》(待修订)主要规范国际海上运输活动及运输秩序涉及的问题,具体包括国际海上运输及其辅助性业务的经营者资质、市场行为、市场监管和宏观调控等内容。随着我国对外开放政策的调整及行政审批制度、中央与地方财政事权和支出责任划分的改革推进,有必要对条例进行全面修订。

　　水上交通安全和防污染法规子系统中的法律有《海上交通安全法》(待修订),该法主要规范海上交通安全和应急保障涉及的问题,具体包括船舶检验登记、船员管理、海上安全保障、危险货物运输、海上搜寻救助等内容。由于立法年代较早,一些制度内容过于陈旧,需要予以全面修订,完善海上交通安全的相关法律制度。《船员法》(待制定)主要调整和规范船员管理和船员劳动保障等涉及的问题,主要内容包括船长、船员资格取得,船员的职务划分和职责,船员培训、考试和发证,船员职业保障、劳动保护、福利待遇和人身保险等。水上交通安全和防污染法规子系统中的行政法规有《内河交通安全管理条例》(待修订),该条例主要规范内河交通安全和应急保障涉及的问题,具体包括船舶、浮动设施及船员的准入条件,航行、停泊和作业的一般规则,危险货物的监管,通航保障举措、遇险救助制度和事故调查处理等内容。随着内河交通安全形势的变化和安全管理要求的提升,需要对内河交通安全管理相关内容做出修订。《船舶和海上设施检验条例》(待修订)主要规范船舶、海上设施及船运货物集装箱安全航行、安全作业所需技术条件涉及的问题,具体包括船舶、海上设施及船运货物集装箱检验的职责、程序、条件等相关制度内容。随着世界航运及船检的发展,需要对船检体制和监管模式等方面做出修订,并需要根据技术发展情况,为自动驾驶技术在船舶上的应用留出接口。《船舶登记条例》(待修订)主要规范船舶登记过程中组织程序、各方权利义务等涉及的问题,具体包括船舶所有权登记、变更及注销的程序,船舶国籍和标志的认定,船舶抵押和租赁管理等内容。随着我国行政审批制度改革的推进和融资租赁等新型商业模式的出现,需要对船舶登记程序的相关内容进行修订。《水上交通事故调查处理条例》(待制定)主要规范水上交通事故发生后,调查处理的程序措施等问题,主要内容包括事故报告、事故调查、事故处理以及调解等。《沉船打捞清除管理条例》(待制定)主要规范沉船打捞清除管理涉及的问题,具体包括沉船打捞单位资质管理、沉船打捞程序、沉船的后期处理、打捞行业的监管等内容。《防治船舶污染海洋环境管理条例》(已制定)主要规范船舶及其有关作业活动污染海洋环境的防治及事故应急涉及的问题,具体包括防治船舶污染海洋环境的能力保障、船舶污染物的排放和接收、船舶有关作业活动的污染防治、船舶污染事故应急处置、调查处理等内容。《防治船舶污染内河环境管理条例》(待制定)主要规范船舶及其有关作业活动污染内河环境的防治及事故应急涉及的问题,具体包括防治船舶污染内河环境的能力保障、船舶污染物的排放和接收、船舶有关作业活动的污染防治、船舶污染事故应急处置、调查处理和损害赔偿等内容。《潜水条例》(待制定)主要规范潜水作业市场秩序,保障潜水员健康和安全,促进潜水活动健康发展涉及的问题,具体包括从业准入、潜水作业和装备、潜水员职业保障以及事故调查等内容。《水上人命搜寻救助条例》(待制定)主要规范明确水上搜救协调机制、界定相关各方义务涉及的问题,具体包括机构和职责、预警与报告、搜寻救助行动、搜寻救助保障、法律责任等方面的内容。

2. 经济手段

航运政府部门采用的经济手段主要包括实施航运补贴、班轮运价管理、航运信贷等政策。例如,受 2008 年全球金融危机影响,我国船舶工业曾一度陷入低谷,国务院出台《关于印发船舶工业加快结构调整促进转型升级实施方案(2013—2015年)的通知》等政策对船舶工业予以必要扶持,中央财政据此设立老旧运输船舶和单壳油轮报废更新补助专项资金,来提高航运企业船舶技术水平,优化船队结构。2014 年,财政部、交通运输部、国家发展改革委、工业和信息化部联合印发《老旧运输船舶和单壳油轮报废更新中央财政补助专项资金管理办法》[①]以加强资金管理,

---

① 2013 年 12 月,交通运输部、财政部、国家发展改革委、工业和信息化部就已出台《关于印发老旧运输船舶和单壳油轮提前报废更新实施方案的通知》。2010 年,上述四部门也联合发布过《关于印发促进老旧运输船舶和单壳油轮报废更新实施方案的通知》。

提高资金使用效益。根据上述管理办法,在 2013 年 1 月 1 日至 2015 年 12 月 31 日期间提前报废更新老旧运输船舶和单壳油轮的船舶所有人,可以按规定申请补助资金。补助标准根据所拆解的船舶确定,按以下公式计算:单船补助金额 = 补助基数×船舶总吨×船龄系数×船舶类型系数。其中:补助基数为 0.15 万元;船舶总吨以拆解船舶检验证书核定为准。船龄系数按船舶拆解办理船舶所有权注销手续时的实际船龄计算提前淘汰的年限,对应《老旧运输船舶和单壳油轮提前报废船龄系数表》确定。船舶类型系数:客船、液化气船、化学品船、油船、推(拖)轮为 1.5,集装箱船、冷藏船、多用途船、滚装货船为 1.2,散货船、杂货船、其他货船为 1.0,驳船为 0.6。受拆船补贴政策影响,我国多家航运企业受益,累计获得数十亿元的船舶报废更新专项补助资金。

再以运价管理为例,根据《中华人民共和国国际海运条例》的相关规定,经营国际班轮运输业务的国际船舶运输经营者的运价和无船承运业务经营者的运价,应当按照规定格式向国务院交通主管部门备案。国务院交通主管部门应当指定专门机构受理运价备案。备案的运价包括公布运价和协议运价。公布运价是指国际船舶运输经营者和无船承运业务经营者运价本上载明的运价。协议运价是指国际船舶运输经营者与货主、无船承运业务经营者约定的运价。公布运价自国务院交通主管部门受理备案之日起满 30 日生效,协议运价自国务院交通主管部门受理备案之时起满 24 小时生效。国际船舶运输经营者和无船承运业务经营者应当执行生效的备案运价。

3. 行政手段

航运政府部门采用的行政手段通常包括行政审批、行政许可、行政处罚等多种形式。以交通运输部的行政审批事项为例,根据交通运输部 2017 年 7 月所公布的行政审批事项清单,交通运输部作为中央一级的交通主管部门,通过部内相关司局及直属单位(如水运局、海事局等)在航运领域执行的行政审批主要事项:新增客船、危险品船投入运营审批;船舶进出港口审批;船舶载运危险货物和污染危害性货物进出港口审批;沿海水域划定禁航区和安全作业区审批;打捞或者拆除沿海水域内沉船沉物审批;船舶安全检验证书核发;海员证核发;船舶国籍证书核发;从事海员外派业务审批;从事海船船员服务业务审批;培训机构从事船员、引航员培训业务审批;航运公司安全营运与防污染能力符合证明核发;船员适任证书核发;船员服务簿签发;船舶所有人、经营人或者管理人防治船舶及其有关作业活动污染海洋环境应急预案审批;船舶油污损害民事责任保险证书或者财务保证证书核发;港口深水岸线使用审批;船舶进行散装液体污染危害性货物水上过驳作业审批;通航水域岸线安全使用和水上水下活动许可;公路、水运投资项目立项审批;国际海上运输业务及海运辅助业务经营审批;船舶进入或穿越禁航区审批;从事大陆与台湾、内地与港澳间海上运输业务许可;设立引航及验船机构审批;国际船舶及港口设施保安证书核发;国家重点水运建设项目设计文件审查;省际旅客、危险品货物水路运输许可;外国籍船舶经营国内港口之间的海上运输和拖航审批;危险化学品水路运输人员资格认可;外国籍船舶进入或临时进入非对外开放水域许可等。

在行政处罚方面,相关航运政府部门可依法对相关违法违规行为进行处罚。如 2019 年 7 月和 8 月,交通运输部组织在广州口岸和厦门口岸开展了国际集装箱班轮运输公司和无船承运企业运价备案执行情况检查。检查中发现宏海箱运支线有限公司、太平船务有限公司等 12 家国际集装箱班轮运输公司和无船承运企业存在实际执行运价与备案价格不一致等违规行为。依据《中华人民共和国国际海运条例》的相关规定,交通运输部对相关企业实施了累计 101 万元的行政处罚。

⚓ 拓展阅读

云水浩荡江声壮
——长江航运 40 年体制变革纪实

新华网武汉 2019 年 3 月 15 日电(李璐　殷黎)　潮涌长江,奔腾向东海;开放风云,激荡四十年。40 年砥砺奋进,40 年春华秋实。伴随着中国改革开放的伟大历史进程,长江黄金水道真正实现了"流金淌银",为经济社会发展贡献了独特的"长江力量"。

命运之变

20 世纪 70 年代后期,"三打 3 000 万"的口号响彻长江全线,其意思就是要用三年的时间来实现长江干线年货运量 3 000 万吨的目标。1977 年 12 月 31 日,长江航运系统在武汉召开祝捷会,庆祝目标实现。

3 000 万吨,纵向来看还算可观。可是,这个数字与同时期的欧洲莱茵河相比差距甚远,与美国密西西比河相较更是悬殊。1977 年 7 月,交通部指派长航负责人到当时的东德考察莱茵河航运。如何进一步释放长江航运生产力,让一江春水流金淌银? 长江航运渴盼命运之变。

1978 年春,汉口客运码头人潮涌动。恢复高考后的首届学子从这里上船下船,奔赴"象牙塔",那一年的春天因此显得格外不同。1978 年 12 月 18 日,中国共产党第十一届中央委员会第三次全体会议召开,会议决定以经济建设为中心,实行改革开放,历史的车轮在这一刻转向。

会议刚结束,交通部组团奔赴美国密西西比河考察,在考察报告的有关建议中,考察组提出要改革长江航运管理体制,实施政企分开。

"改革开放以前,长江航运实行的是政企合一、高度集中的托拉斯体制。"作为改革开放后长江航运首次管理体制改革的执行者,时任交通部长江航务管理局(简称长航局)局长唐国英回忆,"虽然在一定历史时期,这种体制发挥了积极作用,但是在开放搞活的新要求下,这种体制变得僵化,制约了航运进一步发展的活力。"

1980年5月,国务院听取交通部汇报后,提出长江支流船舶可以进入长江。1983年,交通部宣布长江"有水大家走船",沿江地方开始积极参与干线运输。同年3月,《国务院批转交通部关于长江航运体制改革方案的通知》(国发〔1983〕50号)正式发布,要求按照"政企分开,港口、航政和航运分管,统一政令,分级管理"的原则,推进行政管理体制、运输企业体制、港口体制等三大改革。此外,还要求在国家计划指导下,长江实行多家经营,港口对所有船舶开放,鼓励各种新形式的竞争与联合,推行经济责任制。这份文件明确了长江航运改革开放的方向和实施路径。

1984年1月1日,《交通部关于长江航运体制改革方案(摘要)》正式施行,撤销长江航运管理局,组建长江航务管理局(简称长航局),成立长江轮船总公司。"长江航运的改革、开放和开发建设,目的是为了搞活港航企业,促进航运生产力的发展。长航局作为交通部派驻机构,其主要任务就是为港航企业创造条件、营造环境、维护秩序、促进发展。"谈到国发〔1983〕50号文件精神,唐国英记忆犹新。

自此,以政企分开作为第一步的长江航运体制改革征程开启,长江航运全面向商品经济和市场经济转轨。

开放之潮

1980年2月27日,春风微拂,江潮涌动,江苏第一艘远洋货轮"雨花"号从南京港首航香港。3天前,国务院批转了国家经委、交通部等6部门报送的《关于开办长江对外贸易运输港口的报告》,同意张家港、南通、南京等8个长江干线港口开办外贸运输业务,对远洋国轮开放。

当时,年轻水手徐国良正在"雨花"轮上忙碌。他没想到,数年后会转行"引水",引领首艘外轮进江的吴民华会成为他的师傅。1982年12月18日,国务院、中央军委发布《关于南通港、张家港港对外国籍船舶开放的通知》。翌年5月,新中国成立后的第一艘进入长江的外轮——巴拿马籍"日本商人"号在吴民华等3名引航员引领下靠泊张家港港。此后,长江港口自东向西,陆续对外轮开放。

"进出长江的国轮和外轮越来越多,船型也越来越大。"吴民华和徐国良作为长江对外开放的亲历者,用"突飞猛进"来形容长江外贸运输的发展。仅1985年,张家港港、南通港等8个对外开放的长江港口累计5年完成外贸吞吐量1300余万吨,为1980年开港初期的10.8倍。

与开放同步,港口管理体制改革继续推进。由交通部和地方政府双重领导的长江干线港口管理权逐步下放,实行一城一港、政企分开。到2002年,长江干线25个港口的管辖权完全下放给地方政府管理,此举激发了地方政府和企业发展建设港口的积极性。吊桥林立、繁忙有序的港口逐渐成为沿江城市的名片。

长江对内开放也快速推进。到1985年,长江水系已拥有航运企业800多家,运输船舶7.7万余艘,一个国营、集体、个体一起上的多形式、多成分、多层次的市场新格局基本确立。

在长江航运行政管理体制上,长航局按照"政企、事企、政事"分开原则推动改革前行。1989 年,长江航政管理局更名为长江港航监督局;1999 年,按照"一水一监、一港一监"的原则,进行水监体制改革,长江海事局成立;1992 年,长江航政通信导航管理处更名为长江通信导航局;1996 年,长江航道实行"疏养分管",所属分局一分为二,分别组建航道养护管理单位和航道工程单位,工程单位实行企业化运作;1997 年,长江引航中心按集中统一管理的新机制独立运转;1998 年,长江三峡通航管理局成立。

2002 年,按照中央编办批复和交通部通知精神,长航局明确为交通部派出机构,受部委托或法规授权行使长江干线航运行政管理部门职责,长航局机关实行公务员管理。2003 年,交通部对长江港航公安管理体制进行改革,长江航运公安局脱离企业管理,成为国家行政机构。2009 年,国家实施大部制改革,长航局定名为交通运输部长江航务管理局。

行政管理体制的不断理顺,使得国家对引领和服务长江航运发展的能力不断增强。一方面,国家对长江航运基本建设的投资显著增长,另一方面,长航局系统在航运管理、安全保障、治安防控等方面的能力也显著增强,为长江航运科学、有序、快速发展提供了坚强保障。2005 年,长江干线货运量达到 7.95 亿吨,一举超越美国密西西比河,成为世界上运量最大、通航最为繁忙的河流。

奋进之路

2009 年 2 月,长航局提出"一条主线四个长江"和"三步走"的发展战略,计划用 12 年左右的时间实现长江航运现代化,更好地服务长江航运、沿江经济和流域百姓。一幅空前壮美的画卷追随着改革开放的铿锵脚步徐徐展开。

2005 年,"合力建设黄金水道,促进长江经济发展"高层座谈会在北京召开。会议提出要充分体现长江航运优势,充分发挥黄金水道作用,更好地服务沿江经济社会发展。会议还确立了国家层面的长江水运发展协调领导小组及会商机制,这一机制将事关长江航运发展的各方力量统一在建设黄金水道的宏伟目标下。

时不我待,扬鞭奋进。2012 年 12 月 17 日,经过 3 年多的探索实践,长航局、安徽省交通运输厅邀请安徽沿江 5 市人民政府召开会议,达成合力推进长江安徽段航运发展共识,"2 + 5"的"皖江合作模式"正式确立。新机制成效很快显现,安徽提前 6 年并超额完成了 2020 年长江安徽段主航道的维护水深规划,重要支汊航道实现"干支联动",港口货物吞吐量连年攀升。

在共建"样本"的带动下,长江全线快速建立了"年初有计划、年末有检查,社会有需求、各方有响应,合力推进、互利共赢"的"2 + N"合作模式。"这种工作机制集中了事关黄金水道建设的行政主体和资源,通过这种机制,我们有效聚合成为一个国家战略执行落实层面的'核心引擎',可使各方的需求对接更精准,行政决策更高效,推进措施更务实。"长航局局长唐冠军介绍。

"小重唱"变"大合唱",在"2+N"合作模式的助力下,南京以下 12.5 米深水航道建设、荆江河段航道整治等一批重大航道建设项目加快推进并陆续建成。长航局按照"两充分一加强(充分利用航道整治效果,充分利用航道自然条件,加强航道维护管理)"的工作原则,先后提高了 2 100 多公里长江干线航道的维护尺度,为沿江经济社会发展提供了有力的航运保障,"2+N"合作模式释放出巨大的发展红利。

目前,沿江经济社会发展所需 85%的铁矿石、83%的电煤和 85%的外贸货物运输量(中上游地区达 90%)主要依靠长江航运来实现。全行业从业人员超过 200 万人,间接带动就业超过 1 000 万人,每年对沿江经济发展的直接贡献达 2 000 亿元以上,间接贡献达 4.3 万亿元以上。长江航运在国家战略中的主通道作用、在综合立体交通走廊中的主骨架作用、在沿江产业布局中的主支撑作用、在多式联运中的主枢纽作用、在生态文明建设中的主基调作用日益增强。

时代之歌

新时代呼唤新突破,全面深化改革再出发。2016 年 4 月,交通运输部党组站在贯彻落实"四个全面"总体布局的高度,做出了深化长江航运行政管理体制改革的重大决策,出台了《关于深化长江航运行政管理体制改革的意见》。此次改革涉及范围广、调整幅度大、职能转变彻底,成为自 1984 年以来长江航运行政管理体制的又一次重大改革。

谈及此次改革的背景,唐冠军表示:"长江航运行政管理体制改革是交通运输部为了适应国家发展战略需要,加快推进长江航运治理体系和治理能力现代化而做出的一项重大战略决策部署,也是为了更好地为沿江经济社会的发展做好服务。"

2017 年,长江干线货船平均吨位达到 1 630 吨,三峡过闸货船平均吨位达到 4 337 吨,居世界先进水平。

通过改革,长航局作为部派出机构的地位和作用强化,实现了权责统一。长航局归口管理长江航运事务的职能定位、职责分工得到明确,长航局系统各单位通过长航局"一个口子"与部机关有关司局进行工作联系,形成了对上汇总、对下抓总的管理新格局。长航局机关全面实施了新的"三定"规定,机关运转高效有序。

长江干线实现统一管理。江苏海事局、长江干线四川段水上安全监管已纳入长江海事局管理;长江口航道管理局纳入长江航道局管理。长江海事、航道分别建立了相应的工作规则,深度融合、有序推进。

长江航道局实现政事企分开。长江航道局将长江航道行政管理职能移交长航局机关,现场执法职责移交长江海事局;长江航道工程局有限责任公司挂牌成立,建立了内部各项管理制度和运行机制。改革后的长江航道局,公益服务职能得到强化,管理层级优化,管理效能大幅提升。

长江干线水上综合执法全面实施。2017年1月1日起,由长江海事局统一实施长江干线宜宾至江苏浏河口段的水上综合执法,该举措大大方便了管理相对人,提升了执法效能。与此同时,建立了长江干线海事机构和长航公安机关的联动机制。"海事执法、公安保障、航道和通信提供技术支持"的联动执法模式已经形成,"资源整合、信息共享、动静结合、上下联动"的工作机制全面建立。

目前,长江航运"统一政令、统一规划、统一标准、统一执法、统一管理"和"一体化管理、一条龙服务"的格局基本实现,"集中统一、权责一致、关系顺畅、协调有序、运转高效"的长江航运行政管理体制机制全建立。自此,长江航运步入了统一管理、科学发展的崭新时代。

2017年,长江干线货物通过量增长到25亿吨,规模以上港口货物吞吐量增长到24.4亿吨,集装箱吞吐量增长到1650万TEU,长江干线亿吨大港增加到14个,万吨级泊位增加到581个。货船平均吨位增长到1630吨,三峡库区过闸货船增长到4330吨,达到世界先进水平。

◈ 参考文献 ◈

［1］《交通部行政史》编委会.交通部行政史[M].北京:人民交通出版社,2008.

［2］《中国远洋海运发展史》编委会.中国远洋海运发展简史[M].北京:人民交通出版社,2020.

［3］章强,王学锋.中国港口行政管理体制改革的回溯性研究[J].中国航海,2015,38(4):43-47.

［4］章强,殷明.中国区域港口一体化的由来、起点、内涵和展望[J].大连海事大学学报(社会科学版),2018,17(6):43-49.

［5］史际春,肖竹.论分权、法治的宏观调控[J].中国法学,2006(4):158-168.

［6］杜绍娟.海事管理中的船员权益保障[J].中国海事,2018(11):43-46.

［7］朱喜群.论政府治理工具的选择[J].行政与法,2006(3):39-41.

［8］陈振明.政府工具研究与政府管理方式改进:论作为公共管理学新分支的政府工具研究的兴起、主题和意义[J].中国行政管理,2004(6):43-48.

［9］吴子成.经济手段,法律手段,行政手段的比较[J].思想政治课教学,2003(Z1):69.

第**3**章
航运公共企业管理

3.1 航运公共企业概述

3.1.1 公共企业概述

公共企业是公共管理的一个重要主体,而在我国经常提及的则是国有企业,在理论上需要阐明两者的异同。

1. 公共企业

广义的公共企业是指由政府部门出资兴办的各类企业,只要是政府部门出资的企业(出资额可以从 1% 到 100%),都被视为公共企业。公共企业可以分类如下。

(1) 由政府独资,政府部门对该公共企业 100% 控股。

(2) 政府部门只是企业的股东之一,只出资一部分。若政府控股 50% 以上,政府持有控股权;若政府控股 50% 以下,以其他股东持股量决定政府部门是否持有控股权。

狭义的公共企业则是指政府 100% 控股的企业。

从一般意义上来理解,凡是政府部门有控股权的企业都可以看作是公共企业。由于本书研究的对象不仅包括政府 100% 控股的企业,还包括将政府部门占据控股地位的企业,因此本书采用的是从一般意义上来理解公共企业。

2. 国有企业

国有企业是指企业全部资产归国家所有,并按《中华人民共和国企业法人登记管理条例》规定登记注册的非公司制的经济组织,不包括有限责任公司中的国有独资公司。国有企业是在社会化大生产条件下,为弥补市场失灵,在制度、目标和管理诸方面具有特性的现代契约组织。它的内涵是资产属于全民所有,由政府占有终极所有权的企业。国有企业可做以下分类。

(1) 特殊法人企业由政府全额出资并明确其法人地位,由国家通过专门的法规和政策来规范,不受公司法规范。这类国有企业被赋予强制性社会公共目标,没有经济性目标,也就是说,它们的作用是直接提供公共服务。像国防设施、城市公交、城市绿化、水利等,应该归入这类企业。这类企业需要由公共财政给予补贴才能维持其正常运行。

（2）国有独资企业由政府全额出资,受公司法规范。这类企业以社会公共目标为主,经济目标居次。这类企业主要是典型的自然垄断企业和资源类企业,如铁路、自来水、天然气、电力、机场等。从经济学角度,这类企业的产品或服务应该按边际成本或平均成本定价,以此来实现社会福利的最大化,而不是谋求从消费者那里攫取更多的利润。

（3）国有控股企业由政府出资控股,受公司法规范。这类企业兼具社会公共目标和经济目标,以经济目标支撑社会公共目标。这类企业主要是准自然垄断企业和国民经济发展的支柱产业,如电子、汽车、医药、机场等。需要注意的是,这类企业不直接提供公共服务,而是通过向国家财政上交股息和红利,间接提供公共服务。如果由于特殊环境,这类企业不得不履行一些公共职能,则由此造成的损失由国家财政给予补偿。不过,在补偿以后,股息和红利不能免除。当然,通过约定和核算,两者可以相抵。

（4）国有参股企业严格来说应该称为"国家参股公司"或"政府参股公司",不是国有企业,政府只是普通参股者,受公司法规范。这类企业与一般竞争性企业无疑,没有强制性社会公共目标,经济目标居主导。如果它们也提供公共服务,那是它们自觉履行社会责任的行为,应该予以鼓励和支持。对于这类企业,政府参股只是为了壮大国有经济的实力,除此之外,政府对这类企业没有任何其他附加的义务。

综上所述,本书所讨论的中义上的公共企业是指政府出资占一定比例并达到控股权的企业,可等同为严格意义上的国有企业,即除去国有参股企业以外的特殊法人企业、国有独资企业、国有控股企业。

结合公共企业的定义,本书将讨论的航运公共企业定义为由政府出资占一定比例并达到控股权的航运企业。总体来看,航运公共企业自然垄断特征并不明显,竞争性也不是很强,但为公众迫切需要,具有一定的社会公益性企业属性,为公众提供水上交通运输服务。考察航运业的早期发展史,可以发现航运业所提供的运输服务虽为公众所需要,但在各国经济发展早期,私人资本的力量比较有限,除少数发达国家的私人部门有能力投资航运业之外,大部分国家包括我国需要依靠政府部门直接投资来兴办航运业,这样自然而然就形成了航运公共企业的局面。而且从航运业具有前期投入资金大、投资回报期长、初期经营不稳定的特征,造成了许多私人资本进入航运业的自然壁垒,也导致了政府长期介入航运并采取公共企业的生产方式。对航运公共企业的分类方法多种多样,按航运公共企业的定义可分绝对控股型航运公共企业、控股型航运公共企业,如按照其隶属的政府的行政层级,可分为中央型航运公共企业和地方型航运公共企业。

3. 公共企业的双重特性

在市场经济中,与非公共企业相比,公共企业具有两重性:一般性和特殊性。航运公共企业亦不例外,航运公共企业的一般性主要表现为它的营利性;其特殊性则源于一定的社会经济制度赋予它的社会性。公共企业的两重性决定了航运公共企业的双重特性:营利功能和社会功能。

1) 营利功能

航运公共企业具有营利性和营利功能,这首先源于企业作为经济人的自然本能。在市场经济中,作为市场经济微观基础和市场经济主体的企业,以追求最大利润为目标从事生产和经营活动,实现其经济人的自然本能,可以说是天经地义的。企业若失去了这种本能,市场经济也就失去了存在的基础。其次,航运公共企业的营利性和营利功能还取决于企业的性质。因为企业是社会化大生产和市场经济的产物,是以社会化大生产为基础的市场经济条件下的一种成本较低的生产组织形式。国有企业虽然不一定以追求最大利润为目标从事生产和经营活动,但也应当实现成本最小化。否则,如果建立国有企业仅仅是为了实现其社会功能,而不必营利,那就不一定必须采取企业这种组织形式,建立公益事业单位和一些特殊的非营利机构同样可以满足这种需要。因此,航运公共企业也要通过自己的生产经营活动,向市场提供产品和服务,并努力实现利润最大化或成本最小化,从这个意义上说,航运公共企业应当具有一般的营利功能。

2) 社会功能

公共企业作为持续存在的、以为社会提供具有公共性质的产品和服务为主要经营活动的、具有一定盈利目标、受到政府特殊管制措施制约的组织化经济实体[1],其在公共产品和公共服务领域直接扮演投资主体,一般提供私人企业不愿供给或供给不足的那部分公共产品和公共服务。另外,从理论上看,由于市场失灵和市场功能的固有缺陷,单纯依靠市场机制的作用是无法使市场经济正常运行的。为克服市场失灵和弥合市场功能缺陷,客观上需要政府对经济运行进行干预。一般来说,政府干预经济运行的方式有两种:一是运用经济政策进行干预,二是组建国有企业。其中,由政府投资组建国有企业是一种重要的选择,这种选择在某些行业、某些领域和许多场合都是不可替代的。在此情况下,由政府拥有或实际控制的国有企业除具有一般的营利功能外,也就自然而然地具有了非营利的社会功能。如果国有企业丧失了这种功能,仅仅依靠政府实行财政政策和货币政策来干预经济运行,难以克服市场失灵和弥合市场功能缺陷。就我国现阶段而言,航运公共企业的社会功能应主要表现在如下几个方面:服务宏观经济,实现资源在全社会范围内的优化配置;进行战略开发,促进技术进步,实现产业结构升级,为经济发展提供基础性服务,促进地区经济平衡发展,实现经济合理布局;服务国民经济命脉及其他重要领域,保障国家经济、政治和军事安全;实现政府的其他重要政策目标。航运公共企业的上述社会功能,在社会主义市场经济中是不可缺少的,也是无法替代的。正确发挥航运公共企业的这一重要功能,对于航运公共企业自身的发展,保障正常经济秩序,改善宏观经济环境,提高经济运行质量,维护国家利益和社会稳定,都具有极其重要的意义。

3.1.2　我国中央层面的航运公共企业

根据前文对公共企业及国有企业的概念解析不难看到,在我国讨论航运公共企业实际上主要针对的就是航运国有企业。因此着重介绍我国中央层面的航运公共企业,也即由国务院国有资产监督管理委员会根据国务院授权,依照《中华人民共和国公司法》等法律和行政法规履行出资人职责,监管的以船舶运输业务为主营业务的中央企业。

截至 2020 年 6 月,国资委监管的中央企业有 97 家,其中,以船舶运输业务为主营业务的主要有两家,分别是中国远洋海运集团有限公司和招商局集团有限公司。

1. 中国远洋海运集团有限公司

中国远洋海运集团有限公司(简称"中国远洋海运集团")是由中国远洋运输(集团)总公司与中国海运(集团)总公司重组而成,于 2016 年 2 月 18 日正式挂牌成立,总部设在上海,是中央直接管理的特大型国有企业。

截至 2020 年 9 月底,中国远洋海运集团经营船队综合运力为 10 933 万载重吨(涉及船舶 1 371 艘),排名世界第一。其中,集装箱船队规模 316 万 TEU(涉及船舶 537 艘),居世界第三;干散货船队运力为 4 192 万载重吨(涉及船舶 440 艘),油轮船队运力 2 717 万载重吨(涉及船舶 214 艘),杂货特种船队 423 万载重吨(涉及船舶 145 艘),均居世界第一。

中国远洋海运集团完善的全球化服务筑就了网络服务优势与品牌优势。码头、物流、航运金融、修造船等上下游产业链共同形成了较为完整的产业结构体系。中国远洋海运集团在全球投资码头 59 个,集装箱码头 51 个,集装箱码头年吞吐能力超过 1.2 亿 TEU,居世界第一。全球船舶燃料销量超过 2 770 万吨,居世界第一。集装箱租赁业务保有量规模达 370 万 TEU,居世界第二。海洋工程装备制造接单规模以及船舶代理业务也稳居世界前列。

围绕"规模增长、盈利能力、抗周期性和全球公司"四个战略维度,中国远洋海运集团着力布局航运、物流、金融、装备制造、航运服务、社会化产业和基于商业模式创新的"互联网＋"相关业务"6＋1"产业集群,进一步促进航运要素的整合,全力打造全球领先的综合物流供应链服务商。

集装箱运输、码头投资经营、油轮运输、液化天然气运输、干散货运输和客轮运输业务共同构成了中国远洋海运集团的航运产业集群。具体来看,集装箱运输业务主要由中远海运控股股份有限公司旗下的中远海运集装箱运输有限公司和东方海外货柜航运公司专业经营,运力规模排名世界第三。干散货运输业务主要由中远海运散货运输有限公司专业经营,运力规模排名世界第一。油气运输业务主要由中远海运能源运输股份有限公司专业经营,业务涵盖石油原油、成品油、液化石油气(LPG)以及液化天然气(LNG)等货物的运输,运力规模排名世界第一。客轮运输业务主要由中远海运(厦门)有限公司、中远海运客运有限公司等公司专业经营,承担我国沿海各港口及中日、中韩、中国大陆—中国台湾近洋客货运输业务。码头运营业务主要由中远海运港口有限公司专业经营,在我国及全球各主要枢纽港均有投资和布局,集装箱吞吐能力排名世界第一。同时,中远海运(比雷埃夫斯)港口有限公司负责经营比雷埃夫斯港业务。

物流产业集群包括工程物流、货运代理、仓储网络、多式联运、船舶代理等业务。综合物流业务主要由中远海运物流有限公司专业经营,能够在工程物流、家电和电子物流、航空物流、化工物流、会展物流、电力物流、供应链管理、海运空运货代等业务领域为国内外客户提供全程物流解决方案,形成了遍及中国、辐射全球的服务网络系统。杂货特种船运输业务主要由中远海运特种运输股份有限公司专业经营,坚持以多用途重吊船和半潜船为核心,以沥青船、木材船和汽车船为辅助,为客户提供工程设备/大件运输全程物流解决方案,运力规模稳居世界第一。船舶代理业务主要由中远海运物流有限公司旗下的中国外轮代理有限公司(PENAVICO)和中海船务代理有限公司专业经营,业务网点遍布全国,市场份额稳居国内第一。海外代理以中国香港、美洲、欧洲、新加坡、日本、澳洲、韩国、西亚、非洲等九大区域公司为辐射点,形成了覆盖近百个国家和地区、200多个港口的全球代理网络。理货业务主要由中远海运物流有限公司旗下的中国外轮理货总公司专业经营,从事国际、国内航线船舶货物及集装箱的理货、理箱及相关检验业务,市场份额稳居国内第一。

航运金融产业集群主要包括船舶租赁、集装箱租赁、码头仓储设施租赁为主的航运租赁业务以及其他非航租赁业务,同时,还包括供应链金融、航运保险、物流基础设施投资以及金融资产等股权投资业务。集装箱租赁业务主要由中远海运发展股份有限公司旗下的佛罗伦公司专业经营,集装箱租赁规模排名世界第三。集团以船舶租赁和集装箱租赁业务为基础,培育金融租赁人才,稳步开发海洋工程设备租赁、物流仓储租赁、码头设备租赁及其他非航租赁业务。集团成立了中远海运金融控股有限公司、中远海运集团财务有限责任公司、中远海运财产保险自保有限公司多家公司,以开展金融业务。

装备制造产业集群包括船舶制造、修理和改装,海洋工程装备制造、集装箱制造等业务。中远海运集团通过中远海运重工有限公司专业经营装备制造相关业务。中远海运重工有限公司是国内技术领先的船舶制造企业,是国内实力雄厚的修船企业,是国内名列前茅的海洋工程装备制造企业,是世界知名的集装箱制造企业。作为现代商船建造的领跑者,中远海运重工有限公司拥有 10 多家大中型船厂,年可建造各类商船 1 100 多万载重吨。

航运服务产业集群包括船舶燃料供应、船舶管理、船员管理、船舶备件采购等业务。船舶燃料供应业务主要由中国船舶燃料有限责任公司、中石化中海船舶燃料供应有限公司专业经营,在国内各港口和全球重点枢纽港均有较为完善的船舶供油、供水系统,全球船舶燃料销量排名世界第一。船舶管理业务主要由中远海运船员管理有限公司及相关航运企业所属船管公司专业经营,采用统一的安全管理体系,依托丰富的船员资源,为集团内外的各家船东提供船舶管理服务。海员劳务业务主要由中远海运船员管理有限公司专业经营,为包括集装箱船、油轮、化学品船、LPG 船、客滚船等各种类型船舶配备船员,并在希腊、新加坡、日本、中国香港和中国台湾地区的劳务外派市场确立了稳固的地位。上海船舶运输科学研究所和中远海运科技股份有限公司是集团从事科研业务的重要平台,是我国最大的交通运输及航运综合技术研究开发基地。

社会化产业集群是中远海运集团支持产业集群,包括地产资源开发、酒店管理、海事院校、医院等社会化服务业务。涉及的旗下企业和院校包括中远海运博鳌有限公司、中远海运(上海)有限公司、中远海运(广州)有限公司、中远海运大连投资有限公司、中远海运资产经营管理有限公司、中远海运(青岛)有限公司、中远海运(天津)有限公司以及青岛远洋船员职业学院。

中远海运集团自成立以来,就着力开展基于商业模式创新的"互联网 +"相关业务,以更好地推动各业务升级和转型。

2. 招商局集团有限公司

招商局集团有限公司(简称"招商局")是中央直接管理的国有重要骨干企业,总部设于香港。招商局是中国民族工商业的先驱,创立于 1872 年晚清洋务运动时期。招商局是中国近代第一家股份制公司,曾组建了中国近代第一支商船队,开办了中国第一家银行、第一家保险公司等,开创了中国近代民族航运业,带动了其他许多近代产业的发展,在中国近现代经济史和社会发展史上具有重要地位。招商局 1978 年即投身改革开放,并于 1979 年开始独资开发了在海内外产生广泛影响的中国第一个对外开放的工业区——蛇口工业区,并相继创办了中国第一家完全由企业法人持股的股份制商业银行——招商银行,中国第一家企业股份制保险公司——平安保险公司等,为中国改革开放事业探索提供了有益的经验。

作为一家业务多元的综合企业,招商局业务主要集中于综合交通、特色金融、城市与园区综合开发运营三大核心产业,并正实现由三大主业向实业经营、金融服务、投资与资本运营三大平台转变。必须指出的是,航运业是招商局的祖业和主业。截至 2019 年底,招商局旗下的航运业务船队总运力(含订单)有 366 艘船舶,合计 4 502 万载重吨,排名世界第二;其中超级油轮(VLCC)和超大型矿砂船(VLOC)规模均列世界第一;成品油船队规模位列远东地区第一;滚装船队规模位列国内第一。经过资产重组和资本运作,招商局航运已经形成"油散气特"全业态的业务格局,运输航线遍布全球,全力打造世界一流航运企业。

招商局旗下以航运业为主营业务的二级公司主要包括招商局能源运输股份有限公司、中国外运股份有限公司、中国长江航运集团有限公司以及招商局港口控股有限公司。现就上述四家公司予以介绍。

招商局能源运输股份有限公司(简称"招商轮船")于 2004 年成立。招商轮船是招商局旗下专业从事远洋运输的航运企业。公司经营和管理着中国历史最悠久、最具经验的远洋油轮船队,是大中华地区领先的超级油轮船队经营者,也是国内输入液化天然气运输项目的主要参与者,拥有全球最大规模的超级油轮和超大型矿砂船船队,国内领先的液化天然气和滚装船队。经过多年发展,招商轮船形成了"油散气特管网"全业态的业务格局,主营业务涵盖油品运输、干散货运输、气体运输和特种运输,在船员管理和海外网点服务等方面独具优势。

中国外运股份有限公司(以下简称"中国外运")是招商局集团物流业务统一运营平台和统一品牌。中国外运服务网络覆盖全国,遍及全球主要经济体。全球第三方物流和货运代理服务分别居全球第八名和第四名。截至 2019 年底,在全国共有境内企业 1 100 家,全国网络分布于 32 个省、自治区、直辖市以及香港地区;海外73 家机构分布于 38 个国家和地区。中国外运以打造世界一流智慧物流平台企业为愿景,聚焦客户需求和深层次的商业压力与挑战,以最佳的解决方案和服务持续创造商业价值和社会价值,形成了以专业物流、代理及相关业务、电商业务为主的三大业务板块,为客户提供端到端的全程供应链方案和服务。

中国长江航运集团有限公司(简称"长航集团")是中国最大的内河航运企业,为招商局集团全资子公司,有着 140 多年的历史。长航集团总部位于湖北武汉,所属公司分布在长江沿线六省二市和沿海主要港口。长期以来,长航集团深耕长江经济带,在长江大宗货物运输、抢险救灾以及长江三峡国家一级和二级警卫接待任务中,始终发挥国有企业主力军作用,被誉为"长江国家队"。当前,公司业务发展以长江航运和邮轮旅游为核心,以港航服务为支撑。长江航运业务主要包括干散货、液货危险品、集装箱运输业务;邮轮旅游业务主要包括长江邮轮、城市游船和邮轮港业务;港航服务主要包括燃料供应、绿色航运、船舶修理、船舶服务、特色电机和航运科技等业务。

招商局港口控股有限公司(简称"招商局港口")是招商局集团的重要子公司,现为世界领先的港口开发、投资和营运商,于中国沿海主要枢纽港建立了较为完善的港口网络群,主控或参资的码头遍及香港、台湾、深圳、宁波、上海、青岛、天津、大连、漳州、湛江、汕头等集装箱枢纽港,并成功布局南亚、非洲、欧洲地中海及南美等地区。招商局港口自 2008 年起布局海外港口,并于近年来不断践行"一带一路"的国家倡议,加快国际化步伐,截至 2020 年 3 月共投资参资 25 个国家和地区的 41 个港口。招商局港口的愿景是迈向世界一流的港口综合服务商。通过实施国内战略、海外战略和创新战略三大举措,公司在全球港口集装箱输送量、市场占有率、港口综合开发业务收益、经营管理水准、资源利用效率、劳动生产率、品牌等方面持续提升至世界一流。

3.1.3　我国地方层面的航运公共企业

我国地方层面的航运公共企业主要是指由省级或市级国有资产管理机构所管理的航运国有企业。由于管理体制以及港航产业发展迅速等诸多原因,我国地方航运国有企业数量十分庞大。因此,选择其中具有代表性的上海国际港务(集团)股份有限公司、福建省海运集团有限责任公司、山东海运股份有限公司、宁波海运股份有限公司为代表予以介绍。

1. 上海国际港务(集团)股份有限公司

上海国际港务(集团)股份有限公司(简称"上港集团")是上海港公共码头运营商,是于 2003 年 1 月由原上海港务局改制后成立的大型专业化集团企业。2005 年 6 月,上港集团经整体改制,成立了股份制公司,于 2006 年 10 月 26 日在上交所上市,成为全国首家整体上市的港口股份制企业,目前是我国大陆地区最大的港口类上市公司,也是全球最大的港口公司之一。2019 年上海港集装箱吞吐量为 4 330.3 万 TEU,连续第十年位居全球首位。截至 2019 年 12 月 31 日,上港集团总资产为 1 421.77 亿元人民币,实现归母净利润 90.62 亿元,A 股总市值 1 337.12 亿元人民币。

上港集团主营业务分四大板块,即集装箱码头业务、散杂货码头业务、港口物流业务和港口服务业务,目前已形成了包括码头装卸、仓储堆存、航运、陆运、代理等服务在内的港口物流产业链。上海港的集装箱码头主要分布于洋山、外高桥、吴淞三大港区。散杂货码头产业是上港集团的重要产业板块之一,包括散货、件杂货和特殊货种的装卸业务、汽车滚装、邮轮码头,主要分布在罗泾、吴淞、龙吴、外高桥港区和北外滩地区。上港集团把做大做强港口物流产业作为企业发展战略重点,集中物流资源优势力量,将区域分散的物流产业资源进行整合,加速实现从传统物流向现代物流的转变,延伸港口物流产业链,倾力打造现代化综合物流服务功能,提高在工程物流、第三方物流、汽车物流等领域的一体化服务能力,形成了以上海港为枢纽的物流服务网络。上港集团旗下拖轮、理货等港口产业,为集装箱、散杂货和物流产业发展发挥重要的支持保障作用。

2. 福建省海运集团有限责任公司

福建省海运集团有限责任公司(简称"福建省海运集团")组建于 2014 年,是福建省大型国有航运企业。公司拥有专业海运公司、为运输主业配套服务的公司以及境内外的合资合营公司等 30 多家,总资产 40 亿元,员工近 6 400 人。公司经营及拥有各类货运船舶 21 艘,118.74 万载重吨,客运船舶 22 艘,客位 4 698 个,是福建省内注册的船种最全、运力规模最大的海运企业,货运船队、客运船队和船员劳务业务规模均为福建省第一,其中国内沿海船队规模位居全国第 7 位,船员外派规模居于国内行业前三位,也是大陆最大的对台海员派遣企业。海运集团主要经营大宗散货、件杂货运输,原油和成品油贸易与运输、海上客运、对台客滚以及海上加油、船员培训、劳务外派、船舶代管、船货代理、船舶维修、码头装卸仓储、船舶物资供应等配套业务。航线遍及中国大陆沿海各港和中国香港、中国台湾,以及美国、加拿大、巴西、澳大利亚、印度、巴基斯坦、俄罗斯(远东)、韩国、日本、东南亚、欧洲、非洲等 30 多个国家和地区的 200 多个港口。

福建省海运集团是以福建省轮船总公司为主体组建而成,其优化整合了福建交通集团下属的福建轮船、厦门轮船、福建东方海运、香港华闽船务司、香港鹭达船务的散货海运、集装箱海运、海上客运以及海上加油、船员培训和劳务外派等全部海运要素资源,涉及位于福州、厦门、香港、台北等境内外的 40 多家企业。福建省海运集团的组建不仅是福建交通集团对内部海运资源的优化整合,更是作为省属大型国有骨干企业,积极贯彻落实国家、省委、省政府促进海运业发展的战略,深化海运业体制机制改革、建立健全现代海运企业制度、激发海运市场主体活力的具体行动,对于打造福建省航运龙头企业、提升海运竞争力、建设海洋强省都具有里程碑式的意义。

3. 山东海运股份有限公司

山东海运股份有限公司(简称"山东海运")是由山东省人民政府批准,山东海洋集团有限公司作为控股股东发起设立的国有大型企业,注册资本 30 亿元人民币。山东海运专注于矿产、粮食、能源、化学品、件杂货等大宗物资的海洋运输领域,航线遍及全球主要港口。山东海运干散货船队规模位居全国前列,经营管理着 40 万吨级矿砂船,投资建造了全球首制 25 万吨级矿砂船。

山东海运(香港)控股有限公司是山东海运在香港设立的干散船舶经营管理平台和境外投融资平台,是国内首家经营管理世界最大矿砂船的航运企业,拥有多家单船公司,主要经营公司的干散货业务。新诚航运有限公司是山东海运在新加坡设立的专门从事卡姆萨型船舶运营的平台,其凭借国际化、市场化、专业化团队优势,利用新加坡国际航运枢纽区位,不断整合航运产业链资源,打造了一支以卡姆萨型散货船为主的运输船队。

山东海运油轮运输有限公司是山东海运重点发展的业务板块,专注于国际成品油、化学品等具有高附加值油品运输市场领域,依托与国际一流租家的中长期租约以保障收益的稳定性,目前运营中程成品油轮,为全球石油公司、贸易商提供运输服务。

山东海运船舶管理有限公司是山东省最早设立的专业性船舶管理公司,拥有管理国际船舶和国内沿海船舶的管理资质。山东弗力特船舶管理有限公司是山东海运与香港 Fleet 管理公司设立的合资公司,依托双方股东优势,内部提升管理,外部拓展市场,打造专业高效的船舶管理平台,以优质的服务赢得客户。山东海运海员劳务有限公司是山东省内首批获得海员外派资质的企业,具有船员服务机构许可证和船员外派机构资质证书,为中国籍国际航行和国内(包括港澳台地区)航行海船或外国籍海船提供服务。

4. 宁波海运股份有限公司

宁波海运股份有限公司(简称"宁波海运")是由宁波海运集团有限公司为主体、联合浙江省电力燃料总公司等五家发起人于 1997 年 4 月改建设立的股份制上市海运企业,主要经营我国沿海、长江货物运输,国际远洋运输和交通基础设施,交通附设服务设施的投资业务。多年来公司凭借宁波深水良港的地域优势,立足海运主业,审时度势,抓住机遇,积极奉行"诚信服务、稳健经营、规范运作、持续发展"的经营宗旨,弘扬"团结、务实、开拓、创新"的企业精神,稳步实施"立足海运,多元发展"的企业发展战略,致力于运力规模发展和经营结构调整,使公司规模迅速发展、效益稳中有升,已形成以电煤运输为主的专业化散货运输经营格局,经营辐射全国沿海港口和长江流域,航迹遍布世界 30 余个国家 60 多个港口。

宁波海运的水运业务是从事国际国内的大宗干散货运输,最主要的货种为煤炭。公司的运力均为散货船,公司致力于不断优化船队结构,积累大型船舶经营及管理经验。截至 2019 年底,宁波海运拥有散货船 32 艘(含光租运力 1 艘),总运力规模为 163.02 万载重吨(含光租运力 17.62 万载重吨),其中,灵便型散货船 26 艘,计 110.08 万载重吨;巴拿马型散货船 5 艘,计 35.32 万载重吨;海岬型船 1 艘,计 17.62 万载重吨。公司已形成一支以灵便型和巴拿马型船舶为主、国际国内并举,具有一定竞争力的散货船队。根据交通运输部《中国航运发展报告(2018)》关于 2018 年末中国主要航运企业经营国内沿海船队规模排名,公司运力规模排名在第 8 位。

3.2　我国航运公共企业的改革历程

我国航运公共企业的改革与改革开放以来我国的国有企业改革密切相关。总体来看,我国航运国有企业大体经历了简政放权与政企分开、转换企业经营机制、推行股份制改革、结构调整与重组四大阶段。中国远洋海运集团及其前身之一的中远集团①的改革历程极具代表性。

3.2.1　简政放权与政企分开

党的十一届三中全会后,我国的航运事业发展迎来了新的局面。沿海 14 个港口城市进一步开放,经济体制改革正向全面、深入发展,外贸、交通体制逐步实行政企分开,简政放权,船货管理"统得过死"的局面正逐步被打破。

1982 年 9 月,党的十二次全国代表大会召开,我国的经济体制改革迅速在全国范围内全面展开。航运管理体制的改革也在十二大方针政策的指引下开始稳定推进。1984 年 11 月 3 日,国务院颁发《关于改革我国国际海洋运输管理工作的通知》,以此为标志,全国海洋运输管理体制改革进入实质性推进阶段。根据上述通知,我国开始在海洋运输领域实行政企职责分开,简政放权,扩大企业自主权,并对船货实行行业归口管理。中国远洋运输总公司与中国对外贸易运输总公司不再合并成中国国际运输总公司。这两个公司都要办成独立经营的经济实体,不兼行政职能。交通部对中国远洋运输总公司(包括外轮代理总公司)、经贸部对中国对外贸易运输总公司(包括租船公司)只实行行政领导和管理,不干预企业经营。此外,该通知还要求交通部制定办法,对一切从事国际海洋运输的船舶公司(包括在中国注册的中外合营船舶公司)实行归口管理。凡成立从事国际运输的船舶公司,须经交通部审核,并报工商行政部门登记注册,才能正式营业。一切外商(包括华侨和港澳商人)办的船舶公司新开班轮在我国行驶,由交通部会同经贸部审批,已有的班轮也要补办登记手续。

为发展海运事业,《关于改革我国国际海洋运输管理工作的通知》还提出了一些具体的政策措施,包括:对外经济贸易部门和企业在对外签订贸易协议、合同时,要尽量争取我方派船;在航线、船期(按船货平衡计划)和运价水平同等条件下,要优先使用国轮;凡经注册的国轮在从事国际海洋运输时,支付国内港口的装卸等费用,仍按现行的优惠办法,费用标准不变,燃油价格按统一标准结算;这些船舶有余力时也可承运内贸货物,其费用均按国内运输费率以人民币结算;我国国际海洋运输的统一运价由中国远洋运输总公司、中国对外贸易运输总公司会同有关部门共同协商制定,各船舶公司可以按照市场情况,随行就市,在一定幅度内上下浮动;鼓励国轮积极承揽外国货载以及向外出租,打入国际航运市场,其收入可免征营业税;为了鼓励发展我国的海运事业,保证船舶的不断更新,银行对造船、买船可给予低息贷款,并适当延长还款期限和减免关税;各开放港口对国际海洋运输船舶的靠泊作业要严格执行先计划内、后计划外,先重点、后一般的原则,同是计划内船舶,除特殊情况外,应按到港先后顺序排队。

---

① 在 20 世纪 90 年代实现集团化前,中远集团是中国远洋运输总公司。

为更好地提供航运服务,1984 年 11 月,中国远洋运输总公司根据旗下各公司船队的特点和以往的经营范围、业务传统,将各船公司划分为专业性公司和综合性公司。专业性公司主要经营专业化船队,不受航区和港口分工的限制,根据外贸进出口货源和国际市场的需求,承运石油、粮食、矿砂、化肥、钢材等大宗货物;综合性公司拥有多种船舶类型,根据各自船队特点和地理位置,分别对远洋航区按照国外地理位置分航线经营;近洋航区按国内港口地理位置分航线经营。综合性公司的散货船和油轮按专业性公司的办法安排。拥有杂货船的综合性公司和拥有油轮、散货船的专业化公司,在总公司统一领导和协调下,可相互进行船舶调整和增减。根据上述分工原则,中国远洋运输总公司旗下的青岛远洋经营散货船,大连远洋以经营油轮为主,天津远洋、上海远洋和广州远洋为综合性公司。

在内河航运方面,1982 年全国交通工作会议对长江航运管理体制改革提出相关要求,包括:要实行政企分开,行政管理要集中统一,分级管理,对企业要下放权力,实行独立经营;实行港航分开,大港口要由交通部统一管理,各个港口要对所有船舶开放,做到一视同仁;长江的航运、装卸企业要实行多家经营,或组织联合经营,地方船舶可以参加干线运输。1983 年底,长江轮船总公司的成立工作完成,并于 1984 年开始正式办公运营。当时,长江轮船总公司是交通部直属一级独立核算的运输企业,管辖重庆、武汉、芜湖、南京、上海 5 个轮船公司,7 个修造船厂和 2 个配件厂。

3.2.2　推行承包经营责任制

党的十二届三中全会明确了增强企业活力是经济体制改革的中心环节,并提出为了增强城市企业的活力,提高广大职工的责任心和充分发挥他们的主动性、积极性、创造性,必须在企业内部明确对每个岗位、每个职工的工作要求,建立以承包为主的多种形式的经济责任制。1986 年,中共中央、国务院关于颁发全民所有制工业企业三个条例,即《中国共产党全民所有制工业企业基层组织工作条例》《全民所有制工业企业厂长工作条例》和《全民所有制工业企业职工代表大会条例》,明确改革的内容包括:企业实行生产经营和行政管理工作厂长负责制;明确企业党组织的工作重点,为保证和监督党和国家各项方针政策的贯彻实施,做好企业党的思想建设、组织建设和思想政治工作;进一步健全职工代表大会制度和各项民主管理制度,发挥工会组织和职工代表在审议企业重大决策、监督行政领导干部、维护职工合法权益等方面的作用。1988 年 2 月,国务院出台《全民所有制工业企业承包经营责任制暂行条例》,指出承包经营责任制是在坚持企业的社会主义全民所有制的基础上,贯彻所有权与经营权分离的原则,转变企业经营机制,增强企业活力,提高经济效益,是企业自主经营、自负盈亏的一条重要途径。

以中国远洋运输总公司为例,1988 年 9 月,交通部批准中远总公司正式实行总经理任期目标责任制,任期为 1988—1990 年。至 1988 年底,中远总公司下属单位基本上都实行了经理(厂长)责任制。相应地,船舶领导体制也由原先的党支部领导下的船长政务分工负责制改为船长负责制。到 1989 年 3 月,中远系统中的船舶全部实行了船长负责制。船长对船舶的整个运输生产经营拥有决策指挥权,处于船舶运输生产指挥系统的中心,对安全、优质、全面完成运输生产及其他各项任务负责。

在领导体制改革的基础上,中远系统全面推行承包经营责任制,经营责任制分 3 个层次承包。

第一个层次为中远总公司对交通部实行总承包,第一个承包期为 3 年,从 1988 年开始到 1990 年止。承包形式为"四包一挂",即包上缴税利,包技术改造,包安全生产,包国家重点物资运输生产任务,实行工资总额同换算周转量和实现税利复合挂钩。第二个承包期为 2 年,从 1991 年始至 1992 年止,实行"二包一挂"承包经营责任制,即包上缴税利,包技术改造,工资总额同换算周转量和实现利税复合挂钩。

第二个层次为中远直属企业对中远总公司实行分包,承包形式有四种:第一种,对总公司实行"上缴利润基数包干,确保上缴,超收分成,歉收自补"的承包方式;第二种,对微利企业实行"上缴利税,定额包干"的办法;第三种,对亏损单位实行"亏损定额包干、减亏全留、盈利分成、超亏自补"的承包形式;第四种,实行"包上缴利润基数,包技术改造,实行工资总额同经济效益挂钩",即"二包一挂"的办法。此外,对中波公司实行内部收支结余基数包干,对所属院校实行行政费包干的办法。

第三个层次的承包主要是各直属二级企业对下属企业的承包,通过各种形式的经济责任制,将其承包指标分解到各基层单位。有些单位对其处、科一级的职能部门也实行了不同形式的承包。各家船公司在前几年实行经济责任制的基础上,加强成本控制管理,对其管理的船舶实行以经济责任制为主的承包。如青岛远洋在单项承包的基础上,制定了《船舶责任制考核评分计奖办法》,指标分为货运量、燃油消耗、修船费用、物料消耗、港口使费、安全生产和综合管理七项,各业务处室对船舶进行跟踪管理。船舶试行两级管理办法,明确了船长的权力,强调安全对船舶责任制考核具有否决权,并进一步完善了考核制度、奖惩标准和分配办法。广州远洋在原来的六项承包的基础上推行了"一定七包"制,即定船、定员;船员管理责任承包;航次船舶承包;安全质量责任承包;船舶维修费和物料备件费用责任承包;通信导航设备维修及物料备件费用责任承包;旅差费、卧具费、洗理费责任承包;管理基础工作责任承包。上海远洋实行以航次承包为基本形式的综合性承包,主要有安全、货运任务、维修保养、船舶管理四个方面,并且规定了四项必须完成的劳务,即货运质量、特殊扫舱、危险品运输、货物绑扎,分配办法则采用计分制与确定系数等。

第一个承包期内,中远总公司 28 家直属企业中实行承包经营的企业有 26 家。在承包期间,中远面临的形势是国家的外贸运输任务不断增长,而国际航运市场在长期萧条下已走到谷底,国内航运市场由多家经营,竞争日趋激烈复杂。在这种机遇与挑战并存的经营环境中,中远总公司坚持以改革统揽全局,以"抓管理上等级,全面提高企业素质"为目标,改善企业内部管理体制,调整企业的经营机制,坚持目标管理和岗位经济责任制,优化劳动组合,把生产任务和业务工作落实到每个部门和个人,层层负责,逐级承包;目标管理实现横包到边,纵包到底,把责、权、利同考核奖惩紧密结合起来,形成"经理承包、全员有责、风险共担、利益共享"的管理机制,充分调动了广大船员职工的生产工作积极性,增强了企业自我发展、自我改造、自我积累的能力。

3.2.3　转换企业经营机制

进入 20 世纪 90 年代,为了推动全民所有制工业企业进入市场,增强企业活力,提高企业经济效益,根据《中华人民共和国全民所有制工业企业法》,国务院于 1992 年 7 月出台《全民所有制工业企业转换经营机制条例》,指出企业转换经营机制的目标是:使企业适应市场的要求,成为依法自主经营、自负盈亏、自我发展、自我约束的商品生产和经营单位,成为独立享有民事权利和承担民事义务的企业法人。该条例还明确转换企业经营机制必须遵循下列原则:一是坚持党的基本路线;二是坚持政企职责分开,保障国家对企业财产的所有权,实现企业财产保值、增值,落实企业的经营权;三是坚持责、权、利相统一,正确处理国家和企业、企业和职工的关系,贯彻按劳分配的原则,把职工的劳动所得与劳动成果联系起来;四是发挥中国共产党的基层组织在企业中的政治核心作用,坚持和完善厂长(经理)负责制,全心全意依靠工人阶级;五是坚持深化企业改革与推进企业技术进步、强化企业管理相结合;六是坚持在建设社会主义物质文明的同时,建设社会主义精神文明,建设有理想、有道德、有文化、有纪律的职工队伍。

以中国远洋运输总公司为例,1992 年 11 月,中远系统经理、书记座谈会召开,重点研究讨论了中远系统如何深化改革、转换中远系统经营机制的问题。经过广泛深入征求意见和讨论研究,确立了中远系统转换企业经营机制基本思路,概括起来就是"一个加强、两个明确、三个方向、四个管住、五个放开"。

"一个加强"即强化中远系统的整体观念。中远系统始终是一个不可分割的统一体,过去是这样,现在是这样,集团化以后仍然是这样,并且更应注重整体性建设。整体观念是中远总公司考虑一切问题的基本出发点,不能有任何偏离。

"两个明确"分别是明确中远总公司是未来实现集团化经营的核心企业,具有独立法人地位,由其行使对各成员企业的统一领导、管理和协调;明确中远系统紧密层成员企业的所有资产都属于中远总公司。经国家国有资产管理部门授权和委托,中远总公司对所辖资产拥有经营、管理、支配和处置权。

"三个方向"是指中远系统在开拓国际化经营,以航运为中心,运输为主业,向多元化发展逐步形成支柱性产业中,朝着"下海、登陆、上天"三大方向的战略目标奋进。"下海"就是搞好船队经营和管理,继续保持和发展以航运业为本的强大实力。"登陆"就是大力开拓陆上实业,包括进出口贸易、仓储运输、工业、金融保险、房地产、旅游等。"上天"就是积极从事航空货运和包括空运在内的国际多式联运业务,构成集团内强有力的综合运输体系。

"四个管住"是指中远总公司在履行集团化核心企业的领导职能中,必须在资产资金管理和统贷统还上管住管好;在紧密层企业的领导班子和工资总额及重要的用工、分配政策上管住管好;在外事审批管理权和驻外机构上管住管好;在重大生产经营项目上管住管好。

"五个放开"就是把安全生产、技术管理、保险理赔和燃物料供应的调度权放开;把杂货船、油轮和部分散货船的经营权放开;把货源组织的手段和方法,持有效证件签证的船员出入境的管理权放开;在不突破工资总额前提下,把有关船员航行津贴、伙食标准的决定权放开;在有关政策条件下,把有关内部工资、分配方式与用工形式的决定权放开。把这五个方面的权力下放给旗下各远洋公司,大大增加了下属公司的主自权。

为推进企业转换经营机制,中远总公司下发了《关于进一步深化改革,转换中远经营机制的若干意见》;批准了青岛远洋船员工资改革的试点方案;同意上海远洋选择澳新航线实行股份制试点;对劳动用工制度、奖金分配和管理体制等问题进行了研究和改革;同时,还积极开拓与航运主业相关的经营业务,发展第三产业。

另外,值得提及的是,这一时期,中国远洋运输总公司完成了集团化建设,组建了企业集团。1991 年,国家计委、国家体改委、国务院生产办印发《关于印发〈试点企业集团审批办法〉的通知》,将中国远洋运输总公司列入国家 55 个大型试点企业集团之列。组建中远集团可以推动企业组织结构调整,推动生产要素合理流动,形成群体优势和综合功能。中远总公司当时虽然已经成为一家大型国际海洋运输联合企业,但与国际上先进的航运企业相比,在企业的内部经营管理方面,还有很大的距离。中远总公司在建立和进一步完善自主经营、自我改造、自我发展、自我约束的经营管理机制方面,仍面临不少困难和问题,主要反映在:企业整体的经营机制还不健全;船队发展所需资金的融通渠道和管理方面还有待进一步改善;企业的一些管理制度,如干部管理、劳动人事管理、外事人员审批、财务管理、固定资产投资等还不能适应广泛的国际化经营的行业特点的需要,企业的群体优势和综合功能尚未充分发挥出来。这些困难和问题,只有通过组建企业集团才能逐步加以解决。1992 年 12 月 25 日,国务院相关委办批转了《关于同意成立中国远洋运输集团的复函》。1993 年 2 月 16 日,中国远洋运输总公司更名为中国远洋运输(集团)总公司,以中国远洋运输(集团)总公司为核心企业组建的中国远洋运输集团正式成立。

3.2.4　推行股份制改革

1997 年,党的十五大报告中提出"公有制实现形式可以而且应当多样化,一切反映社会化生产规律的经营方式和组织形式都可以大胆利用,要努力寻找能够极大促进生产力发展的公有制实现形式",这为我国国有企业改革提供了广阔的思路和理论基础。越来越多的国有企业选择实行股份制改造作为促进企业发展的公有制实现形式。对于大中型航运企业而言,其属于资金密集型企业,具有高投入、低回报、风险大的特点。普遍存在资金紧张、资源配置不合理、金融风险大、管理机制陈旧等问题。在社会主义市场经济下,股份制改革和证券市场为航运企业的持续发展提供了有利条件。

以中远集团为例,通过股份制改革,利用国际资本加速企业国际竞争力提升,是中远集团自成立以来实施国际化战略的一大亮点。1998 年亚洲金融危机后,面对严酷的市场环境,中远集团坚持"调整、巩固、提高"战略决策,围绕航运主业面对产业机构、股权结构、管理层级等进行了适应现代企业制度需要的改革,使得集团的抗风险能力和核心竞争力大大提升。与此同时,中远集团改变经营思路,适时提出企业发展所需资金"50%来自资本市场、40%来自银行、10%来自自身积累"的"5∶4∶1"战略目标,实现生产经营和资本经营"两轮"驱动,借助资本市场筹集资金,转变机制,规范管理,进而发展壮大企业。

1993 年 10 月 5 日,在亚洲最大资本市场新加坡股市,中远集团一举收购当地"孙集团"公司 615 万股股票,成为最大股东,并更名为"中远投资(新加坡)有限公司",成为第一家进入海外资本市场的中国国企,开辟了资产经营与资本经营并举的新航路。两年后,凭借在新加坡资本市场运作的经验,中远集团成功进入香港资本市场。1995 年,中远太平洋有限公司在香港联交所挂牌。1997 年,中远国际控股有限公司在香港联交所买壳上市。2002 年,中远航运股份有限公司(简称"中远航运")登录上海证券交易所。截至 2004 年 12 月 31 日,中远集团已在境内外控股和参股中远太平洋、中远国际、中远投资、中远航运、中集集团、招商银行 6 家上市公司,总营业收入达到 481.01 亿元人民币,净利润为 77.3 亿元人民币。到 2005 年 6 月 30 日,从资本市场累计融资达 245 亿元人民币,为中远集团全球化业务的扩展提供了资金保障,为企业的发展注入了强大动力。

2004 年,中远集团向国务院呈报中远集团重组上市方案,明确提出"整体规划、分步实施"的战略目标,得到了国务院的批复同意。随后,中远集团围绕航运主业整体上市,开展了一系列资本运作。2005 年 6 月 30 日,中国远洋控股股份有限公司(简称"中国远洋")正式在香港联合交易所挂牌交易。2007 年 6 月 26 日,中国远洋控股股份有限公司 A 股股票上市仪式在上海证券交易所隆重举行,这标志着全球领先的综合航运和物流服务供货商及中国最大的集装箱航运公司正式登陆 A 股市场。中国远洋在 H 股、A 股先后上市后,中远集团紧紧围绕系统集成,打造"资本中远"的战略目标,按照"整体规划、分步实施"的原则,逐步向中国远洋注入中远集团的优质资产,积极推动中远集团航运主业整体上市目标的实现。中远物流、中远散货板块资产相继进入中国远洋平台。

随着 2007 年远洋地产在香港上市,中远集团参股和控股的上市企业达到 8 家：中国远洋、中远太平洋、中远国际、中远投资、中远航运、中集集团、招商银行、远洋地产。截至 2008 年 12 月 31 日,按持股比例计算,其市值达到 709 亿元人民币。

3.2.5　结构调整与重组

党的十八大以来,深化国有企业改革成为党和国家全面深化改革的重要内容之一。2015 年 8 月,中共中央、国务院印发《关于深化国有企业改革的指导意见》,指出国有企业仍然存在一些亟待解决的突出矛盾和问题,一些企业市场主体地位尚未真正确立,现代企业制度还不健全,国有资产监管体制有待完善,国有资本运行效率需进一步提高;一些企业管理混乱,内部人控制、利益输送、国有资产流失等问题突出,企业办社会职能和历史遗留问题还未完全解决;一些企业党组织管党治党责任不落实、作用被弱化。针对这些问题提出了六项重点任务：分类推进国有企业改革,完善现代企业制度,完善国有资产管理体制,发展混合所有制经济,强化监督防止国有资产流失,加强和改进党对国有企业的领导。2015 年 12 月,中央经济工作会议提出"多兼并重组,少破产清算"的思路,产业内兼并重组模式进入公众视野。

鉴于中央企业产业分布过广、企业层级过多等结构性问题仍然较为突出,资源配置效率亟待提高、企业创新能力亟待增强。2016 年 7 月,国务院办公厅出台《关于推动中央企业结构调整与重组的指导意见》,其中就明确指出要稳妥推进装备制造、建筑工程、电力、钢铁、有色金属、航运、建材、旅游和航空服务等领域企业重组,集中资源形成合力,减少无序竞争和同质化经营,有效化解相关行业产能过剩。

以中国远洋海运集团为例,在深化国有企业改革的大背景下,中远集团和中海集团重组整合被提上日程。2015 年 8 月 7 日,中远集团、中海集团涉及的 8 家上市公司同时宣布停牌,拉开了改革重组的帷幕。同月,中远集团、中海集团党组共同商议,选派人员组成改革领导小组和工作小组,制定、细化和完善改革重组实施方案。一个月后,两家集团改革重组方案初步制定完成。2015 年 12 月 4 日,国务院正式批复中远集团、中海集团改革重组方案,宣布两大集团进行改革重组。同月,中远集团和中海集团旗下中国远洋、中海发展、中海集运、中远太平洋同时发布公告,宣布签订一系列资产重组交易和服务协议。2016 年 1 月 4 日,经国务院批准,中远集团与中海集团重组成立中国远洋海运集团有限公司。2016 年 2 月 18 日,中国远洋海运集团有限公司在上海正式挂牌成立。

中远集团和中海集团的重组整合与航运业的发展态势密切相关。受 2008 年国际经济危机的持续影响,国际贸易市场的不景气使得海运企业业务量锐减。伴随运价的不断下降,两大航运集团旗下各家企业的利润空间大幅缩小,企业总资产报酬率与净资产收益率都呈现明显下降趋势。与此同时,两大航运集团在前期行业环境的影响下,纷纷大量造船,盲目扩张,导致企业供求明显失衡,运力严重过剩。上述原因使得中远集团与中海集团业绩不断下滑,甚至出现巨额亏损,严重制约了企业的长远发展。为了扭亏为盈,实现企业可持续发展,两大集团需要减少同质化竞争,降低企业间的内耗,这也促使两大集团谋求融合,加快产业链整合步伐,以增强企业盈利能力[2]。

3.3 航运公共企业内外部环境分析

尽管有人认为私人企业的管理效率不一定优于公共企业,然而 20 世纪 80 年代西方国家大规模的公共企业民营化直接反映出了政府部门对公共企业普遍低效率的不满。实际上,当政府部门兴建的公共企业只集中于自然垄断行业和社会公益类行业时,由于公共企业的数量相对较小,政府部门管理公共企业的效率相对较高。但是当政府部门大规模地进入竞争性领域时,由于公共企业数量骤然增多,政府部门拥有的公共企业在内部治理结构上存在的缺陷会使企业效率明显下降。

交通行业不同的运输工具之间存在竞争,在五种运输方式中存在重叠的经济运距。当人们的收入水平达到一定的边界之上后,对运输的需求就会急剧增加,从而提高交通运输的营运率,改变私人部门的原有看法——资本的逐利性会促使私人资本加入运输行业的投资中来。至今为止,资本密集型的水上运输已经变得极富竞争性和吸引力,在许多国家,航运业已不再是政府公共企业独占市场份额了,相反来自私人部门的竞争使得这一传统行业变为竞争激烈的行业。在我国,伴随市场经济体制的改革,水上运输的这一改变尤为明显。现从内外部两方面来对航运公共企业的治理与发展予以分析。

3.3.1 航运公共企业内部治理

1. 委托代理人问题

现代经济条件下,无论是公共企业或是私人企业,一般都是所有权与经营权相分离的现代企业制度模式。这种两权分离的现代企业制度无疑就带来了我们所知的委托—代理人问题(委托人和代理人的目标可能并不一致),委托人追求股东长远利益的最大化,而代理人——企业的经营者则从经济人动机出发,追求自身利益的最大化。在没有恰当的激励制度和制约机制安排下,两者有时会发生尖锐的矛盾,极端情况下代理人以损害甚至掏空股东利益来满足自身利益。

私人企业的股东对企业的产权是明晰的,且由于关系到个人的切身利益,私人股东往往非常关注企业的经营状况,并实施强有力的监督。对航运公共企业来讲,虽然从政府部门作为公共企业的股东这一点来讲产权也是明晰的,但是政府机构中的官员能否如私人企业股东那样切实履行对企业经营者的监督职责却是有一定风险的,需要不断完善监管制度体系。

2. 委托者的目标多元化

私人航运企业的股东以利益最大化为目标,而航运公共企业的情况则复杂得多,作为委托者的政府部门的目标则更加多元化,如通过航运公共企业缓解社会就业压力、减轻政府部门的社会保障负担,或兼并一些濒临破产的公共企业等。这些问题不仅无助于提升航运公共企业的竞争力,还会对公共企业追求利润的目标形成干扰。此种情况下,航运公共企业的经营者势必花很大精力去实现政府机构的多元目标,客观上形成了企业经营者无法适应政府部门的任务,主观上也为经营者经营不善找到了借口。

3. 激励机制问题

与私人企业相比,航运公共企业的激励机制通常要不完善得多,减少代理成本的一个有效方法是设计一个较完善的激励机制,期望在此制度下经营者通过为股东创造尽可能大的价值而使自身的经济利益也得到最大化,这样经营者的目标就会与股东目标基本保持一致,并减少了委托者的监督成本。在私人企业中,这比较容易做到,但在公共企业部门,这样的激励制度却容易引起争议。因为,有时难以判断航运公共企业的业绩好坏是与经营者的个人能力相关,还是与航运市场环境变化相关。

4. 缺乏对企业经营者的有效制约手段

相比私人企业的委托者来讲,航运公共企业的终极委托者——公众缺乏对企业经营者的有效制约手段,可能导致代理人行为严重地偏离委托者目标。航运公共企业实际上存在双重委托代理关系,除了政府部门—企业经营者这一层的委托—代理关系之外,公共企业的终极委托人是公众,或者说是纳税人,由他们将资产委托给政府部门,因而首先存在公众—政府部门的委托代理关系,而从整个委托—代理链条来看,就变成了公众—政府部门—公共企业的委托—代理关系。相比私人企业,公众不能直接对航运公共企业实行监督,通常需要经过政府部门的中间环节,这容易产生如下问题:一方面公众的利益比较分散,特别是从短期来看,他们的利益可能表现为分散的利益取向,这些利益可能会相互冲突。比如,有人追求长期的企业股东的利益最大化,有人则追求短期企业分红的最大化,还有人追求企业尽可能地满足公众就业要求等,政府部门很难将这些分散的甚至互相矛盾的利益给统一起来。另一方面,由于经济人动机的存在,政府是否能够保证对公共企业实现较为全面、客观、合理的监管也存有一定的不确定性。

3.3.2　航运公共企业外部发展环境

1. 市场化竞争

激烈的市场竞争是航运市场的一大特征。自 2008 年全球金融危机以来,国际航运业经历了漫长的低谷期,航运公司间展开了大规模的兼并、破产和重组。在我国,国际航运市场处于国家改革开放的前沿,随着我国社会主义市场经济体制的逐步建立,在陆续出台的国际航运市场深化开放政策和措施鼓励下,航运企业数量急剧增加,民营资本和外资不断涌入航运业,对我国航运公共企业带来了极大的竞争,这也对航运公共企业加强市场化竞争力提出了更高的要求。我国航运市场对外开放程度的不断扩大使外国航运企业看好我国市场,进入中国市场的步伐也不断加快,外国航运企业将高速增长的运力不断地转向我国国际航运市场,大量外籍船舶直接挂靠我国港口,开辟国际班轮航线,给我国国内航运企业带来了直接的压力,市场化程度加大,竞争日益激烈。

2. 全球化与逆全球化

全球化是过去相当长一段时间内世界经济发展的重要特征。全球经济的一体化使世界经济与世界航运市场紧密相连,国际化是全球航运发展的重要趋势。对于我国航运公共企业来说,需要不断解放思想,大胆探索,摆脱以往的思维定式,从传统的航运经营思维模式中解放出来,换脑筋、变思想、开眼界、拓思路,在应对全球化的过程中坚持创新,破解航运经营的难题,寻找新的发展契机。特别是随着"一带一路"倡议的推进,国际航运资源进一步向亚洲地区集聚,其重心正在向东亚尤其是向中国转移。世界贸易格局及结构的深刻变化也将对全球性航运中心发展产生影响。

必须指出的是,自 2016 年以来,英国脱欧,美国总统特朗普上任伊始就正式宣布退出跨太平洋伙伴关系协定,逆全球化趋势开始升温,其必然也会对航运业发展产生一定影响。例如,逆全球化趋势加深对航运业带来的直接不利影响就是需求减少,企业的采购模式从全球化转到近岸和本国。不论是转移到近岸还是本国,肯定会带来货物运量和航运距离的减少,那么航运需求也会相应减少。尽管逆全球化趋势有所抬头,但航运业的全球化趋势不可阻挡,全球化对人类社会的福利水平终究是利大于弊,任何不满和逆向行动都是逆潮流而动的行为,都是暂时的,而加强航运业自身的竞争力才最为重要。

3. 数字化趋势

当前数字化的应用领域正从互联网行业向政府、金融、零售、农业、工业、交通、物流、医疗健康等行业深入。数字化是信息化的一个特殊阶段。近年来,以马士基、上港集团、招商局、中远海运等为代表的龙头港航企业,纷纷提出了数字化转型的发展愿景。数字化当然也属于信息化,但其背后所带有的核心诉求,是要减少航运业务上下游复杂的角色业务协同之间的沟通成本。

尽管数字化转型在航运领域已被提起数年,并且这一趋势也得到了航运业的普遍认可,但总体而言,进展一直较为缓慢。受新冠疫情影响,航运数字化转型已十分紧迫。航运作为联通全球经济的重要基础性服务,疫情正面冲击让货主们对航运信息的不确定性、价格的波动性、流程的透明度问题、业务诚信和履约问题等隐忍已久的痛点都充分暴露。在后疫情时代,航运数字化将会加倍提速。

航运数字化过程实际就是航运数据规范化、标准化、开放化的过程,航运资源的物联化过程,航运经营决策数字化过程,航运业务链条的数字化协同过程,是航运与贸易、物流、金融、口岸之间数字协同的过程。可以说,航运数字化是立足于航运的新基建,逐渐赋能航运业务的过程。而这种赋能应该是生态化的,面向各业务层面的,以业务需求为导向的,是能力开放的一种赋能。数字化将为航运业务带来多方面赋能。数字化是全局一体化的转变,即从全局出发体系化、分步骤地运用数字科技实现港口、航运企业、陆运、仓储等环节的资源整合与共享,促进港、航、物、贸一体化、全程化、柔性化发展。这种赋能可以概括为三个方面:一是有效降低航运业的沟通成本,提升上下游的协同性,促进跨境业务协同,从而创造更高的效率和柔性的服务;二是依靠大数据决策支持替代经验决策,从而全面提升航运业的市场感知能力、风险防范能力、资源优化能力和经营判断能力;三是使航运业更智能,以智慧港口、智能船舶、第四方物流、远程操控、无人驾驶、虚拟化仿真等多种形式来减少和替代人力。

4. 绿色航运

随着社会的发展进步,船舶所带来的环境污染问题越来越受到全社会的关注。关注点也已从起初单一的海洋污染防控(如油污染)转变为如今的水空全方位防控。绿色环保一直是航运业发展的主基调,从关注船舶对海洋的污染到水天一体污染防控,再到船舶全生命周期的绿色主线,航运业的绿色发展理念不断深入,不断完善,逐渐形成了一套完整的体系[3]。

绿色航运的发展理念已贯穿于航运业的方方面面。例如,在压载水方面,《国际船舶压载水和沉积物控制与管理公约》已于 2017 年 9 月 8 日生效,旨在通过船舶压载水和沉积物控制与管理来防止、尽量减少和最终消除因有害水生物和病原体的转移对环境、人体健康、财产和资源引起的风险。在拆船方面,《船舶安全与环境无害化回收再利用香港国际公约》已通过,意在对船舶有害物质进行全程控制,涵盖船舶的设计、建造、运营、维护以及船舶拆船的准备工作,旨在促进安全且对环境无害地进行拆船活动。在船舶水下噪声方面,国际海事组织已通过《减少商船水下辐射噪声导则》,旨在减小由商船产生的水下辐射噪声对海洋生物可能产生的短期和长期的负面影响,特别是对海洋哺乳动物。为满足要求,需要优化船舶设计、提高造船工艺水平,选择低振动噪声机器设备、隔离噪声源以及采取减振降噪措施。在空气污染排放方面,随着温室气体效应的逐渐增强,有关空气污染的问题一直备受全社会关注,航运业也不例外。有关防止船舶空气污染的相关规定在近几年更是成为航运业的重点议题,不断被修订和补充。国际海事组织规定,从 2020 年起将禁止船舶使用含硫量高于 0.5% 的燃油航行。

对于我国航运公共企业而言,需要充分认识到绿色航运是大势所趋,要将绿色航运理念融入船舶运营和企业经营的各方面,以更好地应对未来日趋严格的环保政策,进而不断提升自身的市场竞争力。

⚓ 拓展阅读

中共中央、国务院关于深化国有企业改革的
指导意见(中发〔2015〕22 号)

国有企业属于全民所有,是推进国家现代化、保障人民共同利益的重要力量,是我们党和国家事业发展的重要物质基础和政治基础。改革开放以来,国有企业改革发展不断取得重大进展,总体上已经同市场经济相融合,运行质量和效益明显提升,在国际国内市场竞争中涌现出一批具有核心竞争力的骨干企业,为推动经济社会发展、保障和改善民生、开拓国际市场、增强我国综合实力作出了重大贡献,国有企业经营管理者队伍总体上是好的,广大职工付出了不懈努力,成就是突出的。但也要看到,国有企业仍然存在一些亟待解决的突出矛盾和问题,一些企业市场主体地位尚未真正确立,现代企业制度还不健全,国有资产监管体制有待完善,国有资本运行效率需进一步提高;一些企业管理混乱,内部人控制、利益输送、国有资产流失等问题突出,企业办社会职能和历史遗留问题还未完全解决;一些企业党组织管党治党责任不落实、作用被弱化。面向未来,国有企业面临日益激烈的国际竞争和转型升级的巨大挑战。在推动我国经济保持中高速增长和迈向中高端水平、完善和发展中国特色社会主义制度、实现中华民族伟大复兴中国梦的进程中,国有企业肩负着重大历史使命和责任。要认真贯彻落实党中央、国务院战略决策,按照"四个全面"战略布局的要求,以经济建设为中心,坚持问题导向,继续推进国有企业改革,切实破除体制机制障碍,坚定不移做强做优做大国有企业。为此,提出以下意见。

一、总体要求

(一)指导思想

高举中国特色社会主义伟大旗帜,认真贯彻落实党的十八大和十八届三中、四中全会精神,深入学习贯彻习近平总书记系列重要讲话精神,坚持和完善基本经济

制度,坚持社会主义市场经济改革方向,适应市场化、现代化、国际化新形势,以解放和发展社会生产力为标准,以提高国有资本效率、增强国有企业活力为中心,完善产权清晰、权责明确、政企分开、管理科学的现代企业制度,完善国有资产监管体制,防止国有资产流失,全面推进依法治企,加强和改进党对国有企业的领导,做强做优做大国有企业,不断增强国有经济活力、控制力、影响力、抗风险能力,主动适应和引领经济发展新常态,为促进经济社会持续健康发展、实现中华民族伟大复兴中国梦作出积极贡献。

(二)基本原则

——坚持和完善基本经济制度。这是深化国有企业改革必须把握的根本要求。必须毫不动摇巩固和发展公有制经济,毫不动摇鼓励、支持、引导非公有制经济发展。坚持公有制主体地位,发挥国有经济主导作用,积极促进国有资本、集体资本、非公有资本等交叉持股、相互融合,推动各种所有制资本取长补短、相互促进、共同发展。

——坚持社会主义市场经济改革方向。这是深化国有企业改革必须遵循的基本规律。国有企业改革要遵循市场经济规律和企业发展规律,坚持政企分开、政资分开、所有权与经营权分离,坚持权利、义务、责任相统一,坚持激励机制和约束机制相结合,促使国有企业真正成为依法自主经营、自负盈亏、自担风险、自我约束、自我发展的独立市场主体。社会主义市场经济条件下的国有企业,要成为自觉履行社会责任的表率。

——坚持增强活力和强化监管相结合。这是深化国有企业改革必须把握的重要关系。增强活力是搞好国有企业的本质要求,加强监管是搞好国有企业的重要保障,要切实做到两者的有机统一。继续推进简政放权,依法落实企业法人财产权和经营自主权,进一步激发企业活力、创造力和市场竞争力。进一步完善国有企业监管制度,切实防止国有资产流失,确保国有资产保值增值。

——坚持党对国有企业的领导。这是深化国有企业改革必须坚守的政治方向、政治原则。要贯彻全面从严治党方针,充分发挥企业党组织政治核心作用,加强企业领导班子建设,创新基层党建工作,深入开展党风廉政建设,坚持全心全意依靠工人阶级,维护职工合法权益,为国有企业改革发展提供坚强有力的政治保证、组织保证和人才支撑。

——坚持积极稳妥统筹推进。这是深化国有企业改革必须采用的科学方法。要正确处理推进改革和坚持法治的关系,正确处理改革发展稳定关系,正确处理搞好顶层设计和尊重基层首创精神的关系,突出问题导向,坚持分类推进,把握好改革的次序、节奏、力度,确保改革扎实推进、务求实效。

(三)主要目标

到 2020 年,在国有企业改革重要领域和关键环节取得决定性成果,形成更加符合我国基本经济制度和社会主义市场经济发展要求的国有资产管理体制、现代企业制度、市场化经营机制，国有资本布局结构更趋合理，造就一大批德才兼备、善于经营、充满活力的优秀企业家，培育一大批具有创新能力和国际竞争力的国有骨干企业，国有经济活力、控制力、影响力、抗风险能力明显增强。

——国有企业公司制改革基本完成，发展混合所有制经济取得积极进展，法人治理结构更加健全，优胜劣汰、经营自主灵活、内部管理人员能上能下、员工能进能出、收入能增能减的市场化机制更加完善。

——国有资产监管制度更加成熟，相关法律法规更加健全，监管手段和方式不断优化，监管的科学性、针对性、有效性进一步提高，经营性国有资产实现集中统一监管，国有资产保值增值责任全面落实。

——国有资本配置效率显著提高，国有经济布局结构不断优化、主导作用有效发挥，国有企业在提升自主创新能力、保护资源环境、加快转型升级、履行社会责任中的引领和表率作用充分发挥。

——企业党的建设全面加强，反腐倡廉制度体系、工作体系更加完善，国有企业党组织在公司治理中的法定地位更加巩固，政治核心作用充分发挥。

二、分类推进国有企业改革

（四）划分国有企业不同类别。根据国有资本的战略定位和发展目标，结合不同国有企业在经济社会发展中的作用、现状和发展需要，将国有企业分为商业类和公益类。通过界定功能、划分类别，实行分类改革、分类发展、分类监管、分类定责、分类考核，提高改革的针对性、监管的有效性、考核评价的科学性，推动国有企业同市场经济深入融合，促进国有企业经济效益和社会效益有机统一。按照谁出资谁分类的原则，由履行出资人职责的机构负责制定所出资企业的功能界定和分类方案，报本级政府批准。各地区可结合实际，划分并动态调整本地区国有企业功能类别。

（五）推进商业类国有企业改革。商业类国有企业按照市场化要求实行商业化运作，以增强国有经济活力、放大国有资本功能、实现国有资产保值增值为主要目标，依法独立自主开展生产经营活动，实现优胜劣汰、有序进退。

主业处于充分竞争行业和领域的商业类国有企业，原则上都要实行公司制股份制改革，积极引入其他国有资本或各类非国有资本实现股权多元化，国有资本可以绝对控股、相对控股，也可以参股，并着力推进整体上市。对这些国有企业，重点考核经营业绩指标、国有资产保值增值和市场竞争能力。

主业处于关系国家安全、国民经济命脉的重要行业和关键领域、主要承担重大专项任务的商业类国有企业，要保持国有资本控股地位，支持非国有资本参股。对自然垄断行业，实行以政企分开、政资分开、特许经营、政府监管为主要内容的改革，根据不同行业特点实行网运分开、放开竞争性业务，促进公共资源配置市场化；

对需要实行国有全资的企业,也要积极引入其他国有资本实行股权多元化;对特殊业务和竞争性业务实行业务板块有效分离,独立运作、独立核算。对这些国有企业,在考核经营业绩指标和国有资产保值增值情况的同时,加强对服务国家战略、保障国家安全和国民经济运行、发展前瞻性战略性产业以及完成特殊任务的考核。

(六)推进公益类国有企业改革。公益类国有企业以保障民生、服务社会、提供公共产品和服务为主要目标,引入市场机制,提高公共服务效率和能力。这类企业可以采取国有独资形式,具备条件的也可以推行投资主体多元化,还可以通过购买服务、特许经营、委托代理等方式,鼓励非国有企业参与经营。对公益类国有企业,重点考核成本控制、产品服务质量、营运效率和保障能力,根据企业不同特点有区别地考核经营业绩指标和国有资产保值增值情况,考核中要引入社会评价。

三、完善现代企业制度

(七)推进公司制股份制改革。加大集团层面公司制改革力度,积极引入各类投资者实现股权多元化,大力推动国有企业改制上市,创造条件实现集团公司整体上市。根据不同企业的功能定位,逐步调整国有股权比例,形成股权结构多元、股东行为规范、内部约束有效、运行高效灵活的经营机制。允许将部分国有资本转化为优先股,在少数特定领域探索建立国家特殊管理股制度。

(八)健全公司法人治理结构。重点是推进董事会建设,建立健全权责对等、运转协调、有效制衡的决策执行监督机制,规范董事长、总经理行权行为,充分发挥董事会的决策作用、监事会的监督作用、经理层的经营管理作用、党组织的政治核心作用,切实解决一些企业董事会形同虚设、"一把手"说了算的问题,实现规范的公司治理。要切实落实和维护董事会依法行使重大决策、选人用人、薪酬分配等权利,保障经理层经营自主权,法无授权任何政府部门和机构不得干预。加强董事会内部的制衡约束,国有独资、全资公司的董事会和监事会均应有职工代表,董事会外部董事应占多数,落实一人一票表决制度,董事对董事会决议承担责任。改进董事会和董事评价办法,强化对董事的考核评价和管理,对重大决策失误负有直接责任的要及时调整或解聘,并依法追究责任。进一步加强外部董事队伍建设,拓宽来源渠道。

(九)建立国有企业领导人员分类分层管理制度。坚持党管干部原则与董事会依法产生、董事会依法选择经营管理者、经营管理者依法行使用人权相结合,不断创新有效实现形式。上级党组织和国有资产监管机构按照管理权限加强对国有企业领导人员的管理,广开推荐渠道,依规考察提名,严格履行选用程序。根据不同企业类别和层级,实行选任制、委任制、聘任制等不同选人用人方式。推行职业经理人制度,实行内部培养和外部引进相结合,畅通现有经营管理者与职业经理人身份转换通道,董事会按市场化方式选聘和管理职业经理人,合理增加市场化选聘比例,加快建立退出机制。推行企业经理层成员任期制和契约化管理,明确责任、权利、义务,严格任期管理和目标考核。

(十)实行与社会主义市场经济相适应的企业薪酬分配制度。企业内部的薪酬分配权是企业的法定权利,由企业依法依规自主决定,完善既有激励又有约束、既讲效率又讲公平、既符合企业一般规律又体现国有企业特点的分配机制。建立健全与劳动力市场基本适应、与企业经济效益和劳动生产率挂钩的工资决定和正常增长机制。推进全员绩效考核,以业绩为导向,科学评价不同岗位员工的贡献,合理拉开收入分配差距,切实做到收入能增能减和奖惩分明,充分调动广大职工积极性。对国有企业领导人员实行与选任方式相匹配、与企业功能性质相适应、与经营业绩相挂钩的差异化薪酬分配办法。对党中央、国务院和地方党委、政府及其部门任命的国有企业领导人员,合理确定基本年薪、绩效年薪和任期激励收入。对市场化选聘的职业经理人实行市场化薪酬分配机制,可以采取多种方式探索完善中长期激励机制。健全与激励机制相对称的经济责任审计、信息披露、延期支付、追索扣回等约束机制。严格规范履职待遇、业务支出,严禁将公款用于个人支出。

(十一)深化企业内部用人制度改革。建立健全企业各类管理人员公开招聘、竞争上岗等制度,对特殊管理人员可以通过委托人才中介机构推荐等方式,拓宽选人用人视野和渠道。建立分级分类的企业员工市场化公开招聘制度,切实做到信息公开、过程公开、结果公开。构建和谐劳动关系,依法规范企业各类用工管理,建立健全以合同管理为核心、以岗位管理为基础的市场化用工制度,真正形成企业各类管理人员能上能下、员工能进能出的合理流动机制。

四、完善国有资产管理体制

(十二)以管资本为主推进国有资产监管机构职能转变。国有资产监管机构要准确把握依法履行出资人职责的定位,科学界定国有资产出资人监管的边界,建立监管权力清单和责任清单,实现以管企业为主向以管资本为主的转变。该管的要科学管理、决不缺位,重点管好国有资本布局、规范资本运作、提高资本回报、维护资本安全;不该管的要依法放权、决不越位,将依法应由企业自主经营决策的事项归位于企业,将延伸到子企业的管理事项原则上归位于一级企业,将配合承担的公共管理职能归位于相关政府部门和单位。大力推进依法监管,着力创新监管方式和手段,改变行政化管理方式,改进考核体系和办法,提高监管的科学性、有效性。

(十三)以管资本为主改革国有资本授权经营体制。改组组建国有资本投资、运营公司,探索有效的运营模式,通过开展投资融资、产业培育、资本整合,推动产业集聚和转型升级,优化国有资本布局结构;通过股权运作、价值管理、有序进退,促进国有资本合理流动,实现保值增值。科学界定国有资本所有权和经营权的边界,国有资产监管机构依法对国有资本投资、运营公司和其他直接监管的企业履行出资人职责,并授权国有资本投资、运营公司对授权范围内的国有资本履行出资人职责。国有资本投资、运营公司作为国有资本市场化运作的专业平台,依法自主开展国有资本运作,对所出资企业行使股东职责,按照责权对应原则切实承担起国有资产保值增值责任。开展政府直接授权国有资本投资、运营公司履行出资人职责的试点。

(十四)以管资本为主推动国有资本合理流动优化配置。坚持以市场为导向、以企业为主体,有进有退、有所为有所不为,优化国有资本布局结构,增强国有经济整体功能和效率。紧紧围绕服务国家战略,落实国家产业政策和重点产业布局调整总体要求,优化国有资本重点投资方向和领域,推动国有资本向关系国家安全、国民经济命脉和国计民生的重要行业和关键领域、重点基础设施集中,向前瞻性战略性产业集中,向具有核心竞争力的优势企业集中。发挥国有资本投资、运营公司的作用,清理退出一批、重组整合一批、创新发展一批国有企业。建立健全优胜劣汰市场化退出机制,充分发挥失业救济和再就业培训等的作用,解决好职工安置问题,切实保障退出企业依法实现关闭或破产,加快处置低效无效资产,淘汰落后产能。支持企业依法合规通过证券交易、产权交易等资本市场,以市场公允价格处置企业资产,实现国有资本形态转换,变现的国有资本用于更需要的领域和行业。推动国有企业加快管理创新、商业模式创新,合理限定法人层级,有效压缩管理层级。发挥国有企业在实施创新驱动发展战略和制造强国战略中的骨干和表率作用,强化企业在技术创新中的主体地位,重视培养科研人才和高技能人才。支持国有企业开展国际化经营,鼓励国有企业之间以及与其他所有制企业以资本为纽带,强强联合、优势互补,加快培育一批具有世界一流水平的跨国公司。

(十五)以管资本为主推进经营性国有资产集中统一监管。稳步将党政机关、事业单位所属企业的国有资本纳入经营性国有资产集中统一监管体系,具备条件的进入国有资本投资、运营公司。加强国有资产基础管理,按照统一制度规范、统一工作体系的原则,抓紧制定企业国有资产基础管理条例。建立覆盖全部国有企业、分级管理的国有资本经营预算管理制度,提高国有资本收益上缴公共财政比例,2020 年提高到 30%,更多用于保障和改善民生。划转部分国有资本充实社会保障基金。

五、发展混合所有制经济

(十六)推进国有企业混合所有制改革。以促进国有企业转换经营机制,放大国有资本功能,提高国有资本配置和运行效率,实现各种所有制资本取长补短、相互促进、共同发展为目标,稳妥推动国有企业发展混合所有制经济。对通过实行股份制、上市等途径已经实行混合所有制的国有企业,要着力在完善现代企业制度、提高资本运行效率上下功夫;对于适宜继续推进混合所有制改革的国有企业,要充分发挥市场机制作用,坚持因地施策、因业施策、因企施策,宜独则独、宜控则控、宜参则参,不搞拉郎配,不搞全覆盖,不设时间表,成熟一个推进一个。改革要依法依规、严格程序、公开公正,切实保护混合所有制企业各类出资人的产权权益,杜绝国有资产流失。

(十七)引入非国有资本参与国有企业改革。鼓励非国有资本投资主体通过出资入股、收购股权、认购可转债、股权置换等多种方式,参与国有企业改制重组或国有控股上市公司增资扩股以及企业经营管理。实行同股同权,切实维护各类股东合法权益。在石油、天然气、电力、铁路、电信、资源开发、公用事业等领域,向非国有资本推出符合产业政策、有利于转型升级的项目。依照外商投资产业指导目录和相关安全审查规定,完善外资安全审查工作机制。开展多类型政府和社会资本合作试点,逐步推广政府和社会资本合作模式。

(十八)鼓励国有资本以多种方式入股非国有企业。充分发挥国有资本投资、运营公司的资本运作平台作用,通过市场化方式,以公共服务、高新技术、生态环保、战略性产业为重点领域,对发展潜力大、成长性强的非国有企业进行股权投资。鼓励国有企业通过投资入股、联合投资、重组等多种方式,与非国有企业进行股权融合、战略合作、资源整合。

(十九)探索实行混合所有制企业员工持股。坚持试点先行,在取得经验基础上稳妥有序推进,通过实行员工持股建立激励约束长效机制。优先支持人才资本和技术要素贡献占比较高的转制科研院所、高新技术企业、科技服务型企业开展员工持股试点,支持对企业经营业绩和持续发展有直接或较大影响的科研人员、经营管理人员和业务骨干等持股。员工持股主要采取增资扩股、出资新设等方式。完善相关政策,健全审核程序,规范操作流程,严格资产评估,建立健全股权流转和退出机制,确保员工持股公开透明,严禁暗箱操作,防止利益输送。

六、强化监督防止国有资产流失

(二十)强化企业内部监督。完善企业内部监督体系,明确监事会、审计、纪检监察、巡视以及法律、财务等部门的监督职责,完善监督制度,增强制度执行力。强化对权力集中、资金密集、资源富集、资产聚集的部门和岗位的监督,实行分事行权、分岗设权、分级授权,定期轮岗,强化内部流程控制,防止权力滥用。建立审计部门向董事会负责的工作机制。落实企业内部监事会对董事、经理和其他高级管理人员的监督。进一步发挥企业总法律顾问在经营管理中的法律审核把关作用,推进企业依法经营、合规管理。集团公司要依法依规、尽职尽责加强对子企业的管理和监督。大力推进厂务公开,健全以职工代表大会为基本形式的企业民主管理制度,加强企业职工民主监督。

(二十一)建立健全高效协同的外部监督机制。强化出资人监督,加快国有企业行为规范法律法规制度建设,加强对企业关键业务、改革重点领域、国有资本运营重要环节以及境外国有资产的监督,规范操作流程,强化专业检查,开展总会计师由履行出资人职责机构委派的试点。加强和改进外派监事会制度,明确职责定位,强化与有关专业监督机构的协作,加强当期和事中监督,强化监督成果运用,建立健全核查、移交和整改机制。健全国有资本审计监督体系和制度,实行企业国有资产审计监督全覆盖,建立对企业国有资本的经常性审计制度。加强纪检监察监督和巡视工作,强化对企业领导人员廉洁从业、行使权力等的监督,加大大案要案查处力度,狠抓对存在问题的整改落实。整合出资人监管、外派监事会监督和审计、纪检监察、巡视等监督力量,建立监督工作会商机制,加强统筹,创新方式,共享资源,减少重复检查,提高监督效能。建立健全监督意见反馈整改机制,形成监督工作的闭环。

(二十二)实施信息公开加强社会监督。完善国有资产和国有企业信息公开制度,设立统一的信息公开网络平台,依法依规、及时准确披露国有资本整体运营和监管,国有企业公司治理以及管理架构、经营情况、财务状况、关联交易、企业负责人薪酬等信息,建设阳光国企。认真处理人民群众关于国有资产流失等问题的来信、来访和检举,及时回应社会关切。充分发挥媒体舆论监督作用,有效保障社会公众对企业国有资产运营的知情权和监督权。

(二十三)严格责任追究。建立健全国有企业重大决策失误和失职、渎职责任追究倒查机制,建立和完善重大决策评估、决策事项履职记录、决策过错认定标准等配套制度,严厉查处侵吞、贪污、输送、挥霍国有资产和逃废金融债务的行为。建立健全企业国有资产的监督问责机制,对企业重大违法违纪问题敷衍不追、隐匿不报、查处不力的,严格追究有关人员失职渎职责任,视不同情形给予纪律处分或行政处分,构成犯罪的,由司法机关依法追究刑事责任。

七、加强和改进党对国有企业的领导

(二十四)充分发挥国有企业党组织政治核心作用。把加强党的领导和完善公司治理统一起来,将党建工作总体要求纳入国有企业章程,明确国有企业党组织在公司法人治理结构中的法定地位,创新国有企业党组织发挥政治核心作用的途径和方式。在国有企业改革中坚持党的建设同步谋划、党的组织及工作机构同步设置、党组织负责人及党务工作人员同步配备、党的工作同步开展,保证党组织工作机构健全、党务工作者队伍稳定、党组织和党员作用得到有效发挥。坚持和完善双向进入、交叉任职的领导体制,符合条件的党组织领导班子成员可以通过法定程序进入董事会、监事会、经理层,董事会、监事会、经理层成员中符合条件的党员可以依照有关规定和程序进入党组织领导班子;经理层成员与党组织领导班子成员适度交叉任职;董事长、总经理原则上分设,党组织书记、董事长一般由一人担任。

国有企业党组织要切实承担好、落实好从严管党治党责任。坚持从严治党、思想建党、制度治党,增强管党治党意识,建立健全党建工作责任制,聚精会神抓好党建工作,做到守土有责、守土负责、守土尽责。党组织书记要切实履行党建工作第一责任人职责,党组织班子其他成员要切实履行"一岗双责",结合业务分工抓好党建工作。中央企业党组织书记同时担任企业其他主要领导职务的,应当设立1名专职抓企业党建工作的副书记。加强国有企业基层党组织建设和党员队伍建设,强化国有企业基层党建工作的基础保障,充分发挥基层党组织战斗堡垒作用、共产党员先锋模范作用。加强企业党组织对群众工作的领导,发挥好工会、共青团等群团组织的作用,深入细致做好职工群众的思想政治工作。把建立党的组织、开展党的工作,作为国有企业推进混合所有制改革的必要前提,根据不同类型混合所有制企业特点,科学确定党组织的设置方式、职责定位、管理模式。

(二十五)进一步加强国有企业领导班子建设和人才队伍建设。根据企业改革发展需要,明确选人用人标准和程序,创新选人用人方式。强化党组织在企业领导人员选拔任用、培养教育、管理监督中的责任,支持董事会依法选择经营管理者、经营管理者依法行使用人权,坚决防止和整治选人用人中的不正之风。加强对国有企业领导人员尤其是主要领导人员的日常监督管理和综合考核评价,及时调整不胜任、不称职的领导人员,切实解决企业领导人员能上不能下的问题。以强化忠诚意识、拓展世界眼光、提高战略思维、增强创新精神、锻造优秀品行为重点,加强企业家队伍建设,充分发挥企业家作用。大力实施人才强企战略,加快建立健全国有企业集聚人才的体制机制。

(二十六)切实落实国有企业反腐倡廉"两个责任"。国有企业党组织要切实履行好主体责任,纪检机构要履行好监督责任。加强党性教育、法治教育、警示教育,引导国有企业领导人员坚定理想信念,自觉践行"三严三实"要求,正确履职行权。建立切实可行的责任追究制度,与企业考核等挂钩,实行"一案双查"。推动国有企业纪律检查工作双重领导体制具体化、程序化、制度化,强化上级纪委对下级纪委的领导。加强和改进国有企业巡视工作,强化对权力运行的监督和制约。坚持运用法治思维和法治方式反腐败,完善反腐倡廉制度体系,严格落实反"四风"规定,努力构筑企业领导人员不敢腐、不能腐、不想腐的有效机制。

八、为国有企业改革创造良好环境条件

(二十七)完善相关法律法规和配套政策。加强国有企业相关法律法规立改废释工作,确保重大改革于法有据。切实转变政府职能,减少审批、优化制度、简化手续、提高效率。完善公共服务体系,推进政府购买服务,加快建立稳定可靠、补偿合理、公开透明的企业公共服务支出补偿机制。完善和落实国有企业重组整合涉及的资产评估增值、土地变更登记和国有资产无偿划转等方面税收优惠政策。完善国有企业退出的相关政策,依法妥善处理劳动关系调整、社会保险关系接续等问题。

(二十八)加快剥离企业办社会职能和解决历史遗留问题。完善相关政策,建立政府和国有企业合理分担成本的机制,多渠道筹措资金,采取分离移交、重组改制、关闭撤销等方式,剥离国有企业职工家属区"三供一业"和所办医院、学校、社区等公共服务机构,继续推进厂办大集体改革,对国有企业退休人员实施社会化管理,妥善解决国有企业历史遗留问题,为国有企业公平参与市场竞争创造条件。

(二十九)形成鼓励改革创新的氛围。坚持解放思想、实事求是,鼓励探索、实践、创新。全面准确评价国有企业,大力宣传中央关于全面深化国有企业改革的方针政策,宣传改革的典型案例和经验,营造有利于国有企业改革的良好舆论环境。

(三十)加强对国有企业改革的组织领导。各级党委和政府要统一思想,以高度的政治责任感和历史使命感,切实履行对深化国有企业改革的领导责任。要根据本指导意见,结合实际制定实施意见,加强统筹协调、明确责任分工、细化目标任务、强化督促落实,确保深化国有企业改革顺利推进,取得实效。

金融、文化等国有企业的改革,中央另有规定的依其规定执行。

参考文献

[1] 叶常林.公共企业:涵义、特征和功能[J].中国行政管理,2005(10):47-49.

[2] 于荟萃.中远海运集团产业链整合的动因及绩效研究[D].济南:山东大学,2019.

[3] 王思佳.绿色航运的理念之变[J].中国船检,2019(11):23-26.

第4章

航运非营利组织管理

4.1 航运非营利组织概述

4.1.1 非营利组织的概念

1. 非营利组织的定义

非营利组织(non-profit organization，NPO)，顾名思义，即不以营利为目的的组织。既然不以营利为目的，那么非营利组织的目的自然在于公众利益，这是非营利组织最为突出的特点。作为一个术语，非营利组织并非是一个具有明确内涵和外延的概念，它和慈善组织、独立组织、免税组织、非政府组织等词汇交叉使用[1]。国际社会基于不同的视角对非营利组织概念的界定有多种不同的方式，可以从发展战略、资金来源和共同特征角度形成的概念来阐述[2]。

1) 从发展战略上界定

在学者保尔·罗默和罗伯特·卢卡斯提倡的新增长理论基础上形成的可持续发展战略认为，仅仅依靠国家机制与政府组织以及市场机制与企业组织这两套社会发展的基本工具，是难以解决政府失灵和市场失灵问题的，故而难以保证人类社会的可持续发展。只有加入非营利组织与社会机制这第三个社会工具，才能较好地解决政府失灵和市场失灵问题，实现人类社会的可持续发展。非营利组织就是指既不是政府也不是企业的民间社会组织，是可用于人类发展的第三种社会工具。

2) 从资金来源上界定

联合国国民收入统计系统将经济活动划分为金融机构、非金融企业、政府、非营利组织和家庭五大类。非营利组织与其他四类社会组织的区别在于：非营利组织的收入主要不是来自以市场价格出售的商品和服务，而是来自其成员缴纳的会费和社会支持者的捐赠。如果一个组织有一半以上的收入依靠以市场价格的销售取得，该组织就是营利组织。而若一个组织的资金主要来源于政府的资助，那么该组织就属于政府组织。

3）从共同特征上界定

学者阿索尼认为非营利组织的管理控制具有不存在利润指标、税收与法律上享受优惠政策、通常都是服务性组织、对目标与战略有更大的制约、顾客不是主要的资金来源、员工大都是专业人员、责—权—利不是十分明确、高级管理层构成较特殊、对资金管理的重要性认识不足等共同特征。美国学者沃尔夫提出非营利组织应具有五个特征：一是服务大众的宗旨，二是有不以营利为目的组织结构，三是有一个不至于令任何个人利己营利的管理制度，四是本身具有合法免税地位，五是具有可提供捐赠人减免税的合法地位。

综上可知，目前，学界尚未对非营利组织形成统一的概念。我国研究非营利组织的著名学者王名在《非营利组织管理概论》一书中，将非营利组织定义为不以营利为目的、主要开展各种自愿性的公益或互益活动的非政府的社会组织。值得进一步指出的是，非营利组织是一个源于西方语境的概念。在我国，一般不采用"非营利组织"这一称谓，而是更广泛地采用"社会组织"称谓。因此，本书中提到的"航运社会组织"即"航运非营利组织"。

根据 2018 年 8 月民政部起草的《社会组织登记管理条例（草案征求意见稿）》，社会组织包括社会团体、基金会、社会服务机构。其中，社会团体是指中国公民自愿组成，为实现会员共同意愿，按照其章程开展活动的非营利法人。国家机关以外的组织可以作为单位会员加入社会团体。基金会是指利用自然人、法人或者其他组织捐赠的财产，以提供扶贫、济困、扶老、救孤、恤病、助残、救灾、助医、助学、优抚服务，促进教育、科学、文化、卫生、体育事业发展，防治污染等公害和保护、改善生态环境，推动社会公共设施建设等公益慈善事业为目的，按照其章程开展活动的非营利法人。社会服务机构是指自然人、法人或者其他组织为了公益目的，利用非国有资产捐助举办，按照其章程提供社会服务的非营利法人。民政部《2019 年民政事业发展统计公报》数据显示，截至 2019 年底，全国共有社会组织 86.6 万个，比上年增长 6.0%；吸纳社会各类人员就业 1 037.1 万人，比上年增长 5.8%。

2. 非营利组织的特征

不同国家的学者对于非营利组织特征的认识也存有一定的差异。本书采用王名教授在《非营利组织管理概论》一书中对非营利组织基本属性的论述来阐述其主要特征。

1）非营利性

非营利性是非营利组织区别于企业的根本属性。非营利组织的非营利性主要体现在如下三方面。

第一，不以营利为目的。企业的宗旨各不相同，但都离不开营利这一根本宗旨。非营利组织的宗旨也不尽一致，但都不以营利为目的，这是所有非营利组织的根本宗旨。因此，非营利组织不是为了获取利润并在此基础上谋求自身的发展壮大，而是为了实现整个社会或者一定范围内的公共利益。

第二，收入和利润不能用于成员之间的分配和分红。企业的收入和利润可以用于分配和分红，这是企业的一个重要特征。非营利组织有时也可以开展一定形式的经营性业务，在一些业务中往往会产生一定收入和利润，但这些收入和利润不能在成员之间进行分配、分红，只能用于开展社会公益活动和自身发展。

第三，不得将组织的资产以任何形式转变为私人财产。企业的资产归企业的所有者所有，其产权的界定是清晰的。非营利组织的资产严格地说不属于组织成员所有，也不属于捐赠者，它们是一定意义上的"公益或互益资产"，属于社会。非营利组织是作为受托人来行使公益资产所有权的。因此，非营利组织如果解散或破产，它们的剩余资产不能像企业那样在成员之间进行分配，而只能转交给其他公共部门（比如政府或其他的社会组织）。

需要强调的是，"不以营利为目的"并不是绝对地不能从事营利活动，非营利组织也可以从事营利活动，可以获得收入和利润。实际上，非营利组织在多数情况下是营利的，只是"主要目的不是为了营利"或"不以营利分配为目的"。非营利组织的宗旨不在于赚取利润，而在于实现"公益使命"。另外，"非营利性"也不是"非经济性"，非营利组织的运作并非没有利润，或者一切服务都是免费的，组织本身也要进行经济运作。事实上，非营利组织的经营，包括筹款、市场定位、营销等都需要一定经营理念的指导，并且要有一定的经营战略和策略。

2）非政府性

非政府性是非营利组织区别于政府的根本属性。非政府性又可称为民间性，是指非营利组织不是政府的附属机构，非营利组织的决策和行为不受政府机构的控制，也即体制上独立于政府，不隶属于政府。非营利组织的非政府性主要体现在如下三方面。

第一，独立自主的自治组织。非营利组织既不隶属于企业也不隶属于政府，其享有独立自主的判断、决策和行为的机制与能力，属于自治组织的范畴。需要指出的是，非营利组织需要在国家的相关法律法规框架下依法展开自治活动，而不能超越法律法规允许的范围。非营利组织在自身建设方面要避免出现组织机构不健全、内部制度不完善、民主管理不落实、财务管理不透明等问题，需要不断推进和加强自身建设。

第二，自下而上的民间组织。非营利组织一般是民间出于一致的兴趣或要求而自发组建的，其通过横向的网络联系与坚实的民众基础来动员社会资源，形成自下而上的民间社会。相比而言，政府组织的组成原则和权力行使方式通常是自上而下的。

第三，属于竞争性的公共部门。政府作为以国家强制力为后盾的公共部门，无论资源的获取还是公共物品的提供，其基本方式一般均具有垄断性。而非营利组织通常是采用各种竞争性的手段来获取各种必要的社会资源,其提供的公共物品一般也具有竞争性。

3) 自愿公益性或互益性

自愿公益性或互益性是非营利组织的一个突出特征。非营利组织的内在驱动力不是经济利润,也不是法定权力,而是以自愿精神为背景的利他主义和互助主义。非营利组织的自愿公益性或互益性主要体现在如下三方面。

第一,志愿者和社会捐赠是非营利组织的重要社会资源。志愿者是志愿精神的直接体现和人格化,表现为那些为追求一定的价值观并无偿参加各种社会公益或互益性活动的人们。社会捐赠则是志愿精神的货币化和物质化,表现为人们为各种社会公益或互益性活动无偿提供货币或者其他物资。上述两者共同构成了非营利组织重要的社会资源。

第二,非营利组织的社会公开性和透明性。由于非营利组织使用的是社会公共资源,提供的是社会公共物品,其运作过程和开展的各种活动理应要向社会公开并保持透明,且须接受社会的监督。

第三,非营利组织提供两种类型的竞争性公共物品。非营利组织提供的竞争性公共物品一般包括两大类:一类是面向社会不特定多数成员提供的"公益性公共物品",如非营利组织在环保领域开展的相关活动;另一类则是提供给社会中某一特定群体的所谓"互益性公共物品",比如行业互助、会员福利等。

3. 航运非营利组织

结合非营利组织的定义,本书将讨论的航运非营利组织定义为不以营利为目的、主要在航运领域开展各种自愿性公益或互益活动的非政府社会组织。航运非营利组织是独立于航运政府部门之外的航运公共部门的组成部分,组织目的在于满足社会公共利益而非营利,依靠会员缴费、捐赠者资助等资金完成组织使命,具有免税资格和提供捐赠人减免税合法地位的特点。

在我国,一般性社会团体分为行业性、专业性、学术性和联合性4个类别。航运非营利组织主要表现为行业性社会团体,也称行业协会商会类社会组织。具体而言,航运非营利组织通常为航运领域中的行业协会,如中国船东协会、中国港口协会等。改革开放以来,我国高度重视发挥行业协会在推动经济发展的积极作用。2007年,国务院办公厅印发《关于加快推进行业协会商会改革和发展的若干意见》,明确规定行业协会应通过"开展行业调查研究,积极向政府反映行业、会员诉求,提出行业发展和立法等方面的意见和建议,积极参与相关法律法规、宏观调控和产业政策的研究、制定,参与制定修订行业标准和行业发展规划、行业准入条件,完善行业管理,促进行业发展"。2016年,中共中央办公厅、国务院办公厅印发《关于改革社会组织管理制度促进社会组织健康有序发展的意见》,也明确提出"支持社会组织尤其是行业协会商会在服务企业发展、规范市场秩序、开展行业自律、制定团体标准、维护会员权益、调解贸易纠纷等方面发挥作用,使之成为推动经济发展的重要力量"。

4.1.2　我国全国性的航运非营利组织

我国航运非营利组织发展历史悠久。早在 20 世纪上半叶,在上海就相继成立了几个影响较大的航运行业协会。如 1900 年成立的上海引水公会,1919 年成立的中国航海协会,1925 年成立的上海航业公会(后改名上海市轮船业同业公会)等。中华人民共和国成立以来,在计划经济时期,相关航运社会组织发展停滞。但是,随着改革开放的不断深入,我国航运业不断发展壮大,航运社会组织也随之兴起。目前,在我国民政部门登记的主要全国性的航运社会组织有十多家(见表 4.1)。

表 4.1　我国主要的全国性航运社会组织

序号	名称	业务主管部门	成立时间
1	中国船东协会	交通运输部	1993 年
2	中国港口协会	交通运输部	1981 年
3	中国船舶代理及无船承运人协会	交通运输部	2001 年
4	中国国际货运代理协会	商务部	2000 年
5	中国船东互保协会	交通运输部	1984 年
6	中国航海学会	中国科学技术协会	1979 年
7	中国拆船协会	国务院国有资产监督管理委员会	1991 年
8	中国报关协会	海关总署	2002 年
9	中国船舶工业行业协会	国防科学技术工业局	1995 年
10	中国引航协会	交通运输部	2008 年
11	中国理货协会	交通运输部	2010 年

为更好地了解相关全国性的航运社会组织,本书选择中国船东协会、中国港口协会、中国船舶代理及无船承运人协会和中国国际货运代理协会来着重予以介绍。

1. 中国船东协会

中国船东协会是由在中华人民共和国注册从事水上运输的商船所有人和经营人、管理人以及与航运相关的企业和单位自愿组成的行业组织。中国船东协会拥有会员两百余家,所属会员经营商船超 1.5 亿载重吨,占全国总运力 85% 以上。协会理事会的日常办事机构是秘书处,协会下设集装箱运输专业委员会、液化气体运输专业委员会、散货运输委员会等十四个专业委员会以及长江与黑龙江两个区域分会。2004 年 12 月中国船东协会被民政部评为"全国先进民间组织",2009 年被民政部评为 AAA 级社团组织。

中国船东协会自 1993 年 4 月成立以来,直接为会员服务,反映会员意见,依法维护会员的合法权益;发挥行业自律作用,协助政府部门规范行业市场,维护公平竞争秩序;关注行业的热点、难点、焦点问题,开展调查研究,为行业的发展和政府的决策提供建议;积极参与国际交流和合作,向世界航运界发出中国船东的声音。中国船东协会的定位是会员的代言人和贴心人;行业规范自律的管理者;政府的得力助手和参谋。总体来看,中国船东协会主要在以下各方面为中国航运业发展做出了重要贡献[3]。

第一,加强对外交往,提升行业的国际话语权。协会利用自身优势,积极拓展对外交往,加强与世界航运协会的沟通,在国际上维护中国船东的形象,提高中国船东的地位,提升中国船东的话语权,为促进中国航运乃至世界航运的和谐发展做出了积极贡献。尤其是每年一度的亚洲船东论坛会议,更加彰显了中国船东在国际舞台上的魅力。

第二,加强行业自律,维护市场合理秩序。中国船东协会自成立以来积极配合我国交通主管部门探索规范市场的规律,研究规范市场的措施,充分发挥行业监督与管理作用,加强行业自律,维护市场秩序,促进了中国航运业可持续发展。

第三,反映企业要求,维护船东合法权益。长期以来,协会积极开展各种形式的调研,充分了解企业的实际问题,如实反映企业的合理诉求,促进了行业的稳定发展。

第四,搭建沟通平台,发挥政企间的桥梁纽带作用。协会积极畅通主管部门和企业联系的渠道,努力当好政府的参谋和助手,承担了将主管部门的规章、制度、要求等及时传达给企业,同时将企业发展状况、问题、困难及时反映给主管部门的责任和义务,充分发挥了政企之间的桥梁纽带作用,促进了中国航运的科学发展。

第五,进行专业培训,提高海运从业人员素质。为适应市场的发展变化,增强我国航运企业的软实力,提升从业人员的整体业务素质,协会积极投入大量人力物力,通过与专业院校或机构联合的形式,举办多次培训活动,促进了中国航运的高素质发展。

第六,强化机构建设,提升自身服务能力。一直以来,为更好地维护行业健康发展,适应和满足经济与社会发展对协会提出的要求,协会不断加强机构建设,努力提高协会的工作能力和水平,多角度、多方位服务广大会员,促进中国航运业的繁荣发展。

2. 中国港口协会

中国港口协会是由中华人民共和国民政部批准设立的中国港口界唯一的全国性行业协会,是由全国港口行业内以及与港口行业相关的企事业单位自愿组成的,跨地区、跨部门的非营利性社会团体,是社团法人。2016 年,中国港口协会被民政部评为全国 AAAA 级行业协会。

中国港口协会成立于 1981 年,目前有单位会员 750 多个,会员覆盖面遍及大陆沿海和长江、珠江、黑龙江、京杭运河等水系的各主要港口。中国港口协会的主要任务是执行国家和政府业务主管部门关于行业协会工作的方针、政策和规章,以行业服务、行业代表、行业协调、行业自律为基本职能,围绕行业发展的中心任务,通过政府业务主管部门授权或政府与会员的委托,承担或参与行业管理的有关工作和有关行业发展的决策,坚持为会员服务的宗旨,维护行业和会员的权益,在政府和企业之间发挥桥梁、纽带作用,努力促进中国港口事业的持续健康发展。中国港口协会积极组织培训、会议、交流会等多种形式的活动,通过主办的协会网站以及期刊等媒介进行信息交流,宣传行业发展,促进国内港口行业的持续繁荣与发展,对推动中国港口建设起到积极作用。

中国港口协会的职能还可从服务、协调、监督三方面来予以阐释[4]。服务职能主要包括信息交流与咨询服务。信息交流主要涉及提供国内外与港口行业相关的发展信息,通过出版刊物、网站公开等信息传递媒介,组织培训,开展各类交流会,提供技术、管理、法律及其他相关信息服务。咨询服务则主要是根据政府、会员单位的需求,开展相关课题调查研究,利用行业专业优势,提供专业性的咨询服务。协调职能分为内部协调和外部协调。内部协调旨在维护会员单位的合法权益,协调会员单位之间可能存在的利益冲突,通过政策解读、形式宣贯等形式,发挥协调作用,调节会员间的利益矛盾。外部协调则是应对市场调节无法解决的问题,协调、组织行业内会员的集体反映,维护行业权益,通过问题反馈,将意见与政府及上下游产业链进行沟通。监督职能包括行业自律和行业自治。行业自律包括制定港口标准化工作,维护行业的良性竞争,实施对行业协会内会员的监督,对行业内的安全、质量等标准进行制定管理。行业自治则是发挥协会自治作用,严格执行协会章程,完善监督机制,保障行业内各经营行为依法依规起到依法自治管理的效果。

3. 中国船舶代理及无船承运人协会

中国船舶代理及无船承运人协会是经原交通部批准,由从事国际海运船舶代理和无船承运业务的企业组成的行业组织,其于 2001 年 6 月在北京成立。中国船舶代理及无船承运人协会秉承"树立服务观念,为企业办实事"的协会宗旨,在政府与企业间发挥桥梁纽带作用,反映会员的愿望,维护会员的正当权益,维护公平竞争的市场环境,受政府委托,协助政府进行行业管理,协调船舶代理企业及从事无船承运业务企业的经营活动,帮助会员提高管理水平,提供优质服务,促进我国航运事业的发展,以适应国家发展经济和开展对外贸易运输的需要。

中国船舶代理及无船承运人协会自成立以来在面向会员企业的信息交流、反映诉求、组织培训、规范运营、国际交流合作等方面做了一系列工作[5],特别是近年来,中国船舶代理及无船承运人协会在政府职能转变的大背景下,不断提升自身参与行业管理的能力,为促进我国船舶代理及无船承运行业的发展做出了积极贡献。以国际船舶代理企业备案为例,国际船舶代理业的中资企业许可证制度是 2013 年5 月国务院公布取消的部分行政审批项目之一,为做好取消行政审批后的后续监管工作,交通运输部发出《关于国际船舶代理业务备案工作的通告》,委托中国船舶代理及无船承运人协会承担国际船舶代理企业备案工作。为贯彻落实交通运输部的通告要求,使企业在实施国际船代业务备案工作中明确有关备案的具体要求,更好地为会员、为行业、为政府做好相应的服务工作,中国船舶代理及无船承运人协会特制定《国际船舶代理企业备案工作操作办法》,对于新成立的国际船舶代理企业的备案,国际船舶代理企业有重大变更的,包括变更企业名称、注册地、联系方式、高级业务管理人员或者停止国际船舶代理业务的企业的备案,以及正常从事国际船舶代理业务的企业的年度备案工作均予以明确,并在其网站已予以公布。

4. 中国国际货运代理协会

中国国际货运代理协会是我国国际货运代理行业的全国性社会组织,2000 年 9 月在北京成立,会员涵盖各省市国际货运代理行业组织、国际货代物流企业以及与货代物流相关的企事业单位,亦吸纳在中国货代、运输、物流行业有较高威望和影响的个人会员。目前,协会拥有会员近 600 家,其中理事及以上单位 95 家,各省市货运代理行业组织 21 家。在会的全国国际货运代理企业有 6 000 多家。

作为联系政府与会员之间的纽带和桥梁,中国国际货运代理协会本着"反映诉求、提供服务、规范行为"的主旨,立志"依法办会、专业立会、务实兴会、创新强会",积极开展各项工作,例如,协助政府部门加强对我国国际货代物流行业的管理;维护国际货代物流业的经营秩序;推动会员企业的交流合作;依法维护本行业利益;保护会员企业的合法权益;促进对外贸易和国际货代物流业健康发展;为行业培训现代货代物流人才,提升行业人员素质,增强行业企业的国际竞争力;以民间形式代表中国货代物流业参与国际经贸运输事务,并开展国际商务往来,参加相关国际行业重要会议。

中国国际货运代理协会自成立以来在发挥政府和企业之间的纽带和桥梁作用方面,在倾听、反映货代物流企业呼声,坚决维护其合法权益方面做了大量工作,得到了政府部门、货代物流企业及社会各界的肯定和认同,为促进货代物流行业发展做出了开创性的贡献。包括连续举办数十届"中外货代物流企业洽谈会",为中外货代物流企业搭建交流合作平台,形成国际行业会议品牌;参与修订商务部货代法律法规及行业标准,进一步规范行业管理;在全国范围推广使用国际货运代理协会联合会单证,推广中国国际货运代理协会多式联运提单,提高我国货代物流行业的国际竞争力;开展全国货代物流企业信用评价和百强活动,促进行业企业健康发展;组织货代物流从业人员的国际、国内资格证书培训考试,提高行业整体素质等。

4.1.3 我国地方性的航运非营利组织

在我国,根据行业协会的层级和活动范围,可以将行业协会分为全国性行业会和地方性行业协会。全国性行业协会活动范围是全国,可以在全国范围内发展会员。而地方性行业协会主要活动范围在地方辖区内,是指为了实现共同目标而自愿组织起来的同行人员或者同行企业的社会团体。同时根据行政区划,地方性行业协会又可以进一步细化为省级、地市级、县级和乡镇级四个层次。地市级、县级和乡镇级行业协会会员一般集中于本辖区的中小企业或者大企业的分公司。而省级行业协会的会员较为特殊,主要包括两类:一是地市级相关的行业协会;二是在全省影响力较大的企业或者相关个人[6]。相对于全国性行业协会,地方协会发展周期较短,发展局限和潜力并存。地方行业协会可以是与全国性行业协会对接的产物,也可以是地方政府扶持或产业自发成立的协会[7]。

在我国航运领域,有着相当一批地方性的航运社会组织,它们在促进地方港航事业发展方面发挥了积极作用。本书分别选择上海船东协会和泉州港口协会作为我国地方性航运社会组织的代表来予以简要介绍。

1. 上海船东协会

上海船东协会成立于 2005 年 4 月,它是由同业及相关行业的企业自愿组成,是一个自律性的非营利性社团组织。作为航运市场经营活动的一个重要中间组织,船东协会具有协调航运市场主体利益、提高市场配置效率的功能。上海船东协会的服务宗旨是当好政府参谋,维护航运企业合法权益,发挥桥梁与纽带作用,促进行业自律。

上海船东协会自成立以来为加强船公司与当地港口和政府间的沟通,港口与城市发展重大决策咨询、协调船公司间在地方港口城市地区的营销活动,充分反映船东诉求,维护船东合法权益,提高上海地区船东整体竞争力等方面做出了积极的贡献。与此同时,上海船东协会与众多其他行业协会、科研院校、相关企业及政府部门之间有着密切的伙伴关系,通过有效合作,开展各类专题研究,为促使中国航运市场及世界航运市场的发展做出了有益的贡献。此外,为进一步加快上海国际航运中心的建设步伐,上海船东协会还积极为地方政府及航运领域提供市场发展决策及专业信息咨询,并努力为政府及相关企业就航运、港口及物流投资、船舶融资与保险、企业管理及政策法规等领域搭建合作与交流的平台。

上海船东协会在立足于服务中国船东的同时,积极开拓并寻求与国际间的交流、合作的机会,先后与国际独立油轮船东协会、波罗的海国际航运公会、香港船东协会、英国船舶注册局、美国圣安东尼奥港、挪威船级社、劳氏船级社等进行了新一轮的合作与交流,不断密切关系。同时上海船东协会也与美国、英国、西班牙等多个国家的港口和航运相关的政府部门建立了良好的合作伙伴关系。

2. 泉州港口协会

泉州港口协会成立于 1986 年,其是由港口管理机构和港口经营企业及与港口相关的单位和人士,为协调和促进泉州市港口事业发展而自愿组成的非营利社会团体,属于社团法人。

根据《泉州港口协会章程》规定,泉州港口协会的业务范围主要包括:根据国家的有关方针、政策和任务要求,参与政府制定港口发展战略和港口发展规划的调查研究、咨询、评估和审查,提供建议;受泉州市政府主管部门或其他部门的委托,对港口重大的新建、扩建和改造等投资项目的经济合理性和技术可行性进行前期论证或评估;受泉州市政府主管部门委托,参与本行业新办企业及有关机构的资质审查、专业技术职务任职资格评审等具体工作;围绕"一带一路"倡议和服务"海丝先行区"建设,根据港口行业的改革开放、生产建设、科学技术、经营管理的实际需要,组织开展决策论证、课题研究,提出建议方案,为政府主管部门和港口行业及与港口相关的行政、企事业单位科学决策提供参考;组织开展行业咨询服务,提供国内外港口生产技术、经营管理的信息和资料;为港口企业技术业务、人才培训提供多种形式服务,提高港口职工的专业水平和业务能力;组织开展课题研究与学术交流,提高广大会员的理论专业水平,营造学术氛围;组织开展与国内外、港、澳、台港口社会团体的民间交往,促进合作与交流;组织会员单位参与对外协作与交流活动;掌握行业动态,自律协调行业价格,协助政府主管部门和行业机构进行港口行业内价格的协调,倡导行业公平竞争,维护港口行业的整体利益;承办政府职能转移及港口部门、会员单位等委托的事项。

4.1.4 国际性的航运非营利组织

为促进国际航运业的发展,世界上有不少全球性的航运非营利组织。由于航运业国际化程度较深,很多航运事务属于全球性事务,如船舶污染物排放、拆船污染等问题,妥善处理这些问题需要全球性的航运非营利组织在国际舞台上发挥非营利组织的独特优势,为促进全球航运治理,维护航运业利益做出应有贡献。目前,在全球影响比较大的国际性航运非营利组织有国际货运代理协会联合会、世界航运理事会、国际港口和港湾协会、国际航运公会、船舶经纪人和代理人协会国际联合会、国际海事委员会、国际船级社协会、国际船舶管理人协会(ISMA)、波罗的海国际航运公会等。本书选择国际航运公会、波罗的海国际航运公会和国际货运代理协会联合会予以重点介绍。

1. 国际航运公会

国际航运公会(International Chamber of Shipping,ICS)是由来自全球的众多船舶所有人和经营人所组成的全球商会。国际航运公会成员来自40多个国家和地区,包括亚洲、欧洲、美洲和非洲等地。基于这种独特的结构,国际航运公会代表着全球80%以上的商用船队。国际航运公会成立的宗旨是为了保护本协会内所有成员的利益,就互相关心的技术、工业或者商业等问题交流思想,通过协商达成一致意见,促进共同合作。

国际航运公会以代表在自由贸易原则基础上经营船队的各国船舶所有人的利

益为宗旨,主要有如下几个职能:第一,就一般国际航运政策方面,维护各会员国的利益;第二,通过航运商会成员国间交换意见,制定政策以供相关国际组织及会员国采用;第三,就共同关心的问题,与其他技术、工业或商业部门进行合作;第四,为了实现上述宗旨和从事上述业务而参与其他国际组织的研究讨论。

国际航运公会设有专门委员会以办理航运业务工作。目前已有集装箱和多式联运、简化贸易手续和单证、海上保险、海上防污染、海上安全、海运法规、油船、化学品和液化气船等专门委员会,从事有关工作。其他业务则根据具体情况设立临时委员会处理。国际航运公会的相关业务开展主要围绕油船、化学品船的运输问题和国际航运事务,贸易程序的简化,集装箱和多式联运,海上保险,海上安全,航运技术和航运政策等诸多议题。

国际航运公会在海上安全、防止污染和简化贸易手续方面出版了不少刊物,还向会员发放有关航海、油船和火灾事故的报告,以促使航运公司及其工作人员从这些事故中吸取经验教训,提高对潜在危险的认识,防止事故的发生。国际航运公会制定的各种决议可通过它的成员来影响成员所在国家的相关法律法规,从而实现国际航运公会的决议与各国的法律法规相和谐,使国际航运公会的意愿在各国有所体现,使各国使用统一的航运法规,便于海上交通运输的发展。

值得提及的是,2019 年 11 月,国际航运公会在香港开办中国办事处,这是国际航运公会在伦敦总部以外的全球首个办公室。国际航运公会中国办事处的设立体现了亚洲经济体尤其是中国在国际舞台上的重要性和影响力。中国是全球航运大国,对促进和支持全球贸易起到了前所未有的积极作用。

2. 波罗的海国际航运公会

波罗的海国际航运公会(The Baltic and International Maritime Council,BIMCO)是一个具有 100 多年历史的国际航运非营利组织。作为一个知名的国际航运组织,波罗的海国际航运公会与其他国际组织联系非常紧密,在诸多联合国机构中担任观察员,如国际海事组织、联合国经济及社会理事会及国际商会等。同时,波罗的海国际航运公会与欧盟、美国及亚洲各国的海运管理者、政策制定者以及其他利益方之间也始终保持着密切的沟通。

波罗的海国际航运公会的服务范围主要包括以下几个方面。

(1) 研究制定并推广 BIMCO 的标准合同和条款。据估计,国际海运和相关行业中有相当大比例的合同采用了 BIMCO 标准的合同和条款,其中包括租船行业中的 GENCON94、BOXTIME2004、GENTIME 等,提单中的 AUSTWHEATBILL 等,船舶管理中的 SHIPMAN98、CREWMANA/B 等,船舶拖带中的 TOWCON 和 TOWHIRE,船舶买卖中的 SALEFORM87/93,修船业中的 REPAIRCON,新造船业中的 NEWBUILDCON。

BIMCO 的文件委员会对标准合同和相关补充条款开展持续性的研究和咨询

工作,并由专门的分委员会根据世界航运政策和法规的变化,负责对各领域标准合同和条款进行及时的补充和更新,以维护标准合同的实用性和有效性。

(2) 提供航运信息服务。BIMCO 平均每天为世界各地会员提供多达 150 项咨询服务。BIMCO 的会员能免费从网站上获得各类港口和航运市场信息,如全球港口情况、货物资料、冰冻信息、成本建议、费率信息、燃料价格、公司信息查询、航运市场报告、海运技术协助、航运安全指南、航运贸易限制等信息。同时,BIMCO向会员提供租约争议的咨询和协助介入服务。

(3) 制作出版物。BIMCO 的出版刊物种类丰富且全部向会员开放,如各类的标准合同范本及术语解释,防范海盗、抢劫及偷盗的提示,船长安全指南,船舶靠岸安全指南,费率表,冰冻手册,签约前检查指南,航运市场人力资源报告以及BIMCO 新闻简报等。BIMCO 周刊刊登最新加入该组织的成员名单和航运市场信息。BIMCO 公告每年出 6 期,主要是介绍航运业的发展趋势和一些海事案例的判决。

2013 年,波罗的海国际航运公会上海中心在上海浦东成立,这是我国首家由国际性行业组织设立的社会组织。波罗的海国际航运公会上海中心的成立给上海航运产业带来更大的集聚效应,有力提升了上海国际航运中心的软实力,推动上海在提升市场配置资源能力的过程中实现经济发展方式的转变。借助波罗的海国际航运公会的国际影响力,中国航运业在世界航运舞台上的话语权进一步增强,尤其是在国际航运标准制定和交易规则设置等方面的影响力得到了加强。

3. 国际货运代理协会联合会

国际货运代理协会联合会(International Federation of Freight Forwarders Associations)是国际货运代理行业的非营利性行业组织,其通常采用的缩写"FIATA"源自其法文全称"Fédération Internationale des Associations de Transitaires et Assimilés"的首字母。FIATA 于 1926 年 5 月在奥地利维也纳成立,总部现设在瑞士苏黎世,并分别在欧洲、美洲、亚太、非洲和中东四个区域设立了区域委员会,任命有地区主席。目前,FIATA 是世界范围内运输领域最大的非营利组织,具有广泛的国际影响。其会员来自全球一百多个国家和地区的国际货运代理行业,包括上百家协会会员和数千家企业会员。

FIATA 的宗旨是保障和提高国际货运代理在全球的利益,工作目标是团结全世界的货运代理行业;以顾问或专家身份参加国际性组织,处理运输业务,代表、促进和保护运输业的利益;通过发布信息、分发出版物等方式,使贸易界、工业界和公众了解和熟悉货运代理人提供的服务;提高制定和推广统一货运代理单据、标准交易条件,改进和提高货运代理的服务质量,协助货运代理人进行职业培训,处理责任保险问题,提供电子商务工具。

FIATA 由研究机构、咨询机构和工作组构成,每个工作组各自研究影响国际货运发展的每个方面。研究机构通常每年召开两次会议,负责 FIATA 的技术工作。当前,FIATA 有 3 个研究机构,即货物空运研究所(AFI)、客户事务研究所(CAI)、多式联运研究所(MTI)。有些研究所设立一些常设工作组,例如货物空运研究所设有国际航空运输协会工作组,多式联运研究所设有海上运输工作组、铁路运输工作组和公路运输工作组。工作组向各自所属研究所报告工作,根据需要举行会议。有关影响整个货运代理业的事务,设有 3 个咨询机构:法律事务咨询机构(ABLM)、职业培训咨询机构(ABVT)、安全事务咨询机构(ABSM)。咨询机构如有需要,可与研究所和各工作组合作,根据需要举行会议。

4.2　航运非营利组织的兴起原因和现实作用

非营利组织涉及的领域和范围日趋扩大,在发达国家和发展中国家的社区建设、地区自治、公共政策等方面都发挥了重要影响,是社会生活与经济发展过程中不可或缺的组成部分。航运非营利组织发展过程中对于各国及国际航运业的发展发挥了重大的作用,广泛从事航运技术、法律和经济、安全及咨询等方面的活动。

4.2.1　航运非营利组织兴起的原因

航运非营利组织兴起的原因是多方面的,其中,航运市场的蓬勃发展、航运主体的不断增多、航运利益的多元化为航运非营利组织的出现提供了现实基础。但是,需要认识到航运非营利组织兴起有深刻的内在原因,同时需要在理论层面探讨一般意义上非营利组织兴起的原因。航运非营利组织的兴起从本质上当然也遵循着这样的内在规律。

1. 市场失灵说

尽管市场具有决定性的资源配置作用,但现实中的市场总还是存在缺陷的,这些缺陷导致了资源配置无法达到经济学上所讲的帕累托效率,或者通俗地讲就是某些服务或要素市场无法提供,或者即使有小部分提供,但也远远满足不了社会公众的需求。我们把市场缺陷归为两类:一类是完全竞争市场的假设条件在现实中并不存在造成的;另一类与完全竞争市场的假设前提无关,是由市场本身运行结果不合理造成的。前者包括公共产品、竞争失灵、外部效应、信息不完全、宏观经济失衡等,后者包括偏好不合理、收入分配不公平等。社会上存在大量的市场缺陷的表现,如学校和医院的数量不足、规模太小、公共基础设施提供不足、环境污染严重、高雅艺术得不到发扬、古文化得不到有效保护、失去生活依托的人得不到必要的生活保障等。这些产品在市场机制下之所以没有提供或提供不足,从广义的角度来理解,都是公共产品或服务的非竞争性和非排斥性带来的。由于某个消费者的消费和其他消费者对物品的消费之间不存在竞争性,而且一旦提供出来,要排斥其他的消费者,不管从技术上还是从成本上讲都是有很大困难的,因此消费者存在着"搭便车"的心理倾向,希望享受物品的收益而不愿负担任何成本。这样,市场机制就无法像提供私人品一样来提供公共产品或公共服务,市场陷入失灵。而作为弥补市场失灵的手段之一,非营利组织就是可以考虑的制度替代。

事实上,在人类社会发展的很长时间里,从奴隶社会、封建社会到资本主义社会早期,政府的规模和作用是相当有限的。传统上人们更习惯于通过建立互助组织的形式来获得某些必要的公共品和混合产品,而不是求助于政府部门的帮助。在现代意义上的非营利组织产生以前,西方传统上依赖带有宗教性的组织来救济孤儿、施舍医药。19 世纪以后兴起的私人捐助基金虽然逐渐退出对特殊不幸者的救助这一领域,但关注弱势群体、关注公共生活的意识由非营利组织很好地传承了下来。

2. 政府干预失灵说

虽然亚当·斯密等古典经济学家认为政府该提供三项基本的职能,即国防、社会治安和必要的公共品,并指出政府应是"廉价政府",不应过多地干预私人经济。但这一古典经济学的传统随着 20 世纪 20 年代末世界性经济危机的到来而遭到了颠覆。凯恩斯理论支持政府大幅度地干预经济以医治市场缺陷。在美国罗斯福新政获得成功的鼓舞下,西方各国纷纷采行凯恩斯理论,政府不仅想要成功地弥补市场缺陷,而且想要为公众提供"从摇篮到墓地"的种种福利,将每个人的生、老、病、死、伤残、失业等风险都承担下来。政府发挥如此大的功效固然是好,当经济处于快速增长阶段,此举带来了令人满意的效果。但进入 20 世纪 70 年代,西方经济出现了滞胀,政府干预经济不再是包治百病的灵丹妙药。此外,日益增长的福利开支已远远超过了政府的承受能力。政府失灵成为人们不得不面对的痛苦现实。更有激进的批评认为福利主义已远远超出了保护个人抵御不合理风险的范围,它遏制了创新精神,是到必须要改革的时候。英国撒切尔夫人当政以后,就着手减少政府福利支出,如在教育、住房、艺术等方面。她曾表达过这样的观点:"我们要记住,社会是由个人和家庭组成的,没有人民的支持,政府是不可能推动任何事的,但人民一定要先依靠自己的力量。自助而后助人是人人应尽的责任""我认为社会不是抽象的观念,绝不能与其组成分子区隔开来,而应视其为由个人、家庭、社区、社团组成的有机结构。因此,我对社会的期许是很高的,深信随着社会的成长,个人与社团都应担负起更大的社会责任。"这些观点在西方社会是有代表性的,当政府从提供繁重的社会福利中解脱出来以后,需要有一种制度来替代政府的部分职能,社团或者说非营利组织可谓当仁不让。

因此,有学者认为非营利组织的发展与政府对社会经济干预的政策选择密切相关,在 20 世纪 30 年代世界经济大危机之前,非营利组织处于自生自发阶段,规模有限,但对解决社会问题起到了一定的作用。当 20 世纪 40 年代政府大规模地介入经济和社会事务领域之后,由于政府承担了相当的社会福利功能,非营利组织相对萎缩了。直到 20 世纪 70 年代,随着政府在某些领域的退出,又带来了非营利组织的空前发展,非营利组织和政府结成了盟友,成为合作伙伴。

除了政府部门不能提供全部的社会福利这一失灵表现外,政府在提供公共品和公共服务时只注重中位选民的需求、忽视其他人的需求也是政府失灵的一种表现,这就是所谓的"韦斯布罗德政府失灵"。韦斯布罗德研究认为,由于个人的收入、财富、宗教、种族背景、教育水平等都不一样,因此他们对公共物品和公共服务的偏好是有差异的。但是通过公共选择的政治决策机制来决定的公共物品规模和数量,往往反映了中位选民的需求,而一部分人对公共物品的过度需求得不到满足,另一部分人的特殊需求也难以被顾及,特别是妇女、儿童、残疾人、赤贫者等社会弱势群体,于是留下大量不满足的选民。这是简单多数投票规则下的情形,在加权投票方式下,虽然情况有所改进,仍不能满足异质性较强的选民对公共品的需求。这一理论对某些公共产品提供的解释是有说服力的,但有些则不是。如一个国家政府不会完全不顾及弱势群体的利益,现实中往往会出台不少对社会弱势群体进行社会救助的法令。

更进一步的研究认为,即使政府制度能提供出某些公共品和公共服务,但政府部门的低效率、官僚作风也会使得这类物品的提供并不令人满意。政府部门在提供公共产品的过程中往往成本很高,浪费严重,甚至出现贪污腐败现象。而非营利组织是有可能做得更好的。比如英国在为贫穷者提供住屋这一问题上,前首相撒切尔夫人认为,政府提供住宅是一种构成诱因的住房,对此应有更适当的规则,而教会能提供这一类住处且办得相当不错。民间社团提供的不仅仅是宿舍,还有政府所无法提供的指引和友谊。因此,在其任内一直"在摸索建立一套政策的新伦理——鼓励人民自主自立不依赖政府、多利用救世军之类的民间宗教或慈善团体"。韦斯布罗德认为,非营利组织就是专门提供集体类型物品的部门,其提供的数量取决于公共部门能够满足选民的多样需求的程度。也就是消费者需求差异越大,相应地非营利组织输出也会越大。由于非营利组织志愿性和非营利性的特点,非营利部门更有特殊的热情来为公众服务,这在一定程度上克服了政府部门的低效率和"冷冰冰"的服务。

3. 内在动因及其他

当然,市场失灵和政府失灵只是为非营利组织的发展提供了一种可能性,非营利组织在现代社会中发挥越来越重要的作用,与组织的内在机制和运行特点有着更为密切的因果关系。

西方国家在 20 世纪 70 年代遭遇的滞胀使得非营利组织迅速成长,成为政府职能的替代者,同时,苏联和东欧社会主义国家的全面计划经济也在 20 世纪 70 年代遭到严峻的挑战,各国政府不得不放松对非营利组织的管制,而采取一种更为宽容的态度。广大的第三世界发展中国家在面临发展模式的选择时放弃了对国家能力和作用的不切实际的幻想,从政府主导型的发展模式逐步过渡到民众参与的发展模式,强调民间志愿团体的作用,重视基层组织的力量,对解决公众事务非常热情,从而建立起许多协助自立的非营利组织,并受到发达国家和国际组织的援助。

约翰·霍普金斯非营利组织比较研究中心主任萨拉蒙教授将非营利组织兴起的原因归结为三个方面:一是市场和政府的内在缺陷,但这正是非营利组织的优势所在,它们的职能对解决当今社会问题是迫切需要的。萨拉蒙将非营利组织的四项职能总结为价值(人的首创精神)的保卫者,是对问题做出快速反应的服务的提供者,是决策过程的倡议者和参与者,是社会资本的建设者。二是社会上存在一些既有能力又有抱负的人,使得非营利组织的建立和发展成为可能;而公民对更好服务和参与的要求不断增强,社会上层也存在发展非营利组织的动机和激励。三是科学特别是通信技术的迅猛发展,以及非营利组织将促进公民社会的发展作为其组织使命的一个重要组成部分等因素,增进了人们对非营利组织将如何服务于他们的需要的理解。在不同的场合,萨拉蒙教授还谈到非营利领域兴起的其他方面的原因,即历史原因、市场缺陷、政府缺陷、社会多元化和自由的价值以及凝聚情感的需要,这在崇尚个人主义的社会中尤为重要。

此外,自20世纪90年代以来,学术界对非营利组织的研究也在不断深入,这些对非营利组织行为模式、运行特征和作用的研究不仅极大地促进了人们对非营利组织的认同和了解,也推动了非营利组织朝更健康的方向发展。

综上所述,市场失灵和政府失灵为非营利组织存在和发展提供了可能性,社会需求多元化和非营利组织自身的优势为其创造了广阔的发展空间,而信息技术的普及、学术研究的加强又推动了非营利组织的发展。

4.2.2　航运非营利组织的现实作用

我国航运非营利组织以社会团体中行业性社团为主,其中又以行业协会为主,它们的发展是市场经济发展和社会体制的需要,它们在提供公共服务、加强社会沟通、发扬互助精神、协调国际事务等方面都发挥着非常重要的作用,具体表现在以下几方面。

1. 提供公共服务,促进政府职能转变

公共管理与公共行政的区别之一在于公共管理涉及讨论政府的职能,哪些事情政府该管,哪些事情政府不该管,在市场经济发展的大背景下,政府需要尽快转变职能,尽快将自己做不好的事情交给市场,交给非营利组织,由政府部门做好宏观经济调控职能,由非营利组织尤其是行业协会做好中观管理和协调,因此,非营利组织的发展在一定程度上担当了政府转变行政职能的一个承接口角色,有利于政府转变职能。

随着我国改革开放的逐步深入,我国航运市场体系由快速发展进入迅猛发展时期,船舶、港口、航道等基础设施前所未有地增长,与此同时也出现了软环境实力不足、市场管理混乱、航运从业人员良莠不齐等问题。在解决这些众多问题的过程中,航运非营利组织发挥了重要的作用,如在咨询培训方面,航运非营利组织将组织会员学习和贯彻国家有关水运的法律、法规、方针、政策作为核心任务之一,组织行业培训,开展政策和业务咨询、信息交流以及企业经营管理的学习交流活动,并组织业内从业人员的国际和国内职业培训和考试,颁发证书,以提高本行业的人员素质和经营管理水平,逐步与国际接轨。再如在行业管理方面,航运非营利组织积极主动协助政府主管部门进行行业管理,承办政府主管部门委托交办的工作事项;研究我国和国际的水运法律、法规和政策,积极参与国内、国际水运法律、法规的制定、修改活动,对影响我国水运事业的问题提出对策和建议;研究航运市场的供求关系和发展趋势,提出发展我国水运事业的战略和战术措施的建议。

2. 加强行业监督,维护企业权益

航运非营利组织在我国是联系各航运企业、行业和政府的纽带,它们了解行业企业的需求和发展中存在的问题,可以代表企业把意见反映给政府和社会;同时,把政府的方针、政策和社会的要求传达给企业,实现双方的互相理解。

此外,航运非营利组织还积极发挥行业自律作用,协助政府部门规范行业市场,维护公平竞争秩序,制定行业自律准则,建立健全信用评价机制,制止非法经营和不公平或不正当竞争,维护行业正常经营秩序;制定和推行行业国家标准、行业操作规范及服务质量要求等,配合主管部门积极推行标准并进行监督指导,提高行业服务水平。在维护航运企业权益方面,航运非营利组织对代表会员企业,维护会员的正当权益,向政府特别是行业主管部门反映企业和行业的要求;代表行业内的企业进行反倾销、反垄断、反补贴等调查,或向政府提出调查申请;代表行业企业参与有关行业发展、行业改革以及与行业利益相关的政府决策论证,提出有关经济政策和立法的建议,参加政府举办的有关听证会;代表本行业与国内外相关政府部门、货主、承运人及其国外代理等组织进行协调,保护行业利益,维护行业信誉。

3. 发扬互助精神,协助行业协调

航运非营利组织能够帮助航运企业解决生产经营中的困难,为企业提供市场信息、技术咨询、员工培训、法律援助等服务;向企业提供或发布行业发展研究、行业统计分析和行业政策规范等方面的资料,组织或举办会展招商、商务考察、产品推介等活动;开展国内外经济技术交流和合作,为行业开拓市场服务。

此外,航运非营利组织积极参与会员之间的关系协调,对航线设置、运力安排、运价水平、港口费收等方面的问题进行调查研究,提出对策和解决建议;进一步协调会员与非会员,会员与相关行业、服务对象的关系;制定本行业的行规行约,并协调遵守;代表本行业参与行业性集体谈判;协调本会与其他行业协会或其他经济组织的相关权益事宜。

4. 协调国际事务,加强国际交流

在社会主义市场经济条件下,政府职能转变之后,航运非营利组织对行业的发展发挥着更大的作用,中国在加入世贸组织后各行业协会等中介组织代表企业斡旋,交涉国际贸易摩擦和争端,加强行业内部的协调与自立。此外,航运非营利组织特别是全国性的组织还代表行业参加国际性同行业组织,出席有关国际会议,与各国和地区的同行业组织建立业务联系,促进国际间的合作和交流;加强与国内外有关组织的协作,代表我国船东、货代等各利益相关方参与有关的国际活动,对有关的问题进行磋商或交涉,以维护我国航运企业的正当权益。

4.3 我国航运非营利组织的发展机遇与挑战

4.3.1 我国航运非营利组织面临的发展机遇

1. 我国港航产业的迅速发展

当前,我国航运社会组织发展方兴未艾,这在很大程度上得益于我国港航产业自改革开放以来的长期持续迅速发展。

港口是综合运输系统中的重要枢纽,是国际物流体系中的关键节点,其服务于国内外贸易特别是国际贸易。改革开放以来,伴随着我国国民经济的快速发展、对外贸易规模的持续扩大,以及港口管理体制改革的不断深化,我国港口业发展取得了长足进步[8]。在港口基础设施建设方面,1978 年我国港口拥有的生产性泊位数量仅 735 个,其中万吨级及以上泊位有 133 个。而据交通运输部发布的《2019 年交通运输行业发展统计公报》,截至 2019 年末,上述两项数量分别增至 22 893 个和2 520 个,形成了以通用散货、通用件杂货码头为基础,集装箱、煤炭、金属矿石、原油、成品油、液体化工、散装粮食、汽车滚装专业化码头共同发展的综合港口体系。港口生产运营方面,1978 年全国港口完成货物吞吐量仅 2.8 亿吨,其中外贸货物吞吐量仅 0.6 亿吨,而 2019 年全年上述两项吞吐量达到 139.51 亿吨和 43.21亿吨。

在航运领域,我国对外贸易量的 90% 左右是通过海运完成的,国际航运是国际贸易的主要运输方式。改革开放以来,随着我国外向型经济的迅猛发展,我国航运业也快速地成长起来。在船舶建造能力方面,改革开放初期,1980 年我国造船年产量仅为 20 万载重吨。现如今,我国已是造船大国,以 2019 年为例,根据著名航运咨询商克拉克森数据显示,我国造船业三大指标中新船完工量、手持订单量、新船接单量均居世界首位,分别达 3 672 万载重吨、8 166 万载重吨和 2 907 万载重吨,上述三项指标占全球总量份额分别是 37.2%、43.5% 和 44.5%。在船队运力规模方面,1978 年我国船队运力规模仅为 1 630 万净载重吨,截至 2019 年末,我国船队运力规模达 2.56 亿净载重吨,拥有水上运输船舶 13.16 万艘。在水运生产方面,1978 年全国水路仅完成货运量 4.74 亿吨、货物周转量 3 801.8 亿吨公里,而 2015 年全国完成水路货运量 74.72 亿吨、货物周转量 103 963.04 亿吨公里,其中远洋运输完成货运量为 8.32 亿吨,货物周转量为 54 057.47 亿吨公里。

2. 社会组织管理制度改革的不断深化

党的十八大以来,我国围绕社会组织管理制度采取了一系列的改革措施,显著优化和改善了社会组织发展的制度环境,为社会组织更好地参与公共管理事务创造了良好条件。这些也为我国航运社会组织的进一步发展壮大提供了必要条件。近年来,我国社会组织管理制度改革的不断深化,主要体现在如下三方面。

第一,以行业协会商会脱钩为切入点,政社分开、职能转移、建立新型监管体系等重大改革协同推进。2015 年,中共中央办公厅、国务院办公厅印发《行业协会商会与行政机关脱钩总体方案》,明确提出"取消行政机关(包括下属单位)与行业协会商会的主办、主管、联系和挂靠关系""厘清行政机关与行业协会商会的职能""行业协会商会应执行民间非营利组织会计制度,单独建账、独立核算""行业协会商会具有人事自主权,在人员管理上与原主办、主管、联系和挂靠单位脱钩""行业协会商会的党建、外事、人力资源服务等事项与原主办、主管、联系和挂靠单位脱钩"等一系列改革方向。2019 年,国家发展改革委等 10 个中央部委联合印发《关于全面推开行业协会商会与行政机关脱钩改革的实施意见》,进一步明确了要"全面实现行业协会商会与行政机关脱钩",进而"加快转变政府职能,创新管理方式,促进行业协会商会提升服务水平、依法规范运行、健康有序发展、充分发挥作用"。

第二,不断优化完善社会组织的管理体制。2013 年,第十二届全国人大批准了《国务院机构改革和职能转变方案》,其中明确行业协会商会类、科技类、公益慈善类、城乡社区服务类等四类社会组织直接向民政部门依法申请登记,不再需要业务主管单位审查同意。考虑到具体国情,无论是政策取向还是现实考量,社会组织发展都必须与社会发展阶段、国家体制、政党制度相适应。现阶段,对直接登记范围之外的其他社会组织,依然继续实行登记管理机关和业务主管单位双重负责的管理体制。业务主管单位要健全工作程序,完善审查标准,切实加强对社会组织名称、宗旨、业务范围、发起人和拟任负责人的把关,支持符合条件的社会组织依法成立。

第三,政府不断转变职能,支持社会组织提供公共服务。2016 年,中共中央办公厅、国务院办公厅印发《关于改革社会组织管理制度促进社会组织健康有序发展的意见》,明确提出要"结合政府职能转变和行政审批改革,将政府部门不宜行使、适合市场和社会提供的事务性管理工作及公共服务,通过竞争性方式交由社会组织承担。逐步扩大政府向社会组织购买服务的范围和规模,对民生保障、社会治理、行业管理等公共服务项目,同等条件下优先向社会组织购买"。

4.3.2 我国航运非营利组织面临的发展挑战

随着我国港航产业的发展壮大和社会组织管理制度改革的持续深入,我国航运社会组织有着很好的发展机遇,但是,仍然要看到我国航运社会组织在发展过程中面临着不少挑战。

1. 专业人才相对缺乏

由于港航产业具有较强的专业性,为有效开展行业服务工作,航运社会组织的从事人员也需要具有较好的港航专业知识水平。基于航运社会组织非营利性的属性,经费主要用于日常运转的维持,因而在人员待遇上并没有吸引力,组织资金的不稳定也导致了专职和兼职人员流动性比较大,招聘的人员素质和水平参差不齐。针对航运社会组织所需要的专业人才,目前我国各大高校港航对口专业非常少,很少有毕业生愿意选择在社会组织就业,这更加导致了航运社会组织内专业化人才的欠缺,进而制约了航运社会组织的发展。

2. 服务能力仍有不足

行业服务是航运社会组织得以维系发展的根本。目前,我国航运社会组织仍存在服务能力不足的问题,不能切实满足会员单位的实际需要。在实际工作中,不少航运社会组织的功能仅停留在为企业提供信息、咨询服务、组织行业内部交流、开展业务培训等浅层次的服务上,而在行业规划、行业自律、行业政策制定、争端协调、反倾销调查取证、开拓市场、帮助企业改善服务经营等深层次方面的服务功能很不健全。这就使得有些航运社会组织既不能充分反映会员单位的利益诉求,也不能有效地为会员单位提供应有的服务,因而难以得到会员单位的承认和大力支持,从而也无法影响会员单位的行为,无法在政府和企业之间发挥有效的桥梁和纽带作用。

3. 独立属性仍有欠缺

尽管围绕与行政机关脱钩,近年来我国采取了一系列改革举措。但由于不少航运社会组织从建立伊始就具有相对浓厚的官办色彩,在获取资源、协调会员单位等诸多方面仍受主管机关影响,目前很难完全形成彻底的民间独立性。航运社会组织的职能与航运政府主管机关的管理职能界限仍有不明确的地方,这也造成了航运社会组织在与政府及其他行业协调沟通时存在协调职能的发挥不充分的情况。此外,航运社会组织在管理人员的配备上仍深受政府机构影响。以中国港口协会为例,协会的会长、副会长、秘书长及理事单位等一般由主管部门交通运输部人事教育司提名,由于受政府意志的影响,协会民主选举有时形同虚设[9]。另外,有些航运社会组织仍面临政府人员兼职的问题。

4. 内部管理尚不规范

不少航运社会组织在内部管理方面尚不规范,如在实际运营过程中不能完全执行组织章程、监督职能未得到充分落实、人事制度建设存在不规范之处等。以内部治理机制建设为例,有些航运社会组织,特别是地方性的航运社会组织,虽然根据组织章程也有自己的会员大会、理事会等,但很多情况下,未能真正贯彻落实相关会员大会和理事会职责。再如,针对航运社会组织的监督评估常常流于形式。相关评估主要来源于政府评估、内部评估及第三方评估。内部评估通常来自理事会、监事会和会员大会,很多时候未能发挥有效的评估监督职责。

4.3.3　我国航运非营利组织的发展方向

1. 大力培养专业人才

航运社会组织要大力引进专业化人员,积极为会员企业和行业发展提供专业化服务。为此,要建立灵活有效的人才培养和选拔机制;完善人才评价标准,注重靠实践和贡献评价人才;改进人才评价方式,拓宽人才评价渠道;把评价人才和发现人才结合起来,坚持在实践和群众中识别人才、发现人才;在日常的工作中,加大对员工的培养力度,为每个员工创造条件,使其不断成长;建立健全合理的分配制度、合理的薪酬体系和绩效评估体系,从根本上保证人力资源的竞争优势;对做出突出贡献的人才,除了精神上的奖励外,还必须有物质上的奖励,使人才感到自身价值的体现;制定合理的职业发展规划,给员工以成就感[10]。职业化是航运社会组织中人才培养的大方向。

2. 不断加强服务能力建设

航运社会组织要紧密围绕自身的服务宗旨和服务范围,不断提升自身的服务能力,从而更好地服务会员单位以及整个行业发展。相关航运社会组织应通过其行业专业性打造服务品牌,树立行业形象,以优质的服务品质、有效的服务反馈,提升自己在行业中的影响力。航运社会组织应该以服务会员为核心,对自身的职能进行优化整合,真正为行业的发展提供保障。

航运社会组织应围绕发挥服务功能,切实代表和维护好特定群体和会员的合法权益和共同利益。同时,可利用自身机制、资源、人才等方面优势,对政府、市场机制提供公共服务发挥补充作用,在政府和市场不能或不愿做的方面提供有效的公共服务,参与目前市场解决不了、政府解决不好的一些公共问题的解决。在社会转型过程中,政府逐步向公共服务型转变,航运社会组织可通过接受委托、参与招标等方式,承接一些航运公共服务职能。

3. 强化自身发展的独立性

航运社会组织要依托国家所深入开展的行业协会商会与行政机关脱钩改革,不断加强自身能力建设,逐步减少政府机构对自身的干预和影响,提升发展的独立性和自主性。航运社会组织自身要不断转变观念,树立独立发展的意识。结合国家社会组织改革的有益成果,逐步掌握独立的人事权,能按市场的要求招聘高素质的人才,有独立开展活动的经费和场所,能独立自主地根据企业的需要而不是政府的要求开展相关工作。

当然,需要指出的是,航运社会组织独立性的增强离不开政府主管机关的职能转变。航运政府主管部门要支持航运社会组织自我约束、自我管理,发挥提供服务、反映诉求、规范行为、促进和谐的作用。支持航运社会组织在服务企业发展、规范市场秩序、开展行业自律、制定团体标准、维护会员权益、调解贸易纠纷等方面发挥作用,使之成为推动经济发展的重要力量。

4. 切实加强规范内部治理

航运社会组织要健全社会组织法人治理结构,要依照法规政策和章程建立健全法人治理结构和运行机制以及党组织参与重大问题决策等制度安排,完善会员大会(会员代表大会)、理事会、监事会制度,落实民主选举、民主决策和民主管理,健全内部监督机制,成为权责明确、运转协调、制衡有效的法人主体,独立承担法律责任。

航运社会组织还要不断规范财务管理、人事管理、资产管理等各项内部管理制度,把各项事务纳入制度化管理轨道,增强自我管理能力;不断规范日常行为,严格依据法律法规和政策要求,按章程规定的业务范围开展各项活动,规范自身的商业行为、收费行为、开展评比达标表彰、举办庆典研讨会论坛等行为;主动接受监督,规范办理登记备案年检事项,健全内部监督机制,自觉接受政府、会员和社会公众的监督,主动披露相关信息,提高透明度和公信力。

⚓ 拓展阅读

关于全面推开行业协会商会与行政机关脱钩改革的
实施意见(发改体改〔2019〕1063号)

各省、自治区、直辖市党委和人民政府,中央和国家机关各部委,解放军各大单位、中央军委机关各部门,各人民团体:

根据《中共中央办公厅 国务院办公厅关于印发〈行业协会商会与行政机关脱钩总体方案〉的通知》(中办发〔2015〕39号,以下简称《总体方案》)要求,经党中央、国务院同意,现就全面推开行业协会商会与行政机关脱钩改革提出以下意见。

一、总体要求

按照去行政化的原则,落实"五分离、五规范"的改革要求,全面实现行业协会商会与行政机关脱钩。加快转变政府职能,创新管理方式,促进行业协会商会提升服务水平、依法规范运行、健康有序发展、充分发挥作用。

坚持"应脱尽脱"的改革原则。凡是符合条件并纳入改革范围的行业协会商会,都要与行政机关脱钩,加快成为依法设立、自主办会、服务为本、治理规范、行为自律的社会组织。

　　坚持落实主管单位的主体责任。业务主管单位应精心组织,指导行业协会商会高质高效完成脱钩改革任务,积极协调解决脱钩过程中出现的问题,不得简单采用通知、声明或会议传达等方式提前"甩包袱"。行业协会商会应按要求切实落实好各项改革任务。

　　坚持协同推进的工作机制。行业协会商会与行政机关脱钩联合工作组负责指导推动改革工作。全国性行业协会商会脱钩改革由民政部牵头落实,地方行业协会商会脱钩改革由各级脱钩联合工作机制负责落实。发展改革、民政、组织(社会组织党建工作机构)、财政、人力资源社会保障等职能部门及行业管理部门协同配合做好脱钩改革工作。

　　二、改革主体和范围

　　脱钩的主体是各级行政机关与其主办、主管、联系、挂靠的行业协会商会。其他列入公务员法实施范围和参照公务员法管理的单位与其主办、主管、联系、挂靠的行业协会商会,参照本意见执行。

　　同时具有以下特征的行业协会商会纳入脱钩范围:会员主体为从事相同性质经济活动的单位、同业人员,或同地域的经济组织;名称以"行业协会"、"协会"、"商会"、"同业公会"、"联合会"、"促进会"等字样为后缀;在民政部门登记为社会团体法人。

　　列入脱钩名单的全国性行业协会商会,必须按规定要求和时限完成脱钩。暂未列入脱钩名单的全国性行业协会商会,暂时实行业务主管单位和登记管理机关双重管理,同时按照去行政化的要求,加快推进相关改革。

　　三、改革具体任务

　　(一)机构分离。取消行政机关(包括下属单位)与行业协会商会的主办、主管、联系和挂靠关系,行业协会商会依法直接登记、独立运行,不再设置业务主管单位。原委托行业协会商会代管的事业单位,按照《关于贯彻落实行业协会商会与行政机关脱钩总体方案涉及事业单位机构编制调整的意见(试行)》(中央编办发〔2015〕38号)要求,并入行业协会商会或根据业务关联性划转至相关行业管理部门管理;暂时无法并入或划转的,先推进行业协会商会脱钩,待脱钩完成后,由事业单位的主管部门再按有关要求采取并入、划转或其他方式改革。

　　(二)职能分离。厘清行政机关与行业协会商会的职能,剥离行业协会商会现有行政职能,行政机关不得将其法定职能转移或委托给行业协会商会行使,法律法规另有规定的除外。深化"放管服"改革,鼓励行政机关向符合条件的行业协会商会和其他社会力量购买服务,鼓励和支持行业协会商会参与承接政府购买服务。财政部门要加强对政府向行业协会商会购买服务实施工作的指导,促进购买服务工作有效有序开展。

　　(三)资产财务分离。取消对行业协会商会的直接财政拨款,通过政府购买服务等方式支持其发展。行业协会商会执行民间非营利组织会计制度,单独建账、独立核算。业务主管单位负责对其主管的行业协会商会资产财务状况进行全面摸底和清查登记,财政部门按照"严界定、宽使用"的原则批复资产核实情况。脱钩过程中,要严格执行国有资产管理和处置的有关规定,严禁隐匿、私分国有资产,防止国有资产流失。行业协会商会占用的行政办公用房,按照有关规定进行腾退,实现办公场所独立。

(四)人员管理分离。落实行业协会商会人事自主权,规范用人管理,全面实行劳动合同制度,依法依章程自主选人用人。行业协会商会按照法律、法规和政策规定合理确定工作人员工资,并为工作人员缴存住房公积金。行业协会商会工作人员按照属地管理原则参加当地企业职工养老保险。鼓励行业协会商会建立企业年金。行政机关不得推荐、安排在职和退(离)休公务员(含参照公务员法管理的机关或单位工作人员)到行业协会商会任职兼职,现职和不担任现职但未办理退(离)休手续的党政领导干部及在职工作人员,不得在行业协会商会兼任职务。领导干部退(离)休后三年内一般不得到行业协会商会兼职,个别确属工作特殊需要兼职的,应当按照干部管理权限审批;退(离)休三年后到行业协会商会兼职,须按干部管理权限审批或备案后方可兼职。

(五)党建外事等事项分离。脱钩后,全国性行业协会商会的党建工作,按照原业务主管单位党的关系归口由中央和国家机关工作委员会、国务院国资委党委领导。地方行业协会商会的党建工作,由各地党委成立的社会组织党建工作机构统一领导。行业协会商会外事工作按照中央有关外事管理规定,由住所地政府外事工作机构管理。外事工作机构要加强指导协调、管理服务,必要时可就有关外事活动、国际交流合作事项函询行业管理部门,行业管理部门应及时函复意见。行业协会商会举办国际博(展)览会、国际比赛、国际文化展演等,按规定报有关部门审批。行业协会商会主管且主办的报刊不受脱钩影响,可维持现状;行政机关主管、行业协会商会主办的报刊,行政机关可根据与该报刊的业务指导或行业管理关系紧密程度,选择保留主管关系,或按程序变更为由行业协会商会主管主办。脱钩后,行业协会商会住所地县级以上(含县级)公共就业和人才服务机构及经人力资源社会保障部门授权的单位,应当提供人事档案管理服务。对职称评定、居住证办理等须经业务主管单位审核才能申报的事项,相关职能部门应及时修订原管理办法,调整申报条件和程序等;新管理办法出台前,应明确过渡性措施,并做好新旧政策衔接,确保行业协会商会脱钩过程中和脱钩后均能顺利办理类似事项。

四、全面加强行业协会商会党建工作

各级社会组织党建工作机构要会同有关部门加强具体指导,深入推进脱钩行业协会商会党的建设,在脱钩改革中同步健全党的组织、同步加强党务工作力量、同步完善党建工作体制、同步推进党的工作,全面增强党对行业协会商会的领导,确保脱钩过程中党的工作不间断、党组织作用不削弱。

（一）完善党建工作管理体制和工作机制。各地要在总结试点经验的基础上，进一步理顺脱钩行业协会商会党建工作管理体制。脱钩行业协会商会已建立党委的，可由社会组织党建工作机构直接管理；已建立党总支或党支部的，结合实际和工作需要，可依托较大的行业协会商会等，整合组建为隶属于社会组织党建工作机构的若干联合党委。完善行业协会商会负责人人选审核特别是政治审核办法，严把人选关。民政部门要把党建工作情况作为行业协会商会登记审查、检查评估的重要内容。各级社会组织党建工作机构要加强统筹协调，建立与相关部门工作沟通机制，及时研究解决脱钩行业协会商会党建工作中的重要问题，强化督促检查，确保脱钩工作顺利推进、有序衔接。

（二）扩大党的组织覆盖和工作覆盖。健全基层组织，优化组织设置，理顺隶属关系，提高脱钩行业协会商会党的组织覆盖和工作覆盖质量。各行业协会商会原业务主管单位要逐一摸清行业协会商会党组织和党员基本情况，逐个研究制定行业协会商会党建工作体制调整方案。已经建立党组织的，原业务主管单位和接收单位要密切配合，做好党组织关系移交、党员组织关系转接等相关工作。具备党组织组建条件但尚未建立党组织的，接收单位要会同原业务主管单位研究提出党组织组建方案，推动同步建立党组织，实现应建尽建。对暂不具备党组织组建条件的行业协会商会，接收单位要及时选派既懂党建又熟悉行业情况的党员担任党建工作指导员，合理确定党建工作指导员联系行业协会商会的数量，明确职责任务，加强教育培训和管理考核，对不称职的及时调整。

（三）充分发挥行业协会商会党组织作用。各级社会组织党建工作机构要督促行业协会商会把党建工作要求写入章程，健全党组织参与重大问题决策、规范管理的工作机制。推行行业协会商会党组织班子成员与管理层双向进入、交叉任职，推荐符合条件的行业协会商会主要负责人或主持日常工作的负责人担任党组织书记，探索行业协会商会党员负责人年度考核办法。注重把符合条件的行业协会商会负责人和业务骨干发展成党员，提高行业协会商会管理层中党员的比例，提高从业人员中党员的比例。认真执行基层党组织任期制度和按期换届提醒督促机制。按照"一方隶属、参加多重组织生活"原则，组织暂未转移组织关系的党员参加行业协会商会党组织活动。各地要多渠道保障脱钩行业协会商会党建工作经费，脱钩行业协会商会应将党建工作经费纳入管理费用列支，可按规定在税前扣除。

（四）加强行业协会商会党风廉政建设。行业协会商会党组织应当认真落实全面从严治党主体责任，引导和监督社会组织依法执业、诚信从业，加强对党员遵守党章党规党纪、贯彻执行党的路线方针政策等情况的监督检查，维护和执行党的政治纪律和政治规矩，定期开展廉政警示教育，强化廉洁风险防控，推动中央八项规定精神落实见效。社会组织党建工作机构要指导行业协会商会加强党风廉政建设,督促落实党风廉政建设主体责任和监督责任。

五、完善综合监管体制

全面落实《行业协会商会综合监管办法(试行)》(发改经体〔2016〕2657号)要求,不断完善专业化、协同化、社会化监督管理机制,构建组织(社会组织党建工作机构)、民政、财政、税务、审计、价格、市场监管等部门各司其职、信息共享、协同配合、分级负责、依法监管的行业协会商会综合监管体系。

(一)完善登记管理。民政部门依法依规对行业协会商会设立进行登记审查,加强对其成立必要性、发起人代表性、会员广泛性、运作可行性等方面的审核,严把登记入口关。科学充分论证新设立全国性行业协会商会的必要性,与已有行业协会商会业务范围相似的,认真听取行业管理部门和相关方面的意见。加强对行业协会商会治理机制、年度报告、信息公开等方面的监管,加大对违法违规行业协会商会、非法社会组织的执法检查和查处力度。直接登记的行业协会商会纳入综合监管范围,其党建、资产、外事、人力资源服务等事项参照脱钩行业协会商会进行管理。登记机关应在登记时告知行业协会商会接受综合监管的相关要求,及时主动向相关部门告知行业协会商会登记信息。鼓励地方政府积极探索加强与行业协会商会交流会商、有效合作的工作机制。

(二)加强资产监管。按照《脱钩后行业协会商会资产管理暂行办法》(财资〔2017〕86号)要求,规范资产管理,维护各类资产安全完整。各级财政、民政部门应加强对行业协会商会占有使用的国有资产、暂按国有资产管理资产以及其他资产的监督管理。审计机关对行业协会商会占有使用的国有资产和暂按国有资产管理资产的管理、使用、处置、收益情况,和行业协会商会接受、管理、使用财政资金的真实、合法、效益情况,依法进行审计监督。

(三)规范收费管理。落实《关于进一步规范行业协会商会收费管理的意见》(发改经体〔2017〕1999号)要求,加强对行业协会商会收费的指导监督,从严从实查处行业协会商会违规收费行为,引导行业协会商会在其宗旨和业务范围内规范开展经营服务性活动。完善行业协会商会收费信息集中公示制度,依托"信用中国"网站,集中公示并定期更新收费项目、收费性质、服务内容、收费标准及依据等信息。

(四)强化行业指导与管理。行业管理部门要转变管理思路,创新管理方式,建立工作机制,畅通联系渠道,主动了解掌握在本行业领域内活动的行业协会商会基本情况,积极开展政策和业务指导。行业管理部门可结合实际情况制定对本行业、本领域社会组织引导发展和规范管理的指导性意见、工作方案等。通过购买服务等方式支持本行业领域内行业协会商会发展,引导其强化行业自律、反映行业诉求,鼓励行业协会商会参与行业立法、规划、标准制定、数据统计、评估评价、诚信体系建设等工作。依法依规对行业协会商会的业务活动实施行业监管,开展专项治理,查办或协助查办违法违规行为。

(五)加强信用监管。建立行业协会商会诚信承诺和自律公约制度,行业协会商会要向社会公开诚信承诺书,重点就服务内容、服务方式、服务对象和收费标准等作出承诺。建立行业协会商会失信"黑名单"制度,相关信息纳入全国信用信息共享平台。推动跨地区、跨部门、跨行业协同监管,开展失信联合惩戒,在参与政府购买服务、年检、评先评优等方面进行限制,提高行业协会商会守信收益、增加失信成本。完善行业协会商会第三方评估机制,发挥好第三方评估的引导和监督作用。加强行业协会商会信息公开,接受社会监督。推动行业协会商会在行业信用建设方面发挥重要作用。

六、组织实施

各地区、各部门和行业协会商会要高度重视,严明纪律,借鉴脱钩试点中积累的经验和做法,按《总体方案》和本意见要求,全面实施行业协会商会脱钩改革,2020 年底前基本完成。要坚持稳中求进工作总基调,切实处理好改革与稳定的关系,坚持底线思维,增强风险意识,做好风险预案,把可能的隐患消除在萌芽状态。业务主管单位要深入宣讲政策,认真制定实施方案,积极帮助行业协会商会排忧解难,在脱钩未完成前仍要切实履行管理职责,确保改革平稳有序。行业协会商会要强化风险防控,发现重大风险隐患及时处置并向业务主管单位报告,确保改革过程中"思想不乱、队伍不散、工作不断"。

本意见自印发之日起施行。

◆　参考文献　◆

[1] 刘培峰.非营利组织的几个相关概念的思考[J].中国行政管理,2004(10):37-40.

[2] 李恒光.非营利组织概念界定的国际比较[J].青岛科技大学学报(社会科学版),2004(1):41-49,58.

[3] 沈燕云.风雨同舟 20 载　中国船东协会为建设海运强国铸华章[J].中国远洋航务,2013(5):18-19,10.

[4] 高博文.行业协会在行业治理中的职能研究:以中国港口协会为例[D].上海:上海交通大学,2019.

[5] 邢德彰.风雨十年路:中国船舶代理及无船承运人协会成立十周年回顾与展望[J].中国远洋航务,2011(6):39.

[6] 周颖.行业协会与行政机关脱钩背景下地方性行业协会面临的挑战研究[D].南京:南京师范大学,2017.

[7] 吴静.地方行业协会发展路径研究:以义乌市翻译协会为例[J].学会,2015(8):51-55.

[8] 章强,殷明.学习与创新:中国话语体系在国际航运业中的构建[J].重庆交通大学学报

(社会科学版),2018,18(1)：55－63.

[9] 高博文.行业协会在行业治理中的职能研究:以中国港口业协会为例[D].上海:上海交通大学,2019.

[10] 韩雪梅.行业协会人才队伍职业化建设[J].经营与管理,2014(6)：45－47.

第5章

航运公共政策

公共政策是国家通过对资源的战略性运用,以协调经济社会活动及相互关系的一系列政策的总称,与我们的日常生活、工作和学习息息相关。在人类发展史中,占据统治地位的阶级、政党、集团或个人,均把公共政策作为处理不同阶级、不同阶层、不同社会集团、不同国家和地区之间利益关系以及指导政治、经济、军事、外交、科技、文化等发展的行动规范和准则。

航运公共政策作为公共政策在航运领域的具体表现,其对一个国家或地区的航运业发展起着至关重要的作用,与航运公共管理紧密联系。航运公共政策的产生,属于一种历史范畴,是人类社会运行到一定的阶段以及人类海上运输活动发展到一定水平的产物。航运公共政策不断动态调整的过程可反映不同国家在不同时期不同的发展特点。

航运公共政策的实施效果直接关系到一个国家或地区航运业发展成效。因此,有必要结合理论与实践,系统梳理航运公共政策的概念、本质、特征、功能以及其构成基本要素。

5.1 航运公共政策概述

5.1.1 公共政策的概念

1. 公共政策的含义

公共政策是一种与人类社会的生存和发展相联系的悠久的历史现象,是最古老的人类社会现象之一。作为公共权力、公共职能、公共责任的伴生物,自公共权力(政府)产生起,公共政策事实上就一直伴随着人类社会[1],尽管如此,公共政策研究成为一门专门的学问却时间不长。公共政策学科的学者们一般公认美国政治学家哈罗德·D.拉斯韦尔(Harold D. Lasswell)是公共政策学科的创始人。1951年拉斯韦尔倡议召开了一次多学科学者参加的公共政策研讨会,会后由他主编出版了《政策科学:近来的范畴与方法上的进展》,政策科学由此得名[2]。从那时起,有关公共政策的研究开始兴起。越来越多的学者对于何谓"公共政策"展开了深入研究。其中,具有代表性的国外学者的观点主要包括以下几个。

公共政策学科奠基人拉斯韦尔和亚伯拉罕·卡普兰(Abraham Kaplan)认为"公共政策是一项包含目标、价值与策略的大型计划"[3]。上述概念强调作为政府行为的公共政策的设计功能及其目标,但将公共政策视为"计划"存有一定不妥,毕竟公共政策远比计划要复杂得多。

政治学学者戴维·伊斯顿(David Easton)认为"公共政策就是对全社会的价值做权威性分配"[4]。这一概念强调公共政策的价值分配功能,但值得指出的是,公共政策的功用除社会价值分配外,还应包含社会价值创造。此外,如何进行社会价值的权威性分配,这一概念也未能予以明确。

政策科学学者托马斯·R.戴伊(Thomas R. Dye)认为"公共政策是政府选择要做的事和选择不做的事"[5]。这一概念突显了公共政策主体政府的行为选择,指出政府"选择不做"也具有一定的政策意义,但将政府"选择不做"作为一种公共政策的表现形式纳入公共政策的范畴,显然是扩大了公共政策的外延。

自20世纪90年代公共政策研究引入我国之后,我国学者结合我国实际也纷纷对公共政策的含义予以界定,其中具有代表性的观点有以下几个。

陈振明教授认为"公共政策是国家机关、政党及其他政治团体在特定的时期,为实现或服务于一定社会政治、经济、文化目标所采取的政治行为或规定的行为准则,它是一系列略谋、法令、措施、办法、方法、条例等的总称"[6]。这一概念充分体现出公共政策主体和表现形式的多样性,以及公共政策的时代性和目的性。

陈庆云教授则认为"公共政策是政府依据特定时期的目标,在对社会公共利益进行选择、综合、分配和落实的过程中所制定的行为准则"[7]。这一概念强调公共政策是政府活动的产物,意在对社会公共利益展开有效的分配。公共政策对公共利益的分配是个受时空限制的动态过程,经历选择、综合、分配和落实四大环节,并最终服从政府的整体目标需要,服从政府对利益的追求[8]。

杨宏山教授在综合众多学者对于公共政策的认识与理解后,将公共政策界定为"经由一定的政治过程制定的集体行为规则",认为"公共政策是对社会成员的利益诉求进行政治决策的结果,是社会行动的共同规则"[9]。这一概念突出了公共政策对人们行为空间的界定和对各种社会关系的规范。

对于公共政策究竟是什么的问题,尽管张国庆教授坦言"关于公共政策的精确的定义在理论上并没有多少重要的意义,在实践上更没有多少实际的意义"[1]。但在一定程度上明晰公共政策的概念,有助于把握公共政策的精神实质,并为公共政策分析提供必要的指引。本书对于公共政策的含义,引用张国庆教授对公共政策的概念界定,也即"公共政策是公权力主体制定和执行的用以确定和调整广泛社会关系的行为规范"[1]。因为这一概念较为精炼,且在逻辑上至少包含了5个要点:

一是公权力主体的行为;二是对适用主体具有约束力;三是欲达到的目标或目的;四是具有一定的政策声明或宣示;五是公权力主体的政策执行行动。

2. 公共政策的分类

根据政策主体与调控范围的不同,政策一般可分为总政策、领域政策和具体政策等 3 个主要层次。总政策是指某重要的政策主体,是为实现一定历史时期的总目标和总任务而规定的指导全局的总原则。从政策结构看,总政策的构成要素是总目标及其实现总目标的途径和保证;从政策体系看,总政策处于最高层次,是下述领域政策和具体政策的总依据和总纲领。领域政策是指总政策在某一领域中的具体化,例如经济政策、外交政策、军事政策、教育政策、科技政策、文化政策、宗教政策、人事政策等等。当然,这些领域政策还可以继续往下细分,例如经济政策可分为各种产业政策及金融政策、贸易政策、分配政策、消费政策等等;产业政策也可分解为工业政策、农业政策、交通运输业政策等等;交通运输业政策还可分为铁路、公路、水路、航空和管道等多种运输方式的政策。这些或大或小的领域政策有一个共同的特点,即具有一定的边界性。从政策体系看,领域政策介于总政策和各种具体政策之间,处于承上启下的中间环节,它既是总政策在某一领域的贯彻和表征,又是制定各种更为具体政策的指导和依据。具体政策是指针对某一具体问题而制定的处理原则、解决途径、实施细则及具体办法。从政策主体角度考察,具体政策多为地方性行政机构或部门性行政机构所制定,但其政策精神必须符合上述的总政策及其相应的领域政策所规定的各项原则。从政策体系看,具体政策处于最低层次,它既是领域政策的进一步具体化,又是总政策赖以构成的基础元素,具有可操作性强、时效较短、变动较大和灵活具体的特点。一个国家的总政策和领域政策必须通过大量的具体政策去落实,否则将成为空中楼阁。从上述政策分类看,航运公共政策应属于领域政策和具体政策范畴,亦是总政策在航运领域中的具体化。

除上述分类外,还可以根据政策的内容来予以分类,如根据内容的侧重性,公共政策可分为实质性政策和程序性政策;再如根据分配利益的差异,公共政策可分为物质性政策和象征性政策。也有学者主张根据公共政策的价值导向来对公共政策进行分类,可将其分为公平导向的政策、效率导向的政策、干预型政策、市场化政策等[9]。

3. 公共政策与公共管理的关系

作为公共管理学的一个重要分支,公共政策与公共管理之间有着密切的联系[2]。对于公共政策与公共管理的关系,黄维民对此做了较为详细的论述,本书主要采纳该文的相关观点[10]。公共政策不仅是社会政治活动的结果,而且也是公共事务中所制定的行为规范,引导着公众与社群的行动,是政府维护公众利益的重要手段。众所周知,公共管理作为一种新的社会治理范式,其研究范围不仅包括行政与公共事务,而且还包括公共政策,其研究重点从过去传统行政重视机关的管理转移到政策的议题和政策的建议。公共政策过程实际上就是公共管理运行的核心内容,而公共管理的相关组织就是公共政策的重要主体。总的来看,公共管理与公共政策两者之间是辩证统一的关系,它们相互依存,相互作用。公共管理是公共政策赖以存在与发展的哲学基础,起着主导性作用;而公共政策则是公共管理重要的治理手段,而且也是有效的管理工具,对公共管理具有能动的促进作用,是政策行政的具体表现。

一般而言,公共政策从提出到制定再到实施的实践过程,实质上就是某一社会利益表达与实现的过程,当某个社会利益集团或者个人提出一项政策诉求的时候,公共政策过程就开始了。在公共管理的视角下,公共政策不再是一个抽象的概念,而是一个具有实质性内涵的实体,在社会利益的分配过程中发挥着积极的作用,扮演着具有一定权威性的重要角色。

在某种意义上说,随着多元利益社会的形成和发展以及作为社会资源重要分配途径影响力的逐渐增强,公共政策必将成为公共管理的重要组成部分,即政府利用公共政策来调整、组织社会生产和生活已经成为其管理社会活动的一个重要方面。特别是随着现代社会生活与政府管理活动的日益复杂化,传统的以经验性为基础的政府决策已经远远不能满足政府现代社会管理的实际需要,必须要实现由经验型向科学化决策模式转变。实践证明,作为社会价值权威性分配的重要机制,公共政策的民主性与科学性既是推动政府重大决策迈向高质量的必由之路,也是促进公共管理不断发展的重要途径和有效手段。作为公共管理重要社会治理手段的公共政策,公共利益是它的核心要素,特别是对公共利益的分配具有绝对权威性。为了协调与平衡公共利益的冲突,保持社会的稳定、和谐与经济的不断发展,公共政策需要承担起协调、平衡与分配公共利益的重任。

5.1.2　航运公共政策的概念

借鉴张国庆对于公共政策概念的界定,航运公共政策的概念可界定为"拥有公权力的主体为确定和调整航运业内的社会关系所制定和执行的行为规范"。尽管航运公共政策属于某一特定领域的政策范畴,但其毫无疑问具备一般意义上公共政策所应具备的所有特征。本章第三节将围绕航运公共政策的概念来具体讨论航运公共政策的基本要素,包括航运公共政策的主体与客体等内容。此处基于航运公共政策的概念,并结合我国航运发展实践,讨论航运公共政策的内生化议题。所谓公共政策的内生化即从本国国情出发制定和执行公共政策[1]。

在我国,航运业属于重要的战略性服务行业,是国民经济重要的基础性、先导性产业,对推动国民经济发展具有不可替代的重要作用。我国90%以上的外贸物资通过海运完成,海运业是我国融入经济全球化的战略通道,是充分利用国际国内两种资源、两个市场的重要支撑。从政策环境的视角来看,航运业在我国国民经济发展中的地位就在很大程度上构成了航运公共政策在我国内生化的重要背景。

公共政策之所以要内生化,其关键在于要更好地解决本国或本地区所实际面临的政策问题。以航运业为例,由于受航运市场的发育程度、航运管理体系的健全程度等诸多因素的影响,不同国家或地区航运业在发展过程中所面临的政策问题存在一定差异,这也就要求所出台的航运公共政策具有一定的针对性,这样才能有效保证航运公共政策的实施成效。以我国 2014 年国务院出台的《关于促进海运业健康发展的若干意见》为例,其中一开始就明确指出"当前海运业发展还不能完全适应经济社会发展的需要,仍然存在战略定位和发展目标不清晰、体制机制不顺、结构不合理、配套措施不完善、运营管理水平不高、核心竞争力较弱等问题",切实解决上述问题就成为该政策文件在确定具体航运公共政策内容时的重要指引。例如,该政策文件中提到要"大力发展节能环保、经济高效船舶,积极发展原油、液化天然气、集装箱、滚装、特种运输船队,提高集装箱班轮运输国际竞争力""有序发展干散货运输船队和邮轮经济,巩固干散货运输国际优势地位,培育区域邮轮运输品牌",就是意在优化我国海运船队结构,化解船队结构不合理的问题。

5.1.3　航运公共政策的产生

一般而言,公共政策的产生必须具备三个初始条件:一是公共问题的形成;二是公共决策机关的产生;三是公共强制机构的出现[11]。航运公共政策的产生当然也不例外,可以从以下三方面具体探讨航运公共政策产生的动因。

1. 航运公共政策是航运市场失灵的产物

航运公共问题的形成,特别是那些能够进入政府政策议程的航运公共问题,是产生航运公共政策的重要条件。而航运公共问题之所以形成并受到政策相关方重视的一个关键背景就是航运市场的形成与发展。航运市场的形成意味着航运活动的大规模出现,围绕航运活动的相关利益也日益增多。此外,航运市场的形成与发展也促使航运产业在国家经济社会发展中的地位不断凸显。尽管,市场在资源配置中发挥着决定性作用,其通过价格机制、供求机制、竞争机制和风险机制等多种途径能够有效地实现资源优化配置。但必须指出的是,由于垄断、公共物品、外部性、信息不完全或不对称等因素的存在,使得市场难以完全解决资源配置的效率问题。此时,市场作为配置资源的一种手段,不能实现资源配置效率的最大化,也即出现了市场失灵的情况。当市场失灵时,为了实现资源的优化配置,就必须借助政府的干预,而政府往往是通过实施公共政策来干预市场。

就航运市场而言,航运市场的失灵是导致航运公共问题出现的重要原因,如运力过剩问题、航运污染问题、航道治理问题等这些航运公共问题,无一不是受航运市场失灵的影响。以运力过剩问题为例,单个航运市场主体对价格、供求、竞争等市场信号做出的识别和处理,都是从自身的局部条件和局部利益出发的,这就不可避免地带来某种盲目性。当某一海运航线因需求上涨而出现运力不足,运价上扬时,众多船舶所有人就很有可能会一哄而上,很快导致运力过剩,造成海运资源的配置不当。此外,为了追求单位运算成本的降低,船公司竞相订造超大型船舶以期在市场竞争中占据有利地位,但这一竞争策略被市场广泛采用时,运力过剩现象就在所难免。所幸航运公共问题可以通过一系列正式或非正式程序转化为政策问题,纳入官方政策议程,并最终催生出航运公共政策以解决相关问题。

2. 航运公共政策是维护和发展国家利益的产物

公共决策机关是制定出台公共政策的关键主体,也正是由于公共决策机关的性质赋予了公共政策必要的权威性。这里值得进一步探讨的是公共决策机关制定出台公共政策的目标。毫无疑问,解决公共问题是公共政策的重要目标,除此之外,公共政策还要满足公共决策机关的价值判断,并维护和发展其利益。尽管,代议民主制并不能完全代表全民的意志,通过民主程序所确定的公共政策也可能只代表某种利益集团的价值观或不同利益集团价值观的折中[12]。但是,公共决策机关在很大程度上依然能够代表国家的整体利益,其制定出台的公共政策特别是带有涉外性质的公共政策,具有维护和发展国家利益的使命和任务。对于航运业这一全球化程度相对较高的产业而言,航运公共政策更是需要维护和发展的。

航运业是一项关系国家政治利益、经济利益和安全利益的战略产业。从古至今,世界各国,特别是有出海口的国家,均将航运业的盛衰和远洋船队的强弱视为国家综合实力的象征和国际形象的体现,并从政策上予以有力的支持和扶持。例如,在郑和下西洋时期,明朝政府为"示富耀兵""怀柔远人",扩大中国的国际声威,曾不惜动用国库巨资,组建了一支15世纪世界上最庞大的远洋船队,并在长达28个年头中,纵横驰骋于西太平洋和北印度洋。在近代历史上,英国为了维护其以殖民主义为基础的国家利益,在18世纪与19世纪曾先后采取了保护主义和自由主义的航运政策。当然,保护主义政策是在英国急需快速发展其远洋船队时实施的,而自由主义政策则是在其远洋船队已取得垄断地位时宣布的。20世纪上半叶世界航运界的新霸主美国对国际航运业的重视程度也格外突出,在历次颁布的《商船法》中,始终将国家的远洋船队作为一支在平时"承担国家大部分贸易运输,在战时或非常时期作为陆、海军的辅助部队而服役"的战略力量来看待。美国政府之所以对本国的航运业采取某种保护主义的政策倾向,也源于其对航运业的战略性重视。

3. 航运公共政策因强制机构的存在而得以有效实施

公共强制机构是确保公共政策得以贯彻实施的重要保障。众所周知,国家强制力以国家的强制机构(如军队、警察、法庭、监狱等)为后盾,而国家强制力赋予了公共政策特别是由国家公权力主体出台的公共政策极强的规约性和权威性。在航运领域,国家公共强制机构为航运业的正常运行提供了必要保障。以我国海事法院为例,海事法院是审理海事和海商案件的专门法院。我国已在上海、天津、广州、青岛、大连、武汉、宁波、厦门、南京、北海、海口等市设立海事法院。根据 2016 年 3 月 1 日起施行的《最高人民法院关于海事法院受理案件范围的规定》,海事法院受理案件的范围主要包括海事侵权纠纷案件、海商合同纠纷案件、海洋及通海可航水域开发利用与环境保护相关纠纷案件、其他海事海商纠纷案件、海事行政案件以及海事特别程序案件等六大类。这六大类案件中有相当一部分都与航运公共政策紧密相关,如与环境保护相关的船舶污染海洋环境、破坏海洋生态责任纠纷案件,案件在审理过程中自然要涉及《中华人民共和国海洋环境保护法》等法律法规,而法律法规显然属于公共政策的范畴。总而言之,航运公共政策在实践层面的贯彻落实需要公共强制机构提供支撑并适当介入。

5.2　航运公共政策的本质、特征与功能

5.2.1　航运公共政策的本质

航运公共政策作为处于统治或控制地位的实体对航运活动所制定的行动指南和行为规范,主要体现了统治阶级对航运领域的意志,是实现航运领域中各种社会公共发展目标的必要手段。虽然航运公共政策的具体形式和内容纷繁多样,但其内在的固有属性是一致的。它的本质主要有以下三个方面。

1. 统治阶级意志在航运领域中的体现

作为阶级意志体现的航运公共政策,其根本的作用或价值在于,通过一定的行为规范为这一决策主体谋求和维护其在航运领域中的权益。考察古往今来的航运公共政策,无论是自由主义的航运政策还是保护主义的航运政策,尽管具体的政策诉求形态各异、取向不一,但其内含的本质却是完全相同的,这就是在一定的历史时期内,维护国家的航运权益,促进整个国民经济发展,增强本国的综合实力。

在这方面,就具有保护主义色彩的航运公共政策而论,其一系列从行政上、法律上、经济上做出的保护和扶持本国航运业的政策图谋是不言而喻的。从历史上看,英国在发展本国商业船队时期所颁布的一系列航海法令,正是保护主义政策的典型代表。从现实看,一些发展中国家在本国航运实力较弱的情况下采取保护主义政策,亦是为了抵御航运发达国家的挤压,使其航运船队能够在国际航运市场上取得一定的立足之地。而美国作为世界上超级航运大国,之所以在相关国际航运活动中采取保护主义政策,也是为了维护其庞大的外贸运输市场以及国家全球安全战略利益。

同时,对自由主义的航运公共政策而言,其政策目标同样是维护以统治阶级权益为核心的国家利益,只不过在手段和策略上采取“以攻为守”而已。世界上一些航运强国极力倡导海运自由主义,实质上仅为其竞争力强的本国船队进入他国航运市场提供所谓的“自由”,而对那些航运不发达的国家来说,则毫无“自由”

可言。

2. 航运领域各种社会利益关系的调节器

航运业对一个国家来说具有重要的战略地位,正是因为其重要性,航运公共政策具备了特有的明显的公共性色彩。航运公共政策不仅是掌握国家政权的统治阶级的意志和利益的体现,而且航运公共政策的走向和内容会直接影响船、港、货等多方利益,如果相关各方的利益得不到必要和适度的重视和协调,那么,多元利益主体之间将难免会产生尖锐的矛盾和激烈的冲突,从而使某些航运公共政策无法切实得以贯彻实施。因此,占统治地位的阶级与社会集团为确保整个航运活动有序进行,避免不同社会利益集团之间的矛盾,不得不考虑其他阶级和集团的利益。从这个角度分析,航运公共政策也是占统治地位的阶级或集团在航运领域中调节各种社会关系的重要手段。

从系统工程角度看,航运活动涉及一个利益多元的体系。虽然这一体系具有整体上的一致性利益,但在各个具体利益的层次和区间上必然有所不同。从纵向上看,有不同层次的利益;从横向上看,也有不同区间之间的利益。这些不同层次和不同区间的利益,都有赖于政策的干预和协调。

3. 在航运领域实现社会公共发展目标的必要手段

公共政策作为公共部门履行社会公共职能不可或缺的工具,航运公共政策的制定也是基于整个国家的社会公共发展目标和社会公共利益。只有建立在正确合理的基础之上,公共部门制定的航运公共政策才能成为指导和规范全体社会成员在航运领域中必须遵循的行动指南和行为准则。

一项公共政策的正确与否,不仅关系到某一个阶级的利益能否实现,而且对于整个社会、国家和全体人民的发展和命运都会产生广泛和深刻的影响。合理有效的公共政策能促进经济社会的和谐发展,创造一个稳定优良的发展环境。因此,航运公共政策必须要考虑到对社会公共发展目标的影响,以保证实施的效果和达到预定的目标。

5.2.2　航运公共政策的特征

1. 理论指导实践的中介性

人类在长期的航运实践中,经过认识上的多次反复和提高,在经济上、管理上、操作上都逐渐形成了相对成熟的理论。这些理论揭示了航运活动和发展的客观规律,对于航运实践具有普遍的指导意义。但是,理论是人们对客观世界认识的高级形态,并不能直接规范人们的行为。当理论所阐述的观点、见解要付诸实践时,必须将之具体化为政策,通过政策作为"桥梁"来指导和规范人们的行动。这样,政策就具有理论指导实践的中介性特征。

航运公共政策不是一种理论说教,而更多地体现出实践性特征。航运公共政策不负有揭示和阐明国际航运活动客观规律的责任,但负有依据对客观规律的认识,在航运实践中去调整社会利益和规范相关利益主体的责任,它可以而且也必须规定人们应当怎么做,不应当怎么做。因此,航运公共政策在指导航运活动时,必须具有简明、具体、可操作等特性。

2. 主观指导与客观规律的统一性

航运公共政策作为规范航运实践活动的行为准则,是一种属于意识范畴的主观指导。但是,这种指导绝不应是少数决策者的凭空臆造,而必须从客观实际的需要和可能出发,通过详尽的调查研究和科学的论证分析,使这种主观指导符合航运活动的客观规律。这也就是说,航运公共政策必须具有主观指导与客观规律的统一性。

航运公共政策的制定必然要受到客观规律的制约。任何一个政策主体在政策诉求中所欲达到的功利目标,其方向必须与客观规律的方向一致,否则就必然失败。同时,由于客观规律的适用范围会因时间和空间的变化而变化,因此,航运公共政策还必须受到一定的时空条件限制。毫无疑问,从研究航运公共政策的任务角度而论,认识主观指导与客观规律的统一性是至关重要的。

3. 政策的稳定性与变动性

航运公共政策属于公共政策范畴。公共政策必须保持一定的连续性、稳定性,才有利于政策的实施及政策目标的实现。朝令夕改、变化频繁的政策不仅会丧失其严肃性和权威性,而且会使政策对象和执行机关无所适从,会影响社会公众对政策的信任程度和执行政策的坚定性,进而影响整个社会的秩序和行业的发展。当然,航运公共政策的科学性与合理性是其稳定性的前提。

航运公共政策的这种连续性和稳定性又是相对的。也就是说,它既具有稳定性的一面,也有变动性的一面。随着社会政治、经济、文化的发展和形势的变化,航运公共政策与其他的公共政策一样,也应发生相应的变化。因为航运公共政策的制定都是以当时的社会利益关系、公共政策环境、公共政策资源为依据的,如果原来的社会利益关系、公共政策环境、公共政策资源发生了改变,政策也就必须进行相应的调整。因此,在研究和规范航运公共政策的科学体系时,应该认识到政策稳定性和变动性的相对关系,合乎客观实际的航运公共政策是稳定性与变动性的统一。

5.2.3　航运公共政策的功能

航运公共政策是航运业盛衰的关键。对于一个国家、一个地区或是一个企业来说,发展航运业就必须要有正确的航运公共政策予以指导和规范。任何航运活动都是在一定的公共政策制约下进行的,正确的公共政策可以优化各种航运资源的配置,使各种从事航运活动的生产要素潜能得到最大限度的发挥,使航运领域中的各种社会利益关系得到最为合适的协调。反之,错误的航运公共政策则会产生截然相反的效果。航运公共政策是管理航运业及其活动的基本手段。任何政策主体为了在航运领域中实现自己的意志,维护自身的权益,都必须制定和实施一定的政策,以此来规范在该领域活动中的行为。航运公共政策通常为国家及政府对航运业实行行政管理的工具之一。

就功能而言,航运公共政策一般具有引导、制约、调配三大功能。引导功能是指航运公共政策对航运活动行为的发展方向具有引导作用,具体主要表现在以下两点:首先,它为航运业及其活动的发展方向提出了明确的政策目标;其次,它为实现政策目标规定了具体的行为准则,不仅规定了什么是该做的、什么是不该做的,而且还使人们认识到为什么要这样做而不那样做,怎样才能做得更好。因此,航运公共政策的引导作用,不光是行为上的引导,也是观念上的引导。制约功能主要表现为航运公共政策的强制性和惩罚性,政策主体通过规范人们从事国际航运活动的行为,达到对整个航运业发展态势的控制,在形式上表现为对特定对象行为的限制。调配功能是指政策主体运用公共政策对各种社会矛盾进行调节,对各种利益进行调整。任何一个社会的实际资源都是有限的,不可能时时事事都满足每一个人的需要,因此势必会造成矛盾和利益冲突。航运公共政策能够调节航运活动过程中各种失衡的状态,协调不同利益方,起到社会利益关系调节器的作用。

5.3　航运公共政策的基本要素

5.3.1　航运公共政策的主体

航运公共政策的主体是指制定和实施航运公共政策的承担者。从狭义上理解,航运公共政策的主体通常是指一国政府。基本上许多重要的航运公共政策都是由国家内部占统治地位的政治实体所制定和实施的。而从广义上说,只要是某一实体所制定和实施的航运公共政策,能在其控制或影响的范围内发挥一定的行动指南和行为规范作用,其均可成为政策主体。因此,国家权力机关、政府部门、行业协会组织、国际性官方组织或民间组织等,在复杂多样的航运事务中都是广义上的航运公共政策的主体。从航运公共政策的影响和效力来看,这些政策主体的区别在于有主要和次要、核心和辅助、狭义和广义之分。

以其是否具有公共权力,航运公共政策主体可以分为官方主体和非官方主体。国际性组织、国家的立法机关、行政机关等无疑是官方主体,而利益集团和某些行业组织属于非官方主体范围。

以主体在政策运行的不同阶段所发挥的功能为标准,可以将航运公共政策的主体分为政策制定主体、政策执行主体、政策监控主体和政策评估主体。政策制定主体是指感知并处理政策信息,拟定并选择政策方案的组织和个人,包括信息、咨询和决策三大子系统。政策执行主体是指实施政策方案去解决实际政策问题的组织和个人。政策监控主体是指为了确保政策的合法性和有效性而对政策的制定和执行进行监督和控制的组织和个人。政策评估主体是指对政策效果、效益和效率等进行分析判断的组织和个人。

按照主体参与政策过程的方式与程度,可以将航运公共政策的主体分为直接主体和间接主体。直接主体是指那些获得法律授权,享有法定权威,能够对社会价值进行权威性分配,以此主导政策过程的个人或组织,在航运领域中,包括一些国际性组织和国家机关等。间接主体是指虽然并不拥有合法强制力,但却能够通过压力、舆论和个人接触等方式参与、介入到政策过程中,并产生一定影响的个人或组织,这些主要包括社会利益集团、大众传媒等。

5.3.2　航运公共政策的客体

航运公共政策的客体是相对于航运公共政策的主体而言的,包括航运公共政策所要处理的航运问题和所要发生作用的参与航运活动的社会成员两个方面。政策最基本的特征就是充当人们处理社会问题,进行社会控制以及调整人们之间关系特别是利益关系的工具或手段。航运公共政策的客体,从总的方面来说,就是在政策主体所能控制或影响的范围内的"航运业及其活动"。

航运活动的过程是实现货物或人员经由水路进行空间位移的过程。在微观上,航运活动指经济主体从事或参与航运活动的经营行为,例如,企业资本的筹措、配置与运作,企业的登记注册,船舶的建造、订购、买卖、选择、管理、维修、废弃,客货源的选择、承揽、代理和运输,航线的设计、开辟、运行,港口的装卸、仓储、集疏运体系,运价的厘定、调整、收取及其方式,船员的招募、培训、使用及工资福利待遇等。在宏观上,航运活动是指航运活动在整个经济循环中的运动过程及变动方向。在整个国民经济中,航运业所处的地位与其发挥的作用是等同的。此外,与航运紧密相关的一些主客观条件,也是航运公共政策调整和规范的对象,如航运业的产业结构、航运业的管理体制等。

航运活动的相关基础也属于航运公共政策客体的范畴。例如,航运活动的发生离不开必要的自然基础条件,如港口、航道、岸线等。随着人类生产力水平的提高和科学技术的进步,为了更好的发展和便利航运活动的开展,人们对航运基础设施进行改造规划,对自然资源进行开发利用,对水文气象进行测量预测。这些活动是开展航运活动的基础,同时也属于航运公共政策规范的范围。再如,任何航运活动的开展都是需要通过人的劳动来进行的。因此,航运公共政策的执行势必会牵涉到航运人才问题。相关人员的教育、培训、使用、管理、结构以及变动等一系列问题,是航运公共政策不可回避的内容。因此,诸如如何建设航运教育和培训基地,如何招募本国国籍或外国国籍的船员,如何配置船舶上船员技术结构和值班标准,如何提高各级管理人员的调控水平与营销能力等,均是航运公共政策应予规范和调整的政策客体。又如,科学技术的发展大大推进了社会的进步,在航运业中也是如此。越来越多的先进科学技术在航运业被广泛应用,如电子数据交换系统(EDI)、全球卫星定位导航系统(GPS)、电子海图显示和信息系统(ECDIS)、全球海上遇险和安全系统(GMDSS)等均已在航运业成功使用。随着越来越多的新能源、新工艺、新技术的问世,如何规划、应用和提高航运活动中的科技含量,是政策主体在制定航运公共政策时必须要研究和解决的问题。

5.3.3　航运公共政策的政策目标

航运公共政策的政策目标是多元化的,不同内容侧重的航运公共政策有着不同的政策目标。总体来看,以下四方面的政策目标在一定程度上对于航运公共政策而言具有普适性。

1. 促进国民经济发展

航运公共政策的一个重要目标就是促进整个国民经济的健康发展。第二次世界大战以来,国民经济的发展已成为世界各国政府所普遍追求的政策目标。国民生产总值的增长率、人均国民生产总值的增长率以及国民收入的增长率,已成为考核各国政府政策得失的主要标准。

一般而言,航运业承担着一个国家80%～90%的外贸运输任务,这对于任何一个对外开放国家的现代化建设来说,都具有非常重要的战略作用。这种作用具体表现如下:国际航运能通过商品跨国流动的"空间效应",实现和提高商品的使用价值和经济价值;能通过商品及时进入市场的"时间效应",改善本国商品和企业在国内外市场上的竞争能力;能通过流通环节促进生产和消费活动的"联合效应",形成跨国跨地区的国际大生产机制,产生重大的比较利益;能通过及时运出多余物质和及时运进短缺物质的"平衡效应",调整和平稳物价,并逐步缩小国家之间和地区之间的经济差别;能通过其自身发展的"牵动效应",刺激和促进本国造船、机电、钢铁、电子仪表和高新技术等各种产业的发展。因此,航运业是发展国民经济的基础产业之一。采取及时和合适的政策手段,促进国际海运业的发展从而推动整个国家经济实力和贸易水平的提高,是各国政府面临的重大政策课题。

2. 保障国家安全

航运活动涉及一个国家的沿海和内河的航运权益,涉及和平时期战略物资的运输和非常时期军事人员和军需物资的运输,因此,航运公共政策不仅是一项经济政策,而且还是一种社会政策、外交政策和军事国防政策。现在世界上绝大多数国家的航运公共政策,均将自己的沿海航运运输权保留给本国国民,主要就是出于国家安全利益的考虑。

战略物资通过国际航运活动的跨国流通,可以有效防止一个国家内部的物价失控、通货膨胀等引起的经济失衡,从这点上说,航运公共政策的另一个重要目标就是要保障社会稳定。目前,世界各大国之所以如此重视海湾地区的石油海上运输,其重要的原因之一就是出于满足国民的石油需求,从而确保国内政局稳定这一政策目标的考虑。

3. 满足国民经济发展所需外贸运输要求

一个处于工业化进程和后工业化进程的国家,其国民经济对外贸的依存度较大。相比于其他运输方式,水路运输的优势相当明显。与国民经济关系重大的外贸货物运输,主要依靠国际海运方式进行。我国进出口的外贸物资,由远洋船舶承运的货量比重达到90%,承运的货值也超过50%。由此可见,国际航运的地位不可小觑。由于航运在整个国民经济中具有如此重要的战略地位,各国政策规划相应政策的具体目标时,需保证外贸经济发展所需的涉外性运输任务的完成。

4. 促进航运资源的优化配置

优化航运资源的配置是航运公共政策的一个重要目标。航运资源的配置包括天然航运资源,如岸线、锚地、水道、能源等,也包括非天然的资本和劳动等生产要素,如投入航运的资金、购置的船舶种类及数量、船员的数量与质量、航运技术设施的科学化、现代化程度等。

任何资源都是有限的,航运资源也是有限的,既然有限,就存在一个如何配置使其产生最佳效益的问题。天然航运资源并不是任何国家都可以定量拥有,而且在一定时期内会因其大多具有不可再生性而枯竭;非天然航运资源也会受到一定的质量和数量上的制约。有限的资源优化配置无疑能大大增强国际航运业的竞争力和优势,这也是航运公共政策制定实施的目标之一。

5.3.4 航运公共政策的执行手段

航运公共政策的执行手段是指政策执行机关及其执行者为完成一定政策任务,达到一定的政策目标,而采取的各种措施和方法。政策执行的每一环节都离不开一定的执行手段,政策执行手段的恰当与否直接关系到政策目标能否顺利实现。研究政策执行手段是为了更好地运用这些手段,更有效地完成政策执行任务。因此,国际航运政策的执行手段和目标是相辅相成、互为依存的。政策执行活动的复杂性决定了政策执行手段的多样性。在航运公共政策中,政策执行手段概括起来主要有法律手段、行政手段和经济手段三大类。

1. 法律手段

法律手段是指通过各种法律、法令、法规、司法、仲裁工作,特别是通过行政立法和司法方式来调整政策执行活动中各种关系的方法。法律手段所依靠的不仅仅是国家正式颁布的法律,同时也包括国家各类管理机构制定和实施的各种类似于法律、具有法律效力的规范。法律手段除了与行政手段一样具有权威性和强制性之外,它还具有稳定性和规范性等特点。法律手段是政策执行活动得以进行的根本保障,依法行政、依法管理还具有科学性和客观性等优点。只有运用法律手段,才能消除阻碍政策目标实现的各种干扰,保障政策执行活动有法可依、有章可循,从而有利于政策的顺利实施。法律手段在航运公共政策执行过程中的使用范围比较广泛,在处理具体问题时,经常需要与行政手段相互补充。

2. 行政手段

行政手段是指依靠行政组织的权威,采用行政命令、指示、规定及规章制度等行政方式,按照行政系统、行政层次和行政区划来实施政策的方法。行政手段具有显著的权威性和强制性,强调垂直的领导关系,下级必须服从上级,并且依靠强制性进行推行、落实。在实践中,行政手段往往是针对某一具体任务、具体目标而做出的,它的内容和发布的对象是具体有限的,只在特定时间和对特定对象有效,具有对象的有限性和时效性。行政手段便于解决一些特殊的、紧迫的、突发性问题,有利于扭转政策执行中的不利局势,保证政策的顺利运行。

3. 经济手段

经济手段是指根据客观经济规律和物质利益原则,利用各种经济杠杆,调节政策执行过程中的各种不同经济利益之间的关系,以促进政策顺利实施的方法。经济手段运用价格、工资、利润、利息、税收、资金、罚款以及经济责任、经济合同等来组织、调节和影响政策执行者和政策对象的活动。经济手段不同于行政手段和法律手段,它具有间接性、有偿性和关联性三个特征。它不像行政手段那样是直接干预,而是利用经济杠杆作用对各方面的经济利益进行调节来实行间接控制的;并且它的核心在于贯彻物质利益原则,与行政手段下的无偿服从不同。经济手段的关联性是指一种经济手段的变化不仅会引起社会多方面经济关系的连锁反应,而且会导致其他各种经济手段相应地调整,它不仅影响当前,还会影响未来。

⚓ 拓展阅读

关于大力推进海运业高质量发展的指导意见(交水发〔2020〕18号)

各省、自治区、直辖市交通运输、发展改革、工业和信息化、财政、商务厅(局、委),海关总署广东分署、各直属海关,国家税务总局各省、自治区、直辖市和计划单列市税务局,中国远洋海运集团、招商局集团、中国交通建设集团:

为深入贯彻落实习近平总书记关于"经济强国必定是海洋强国、航运强国""经济要发展,国家要强大,交通特别是海运首先要强起来"的重要指示精神,落实《交通强国建设纲要》,促进海运业高质量发展,现提出以下指导意见。

一、总体要求

以习近平新时代中国特色社会主义思想为指导,深入贯彻党的十九大和十九届二中、三中、四中全会精神,认真践行新发展理念,加快建设交通强国,以供给侧结构性改革为主线,坚持全球视野、服务大局,坚持改革创新、融合发展,坚持政府引导、企业主体,着力补短板、优服务、转动能、强保障,加快形成海运业高质量发展体系,谱写交通强国建设海运篇章,为建设社会主义现代化强国提供坚实支撑。

到 2025 年,基本建成海运业高质量发展体系,服务品质和安全绿色智能发展水平明显提高,综合竞争力、创新能力显著增强,参与国际海运治理能力明显提升。到 2035 年,全面建成海运业高质量发展体系,绿色智能水平和综合竞争力居世界前列,安全发展水平和服务保障能力达到世界先进水平,基本实现海运治理体系和治理能力现代化,在交通强国建设中当好先行。到 2050 年,海运业发展水平位居世界前列,全面实现海运治理体系和治理能力现代化,全面服务社会主义现代化强国建设和人民美好生活需要。

二、主要任务

(一)装备先进适用、运输便捷高效。

1. 建设现代化海运船队。进一步优化海运船队规模结构,提升船舶装备技术水平,建设规模适应、结构合理、技术先进、绿色智能的海运船队。积极发展液化天然气船、邮轮船队,进一步提高集装箱、原油、干散货、特种运输船队国际竞争力。突破大型邮轮设计建造技术,全面提升液化天然气船等高技术船舶设计建造国际竞争力,掌握重点配套设备智能化、集成化设计制造核心技术。

2. 完善全球海运服务网络。优化煤炭、原油、矿石、集装箱、液化天然气等专业化海运系统。鼓励企业完善全球海运干线网络,拓展以在境外投资的港口为节点的国际航线,推动对北极航道的商业化利用和常态化运行,第三国航线规模进一步提高,海运全球联接度持续领先。利用海运网络优势,为打造"全球 123 快货物流圈"提供运输和中转服务保障。

3. 提升客货运服务品质。积极推进客船标准化、品质化、旅游化发展,丰富海上旅游产品,改善陆岛运输条件,加强与其他运输方式的衔接。大力推动邮轮旅游发展,改善口岸服务环境,不断丰富国际航线,有序发展游艇旅游。充分发挥海运在综合交通运输体系中的独特优势,提升综合运输效率。积极推进"一单制"和单证电子化,大力发展铁水联运、江海直达和水水中转运输,积极发展特种货物运输、全程物流、冷链运输。

(二)市场充满活力、服务功能完备。

4. 深化海运企业改革。稳妥推进海运企业股权多元化和混合所有制改革,鼓励骨干海运企业做强做优做大,中小海运企业做专做精做特。鼓励海运企业兼并重组,促进规模化、集约化、多元化经营,增强抗风险能力和国际竞争力。形成一批具备较强国际竞争力的骨干海运企业和专、精、特发展的海运企业,形成若干全球综合物流运营商。

5. 支持企业协同发展。鼓励海运企业与货主、金融、造船等企业建立紧密合作、风险共担、互利共赢的长期稳定关系,完善运输保障机制。积极争取国际贸易运输权益,进一步提高重点物资承运比例,持续优化海运服务贸易结构。鼓励海运企业开展联盟合作,促进降本增效。

6. 加快补齐航运服务业短板。加快推进上海国际航运中心建设,促进大连、天津、厦门等区域国际航运中心发展,完善洋浦现代航运服务功能。推动船舶代理、船舶供应等传统航运服务业转型升级,大力发展航运金融保险、航运经纪、海事仲裁、航运交易、信息咨询等现代航运服务业,鼓励有条件的地方发展航运运价衍生品交易,促进要素集聚和功能完善。航运服务业基本达到国际先进水平,建成世界一流的上海国际航运中心。

(三)绿色低碳发展、智慧创新引领。

7. 优化用能结构。建立健全船用低硫燃油、液化天然气供应体系,积极推进新能源、清洁能源动力船舶发展。大力推进船舶靠港使用岸电,鼓励加快港口岸电设施和船舶受电设施建设改造,建立健全岸电使用制度规范,提升岸电设施覆盖率和利用率;充分利用海运双、多边国际合作机制,提高国际海运船舶岸电使用率。

8. 加强船舶污染防治。实施船舶大气污染物排放控制区排放控制,大力发展节能环保船舶,推进制度性、技术性减排。加强船舶污染物排放监管,完善船舶压载水管理机制,强化对到港船舶监管力度。建设国家级船舶压载水检测重点实验室,加强船舶灰水、黑碳、温室气体和噪声控制等方面的研究,提升船舶排放控制水平。

9. 增强创新驱动能力。构建产学研用协同创新平台,加快北斗终端设备在船舶和应急装备上的应用,大力推广应用移动互联网、人工智能、大数据、区块链等新技术。推进基于区块链的全球航运服务网络平台研究应用。推动清洁能源发动机制造、大深度饱和潜水作业和大吨位沉船整体打捞等技术攻关。大力促进智能航运发展,加快智能船舶自动驾驶和船岸协同技术攻关,推进智能船舶技术试验验证及应用,建立健全智能航运法规标准体系,加快构建智能航运服务和安全监管、航海保障的示范环境,形成智能航运发展的基础环境,突破一批制约智能航运发展的关键技术。

(四)安全保障可靠、应急迅速有效。

10. 着力强化船舶安全管理。严把船舶质量和市场准入关口,加强船舶维修保养,建立健全船舶全生命周期安全治理体系。强化船舶检验等机构的技术支持保障,推动企业加大安全生产和科技研发投入,加强岸基安全技术支持,推广船舶远程监控。推进海上导助航设施的数字化、智能化,打造"陆海空天"一体化的海上交通运行监控体系,实施海上交通安全动态感知、智能管控。

11. 健全安全生产体系。加强海上交通安全相关法规标准制修订,完善船舶运输安全、防污染管理各项制度。建立健全海运风险分级管控和隐患排查治理双重预防机制,增强海运安全重大风险防控能力。落实部门监管责任,推动重点区域海事监管一体化融合发展;推行全员安全生产责任制,引导企业自建安全管理体系,严格落实企业主体责任。建立海运安全强制保险制度,加强海运安全信用与社会信用体系对接。

12. 提升应急处置能力。健全海上应急管理和指挥体系,优化应急处置力量布局,完善海上应急联动机制。重点提升大型客船、邮轮应急救援能力和水上危险化学品、溢油应急处置能力。推动建立船舶应急响应服务体系,提高船舶自救能力。拓展巡航救助一体功能,不断提升深远海巡航救助和打捞能力。完善海上救援基地,实现对责任海区的有效覆盖。

(五) 开放创新发展、合作互利共赢。

13. 推进"21 世纪海上丝绸之路"建设。发挥海运的主力军作用,加强互联互通。支持我国企业参与沿线港口、物流园区等基础设施投资、建设和运营,积极吸引外商投资我国国际海运业,推进西部陆海新通道、中欧陆海快线等项目建设。推动与沿线国家和地区海运法规、政策、规则、标准的衔接,积极商签新的海运协定,促进海运国际交流合作。形成常态化的国际海运培训交流机制,进一步提升中国航海日论坛、海丝港口国际合作论坛等国际影响力。

14. 深化政策和制度创新。推进自由贸易试验区、中国特色自由贸易港建设,优化海运业发展政策制度环境。进一步扩大中资非五星旗船舶沿海捎带政策实施效果,推动优化监管方式。在确保有效监管、风险可控前提下,对境内制造船舶在"中国洋山港"登记从事国际运输的,视同出口,给予出口退税。落实远洋船员个人所得税优惠政策。深化国际贸易"单一窗口"建设,优化进出境船舶与货物监管流程,支持口岸大数据共享平台建设。

15. 积极参与国际海运事务。加强与国际海事组织合作,深入参与海事领域全球治理,贡献中国智慧和力量。加强海运安全、绿色、智能等技术研究,增强技术贡献度。积极参与国际救援行动,加强区域与国际海上搜救交流合作;积极参与国际反海盗事务,协同推进重要国际海运通道航行安全保障能力建设。完善国际海运人才选拔、培养机制,积极向相关国际组织和机构输送优秀人才。推动建立合作机制,加强面向发展中国家的海事技术合作。

(六) 治理体系更加完善,治理能力显著提升。

16. 完善海运业制度体系。精简海运、海事行政审批事项,研究推动信用承诺制,及时推动《中华人民共和国海商法》《中华人民共和国海上交通安全法》等法律法规及配套规章制修订,营造市场化、法治化、国际化营商环境。建立以信用监管为基础的新型监管机制,积极推进"互联网＋监管",发挥好行业协会自律作用。提高国内船舶检验便利化水平,适时推动国内船舶检验制度改革。推进船舶、船员证书电子化,促进水路运输、海事管理、船舶检验等证书信息共享。开展海运业高质量发展战略和政策研究,加强海运信息统计、监测和发布,引导市场有序发展。

17. 加强人才队伍建设。加快建设世界一流海事大学、船舶检验机构、科研机构和新型智库。建立健全人才引进、使用政策和激励机制,培养具有国际水平的海运专业技术和管理人才。完善船员教育培训体系、考试制度和职业晋升通道,不断提升船员职业技能和综合素质,加大邮轮高级船员培养力度,强化船员权益保障。落实建设高素质专业化干部队伍要求,加强船检、救捞、行政执法等人才队伍建设。建成数量充足、结构合理、素质优良、满足交通强国建设需要的海运人才队伍。

18. 传承创新中国特色海运文化。弘扬郑和航海精神和丝路精神,大力宣传海运先进人物、先进事迹。发挥好"中国航海日""世界海事日""世界海员日""世界航标日"等活动作用,提升公众参与度、活动覆盖面和感召力。支持海运文化设施与航海科普基地建设,鼓励创作和传播优秀海运文艺作品,推进航海知识"进学校、进教材、进课堂",增强全民航海意识、海洋意识和蓝色国土意识。

三、保障措施

(一)加强党的领导。充分发挥党总揽全局、协调各方的作用,增强"四个意识",坚定"四个自信",做到"两个维护",把党的领导贯穿海运业发展的各方面各环节全过程,为海运业高质量发展提供坚强的政治保障。

(二)强化统筹协调。强化部门协同、上下联动,加强科研院所科技支撑,及时解决海运发展重大问题。完善政府部门、行业协会、海运企业间沟通协调机制,形成推进海运业高质量发展的强大合力。

(三)加强政策支持。充分利用中央和地方支持海运发展的有关政策,巩固减税降费政策成效。以高质量发展为导向,建立实施海运业高质量发展评价指标体系。鼓励地方出台支持海运业高质量发展的政策措施。支持有条件的地方和企业参与交通强国建设试点。

参考文献

[1] 张国庆.公共政策分析[M].上海:复旦大学出版社,2004.

[2] 周树志.公共行政、公共政策、公共管理[J].中国行政管理,2001(2):59-61.

[3] Lasswell H D, Kaplan A. Power and Society [M]. New Haven:Yale University Press, 1970.

[4] 伊斯顿.政治体系:政治学状况研究[M].北京:商务印书馆,1993.

[5] 戴伊.自上而下的政策制定[M].北京:中国人民大学出版社,2002.

[6] 陈振明.政策科学:公共政策分析导论[M].北京:中国人民大学出版社,2003.

[7] 陈庆云.公共政策分析[M].北京:中国经济出版社,1996.

[8] 陈庆云.公共政策的理论界定[J].中国行政管理,1995(11):26-29.

［9］杨宏山.公共政策学［M］.北京：中国人民大学出版社,2020.

［10］黄维民.公共管理视角下的公共政策［J］.西北大学学报：哲学社会科学版,2009,39
　　　(3)：113 - 117.

［11］宁骚.公共政策［M］.北京：高等教育出版社,2000.

［12］陈振明.公共管理学［M］.北京：中国人民大学出版社,2017.

第6章

中国的航运公共政策

6.1 中国古代的主要航运政策

自秦朝"使监禄凿渠运粮"开创我国古代航运管理的先河以来,历朝历代均采取了一定的政策来管理相关航运活动。值得指出的是,在我国古代,航运业特别是国际航运业受生产力发展水平、国际贸易规模等诸多因素影响,尚未成为一个产业,各朝代基本上未形成专门的航运政策。通常,有关航运的管理与对外贸易政策紧密联系。纵观我国古代史,宋朝致力于发展海外贸易的饶税政策,元朝官本商办性质的官本船政策以及明清限制航运发展的海禁政策表现出相对较强的航运管理性质。本节重点对上述三个政策予以论述。

6.1.1 宋朝的饶税政策

宋代是我国古代市舶制度发展的重要时期。随着对外贸易的发展,当时国内商人下海通番和前往番国进行贸易的船舶越来越多,市舶司对出海贸易船舶的管理也日益完善。特别是到了南宋时期,外有夷族战乱,内有社会危机,同时还要支持庞大的政府机构的日常开支,这些因素不得不使南宋统治者十分重视海外贸易,市舶贸易收入成为国家财政的主要来源之一。南宋王朝采取了多种措施来促进海外贸易发展,其中,隆兴年间的饶税政策就是当时采取的一项重要举措。

隆兴二年(公元 1164 年),饶税政策出台,规定:"……今欲乞召物力户充保,自给公凭日为始,若在五月内回舶,与优饶抽税。如满一年内,不在饶税之限。满一年已上,许从本司根究责罚施行。若有透漏,元保物力户,并当坐罪"。这也就是说,出海贸易的商船若在 5 个月内回港,可予以减税,即"优饶抽税"。若一年内回港,则照章全额纳税。如果超过一年回港,则要加以追究和处罚。若是有走私(即"透漏"行为,担保的富户(即"物力户")也要连同判罪。根据上述饶税政策的主要内容,不难看到,饶税政策的目的在于加快船舶周转,进而增加官府的税收收入。在当时的技术条件下,商船一旦驶离港口,官府对其就难以监督,从而有些商船借以人为因素(如海盗)、自然因素(如天气情况)等原因,无法按期归港缴税。官府在出台饶税政策时也专门提到"商贾由海道兴贩诸蕃及海南州县,近立限回舶,缘其间或有盗贼风波逃亡事故,不能如期,难以立定程限……"。传统航运周期界限模糊,导致港口存量船与港口出量船存在航行周期逆差,使官府财政税收无法连续征收,造成朝廷收入的不稳定,这就在一定程度上影响了朝廷每年赋税征收总额,对政权正常运转产生不利影响。因此,南宋王朝寄希望于通过推行饶税政策,使用税收杠杆促使商船尽可能缩短航行周期,进而保障官方税收的相对稳定。事实上,饶税政策的效果也是较为明显的。饶税政策未实行前,公元 1128 年至公元 1134 年这 7 年,泉州市舶司的总收入仅为 98 万缗。而"饶税"政策推行后,公元 1164 年泉州市舶司的单年收入就达到了 98 万缗。

需要进一步指出的是,在以信风为主要动力的古代航海时代,航行至较远地区要在 5 个月内回港颇为困难,船主难以真正享受减税政策。此外,船舶返航时并不一定就回到原来港口,使得饶税政策在执行过程中难免出现纰漏。因此,该政策在具体执行过程中,不同地方规定的回航期限也会存有差异。

6.1.2　元朝的官本船政策

元朝,我国海外贸易迎来发展的繁荣时期。为获取更多财富,元王朝凭借自身的财力优势实行官营海外贸易。元朝官本船政策可以说是古代中国官方控制和经营海外贸易在政策领域的典型代表。

元朝官本船政策的产生与早期的斡脱经营模式有一定的渊源。斡脱是元朝一种特殊的商人,主要替官府和蒙古贵族经商或放债营利。元朝政府也利用斡脱商人为朝廷从事航海贸易,斡脱贸易是元朝所特有的一种官本商办的经营形式。西域色目商人自古就往来于中亚和中国西北各地,从事商业活动,因此蒙古人很早就与色目商人有了接触。蒙古初兴之时,社会经济发展水平很低,蒙古贵族虽然很重视商业,但经商知识和经验不足。色目商人因经商能力强,备受蒙古贵族青睐,倚为搜刮财富的帮手。蒙古贵族自己不会做生意,便把金钱交给色目商人,使其贸易纳息。这些为蒙古贵族经营商业和高利贷的色目商人称为"斡脱"。斡脱是突厥语 Ortaq 的译音,意思是"伙伴"。古时西域商人从事长途贩运,皆组成商帮,结队而行,或自称"斡脱"。元朝统一中国以后,斡脱活动便由北方扩展到南方,由陆地延伸到海洋。受其影响,元代官方海外贸易政策也带有几分斡脱色彩。官本船政策,顾名思义,就是由官方出钱出船,委托商人经营的一种官本商办海外贸易模式,其基本思想来源于斡脱,两者有异曲同工之妙。

元朝官本船政策的提出者是卢世荣,其是元朝的经济学家。卢世荣最初任江西榷茶运使,后因桑哥(官至尚书右丞相)推荐,于至元二十一年(公元 1284 年)十一月任中书右丞,秉政理财。至元二十二年(公元 1285 年)正月,卢世荣奏请:"于泉、杭二州立市舶都转运司,造船给本,令人商贩。官有其利七,商有其三。禁私泛海者,拘其先所蓄宝货,官买之。匿者许告,没其财,半给告者。"元世祖对此十分赏识,下令"从速施行"。此即所谓的官本船政策。

官本船政策规定,海外贸易由官方垄断,实行官商合办。船为官造,本自官出,由官府选择海商为政府财东的代理,操以具体的经营,出海从事贸易,回来后利润按七三开分成。元朝实行官本船政策的一大背景是元朝初年海外贸易为权势豪商所独揽,卢世荣试图通过官商合办,利润分成的海外贸易,建立官方与权势豪商分割海外贸易利益的新方式。通过这种方式,使得朝廷得以操海外贸易之利数,但又让权势豪商分一杯羹,来加强元朝廷的经济实力,抑制权势豪商势力的增长,从而解决当时朝廷财政所遇到的一些问题。

为了推行官本船政策,元朝廷一方面投入大笔资金,充作营运本钱,如官本船政策开始实施之时,就一次性投入银两十万锭。另一方面又禁止私人下海贸易,规定"凡权势之家,皆不得用己钱入番为贾,犯者罪之,仍籍其家产之半",这在很大程度上反映出元朝廷与权势豪商之间存在利益冲突和尖锐矛盾。元朝统治者这种企图禁锢私人海商资本,由官方全面垄断海外贸易的做法注定是行不通的。很多权贵豪商仍多违法经商,一般海商也私自泛海贸易,朝廷不能禁绝,实际上形成了官本船与私人航海贸易并存的局面。至治三年(公元1323年),元政府不得不宣布"听海商贸易,归征其税",官本船政策就此废止。总的来看,官本船政策采取官商合办的形式在当时的确是促进海外贸易发展的有效途径,并且在一定的时期内也确实为元朝政府增加了大笔的财政收入,但是元朝统治者企图借官本船法排斥民间商业资本,独揽海外贸易之利,不仅为权势豪商所反对,而且势必遭到广大海商的抵制,难以长期推行。

6.1.3　明清的海禁政策

所谓"海禁",又称"禁海",最早开始于元代,当时主要是禁止海上的一切活动,但只是临时性政策,遂禁遂开,海禁政策不具有连续性。到明清两朝海禁政策被继承和强化,其主要目的是禁止民间海外贸易,而官方贸易也受到严格限制,形成了比较完整的海禁政策体系,阻碍了中国对外贸易的发展。从时间上看,明朝推行海禁的时间近两百年,远远长于清朝从顺治年间到雍正时期的四十年海禁。明朝建立伊始,朱元璋便推行严厉的海禁政策。洪武四年(公元1371年)十二月,朱元璋宣布"仍禁濒海民不得私出海"。洪武十四年(公元1381年)又颁令"禁濒海民私通海外诸国"。之后也还频频推出诏令强调平民不得私自下海。永乐年间虽有郑和六次下西洋,但对民间海禁一仍其旧。严厉的海禁一直到隆庆元年(公元1567年)才有所放松。总体来看,明朝海禁时间接近两百年。清代建立之初,并不禁海。海禁主要存在于两个时期:第一个阶段为1655年至1684年。顺治十二年(公元

1655 年)六月,下令沿海省份"无许片帆入海,违者立置重典",次年六月,顺治帝发布申严海禁敕谕,直到 1684 年康熙平定台湾后才下令重开海禁。第二阶段为 1716 年康熙颁布"南洋禁海令"至 1727 年雍正废除"南洋禁海令"为止。

明清两朝推行海禁的原因存在一定的差异。"海疆不靖"是朱元璋推行海禁的重要考虑因素。明朝建立之初,在东南沿海一带张士诚、陈友谅的残余势力依然活跃,从巩固政权的角度出发,明代推行海禁。嘉靖年间,倭寇入侵,出于海疆安全的考虑,海禁日趋严厉。另外,从经济角度来看,朝贡贸易无利可图,以致"库藏为虚",给明王朝带来了越来越沉重的财政负担。再加之,朱元璋认为明朝的根本在于农业,而农业的产值足以养活大明王朝,无须海外贸易。明清易代之初,清朝并不实施海禁。但顺治初年,以郑成功为首的反清抗清势力盘踞东南沿海大小岛屿,以此为根据地,进出大陆进行抗清活动。为了对付反清势力,阻止反清势力与外国人联合,清政府方才推行禁海令。清廷推行海禁另一原因是为了防止"海寇"。面对日益严重的"海寇"活动和西方势力在东亚海域的潜在威胁,康熙五十五年(公元 1716 年)提出禁海问题,康熙认为"海防为要",吕宋是西洋诸国泊船之所,内地商民多带米粮和所乘大船都是为了卖与洋人,此事"关系不小",指令"内地商船,东洋行走犹可,南洋不许行走""至于外国商船,听其自来"。次年就开始实行海禁,这便是南洋禁海令。

从明清时期颁布的大大小小的"禁海令"来看,两者之间也存在一定的差别。明朝海禁政策主要是禁止私人出海贸易,而清朝海禁政策在禁止民间海外贸易的同时对沿海岸线的封锁更加彻底。

从明朝一系列的海禁诏令来看,无不带有"私"字。海禁政策之下,政府根本不允许民间的海外贸易,所有涉外的商业往来都被看成是"走私",均在打击之列。这也成为明代海禁政策的重要内容和显著特征,相关政策规定有诸如"而缘海之人,往往私下诸番贸易香货,因诱蛮夷为盗,命礼部严禁绝之,违者必置之重法。凡番香、番货,皆不许贩鬻""凡将牛、马、军需、铁货、铜钱缎匹、绸绢、丝绵出外境货卖及下海者杖一百""若将人口、军器出境及下海者绞""私通外夷,已有禁例。近岁官员、军民不知遵守,往往私造海舟,假朝廷干办为名,擅自下番,扰害外夷或诱引为寇……尔宜申明前禁,榜谕沿海军民,有犯者许诸人首告,得实者给犯人家货之半"等。

清朝海禁政策最具代表性的当属顺治年间的禁海令与迁界令(又称迁海令)。顺治三年(公元 1646 年)编制的《大清律》保留了《大明律》中有关"私出外境及违禁下海"的条文。不过,当时的海禁政策并未真正执行。如康熙十五年(公元 1676 年),时任江苏巡抚的慕天颜在《请开海禁疏》也说:"记顺治六七年间,彼时禁令未设。"但为了削弱、消灭郑成功等抗清力量,顺治十二年(公元 1655 年)浙闽总督屯泰奏请"沿海省份,应立严禁,无许片帆入海,违者置重典"。顺治十三年(公元

1656 年)六月,清廷正式颁布"禁海令",敕谕浙江、福建、广东、江南、山东、天津各省督抚提镇曰:"严禁商民船只私自出海,有将一切粮食、货物等项与逆贼贸易者,……不论官民,俱行奏闻正法,货物入官,本犯家产尽给告发之人。该管地方文武各官不行盘诘擒辑,皆革职,从重治罪;地方保甲通同容隐,不行举首,皆论死。"然而,海禁实行五年未达到预期效果。顺治十八年(公元 1661 年),清廷又采纳了投诚于清朝的黄梧的"迁界令","令滨海民悉徙内地五十里,以绝接济台湾之患。于是麾兵折界,期三日尽夷其地,空其人民"。北起北直(河北)、中经山东、江南(江苏)、浙江,南至福建、广东省沿海居民均属迁海范围。清廷强令江南、浙江、福建、广东沿海居民分别内迁三十至五十里,商船民船一律不准入海。其中广东地区曾连续内迁 3 次。清廷派满大臣四人分赴各省监督执行,违者施以严刑。四省中尤以闽省为最严。沿海的船只和界外的房屋什物全部烧毁,城堡全数拆除,越界者不论远近立斩不赦。凡迁界之地,房屋、土地全部焚毁或废弃,重新划界围拦,不准沿海居民出海。迁界之民丢弃祖辈经营的土地房产,离乡背井,仓促奔逃,野处露栖,"死亡载道者以数十万计"。迁界令措施虽对郑成功抗清有一定打击成效,但使得东南沿海地区田园荒芜、百姓流离失所,其后海盗盛行,民生凋敝。

　　明清两朝的海禁政策对于维护封建统治起过一定的作用,但另一方面却使中国失掉了对外贸易的主动性,妨碍了海外市场的扩展,抑制了资本的原始积累,阻碍资本主义萌芽的滋长,使中国与世隔绝,没能及时与西方科学知识和生产技术发展生产力进行交流,使得中国逐渐落后于世界潮流。

6.2　中国近代的主要航运政策

　　1840 年至 1949 年的中国近代史是中国半殖民地半封建社会逐渐形成到瓦解的历史,历经晚清、中华民国临时政府、北洋军阀和国民政府多个时期。由于国家羸弱,西方列强纷纷入侵,航权与航政管理权逐步丧失,出台体系化的航运政策已几无可能,即便推出一些航运政策,也大多充满了半殖民地半封建色彩。本节着重介绍晚清时期的港口引水政策、允许华商兴办航运的政策以及国民政府在抗战时期鼓励民间造船的政策。本小节以期通过上述三项航运政策的介绍,在一定程度上展现中国近代航运业发展所面临的重重困难以及所采取的应对措施。

6.2.1　殖民色彩浓厚的港口引水政策

　　自 1840 年鸦片战争后,掠夺港口的引水权就成为西方列强侵占中国主权、扩大在华利益的重要途径。纵观中国近代的港口引水政策,充满了浓厚的殖民色彩。这就不得不提,1867 年出台、1868 年修改后正式实施的《中国引水总章》。《中国引水总章》是中国近代引水史上第一个全国性的章程,至 1933 年废除,该章程在中国实施了 60 余年时间。该章程借中国政府之名,行西方列强控制之实,使得列强将掠夺到手的引水权合法化和具体化[1]。

《中国引水总章》的制定起因于牛庄港(今营口港)。在牛庄港,各国对引水事务的争夺最为激烈。英国领事麦都司刚到牛庄时,实行自由引航政策,任凭船长自由雇请引航员,也不签发引航执照。但美国人却捷足先登,到 1864 年 8 月,该港已经有 9 名持证的美籍引水员。迫于竞争压力,麦都司为 5 名英籍引水员签发执照。1865 年,进出牛庄港的船只大增,麦都司又为 5 名英籍引水员签发了执照。而这一年,美国领事却签发了 13 张引水员执照。引水员的快速增加使得他们之间的竞争更加激烈了。英籍引水员甚至前往大沽以及山东半岛一带巡航候船,以便争得更多的业务。1866 年 9 月,麦都司草拟了一份管理章程,授权英籍引水员垄断所有进出该港英国船只的引水业务。次年,这份章程得到了英国驻华公使阿礼国的批准。但麦都司和阿礼国的行为遭到了其他国家领事和公使们的抗议。于是,阿礼国把问题提交给英国驻远东最高法院首席法官荷拜。荷拜认定:"所有的引水章程,必须先交由中国政府制定,但所制定的章程必须为各国的外交当局所接受,而各国政府也须声明它对他们的公民具有约束力。"随后,阿礼国把制定引水章程的问题提交给了各国公使和清朝总理衙门,催促总理衙门制定一个全国性的引水章程。当时,担任清朝海关总税务司的是英国人赫德,于是,起草全国性引航章程的重任就由总理衙门交给了他。赫德代表总理衙门与代表各国驻华外交使团的法国公使贝罗内特一起协商,很快就起草了一份《中国引水章程》草案。草案稿以中、英、法三国文字并列,呈交清政府总理衙门,并送给英、法、美、俄、德等国公使审阅。在获得各国公使们的一致认可后,1867 年 10 月,清政府总理衙门核准将《中国引水总章》作为试办章程,交各省"酌办"。经过一年在各港的试行,赫德又对章程做了修订,修订后的章程经总理衙门照会英、法、俄、美等国公使,取得他们的同意后,最终于 1868 年 11 月咨行各省执行[2]。

这部《中国引水总章》共计十款,其主要内容可以概括为六个方面。

(1)引水的主管机构。各港海关理船厅为该港引水及引水员的行政主管机关,负责本港引水分章的制定、港口引水区域的划定、本港引水员名额和引水费率的确定、引水员考试的组织、引水员执照的颁发、引水员和引水船的日常管理。这里需要特别指出的是,《中国引水总章》第一条就规定:"……均应由理船厅准情酌理,约与各国领事官并通商总局妥为拟定。"这也就意味着中国引水最终决定权完全在外国人操纵的理船厅和各国领事官并通商总局的控制之下,中国政府被排斥在外。中国港口引水权也就此长期被西方列强攫取。

(2)引水员考选机构。各港的引水员考试委员会由 4 人组成,一为理船厅长官——港务长,一为引水公会的资深引水员,其余 2 人为外国商会和外国领事的代表,这 2 名代表由理船厅、外国商会和领事共同议定若干人,再由港务长从中抽取 2

人。考试时选中与否,以多数意见为准。

（3）引水员的从业资格和产生程序。引水员应持有引航执照,无照不得执业。凡中国人及与中国缔结了通商条约的国家的公民,都可以向理船厅投考,经考试合格者,由海关税务司代地方长官发给引航执照。

（4）引水员的培养。持证引水员经理船厅登记许可,可带学习引水员1名。学习引水员学习半年后再接受考试,如果合格,可获得引水员执照。

（5）引水员的工作方式和日常管理。引水员可以单独执业,也可以组织引水公司。引水员应于每年夏季持执照到理船厅注册,引水员须遵循行业规章,违规者理船厅可以暂时或永久吊销其执照,但外籍引水员可在三天之内向其国家的领事提出申述。引水船须经理船厅发给号照,其他船只不得充任引水船。

（6）被引船只的规定。进出港口的船只不得雇请无执照之人引水,违者处以罚款。船只出入港口或在港内停泊、移泊,均须服从理船厅授予引水员的指令。

在《中国引水总章》公布之后的20多年中,上海、天津、宁波、福州、广州等口岸纷纷根据《中国引水总章》订立各口岸自身的引水分专章,指定具体的引水规定。例如,1868年的《上海口引水分章》、1869年的《天津口引水章程》、1874年的《厦门口引水章程》和《广州港引水章程》等。

客观地说,《中国引水总章》将制度化管理引入中国近代引水业,推动了中国引水业的发展。但其根本上是为西方列强服务的,赋予了外国人管理中国引水事务大权,保障了外籍引水员权益,却将中国引水员排斥在外。以近代引水业最为发达的上海港为例,1868年,上海港的55名引航员中,中国人还有15名,到1889年就只有4名,1896年则剩下2名,至1900年只剩下张玉1人。1903年,在外籍引水员和上海港务长的压力下,张玉被迫退休。此后,从1903年到1928年长达25年时间里,上海港竟然无一位中国籍引水员在执业。外籍引水员垄断了中国引航业的后果之一就是从1884年中法战争开始的历次对外战争中,外籍引水员纷纷服务于入侵中国的敌国船只,而中国政府却对之难以约束[2]。

直到1933年,国民政府几经交涉终于将引水业收归国有,《中国引水总章》才正式废止。但引水事务的实际管理权仍操纵在外国人控制下的海关部门,外籍引水员也仍然在沿海引水业中占据重要地位。直到抗战胜利之后,国民政府颁布了《引水法》,引水管理事务于1947年移交给了交通部航政机构。上海港的引水管理事务也于1948年初实现了最后移交,外国势力通过海关和领事来垄断、控制中国引水业的局面才得以根本改变[3]。

6.2.2 晚清允许华商兴办航运

19世纪中叶,经过两次鸦片战争的失败以及太平天国的打击,清朝内外交困,一部分官僚开始认识到西方坚船利炮的威力。为了解除内忧外患,实现富国强兵,维护清朝统治,这些人开始号召学习西方文化及先进的技术。19 世纪 60 年代起,以引进西方军事装备、机器生产和科学技术来挽救清朝统治的洋务运动兴起。在此背景下,1872 年,轮船招商局作为中国近代第一家民族航运企业诞生,其采用官督商办的体制展开运作,具有浓厚的官方背景,初创资金主要来自官款。此外,官方还给予轮船招商局相关领域的特权,例如,轮船招商局创立之初就获得了漕运业务的垄断权。与此同时,官物运输也由轮船招商局垄断,"沿江、沿海各省遇有海运官物,应需轮船装运者,统归局船照章承运"[4]。当时,民间资本投资轮船航运业一直未得到清政府的承认与允许,民间创办轮船航运公司仍受到压制和阻止。1864 年,清政府致函各通商口岸,查询华商购买轮船是否先由地方官报明立案。1864 年拟定的华商买雇洋船方案,船中无论用洋人或华人,均不准随意进泊内地河湖各口岸。此外还有手续的繁杂、官吏的干涉与敲诈等种种限制。

在 19 世纪相当长的一段时间,"诡寄经营"成为华商投资航运业的重要手段。所谓"诡寄",源于明朝,在"一条鞭法"实施后,大户人家为偷逃赋税,将田地伪报、隐藏在他人名下,借以逃避赋役。所谓航运业的"诡寄经营",即指华商为了逃避政府管制和繁重赋税,躲避战乱和匪患,利用各种方式寻求列强庇护,利用外商特权从事航运经营并尽可能获得更多的利润。这是中国半殖民化时期的特殊产物。华商的诡寄经营现象始于 1840 年代五口通商后,在 1850 至 1880 年间达到高潮。华商诡寄经营活动最直接的表现形式是船只悬挂洋旗,假借外商名义进行航运经营。而要达成诡寄经营目的的方式方法很多,有境外注册船籍、直接在境内购买外国航行证及旗号、将轮船委托给洋行经营、以外商名义报关纳税、附股外轮公司等[5]。

清政府对于限制民间资本投资航运业的松动可追溯至 1867 年颁布的《华商买用洋商火轮夹板等项船只章程》,根据该章程,清政府允许华商请领船照,准赴外国贸易和在中国通商各口来往,但规定"不得私赴沿海别口,亦不得任意进泊内地湖河各口",这等于只允许华商轮船与洋商行走同一航线。连英国人当时都认为"一观此次章程,即知贵国有不欲商民用此船只之意"。正因为清政府采取这种政策,华商均不愿向清政府领取牌照,而是多依附洋商。1872 年,李鸿章创办轮船招商局后极力阻止再有同类华资轮船企业设立。这样,华商无法获得合法营业轮船航运的权利。此后华商只好假托洋商名义兴办轮船企业,不少悬挂外旗航行江海的轮船实系华商所有。1884 年,清政府出台了 1867 年章程的续章《华商购造小火轮请领牌照并拖带渡船章程》,但依然没有真正解除对民间资本投资航运业的限制。真正的限制松动是在甲午中日战争后,甲午战争的惨败激起了中国人民实业救国的热情。他们纷纷要求政府解除限制华商自办近代企业的禁令。《马关条约》刚刚签订,康有为就在《上清帝第二书》中明确提出这一要求,其中就包括准许商人在内河通航轮船,"轮舟之利,与铁路同,官民商贾,交收其益,亦宜纵民行之,出费领牌,听其拖驶"[6]。

　　1895 年,清政府先后电令各省督抚,准许"内河行小轮以杜洋轮攘利"。1896 年,在日本轮船即将行驶苏杭前,清政府通过江海关先后颁布《华轮暨华商挂号民船往来苏杭沪贸易试办章程》和《洋轮暨洋商雇佣民船或自制船只往来苏杭沪通商试办章程》,允许华洋轮船均可往来苏杭沪地区贸易。同年 10 月,光绪帝又下令"饬令购置内河小轮,苏、杭、淮、扬及江西、湖南均准开办"。1898 年,清政府颁布《华洋轮船驶赴中国内港章程》(又称《内港行轮章程》),规定:"将通商省份所有内河,无论华洋商均可行驶小轮船,籍以扩充商务,增加税厘"。至此,华商开办轮船公司终于得到清政府的承认[3]。不过,清政府对于本国商人创办轮船企业仍错误地限制其范围。只允许华洋轮船开入内港贸易,但禁止在非通商口岸之间行驶小轮。1902 年 9 月,中英《续议通商行船条约》签订,其中规定凡不准外轮通行的内河,也不准华商轮船航行。换而言之,华商无法获得政府的特殊优待,不得不与资本实力均很雄厚的外轮企业直接竞争,其结果显而易见。

　　禁令一开,华商兴办轮船企业的活动开始活跃。这一阶段,各地纷纷创办小轮船公司。如浙江宁波、台州等地在 1895 年至 1899 年就先后创办外海商轮局、永安商轮局、志澄轮船局、永宁商轮局、美益利记宁绍轮船公司、永裕祥小轮局及镇南轮船、海轮轮船、奉化轮船等,航行于宁波附近主要航线。其他如厦门、福州等通商口岸附近及长江中下游地区等地小轮船公司亦如雨后春笋般地出现。据统计,1895 至 1900 年,各地先后兴办大约近百家小轮船公司。不过,值得注意的是,这些新兴的轮船航运企业,大多在外资势力来不及直接控制的地区出现,而且资本实力小,大多是拥有少数几艘小轮船的企业。

　　进入 20 世纪,随着航权意识的勃兴,主办航政、创办轮船公司、限制列强侵占条约外航权,成为当时国人维护航权的主要方式。1904 年 11 月,商部左参议王清穆奏请推广内河行轮。王清穆在奏折中提到"长江流域,其行轮之权,亦几与外人共之"。而英、日等国续议内港行轮修改章程,准许外人在内港行轮。"事载约章,势难闭拒,各省内河,凡属接连通商口岸,按照约章,外人例准行轮者,尤当官商合力,占先兴办,藉免利权外溢"。商部对此颇为赞同,认为"不为无见",要求沿江沿海各督抚,"查明该省内河华商设立各轮船公司,令该管地方官力妥为保护。其仅有洋商设轮行驶,暨轮船虽未通行,体察该处情形,外人援约呈请,势难禁阻者,尤当劝谕华商,厚集资本,分别预筹办理"。这表明清政府已采取鼓励发展本国航运以防止外轮侵占内港利益的政策。1906 年,邮传部成立后,更是在部内设置航政一司,力图振兴航业。此时,越来越多的轮船公司开始出现。据统计,清末民族航运已有一定规模,到宣统末年(也即宣统三年,公元 1912 年),轮船公司注册者,除招商局而外,主要还有宁绍轮船公司、同记轮船公司、中国商业轮船公司、大达公司、泰和轮船公司、泰记轮船公司、北海公司、永川轮船公司、西江航业公司、开济公司、政记公司等[6]。

6.2.3　抗战时期鼓励民间造船

1937 年 7 月 7 日,抗日战争全面爆发。一方面沿海工厂学校纷纷内迁,另一方面抗日的支前军运也十分繁忙,这给大后方的交通运输带来了巨大的压力。只有大力发展交通运输业才能缓解压力,保证抗日军运畅通无阻,进而支持长期抗战。时任国民政府交通部部长张嘉璈如是说:"全面抗战以来,交通的重要性,随着军事的发展,而益加增进;几使一般人相信,'抗战'与'交通',相为表里,不可或分""所有交通方面,无论路、电、邮、航,以及公路、航空,都与抗战期间军事民事有直接关系""抗战固以交通为命脉,而交通的维系,更以抗战的前途为依归。所以我们为增进'抗战'与'交通'相互的联锁的关系起见,完成抗战的目的。"交通关系到整个国家的抗战前途,有鉴于此,国民政府十分重视发展大后方包括航运在内的交通运输业[7]。1938 年 4 月在武汉召开了中国国民党临时全国代表大会,会上制定的《中国国民党抗战建国纲领》就明确指出要"整理交通系统,举办水陆空联运,增筑铁路、公路,加辟航线"。同年,推出的《非常时期经济方案》制定了大后方交通建设具体计划。其中,在内河航运建设方面,要求"应就原有水道加以改善,并多辟内河航线,使之与铁路、公路互通联络,并推广水陆联运,以便商民,而利运输。对于造船事业,亦应设法奖励,俾运输工具充分之供给"。

为发展战时后方水上运输,国民政府决定采用贷款监造政策来鼓励民间造船,即由政府贷款给船商、船户,并监督其造船。这里值得指出的是,战时后方水上运输主要集中在川江及其内河支流,而上述航道狭窄且较浅,轮船不能通航,须依赖木船运输。可以说,当时后方铁路和公路里程有限,汽车和轮船稀少,以及汽油和燃料奇缺,使得战时后方交通只能主要依靠木船运输。国民政府也逐步充分认识到木船在后方运输中的重要性。

战时各轮船公司维持现状都已十分困难,若他们自行造船,更属不易。木船船户本来大多就很贫困,自己出资造船也是困难。为了维持后方的交通,政府给予财政上的援助成为当时唯一可行的举措。此外,战时五金材料缺乏,大量制造轮船是不可能的,而木船既可辅助轮船之不足,又因制造材料随处可取,十分方便。于是,国民政府交通部在 1938 年 10 月宜昌大撤退之际,决定采用贷款监造政策来鼓励民间造船。

1939 年 1 月,交通部公布了《交通部制造木船贷款章程》《交通部航政局派驻各地管理员章程》《交通部监造木船章程》《交通部监理木船运输章程》等政策文件,采取贷款监造的方式,即由政府贷款给船商、船户建造木船,所造的木船的结构采用政府提供的经过改良的设计方案,并由政府派员监督制造[1]。航政局在重要造船地点分派管理员负监造之责,在 1939 年和 1940 年的两年间,汉口航政局设置管理员办事处,指定造船之地点,计有长江区之重庆泸县宜宾,嘉陵江区之南充阆中广元,涪江区之绵阳太和镇,綦江区之綦江,黔江区之涪陵等十处造船厂来制造木船。按照各江河流之情形,所造船舶分为 60、48、36、30、24、18、12、6 等不同吨级。船舶造成之后,所有权归船商,由其自雇船夫按政府统一计划安排进行经营。交通部指定汉口航政局主办四川省境内木船贷款的贷放事宜。政府的贷款并非全额负担制造木船的成本,而是"贷款以船为单位,每船贷款以所估造价百分之八十为限"。也就是说,每艘木船的贷款数额最高为造价的 80%。1939 年初,规定"每吨贷款定额由 70 元至 110 元",至 1940 年,人工材料价格高涨,改定每吨贷款定额为80 元至 120 元。后随着物价续增,贷款额也随之增加[8]。

根据规定,船商请求贷款应先填具申请书,并且"须先觅具殷实商号填具保证书各地船帮如有基金者亦得为保证人"。贷款经航政局核准后分四期付给,分别是材料准备齐全后,骨胁组成后,舷壁排成后和全部完工后。"每期付给贷款之多寡由管理员视其工程之进度以及工作之情形呈由航政局核定之"。贷款利息定为年利四厘,属于低息,自全部贷款付清之日起计算,3 年内还清。木船制造期内由航政局指派管理员担任监造,各航商应遵照其指示。此外,贷款制造的木船应在规定期内完成,并请航政局验收。

在贷款监造政策框架下,国民政府交通部积极推行改良木船船型,先后绘成各种船图,依图放样,交给船商船户照样制造。贷款木船的图样材料程序必须依照交通部的规定"如有更改时须声请管理员呈报航政局核准"。但事实上,改良木船并未收到预期成效,一般船商多不愿采用。虽然,客观地说,改良木船确实较旧式木船为优,但由于负责推行机关组织欠健全,工人技术不熟练,设计时若干有关实际问题也未予以恰当解决,再加之,物价飞涨,空袭频繁,因此改良木船在推广过程中遭遇了一定困难。但即便如此,仍有不少改良木船制成。1939 至 1940 年,共制成改良木船 38 艘,吨位累计多达数千吨[8]。

贷款监造政策下的木船制造完成后,由汉口航政局及各地管理员代为介绍营业或出租。由于汉口航政局在四川重要的地方均设有办事处,这些办事处兼办木船租赁介绍事宜,对于船只的需求和供应十分了解,因此对战时木船运输的调剂也非常便利。相关木船在贷款未还清前,所得运费或租金的一部分须尽先偿还贷款之本息,"航政局为保障贷款本息之收回得请交运机关将应付之运费或租金交由航政局转发船商或先行扣除应还本息后再以其余款发给船商"。在贷款还清后,航政局仍有优先介绍营运之权。贷款木船首次运输开始前,除应依照航政法规办理各项手续外,还应将船上的一切属具配置完全报请航政局或航政局派驻各地管理员,经查核认可后发给木船运输证。贷款木船如有特殊原因,自行营业或出租时,须先呈请航政局核准。此外,"贷款木船如有出售抵押租赁等项情事须经航政局核准后始得生效","贷款所造木船除因天灾及不可抗力之事故外无论发生任何事故船商对于所借款项仍应负全数偿还之责"。

　　从 1939 年国民政府交通部设川江、西江造船处开始,到 1943 年两大造船处合并为交通部造船处。截至 1945 年 5 月,贷款监造政策项下"先后完成大小木船三千六百余艘,约计五万吨",这些新造木船加入后方水运后,大大缓解了当时的运输困境,为后方的军公商品运输做出了应有的贡献[1]。对于抗战时期的贷款监造政策,王洸(曾于国民政府任西江造船处处长、长江航政局局长等职)评价认为这是抗战时期一个新兴的事业,同时也是我国历史上第一次用政府力量改良旧式木船,用经济力量帮助航商造船[9]。

6.3　当代中国计划经济时期的主要航运政策

　　1949 年中华人民共和国成立,百业待兴,航运业也不例外。面对复杂的国际形势以及极为薄弱的航运基础设施,我国采取了一系列政策举措来推动航运业的发展,使得我国航运生产力得到了恢复和初步发展,并为以后航运事业的进一步发展奠定了重要基础。本节着重介绍在计划经济时期,我国所实施的私营航运业社会主义改造政策、开创国际远洋运输事业的政策和推进水上安全监督管理的政策,以展现我国为推动航运业发展所做出的积极探索。

6.3.1　私营航运业的社会主义改造

　　1949 年中华人民共和国成立后,全国在 1953 年春天基本完成土地改革,1953 年 8 月毛主席在一个批示中指出:"从中华人民共和国成立,到社会主义改造基本完成,这是一个过渡时期。党在这个过渡时期的总路线和总任务,是要在一个相当长的时间内,基本上实现国家工业化和对农业、手工业和资本主义工商业的社会主义改造。这条总路线应该是照耀我们各项工作的灯塔,各项工作离开它就要犯'右倾'或'左倾'的错误。"[10]1953 年至 1956 年,在中共中央制定的国家过渡时期总路线指引下,交通部①根据中央批示,对交通系统私营运输业采取"积极地、有步骤、有准备、有区别地走上公私合营道路"方针进行社会主义改造[11]。1953 年召开的全国交通会议对私营航运业提出了改造方针,即针对海上与主要内河私营轮船业,有步骤、有准备、有区别地实行公私合营的方针。

　　值得一提的是,民生轮船公司作为新中国成立初期中国规模最大的私营航运

---

① 交通部于 2008 年改组为交通运输部。2008 年 3 月 11 日,第十一届全国人民代表大会第一次会议第四次全体会议,讨论设立交通运输部。同年 3 月 23 日,中华人民共和国交通运输部在北京建国门内大街 11 号挂牌。2009 年 2 月 19 日,国务院常务会议正式批复了交通运输部的"三定"方案。交通运输部是根据 2008 年国务院机构改革方案,在原交通部的基础上组建的,国家民用航空局、国家邮政局等部门均在此次"大部制"改革中划归交通运输部管理。

企业,在受到国共内战和公司内部巨额债务的影响,公司曾一度陷入破产危机。在中共中央领导的关怀下,公司得到了国家的经济扶持,并于1950年走上了公私合营的道路。经过两年的过渡期,最终于1952年9月1日正式实行公私合营。在1950至1952年两年的公私合营过渡时期,民生公司的内部权力结构发生了重大变化,包括管理决策权、人事任免权、业务经营权等自主权先后被政府掌握在手中。然而,公司的业绩在两年时间里并未完全好转,亏损情况依然严重。随着1952年"清反""三反""五反"等政治运动相继结束,民生公司再次得到政府的直接扶持并正式进入公私合营时期。经历四年的发展后,民生公司响应政府实行航运业全行业公私合营的号召,于1956年9月1日,正式成为国营企业,公司的人员、船舶、机构全部并入国营长江航运管理局。公私合营的民生公司从此退出了历史舞台,但民生公司的公私合营道路却得到了中央政府的高度认可,其公私合营经验得以在全国推广,甚至被写入新中国第一部宪法中[12]。

自1952年民生公司公私合营后,各地私营轮船公司均逐步走上公私合营道路。1954年,长江所有私营轮船业45户分别在上海、重庆两地成立了全行业合营的轮船公司。珠江在1954和1955年分别成立了7个合营公司。截至1955年底,全国内河有366户较大的航运企业全部实现合营。在沿海方面,1953年沿海轮船合营两户,1954年增至7户,其余的在1955年全部实现合营。1955年12月底,交通部召开的全国地方交通会议对全国航运企业社会主义改造提出具体任务,要求沿海及内河私营轮船运输、轮船修理、打捞业、码头仓库等于1956年全部完成全行业合营。对资本主义轮船运输业实行定资定息全行业合营。原来按"四分肥马①"原则实行合营者也转为定息。定资定息后,对私营轮船运输业职工及资方人员采取妥善安排的办法,发挥其积极性。定资定息的合营企业由国营轮船运输企业直接领导并统一经营。截至1956年,基本完成了对私营轮船业的全行业合营工作[11]。

除对轮船业进行社会主义改造外,针对民间木帆船运输业的社会主义改造也受到了国家重视②。新中国成立初期,木帆船运输量占当时内河货运总量的74%,吨公里数占将近一半,是我国经济建设中一支十分重要的群众运输力量,在城乡物资交流中发挥着重要作用。当时,由于受各方面条件的限制,国家无力投资造船,

---

① "四马分肥"是指对企业的利润,按照所得税、企业公积金、职工福利奖金和留给资本家的利润(包括股息和红利)等四个方面进行分配。"四马分肥"是对初级形式的国家资本主义企业获得的利润的分配形式。这是中华人民共和国政府对资本家占有的生产资料实行赎买政策的一种形式。1953年,初级形式(包括委托加工、计划订货、统购包销、委托经销代销等形式)的国家资本主义企业,不论在工业方面还是在商业方面都有了较快的发展。从这一年开始,国家对初级形式的国家资本主义企业获得的利润,采取"四马分肥"的办法进行分配。

② 有关面向民间木帆船运输业社会主义改造的内容主要参考《交通部行政史》中的相关内容。

因此,充分发挥民间木帆船的运输作用、对其加强管理是当时交通部门的一项重要工作。1953 年 2 月,国务院民船工作委员会发布《船民协会组织通则》,同年 3 月,交通部发布《试行民船联合运输社暂行组织通则》。对于私营木帆船的社会主义改造,各地交通部门根据 1953 年《中央人民政府交通部关于航务工作的指示》精神,一般进行组织编队,实行"三统①",并对大型木帆船实行轮木结合,也有一些木帆船组织了互助组和合作社,但是改造进度较慢,有的地方长期停留在试点阶段。1955 年底召开的全国地方交通会议进一步明确了个体船舶运输改造方针,即资本主义的和适合轮船拖带的个体经济的木帆船实行定值定息。沿海及内河专营运输的木帆船要完成合作化,并在船民自愿条件下,组织高级形式合作社,已合营者应采取定资定息进一步改造。对于组织木帆船合作社,沿海要达到木帆船总数的70%,内河要达到木帆船总数的 80%,使全部私营行业及绝大多数木帆船运输纳入国家计划轨道。不适合拖带的木帆船可实行定资定息办法将其转为国营,船民、船工转为国营单位工人。在改造进度上,要求木帆船 1956 年 80%组成合作社,1957 年上半年完成。此次会议后,民间船舶运输业的社会主义改造进入了高潮。到 1956 年春季,全国已有 70%的木帆船加入合作社或实行合营。

6.3.2　开创国际远洋运输事业

在新中国成立初期,由于当时历史条件的限制,中国政府一时尚无法创立自营的远洋运输船队。为冲破国际敌对势力对新中国的封锁禁运,创立和发展中国远洋运输事业,我国政府选择采用与友好国家建立海运合作方式来推进远洋运输事业的发展。

1950 年 6 月,海运业较为发达的波兰政府与中国共同创办中波轮船股份公司,得到中央政府的重视和肯定。同年 9 月,波兰远洋公司的商船"瓦尔达"号首航中国天津港成功。1951 年 6 月 15 日,两国在天津②正式合资成立由政府为股东全权代表的中波轮船股份公司,以中波海运公司的名义对外营运,船舶悬挂波兰旗。

1953 年 6 月,中国与捷克斯洛伐克签订《关于发展海上运输的议定书》,议定由捷克斯洛伐克外贸部在国际市场为中国购买船舶,并悬挂捷方国旗,由捷方代中国经营,盈亏由中方负责,捷方收取全部支出 3%的手续费。中方不参加具体的经营管理工作,每年派人到捷克斯洛伐克结算一次营运费用。这种代营的经营方式从 1954 年开始至 1958 年结束,其间中方先后投入了 4 艘船舶委托捷方经营,5 年间共完成货运量 40 余万吨,货物周转量达 36.19 亿吨海里。随着国内外形势的发展和中方投入船舶不断增加,为了改进经营管理,中捷两国政府决定进一步扩大和

---

① "三统"即指统一分配货源、统一运价、统一调度。
② 1962 年,为适应业务发展需要,中波海运公司由天津迁往上海。

加强合作以发展海上运输,并于 1958 年 12 月签订《关于成立国际海运公司的协定》。1959 年 1 月 1 日,捷克斯洛伐克国际海运股份公司成立,同年 4 月 1 日正式开始业务活动。为适应当时的国际局势,公司对外是捷克斯洛伐克外贸部隶属的专门经营捷方远洋船舶的航运企业,实际上是合营公司,中捷双方派代表共同参与公司领导和管理,由捷方单独对外。

除与波兰、捷克斯洛伐克、苏联等社会主义国家展开海运合作外,新中国成立初期,我国还与越南、朝鲜、老挝、罗马尼亚、阿尔巴尼亚等社会主义国家以及其他国家通过国际双边海运协议开展远洋运输合作,开拓海上航线,运送双边之间的经济援助与外贸物资。为防止敌对势力的海上破坏,我国在新中国成立后相对长的一段时间内,远洋船队一直未悬挂我国国旗展开运输,但为适应经济发展需要,交通部认为有必要在适宜的时机选择一定船只悬挂我国国旗,建立自营远洋船队。1959 年 3 月,陈毅副总理批准交通部党组报告,同意用悬挂我国国旗的远洋轮船直接参加接侨运输。1961 年 4 月 28 日,"光华轮"悬挂我国国旗开航接侨,这是我国远洋运输事业的一个创举和里程碑,具有极为重要的历史意义。

为促进远洋运输事业发展,1958 年,交通部将水运总局国际业务处改为远洋运输局,对外称为远洋运输总公司,承担远洋运输职责。1962 年,资本主义航运市场危机加剧,停航船只增多,船价不断下跌。交通部及时提出《利用资本主义航运市场危机设法购入船舶》的报告,这一报告得到了周恩来总理的批准。1963 年,我国对外贸易和援外任务增加,必须积极建设我国自有远洋运输船队,而当时国际租船市场价格不断上涨,我国外汇紧张。为此,交通部向李先念副总理提出《利用香港银行客户存款发展我国远洋航运问题》的请示,拟通过银行贷款自生自养、扩大船队。李先念副总理对此批示同意。同年,远洋运输局制定了《1963 年至 1972 年远洋运输远景规划》,提出从长远利益出发,建立一支具有一定规模的现代化远洋船队,大力发展壮大自营船队,调整巩固合营船队,根据形势需要适当发展灰色船队,合理租船和适当利用侨资班轮的远洋运输发展方针。此外,该规划还在基本建设、人员培养等方面提出十年发展蓝图。为适应我国远洋运输船队 1968 年达到100 万吨的加速发展需要,1964 年,交通部制定了发展 100 万吨远洋船队船员规划。上述这些发展规划对我国远洋运输的中长期发展做出了合理安排和设计,为远洋运输的快速发展打下了良好基础。1965 年,交通部提出《我国租用外轮和世界各国发展远洋船队的情况报告》,提出利用我国租船付出的外汇来购买船舶发展自有远洋船队的设想,得到了彭真委员长、周恩来总理、李先念副总理等中央领导的认可与支持[11]。

20 世纪 70 年代,国际形势发生了巨大变化,我国外交工作出现重大突破,打开了对外贸易的新局面。与我国建交的国家日益增多,中外贸易量激增。这种国际环境给我国远洋运输的发展和新航线的开辟提供了条件,使我国开辟更多的新航线成为可能。1972 年 10 月，中远总公司重新组建以后，加速了国际新航线的开辟进程。到 1978 年底，中远船队已航行于 99 个国家或地区的 410 个港口，比 1972 年中远总公司重组时新增 32 个国家和地区的 196 个港口[13]。

6.3.3　推进水上安全监督管理

为有效开展水上安全监督管理，新中国成立伊始，交通部就从建立各级水上安全监督机构和执行《中央人民政府政务院关于 1950 年航务、公路工作的决定》中有关安全问题的指示作为切入点，随之开始进行相关规章制度建设。如 1950 年 11 月，政务院颁布《进出口船舶船员旅客行李检查暂行通则》，规定港务局、海关、边防公安机关、卫生检疫机关各按其主管的业务范围，对进出口船舶施行检查，并规定船舶进出口的许可由港务局统一办理。再如，1950 年 12 月，交通部颁发《船舶登记暂行章程》，对船舶登记的各种相关问题进行了详细规定。又如，1952 年 5 月，交通部公布了《本国轮船进出口管理暂行办法》和《外籍轮船进出口管理暂行办法》。总体来看，新中国成立初期一系列文件的出台构成了新中国最初保障水上交通安全监督和海事处理的基本制度，为规范水上交通安全行政和水上交通安全生产起到重要作用。

1953 年至 1957 年的“一五”期间，交通部为保证积极、高效地完成水上运输任务，继续加强了水上运输安全管理。1953 年 4 月，交通部内河总局发布《关于建立和健全内河航行监督组织及工作制度的指示》。同年，《中央人民政府交通部关于航务工作的指示》中也要求“健全技术监督和海务、港务监督组织，提供监督人员的政治业务水平。在安全大检查运动的基础上，进一步提高群众对安全航行的认识，尽力保证安全生产，预防一切可能发生的航行事故”。1955 年，交通部在全国航运会议上进一步强调，航运部门要“认真贯彻‘安全生产统一’方针，防止海损事故，推行船长一长制及安全生产责任制，加强劳动纪律，认真贯彻执行船员职务规则及技术操作规程。建立和健全船舶技术监督检查制度，尤应重视客货轮的监督检查”；“贯彻雾中航行规则”；“定期进行救生、防火演习”。会议还强调应根据具体情况“增添助航仪器，增设航道标志，并经常检查航道标志，保持良好的状态。对航道上的障碍应及时清除，航标设置或操作上的差错，应立即加以纠正”。要健全“航道部门与调度部门的联系制度，保证航行安全。对海损事故必须严肃处理，以教育广大职工”。

进入二十世纪六七十年代，尽管国内政治运动频繁，水上安全监督管理工作受到一定影响，但相关政策制度仍在不断完善。例如，1962 年 6 月，交通部发出《外国籍船舶海事签证指示》，规定外国籍船舶在航行中遇到恶劣天气，造成或估计会造成船货损害时，在到达我国港口之后，需要向我国港务管理机关提出海事声明书，报请签证。为落实 1970 年中共中央印发的《关于加强安全生产的通知》，认真做好航政工作，交通部于 1971 年 7 月 21 日在北京召开航政工作座谈会。会议认为,党的九大以来,航政部门(航政、港监、船检)的工作取得了很大成绩,但还存在一些问题,主要是水上交通管理秩序比较混乱,事故多、性质严重,在涉外工作中存在大国沙文主义,船舶检验工作尚未很好开展起来,船舶规范落后等。经会议讨论,进一步明确了航政工作中船舶管理,船员管理,港口、航道、海区管理,船舶检验等诸方面的工作任务和工作范围。会议提出了当前必须切实抓好的几项工作:第一,做好涉外工作,对于外国籍船舶要加强管理和检验;第二,加强港口、航道、大桥秩序管理;第三,做好船舶登记、签证和船员考核工作,加强船舶进出口管理;第四,加强船舶检验工作;第五,抓好规章制度改革。同年9月,交通部转发航政工作座谈会纪要,要求研究落实,充分发挥航政、港监、船检部门在办理涉外事宜,开展人民外交活动,维护水上秩序,保障安全生产和提高船舶修造质量等方面的作用。

为加强水上交通安全监督工作,交通部先后分别在长江干线和广东省成立了航政管理局。1970年,交通部设置了安全监察委员会。1974年,由国务院、中央军委有关部门共同组成全国海上安全指挥部,沿海各省(区、市)也由军区和有关部门组成当地海上安全指挥部。1979年,交通部在原安全监察委员会的基础上成立了交通安全委员会。该委员会与省(区、市)交通安全委员互通情况,协作配合,共同做好全国交通安全工作。1979年3月,交通部设立了水上安全监督局,负责港航监督和车船监理。在此基础上,同年10月交通部又增设了港务监督局,负责港务监督,并在沿海各主要港口设有港务监督。长江设长江航政管理局,黑龙江设黑龙江港航监督局。各省(区、市)都在交通厅或航运局设置港航监督处(室)或车船监理处,在主要港口设置港航监督或车船监理。

6.4　当代中国改革开放以来的主要航运政策

改革开放以来,伴随着我国经济和贸易的持续繁荣,航运业也快速发展,为适应发展需要,在航运公共政策领域,我国始终坚持与时俱进并不断开拓创新,在发展完善一些传统航运公共政策的同时,也创新性地提出和实施一些全新的航运公共政策,必要时还放弃继续实施某些不再满足实践需要或政策效果有限的航运公共政策。沿海运输权政策、货载保留政策、外商投资经营国际海上运输及其辅助业务政策、班轮运价备案政策、中资方便旗船特案免税登记政策、启运港退税政策、船舶排放控制区政策以及国际船舶登记政策等九大政策的变化,突出呈现了改革开放以来我国在航运公共政策领域的持续性突破与发展。

6.4.1　沿海运输权

所谓沿海运输权,是指仅由一国国内承运人在该国沿海水域或该国两个港口之间展开运输活动的权力。尽管在计划经济时期,由于西方国家对我国的封锁以及国家航运船队实力的欠缺,在相对长的一段时间内,租用外轮开展沿海运输成为当时满足运输需求的重要手段。但必须指出的是,虽然当时外轮可在我国沿海从事运输,但由于采用了船舶租赁的形式,船舶所有权与经营权实际上是分离的,相关船舶的船籍虽是外国籍,但从事运输、获取利益的主体仍是中方。因此,表面上看,我国当时确实不排斥外国籍船舶从事沿海运输,但究其本质,我国仍然将沿海运输利益保留给本国所有[14]。

改革开放以来,随着航运实力的大大增强以及法治化进程的加快,我国开始在相关法律法规中对于沿海运输权予以明确的保护性规定。但同时值得提及的是,为推进对外开放,我国在一些特定条件下对沿海运输权政策予以适度放开。特别是党的十八大以后,为在更深层次、更宽领域、以更大力度推进全方位高水平开放,沿海运输权政策在我国不断取得新的突破。

就我国法律法规对沿海运输权的保护性规定而言,早在 1987 年 10 月 1 日起施行的《中华人民共和国水路运输管理条例》中就规定"未经中华人民共和国交通部准许,外资企业、中外合资经营企业、中外合作经营企业不得经营中华人民共和国沿海、江河、湖泊及其他通航水域的水路运输"。上述条例于 2013 年废止,2013 年 1 月 1 日起我国实施《国内水路运输管理条例》,其明确规定国内水路运输即指"始发港、挂靠港和目的港均在中华人民共和国管辖的通航水域内的经营性旅客运输和货物运输",并在第二章第十一条第一款规定"外国的企业、其他经济组织和个人不得经营水路运输业务,也不得以租用中国籍船舶或者舱位等方式变相经营水路运输业务"。

1992 年 11 月,《中华人民共和国海商法》通过,其在第一章第四条规定"中华人民共和国港口之间的海上运输和拖航,由悬挂中华人民共和国国旗的船舶经营。但是,法律、行政法规另有规定的除外。非经国务院交通主管部门批准,外国籍船舶不得经营中华人民共和国港口之间的海上运输和拖航"。1994 年 6 月,《中华人民共和国船舶登记条例》出台,对在我国进行船舶登记,取得中华人民共和国国籍并悬挂中华人民共和国国旗的船舶予以了明确规定。其中明确规定,依据中华人民共和国法律设立的主要营业所在中华人民共和国境内企业法人的船舶,若该法人的注册资本中有外商出资的,中方投资人的出资额不得低于 50%,同时要求"中国籍船舶上的船员应当由中国公民担任"。

2001 年 12 月,《中华人民共和国国际海运条例》出台,该条例于 2002 年 1 月 1 日起正式实施。作为我国首部管理国际海运的法规,《中华人民共和国国际海运条例》也对沿海运输权做了相应规定,在第二十八条第二款规定"外国国际船舶运输经营者不得经营中国港口之间的船舶运输业务,也不得利用租用的中国籍船舶或者舱位,或者以互换舱位等方式变相经营中国港口之间的船舶运输业务"。

通过上述法律法规的规定,不难看出,我国对于沿海运输权持保护性政策态度,外国企业和个人不得从事或变相从事我国的沿海运输。正如前文所提及的,为适应对外开放需要,我国在保护性政策框架基本不变的前提下,对沿海运输权也适度放宽。早在 1992 年 7 月,原交通部在《关于印发〈关于深化改革、扩大开放、加快交通发展的若干意见〉的通知》中,就提到允许适度发展中外合资水路运输企业,从事我国境内沿海和内河运输,但在实践层面,上述政策未能真正落地。

进入 21 世纪,随着集装箱运输的发展,我国决定允许国际班轮公司在我国主要沿海港口间的"空箱捎带"业务,这在一定程度上对我国保护性沿海运输权政策予以了突破和发展。2003 年,根据原交通部《关于同意国际班轮公司在我国沿海主要港口之间调运空集装箱的函》及海关总署《关于国际集装箱班轮公司在我国沿海港口调运空集装箱海关手续问题的通知》,我国开始允许国际班轮公司在我国的沿海港口间调拨空集装箱,即开展"空箱捎带"业务。2014 年,交通运输部发布《关于取消调整水运行业管理事项的公告》,决定取消《关于同意国际班轮公司在我国沿海主要港口之间调运空集装箱的函》中关于国际班轮运输公司调运空集装箱备案的相关规定,即取得交通运输部核发的国际班轮运输经营资格登记证书的班轮公司均可从事我国沿海港口之间空集装箱调运。值得指出的是,如果空置的集装箱本身可视为船舶的有机组成部分,是船舱或运输工具的延伸,则空集装箱可被认为是船舶的一部分舱容,既然国际航行的船舶在我国海关监管之下可航行于我国港口之间,那么作为船舶一部分的空集装箱在沿海自行调拨也自然顺理成章[14]。

相比"空箱捎带"业务在沿海运输权政策上的有限突破,允许非五星红旗船舶在我国沿海开展"重箱捎带"业务(也称"沿海捎带"业务)则称得上是在沿海运输权政策上的重大突破。2013 年 9 月,中国(上海)自由贸易试验区设立,在国务院印发的《中国(上海)自由贸易试验区总体方案》中创新性地提出"推动中转集拼业务发展,允许中资公司拥有或控股拥有的非五星旗船,先行先试外贸进出口集装箱在国内沿海港口和上海港之间的沿海捎带业务"。上述政策最大的亮点在于允许非五星旗船展开我国"沿海捎带"业务。但必须指出的是,我国在开展"沿海捎带"业务放宽沿海运输权政策上实际上是极为谨慎的,这一点可从非五星旗船展开"沿海捎带"业务的相关限制性条件上看出:一是要求船舶是"中资公司拥有或控股拥有";二是针对的货物是"外贸进出口集装箱";三是涉及的航线是"国内沿海港口和上海港之间",必须要以上海港为中转港。

2013 年 9 月底,交通运输部发布《关于在上海试行中资非五星旗国际航行船舶沿海捎带的公告》以贯彻落实"沿海捎带"业务。其中,再次明确"中资航运公司指注册在境内,依据《中华人民共和国国际海运条例》取得'国际班轮运输经营资格登记证'、从事国际海上运输业务的企业法人",同时要求"中资航运公司申请试点捎带业务,应向交通运输部提交备案申请"。原中远集运所辖的"中远泗水"轮、"中远威尼斯"轮和"中远惠灵顿"轮 3 艘船舶成为首批获得"中资非五星旗船沿海捎带业务试点"资质的船舶。

2015 年 6 月，交通运输部发布《关于在国家自由贸易试验区试点若干海运政策的公告》，将"沿海捎带"政策扩展至广东、天津、福建自由贸易试验区，规定"注册在境内的中资航运公司可利用其全资或控股拥有的非五星红旗国际航行船舶，经营以自贸区开放港口为国际中转港的外贸进出口集装箱在国内沿海对外开放港口与自贸区开放港口之间的捎带业务"。

随着我国自由贸易试验区建设进程的加快，如何进一步完善和扩大"沿海捎带"政策也成为国家的重要考虑。2017 年 3 月，国务院印发《中国（辽宁、浙江、河南、湖北、重庆、四川、陕西）自由贸易试验区总体方案》，其中，《中国（浙江）自由贸易试验区总体方案》和《中国（辽宁）自由贸易试验区总体方案》均提到要"优化沿海捎带业务监管模式，提高中资非五星旗船沿海捎带业务通关效率"。2018 年 7 月，交通运输部印发《贯彻落实〈中共中央国务院关于支持海南全面深化改革开放的指导意见〉实施方案》，明确"允许中资非五星红旗船舶开展以海南自由贸易试验区港口为国际中转港的沿海捎带业务"以支持海南在国际海运领域的全面对外开放。

2019 年 7 月，国务院印发的《中国（上海）自由贸易试验区临港新片区总体方案》对"沿海捎带"政策予以进一步突破，提出"扩大中资方便旗船沿海捎带政策实施效果，研究在对等原则下允许外籍国际航行船舶开展以洋山港为国际中转港的外贸集装箱沿海捎带业务"，值得注意的是，上述政策若要真正落地实施，有一个关键前提就是"对等原则"，这也从一个侧面反映出沿海运输权政策的放宽需要充分考虑国家主权和安全。2021 年 11 月，国务院发布《关于同意在中国（上海）自由贸易试验区临港新片区暂时调整实施有关行政法规规定的批复》，决定自批复发布之日起至 2024 年 12 月 31 日，在中国（上海）自由贸易试验区临港新片区暂时调整实施《中华人民共和国国际海运条例》《国内水路运输管理条例》的有关规定，经交通运输部批准，允许符合条件的境外国际集装箱班轮公司的非五星旗国际航行船舶开展大连港、天津港、青岛港与上海港洋山港之间，以上海港洋山港区为国际中转港的外贸集装箱沿海捎带业务试点。

为支持海南全面深化改革开放，推动中国（海南）自由贸易试验区试点政策落地，2020 年 6 月，国务院出台《关于在中国（海南）自由贸易试验区暂时调整实施有关行政法规规定的通知》，决定"暂时调整实施《中华人民共和国国际海运条例》第二十二条第二款[①]和《国内水路运输管理条例》第十一条[②]的有关规定，允许仅涉及

[①] 该条款的具体内容是"外国国际船舶运输经营者不得经营中国港口之间的船舶运输业务，也不得利用租用的中国籍船舶或者舱位，或以互换舱位等方式变相经营中国港口之间的船舶运输业务"。

[②] 该条款的具体内容是"外国的企业、其他经济组织和个人不得经营水路运输业务，也不得以租用中国籍船舶或者舱位等方式变相经营水路运输业务。香港特别行政区、澳门特别行政区和台湾地区的企业、其他经济组织以及个人参照适用前款规定，国务院另有规定的除外"。

中国(海南)自由贸易试验区港口的外籍邮轮运营多点挂靠航线业务。基于海南海域情况及海南国际邮轮发展状况,在五星红旗邮轮投入运营前,允许中资邮轮运输经营主体在海南三亚、海口邮轮港开展中资方便旗邮轮海上游业务"。上述中资方便旗邮轮海上游业务的展开,标志着我国有关沿海运输权政策的放宽由集装箱运输领域拓展至邮轮运输领域。

综合以上内容,可以看到,在一定程度上放宽沿海运输权政策是我国在持续扩大开放背景下的重要政策选择,但同时由于沿海运输权与国家主权和安全密切相关,我国在做出相关决策时是慎之又慎的。

6.4.2　货载保留政策

货载保留政策是国际海运中一种较为常见的货载分配制度,一般由一国政府通过国际多边或双边协议或通过本国立法的形式规定本国国际运输货物中的全部或部分由本国船队承运。该政策属于一种航运保护主义政策。尽管全球各国航运市场不断开放,但目前世界上仍有相当一部分国家和地区在不同程度上仍在实行货载保留政策。

我国货载保留政策基本上以 1988 年为界,分为有货载保留和无货载保留两大阶段。1978 年改革开放后,我国开始逐步将国有航运企业推向市场,让相关企业自揽货源,自主发展,但在外贸货运方面仍规定我方的派船份额,实施货载保留政策。1984 年,国务院出台《关于改革我国国际海洋运输管理工作的通知》,其中明确提到"为了充分发挥国轮的经济效益,发展我国的海运事业,对外经济贸易部门和企业在对外签订贸易协议、合同时,要尽量争取我方派船。在航线、船期(按船货平衡计划)和运价水平同等条件下,要优先使用国轮",并进一步要求在进出口海运量总额中我方派船的份额应保持在 60%～65%。进出口的主要大宗货物的份额要有具体规定,可随货物结构的变化和船队的发展每年做相应的调整。在我方派船的进出口运量中,国轮承运的份额应不低于 80%。租船和侨资班轮作为国轮的补充,其份额应控制在 20% 以内(中外合营船队按股份比例计算国轮份额),份额的执行情况由当时的经贸部负责监督检查。

1988 年起,随着我国改革开放的进一步深化以及"复关"谈判步伐的加快[1],我国的货载保留政策发生了重大的变革[15]。1988 年 7 月,国务院口岸领导小组发出《关于改革我国国际海洋运输管理工作的补充通知》,决定取消我国的货载保留政策,不再用行政手段规定国内船舶的承运份额,也不再规定承运外贸进出口货物的

---

① 1986 年,我国出席关税及贸易总协定(GATT)部长级会议,正式全面地参与乌拉圭回合的多边贸易谈判。1987 年,我国向 GATT 正式递交我国关于外贸体制的答疑稿。1988 年,中国工作组举行首次会议,正式讨论中国的复关申请。

我方派船比例,并且鼓励承托双方按正常的商业做法直接商定运输合同。1988 年后,我国仅在与巴西、泰国、孟加拉国、扎伊尔(刚果民主共和国)、阿尔及利亚、阿根廷、美国等 7 国的双边海运协定中尚有部分货载保留条款。1995 年,原交通部公开承诺我国放弃货载保留政策,自 1996 年起在新签的双边海运协定中,不再保留有关货载保留的内容[16]。至此,我国完全放弃了货载保留政策。

由于不再实施货载保留政策,再加之进入 21 世纪后,我国对外贸易量不断攀升,海运运输需求强劲,我国海运服务贸易呈现较大逆差。尽管我国海运船队已跃居世界前列,并形成了规模位于世界前三位的大型专业化液体散货、干散货和集装箱船队,但我国海运服务贸易逆差整体仍呈现持续扩大态势,由 2000 年的 45 亿美元上升到 2010 年的 264 亿美元,2012 年上升到近 400 亿美元,2013 年进一步上升,之后逆差有所下降,2017 年又反弹至约 350 亿美元水平,是世界海运服务贸易逆差最大的国家[17]。面对上述挑战,我国将"国货国运"作为一个重要倡议来鼓励我国大型货主企业和航运企业展开深度合作。例如,2014 年 8 月,国务院出台的《关于促进海运业健康发展的若干意见》,就提出要"加强海运企业与货主的紧密合作、优势互补,推动签订长期合同,有序发展以资本为纽带的合资经营,形成风险共担、互利共赢的稳定关系"。这里需要特别指出的是,"国货国运"仅仅属于号召性的倡议,没有约束力和强制性,其与货载保留政策有着根本性的不同。提倡"国货国运"并不意味着我国不再推行海运服务贸易自由化,国外航运企业在承运我国外贸进出口货物方面依然享受与我国航运企业同等的国民待遇。值得关注的是,也有学者建议我国应该以立法形式规定战略物资、军用物资、政府采购物资的货载保留份额,对于除战略物资、军用物资、政府采购物资以外的重要物资,通过双边或多边谈判,确定我国班轮公司的最低承运比例[18]。但从目前我国进一步扩大对外开放的发展态势来看,重新恢复货载保留政策已几无可能。

6.4.3　外商投资经营国际海上运输及其辅助业务

2002 年 1 月 1 日起正式实施的《中华人民共和国国际海运条例》①从制度上为外商在我国投资经营国际海上运输及其辅助业务提供了重要遵循。《海运条例》的第四章为"外商投资经营国际海上运输及其辅助业务的特别规定",其中对外商在我国投资国际船舶运输、国际船舶代理、国际船舶管理、国际海运货物装卸、国际海运货物仓储、国际海运集装箱站和堆场等业务做了明确规定。根据《海运条例》规定,经国务院交通主管部门批准,外商可以依照有关法律、行政法规以及国家其他

---

① 《中华人民共和国国际海运条例》已根据 2013 年 7 月 18 日《国务院关于废止和修改部分行政法规的决定》、2016 年 2 月 6 日《国务院关于修改部分行政法规的决定》、2019 年 3 月 18 日《国务院关于修改部分行政法规的决定》做了部分修改。

有关规定,投资设立中外合资经营企业或者中外合作经营企业,经营国际船舶运输、国际船舶代理、国际船舶管理、国际海运货物装卸、国际海运货物仓储、国际海运集装箱站和堆场业务;并可以投资设立外资企业经营国际海运货物仓储业务。经营国际船舶运输、国际船舶代理业务的中外合资经营企业和中外合作经营企业,企业中外商的出资比例不得超过 49%。2004 年,交通部和商务部还联合出台了《外商投资国际海运业管理规定》,作为《中华人民共和国国际海运条例》的配套规章,主要涉及对外商投资国际海运业及其辅助业实施审批的具体要求。2005 年,商务部出台《外商投资国际货物运输代理企业管理办法》,明确自 2005 年 12 月 11 日起,允许设立外商独资国际货运代理企业,并对外商投资国际货运代理企业注册资本的最低要求实行国民待遇。

2013 年 9 月,党中央、国务院做出重大决策,决定建立中国(上海)自由贸易试验区,这是我国在新形势下推进改革开放的重大举措,对加快政府职能转变、积极探索管理模式创新、促进贸易和投资便利化,为全面深化改革和扩大开放探索新途径、积累新经验,具有重要意义。为贯彻落实《中国(上海)自由贸易试验区总体方案》,推进上海国际航运中心建设。同月,交通运输部和上海市人民政府联合制定《关于落实〈中国(上海)自由贸易试验区总体方案〉加快推进上海国际航运中心建设的实施意见》,其中规定"允许外商在中国(上海)自由贸易试验区以超过 49%的投资比例设立中外合资经营企业或中外合作经营企业经营国际船舶运输业务";"允许船舶登记主体的外商出资比例突破 50%的限制";"允许外商设立独资企业从事国际船舶管理业务"。2014 年 1 月,交通运输部出台《关于中国(上海)自由贸易试验区试行扩大国际船舶运输和国际船舶管理业务外商投资比例实施办法的公告》对相关实施要求和办理流程予以了明确。2014 年 9 月,国务院出台《关于在中国(上海)自由贸易试验区内暂时调整实施有关行政法规和经国务院批准的部门规章规定的准入特别管理措施的决定》,对《中华人民共和国国际海运条例》第二十九条第一款"经国务院交通主管部门批准,外商可以依照有关法律、行政法规以及国家其他有关规定,投资设立中外合资经营企业或者中外合作经营企业,经营国际船舶运输、国际船舶代理、国际船舶管理、国际海运货物装卸、国际海运货物仓储、国际海运集装箱站和堆场业务;并可以投资设立外资企业经营国际海运货物仓储业务"暂时停止实施相关内容,允许外商以独资形式从事国际海运货物装卸、国际海运集装箱站和堆场业务;暂停实施《中华人民共和国国际海运条例》第二十九条第二款"经营国际船舶运输、国际船舶代理业务的中外合资经营企业,企业中外商的出资比例不得超过 49%"和第三款"经营国际船舶运输、国际船舶代理业务的中外合作经营企业,企业中外商的投资比例比照适用前款规定"内容,以及《外商投资产业指导目录》中限制外商投资产业目录中的"船舶代理(中方控股)、外轮理货(限于合资、合作)"内容,允许外商以合资、合作形式从事公共国际船舶代理业务,外方持股比例放宽至 51%。至此,在中国(上海)自由贸易试验区,外商可以超过 49% 的投资比例设立中外合资经营企业或中外合作经营企业经营国际船舶运输业务,可以独资形式从事国际船舶管理、国际海运货物装卸、国际海运集装箱站和堆场业务,以合资、合作形式从事公共国际船舶代理业务,持股比例扩大至 51%。

2015 年 4 月,为在新形势下推进改革开放,加快实施京津冀协同发展战略、深化两岸经济合作和促进内地与港澳深度合作,国务院批准了《中国(天津)自由贸易试验区总体方案》《中国(福建)自由贸易试验区总体方案》和《中国(广东)自由贸易试验区总体方案》,为贯彻落实国务院印发的关于广东、天津、福建自由贸易试验区总体方案以及关于进一步深化上海自由贸易试验区改革开放方案,推进上述自由贸易试验区海运试点政策的顺利实施,2015 年 6 月,交通运输部发布《关于在国家自由贸易试验区试点若干海运政策的公告》,规定:"经国务院交通运输主管部门批准,外商可在自贸区设立股比不限的中外合资、合作企业,经营进出中国港口的国际船舶运输业务";"在上海自贸区可设立外商独资企业,在广东自贸区可设立港澳独资企业";"经国务院交通运输主管部门批准,在自贸区设立的中外合资、合作企业可以经营公共国际船舶代理业务,外资股比放宽至 51%;在自贸区设立的外商独资企业可以经营国际海运货物装卸、国际海运集装箱站和堆场业务";"经自贸区所在地省级交通运输主管部门批准,在自贸区设立的外商独资企业可以经营国际船舶管理业务"。至此,中国(上海)自由贸易试验区的外商投资航运业的相关政策复制延伸至广东、天津、福建自由贸易试验区。

为了在更大范围进行改革创新实践和探索,建设更多改革开放"试验田",进一步构建全方位对外开放的新格局,2016 年 8 月底,党中央、国务院决定,在辽宁、浙江、河南、湖北、重庆、四川、陕西等省市再设立 7 个新的自由贸易试验区。2017 年 3 月,国务院正式批复设立 7 个自由贸易试验区,并分别印发了总体方案。2017 年 12 月,国务院出台《关于在自由贸易试验区暂时调整有关行政法规、国务院文件和经国务院批准的部门规章规定的决定》,决定在新设立的自由贸易试验区暂停实施《中华人民共和国国际海运条例》中有关外商投资经营国际海上运输及其辅助业务的相关规定,以及《外商投资产业指导目录(2017 年修订)》中限制外商投资产业目录中的"国内水上运输公司(中方控股)、国际海上运输公司(限于合资、合作)""船舶代理(中方控股)"的规定,允许设立外商独资国际船舶运输、国际船舶管理、国际海运货物装卸、国际海运集装箱站和堆场企业,允许外商以合资、合作形式从事国际船舶代理业务,外方持股比例放宽至 51%。

2018 年是贯彻党的十九大精神的开局之年,是改革开放 40 周年,也是海南建省和兴办经济特区 30 周年。同年 4 月,中共中央、国务院出台《关于支持海南全面深化改革开放的指导意见》,提出"坚持全方位对外开放,按照先行先试、风险可控、分步推进、突出特色的原则,第一步,在海南全境建设自由贸易试验区,赋予其现行自由贸易试验区试点政策;第二步,探索实行符合海南发展定位的自由贸易港政策"。2018 年 7 月,交通运输部印发《贯彻落实〈中共中央国务院关于支持海南全面深化改革开放的指导意见〉实施方案》,支持海南加快建设现代综合交通运输体系,积极探索建设海南自由贸易试验区和中国特色自由贸易港,打造深化交通运输改革开放试验区、交通强国建设先行区。其中,明确"将既有自由贸易试验区海运扩大开放试点政策全部复制推广到海南自由贸易试验区",同时"对注册在海南的国际船舶代理企业,取消外资股比不超过 51% 的限制"。至此,海南率先在全国实现国际海运领域全面对外开放。外商在海南可以设立独资企业或股比不限的合资合作企业,经营国际船舶运输、国际船舶管理、国际船舶代理、国际海运货物装卸、国际海上集装箱站和堆场等各项国际海运及辅助业务。

2019 年 3 月 18 日,国务院发布《关于修改部分行政法规的决定》,对《中华人民共和国国际海运条例》进行了大幅度修改,其中,第二十八条改为第二十六条,修改为"外商可以依照有关法律、行政法规以及国家其他有关规定,投资经营国际船舶运输、国际船舶代理、国际船舶管理、国际海运货物装卸、国际海运货物仓储、国际海运集装箱站和堆场业务"。2019 年 6 月,交通运输部也相应地出台了《关于修改〈中华人民共和国国际海运条例实施细则〉的决定》[①]。至此,我国取消了对外商投资国际海运业及其辅助业相关股比限制的规定,取消了外商投资国际海上运输及其辅助性业务审批,删除了许可条件、许可程序等相关条款,外商投资经营国际海上运输及其辅助性业务的相关管理要求与内资企业保持一致,在法规层面明确了国际海运业及其辅助业的全面对外开放。交通运输部和商务部也相应地于 2019 年 5 月废止了《外商投资国际海运业管理规定》和《外商独资船务公司设立管理办法》,不再单独针对外商投资国际海运业及其辅助业实施相应审批,而是按照内资与外资一致原则,按照《中华人民共和国国际海运条例实施细则》的相关规定进行管理。

从上述有关我国对外商投资经营国际海上运输及其辅助业务政策的发展演进历程来看,在新时代,我国的确做到了在更深层次以更大力度推进高水平开放。国际海运业及其辅助业迎来了全面对外开放。

6.4.4　班轮运价备案

集装箱班轮运价备案制度是我国针对具有鲜明寡头垄断色彩的集装箱班轮运输市场,为维护市场秩序,保护公平竞争,保障运输各相关方合法利益而采取的重要

---

① 《中华人民共和国国际海运条例实施细则》先后根据 2013 年 8 月 29 日《交通运输部关于修改〈中华人民共和国国际海运条例实施细则〉的决定》、2017 年 3 月 7 日《交通运输部关于修改〈中华人民共和国国际海运条例实施细则〉的决定》、2019 年 6 月 21 日《交通运输部关于修改〈中华人民共和国国际海运条例实施细则〉的决定》第三次修订、《交通运输部关于修改〈中华人民共和国国际海运条例实施细则〉的决定》做过四次修正。

制度设计。班轮运价备案制度自 1996 年在江苏、浙江、上海三省市开始试行,2009 年在全国范围内正式实施以来,目前虽仍处于推进完善阶段,但在规范集装箱班轮运输市场行为、稳定班轮市场运价、遏制不正当价格竞争等方面发挥了重要作用[19]。

　　班轮运价备案制度最早起源于美国,美国《1916 年航运法》首创了运价报备和服务合同报备制度,随后的《1984 年航运法》以及《1998 年航运改革法》对运价备案制度均有较大修改,但是其作为美国政府管理国际班轮运输市场的一项基本制度至今仍保留并实施。我国集装箱班轮运价备案制度基本借鉴美国模式,依托相关法律法规,将运价备案予以制度化、规范化。特别是 2001 年,为使得我国在加入WTO 后能够对逐步开放的国际班轮运输市场仍保持必要且适度的政府监管,运价备案制度写入《中华人民共和国国际海运条例》,实现了法律化①。但是在实践层面,运价备案制度并没有马上得到具体实施,这一方面由于当时在技术方面存在一定的障碍,另一方面在于 2002 至 2008 年全球经济危机这段时间内,我国国际班轮运输市场整体保持较为健康、良好的发展态势,市场秩序相对正常有序,潜在的市场问题一定程度上被繁荣的市场景象所掩盖。然而,2008 年全球经济危机爆发之后,遭受较大打击的班轮运输需求与日益扩大的班轮运力供给之间矛盾突出,并引发一系列市场问题的集中凸现,部分班轮运输企业为保证自身市场地位和利润,通过恶性杀价以低于正常合理的运价水平揽取货源,有些航线甚至出现了“零运价”“负运价”,这种恶性竞争局面不仅不利于班轮运输市场的健康发展,也不利于保障运输各相关方的合法利益。为矫正班轮运输市场所出现的市场失灵,2009 年 6 月9 日交通运输部出台《国际集装箱班轮运价备案实施办法》,在全国范围内全面实施运价备案制度。随后在 2010 年、2013 年、2014 年分别针对无船承运人、台湾航线、国内水路运输出台相应的运价备案规定。我国有关班轮运价备案制度的相关规范性文件规定如表 6.1 所示。

表 6.1　我国有关班轮运价备案制度的相关规范性文件规定

时间	规范性文件规定
1996 年	《国际集装箱班轮运输运价报备制度实施办法》②

---

① 2001 年出台的《中华人民共和国国际海运条例》第二十条规定:“经营国际班轮运输业务的国际船舶运输经营者的运价和无船承运业务经营者的运价,应当按照规定格式向国务院交通主管部门备案。国务院交通主管部门应当指定专门机构受理运价备案。备案的运价包括公布运价和协议运价。公布运价,是指国际船舶运输经营者和无船承运业务经营者运本上载明的运价;协议运价,是指国际船舶运输经营者与货主、无船承运业务经营者约定的运价。公布运价自国务院交通主管部门受理备案之日起满 30 日生效;协议运价自国务院交通主管部门受理备案之时起满 24 小时生效。国际船舶运输经营者和无船承运业务经营者应当执行生效的备案运价。”

② 2009 年《国际集装箱班轮运价备案实施办法》出台生效,1996 年《国际集装箱班轮运输运价报备制度实施办法》同时废止。

（续表）

时间	规范性文件规定
2001 年	《中华人民共和国国际海运条例》
2003 年	《中华人民共和国国际海运条例实施细则》
2009 年	《国际集装箱班轮运价备案实施办法》
2010 年	《无船承运业务经营者运价备案实施办法》
2013 年	《关于台湾海峡两岸间集装箱班轮运价备案实施的公告》
2013 年	《国际集装箱班轮运价精细化报备实施办法》
2014 年	《交通运输部办公厅关于国内水路集装箱班轮运输实施备案管理的通知》

通过表 6.1 不难看到,我国班轮运价备案制度在功能的完备性、实施的操作性、覆盖对象的范围等方面是在不断完善的。纵观我国班轮运价备案制度在约 20 年时间内的发展历程,其与特定的时代情境关系密切,可从社会学研究视角,借鉴功能结构主义和冲突理论,构建一个基于情境、结构、功能的新分析框架(见图 6.1)来按时间顺序对我国班轮运价备案制度的发展变迁进行分析研究[19]。

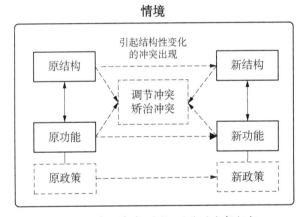

图 6.1　基于情境、结构、功能的分析框架

我国运价备案制度的确立最早可追溯至 1996 年,1995 年底中央明确提出把上海建成国际航运中心,1996 年在国务院的牵头组织下,以上海为中心,浙江、江苏为两翼的上海国际航运中心建设正式启动,同年经国务院批准,由原交通部和上海市人民政府共同组建上海航运交易所,以配合上海国际航运中心建设。当时我国国际集装箱班轮运输市场存在运力过剩问题,班轮公司为获取货源纷纷采取低价竞争策略[20],为了规范航运市场运输价格,促进公平竞争,保护当事人的合法权益,1996 年原交通部出台《国际集装箱班轮运输运价报备制度实施办法》,在上海、浙江、江苏试行运价备案制度,规定上海航运交易所为备案受理机构,省市交通主管部门为处罚监管机构。班轮运价备案制度初建时的情况如表 6.2 所示。

表 6.2　班轮运价备案制度初建时的情境、结构与功能

情境	结构	功能	政策
政治：配合中央要求的上海国际航运中心建设 经济：运力过剩，班轮公司低价竞争	备案受理权（上海航运交易所）与处罚监管权（省市交通主管部门）分离	运价（班轮公司的公布运价、多重运价、协议运价）备案与监管	《国际集装箱班轮运输运价报备制度实施办法》

　　为履行 WTO 谈判中我国进一步对外开放航运服务领域的相关承诺，2001 年底国务院出台《中华人民共和国国际海运条例》，将相关承诺法律化。同时，为有效发挥政府监管职能、维护海运市场秩序，班轮运价备案制度作为对国际集装箱班轮企业准入后市场行为进行监管的重要制度设计也正式被法律化、固定化（见表 6.3），明确了国务院交通主管部门作为运价备案制度实施的主体地位。此外，2001 年国际集装箱运输市场供需矛盾突出，运力供给大大超过市场需求，运价持续低迷，低价竞争已成市场常态[21]，政府需对市场进行必要监管以保障相关利益方的合法权益。

表 6.3　班轮运价备案制度正式法律化时的情境、结构与功能

情境	结构	功能	政策
政治：履行 WTO 谈判中进一步开放航运服务领域的相关承诺 经济：市场供需矛盾突出，运价持续低迷	国务院交通主管部门为实施主体（指定专门机构受理运价备案）；对影响公平竞争的情形，与国务院工商行政管理部门、价格部门共享调查权和处罚权	运价（班轮公司和无船承运人的公布运价、协议运价；班轮公司之间订立的涉及中国港口的班轮公会协议、运营协议、运价协议）备案与监管	《中华人民共和国国际海运条例》；《中华人民共和国国际海运条例实施细则》

　　需要指出的是，虽然班轮运价备案制度在法律层面得以确立，但是在实践层面，由于实施班轮运价备案制度所赖以支持的数据系统一时难以推出，再加之从 2002 年开始，全球经济进入复苏阶段，我国经济更是进入快速发展期，繁荣的进出口贸易为国际集装箱班轮运输市场的发展提供了良好契机，市场整体保持较为健康的发展态势，市场秩序也相对正常有序，这也一定程度上降低了实施运价备案制度的迫切性。班轮运价备案制度也因上述原因在 2002 至 2009 年间一直未正式实施。

　　2008 年全球性经济危机爆发，世界经济增长大幅减速并陷入衰退，我国进出口贸易也因此遭受打击，市场需求的萎缩直接对国际集装箱班轮运输市场产生不利影响，供求关系失衡，运价大幅下跌，部分班轮公司受利益驱使，恶性杀价，以低于正常合理的运价水平揽货，有些航线甚至出现了"零运价""负运价"，市场秩序亟

须政府主管部门来采取措施予以维护和规范。此外,2008年我国进行了新一轮的政府机构改革,再次突出强调要转变政府职能,同时要注重改善宏观调控,加强市场监管以营造良好的市场经营环境。2009年,交通运输部积极履行市场监管职能,在广泛调研的基础之上出台《关于国际集装箱班轮运价备案实施办法的公告》,指定上海航运交易所为受理机构,在全国范围内正式实施班轮运价备案制度(见表6.4)。

表6.4　运价备案制度正式实施时的情境、结构与功能

情境	结构	功能	政策
政治:转变政府职能,加强市场监管 经济:受全球性经济危机影响,供需关系失衡,运价大幅下跌,出现"零运价""负运价"现象	备案受理权(上海航运交易所)与处罚监管权(国务院交通主管部门或其授权的地方人民政府交通主管部门)分离;对影响公平竞争的情形,国务院交通主管部门与国务院工商行政管理部门、价格部门共享调查权和处罚权	运价(班轮公司的公布运价、协议运价)备案与监管	《关于国际集装箱班轮运价备案实施办法的公告》

2010年,为进一步贯彻实施《中华人民共和国国际海运条例》及其实施细则的相关规定,并结合无船承运人在集装箱班轮运输市场中的实际地位与发展态势,交通运输部出台《无船承运业务经营者运价备案实施办法》,在既有的管理结构下,增加了无船承运人运价备案与监管的功能。

2013年,为维护和规范台湾班轮运输航线的市场秩序,交通运输部适时出台《关于台湾海峡两岸间集装箱班轮运价备案实施的公告》。同年,为进一步提升运价备案制度的操作性和增强备案运价对于市场监管的实用性,交通运输部出台《关于国际集装箱班轮运价精细化报备实施办法的公告》,以深化运价备案制度的功能。

2014年,为进一步转变政府职能,创新管理服务方式,提高行政效率和服务水平,交通运输部下发《关于国内水路集装箱班轮运输实施备案管理的通知》,将国内水路集装箱班轮运输由登记改为告知性网上备案。

通过上述对我国运价备案制度发展历程的介绍与分析,结合上一小节构建的基于情境、结构、功能的分析框架,可勾勒出我国运价备案制度的变迁,如图6.2所示。

在我国现行的班轮运价备案政策体系下,上海航运交易所是交通运输部指定的全国唯一运价备案受理机构,承担了全国各口岸国际集装箱班轮企业、无船承运业务经营者、台湾海峡两岸间集装箱班轮运输企业和国内水路班轮运输企业的运价备案受理工作。据上海航运交易所统计显示[①]:截至2020年底,上海航运交易

---

① 统计数据来自 https://www.sse.net.cn/servicesintro/pricefillingintro。

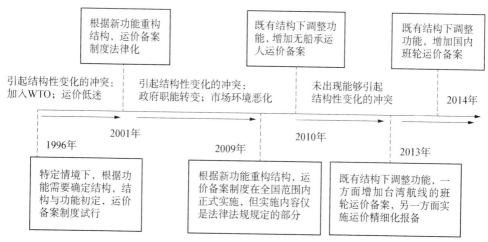

图 6.2　基于情境、结构、功能分析框架下的我国运价备案制度变迁

所共计受理国际集装箱班轮企业备案运价近 5 亿条,备案企业 100 余家;共计受理无船承运业务经营者备案运价 3 997.4 万余条,备案企业 11 000 余家;共计受理台湾海峡两岸间集装箱班轮企业备案运价 452.8 万余条,备案企业 26 家;共计受理国内水路集装箱班轮企业备案运价、船舶、航线、船期 5.4 万余条,备案企业 148 家。

　　值得关注的是,近年来交通运输部作为交通主管部门不断强化对国际集装箱班轮运输运价备案执行情况的检查力度,并根据《中华人民共和国国际海运条例》,对存在未报备运价或未按报备运价执行等违法违规经营行为的班轮公司进行处罚,以加强国际集装箱班轮运输市场监管,促进国际海运健康有序发展。根据交通运输部网站公告,2018 年 3 月,交通运输部组织在天津口岸开展了国际集装箱班轮运输运价备案执行情况检查。检查中发现中远海运集装箱运输有限公司、天津津海海运有限公司和赫伯罗特股份公司等 3 家班轮公司存在未报备运价或未按报备运价执行等违法违规经营行为。依据《中华人民共和国国际海运条例》的相关规定[①],对上述 3 家班轮公司实施了累计 32 万元的行政罚款。2018 年 6 月,交通运输部组织在深圳口岸开展了国际集装箱班轮运输运价备案执行情况检查。检查中发现汉堡南美航运公司、德翔海运有限公司、新海丰集装箱运输有限公司、阳明海运股份有限公司和 MCC 运输新加坡有限公司等 5 家班轮公司存在未报备运价或未按报备运价执行等违法违规经营行为。依据《中华人民共和国国际海运条例》的相关规定,对上述 5 家班轮公司实施了累计 85 万元的行政处罚。

---

① 相关规定即"未履行本条例规定的运价备案手续或者未执行备案运价的,由国务院交通主管部门或者其授权的地方人民政府交通主管部门责令限期改正,并处 2 万元以上 10 万元以下的罚款"。

6.4.5 中资方便旗船特案免税登记

为发展壮大中国籍远洋船队,我国鼓励中资外籍国际航运船舶转为中华人民共和国国籍,悬挂中华人民共和国国旗航行,提高中国远洋船队吨位,增强对国际贸易货物运输的保障能力,维护国家经济安全,同时可提高我国在世界国际航运界的地位、作用,增加话语权,扩大积极影响。2007 年 6 月,原交通部发布了《关于实施中资国际航运船舶特案免税登记政策的公告》(交通部公告 2007 年第 18 号),该公告宣布自 2007 年 7 月 1 日起两年内对中资国际航运船舶实施特案免税政策。在此期间,申请办理特案免税登记的船舶,如符合一定的船龄和技术等条件,在规定的期限内办理进口手续的,免征进口关税和进口环节增值税。该项政策先后于2009 年 7 月[《关于延长中资国际航运船舶特案免税登记政策的公告》(交通运输部公告 2009 年第 19 号)],2011 年 12 月[《关于在"十二五"期内继续实施中资方便旗船舶特案免税登记政策的公告》(交通运输部公告 2011 年第 99 号)],2016年 9 月[《关于实施有关中资"方便旗"船回国登记进口税收政策的公告》(交通运输部公告 2016 年第 45 号)],2018 年 7 月[《关于修订发布实施有关中资"方便旗"船回国登记进口税收政策的公告》(交通运输部公告 2018 年第 60 号)[①]做了政策实施期延长或部分政策内容调整的安排,并最终于 2019 年 9 月 1 日到期。现可基于中资方便旗船舶特案免税登记政策的主要政策点对交通运输部(原交通部)2007 年第 18 号、2009 年第 19 号、2011 年第 99 号、2016 年第 45 号公告展开对比研究,以更为全面地了解中资方便旗船舶特案免税登记政策的发展演变(见表 6.5)。

表 6.5 有关中资方便旗船舶特案免税登记的主要政策文件内容对比

主要政策点	2007 年第 18 号公告	2009 年第 19 号公告	2011 年第 99 号公告	2016 年第 45 号公告
执行期	2007 年 7 月 1 日至 2009 年 6 月 30 日	2009 年 7 月 1 日至 2011 年 6 月 30 日	2011 年 7 月 1 日至 2015 年 12 月 31 日	2016 年 9 月 1 日至 2019 年 9 月 1 日
免税内容	免征关税和进口环节增值税	免征关税和进口环节增值税	免征关税和进口环节增值税	免征关税和进口环节增值税
政策对象	报关进口、办理船舶登记的中资船舶	报关进口、办理船舶登记的中资船舶	报关进口、办理船舶登记的中资船舶,明确"中方出资比例不低于 50%"	报关进口、办理船舶登记的中资船舶,明确"中方出资比例不低于 50%"

① 交通运输部 2018 年第 60 号公告对 2016 年 45 号公告的政策内容仅做了微小变动(删除第五条"优先受理具有国际船级社协会正式会员船级的船舶"的规定),主要政策内容与 2016 年 45 号公告一致。

（续表）

主要政策点	2007 年第18 号公告	2009 年第19 号公告	2011 年第99 号公告	2016 年第45 号公告
船舶境外登记时间要求	2005 年 12 月 31 日以前已经在境外登记	2005 年 12 月 31 日以前已经在境外登记	2005 年 12 月 31 日以前已经在境外登记	2012 年 12 月 31 日前已经在境外办理登记
船龄要求	①船龄在 4～12 年的油船（包括沥青船）、散装化学品船等；②船龄在 6～18 年的散货船、矿砂船等；③船龄在 9～20 年的集装箱船、杂货船、多用途船、散装水泥船等。以上船龄是指船舶自建造完工之日起至 2007 年 7 月 1 日的年限	①船龄在 4～12 年的油船（包括沥青船）、散装化学品船等；②船龄在 6～18 年的散货船、矿砂船等；③船龄在 9～20 年的集装箱船、杂货船、多用途船、散装水泥船等。以上船龄是指船舶自建造完工之日起至 2007 年 7 月 1 日的年限	①船龄在 4～12 年的油船（包括沥青船）、散装化学品船等；②船龄在 6～18 年的散货船、矿砂船等；③船龄在 9～20 年的集装箱船、杂货船、多用途船、散装水泥船等。以上船龄是指船舶自建造完工之日起至 2007 年 7 月 1 日的年限，并明确"进口船舶还应符合旧船舶进口的相关要求"	船龄是自船舶建造完工之日起至 2016 年 9 月 1 日的年限，该船龄应满足《老旧运输船舶管理规定》（交通运输部令 2014 年第 14 号）有关要求
回国登记船籍港要求	应选择上海、天津、大连为船籍港	应选择上海、天津、大连为船籍港	可选择经国家海事管理机构授权的具有国际航行船舶登记权限的任一船籍港	可选择经国家海事管理机构授权的具有国际航行船舶登记权限的任一船籍港
船舶营运要求	原则上应继续从事国际航运	原则上应继续从事国际航运	原则上应继续从事国际航运	原则上应继续从事国际航运

中资方便旗船舶特案免税登记政策自 2007 年实施以来，"五星红旗"国际航行船舶的登记艘次和船舶吨位有所增加，但航运公司船舶移籍的积极性普遍不高，政策实施效果并不理想。据资料显示，2007 年 7 月 1 日至 2014 年 6 月 30 日的 7 年间，财政部共仅批准 74 艘船舶，约 235 万载重吨，实际在册登记 30 艘船舶，约 45 万总吨[①]，与政策出台事所期望达到的 400 万载重吨目标相去甚远。中资方便旗船舶特案免税登记政策在实施过程中主要存在如下问题。

（1）将船舶视作进口货物增加了船舶进口报关免税程序，大大削弱政策吸引力。相较在境外登记船舶，航运企业至少多负担 5 道程序：一是至交通运输部水运局申请中资方便旗船回国登记进口税收优惠，并经财政部会同海关总署和国税总局核定，每年必须在当年 3 月 1 日前提交相关材料，办结时间待定；二是至中国

---

① 资料来源："向海而兴|徐国毅：中国"中资外籍"船超七成，警惕税收外流"（https：//www.sohu.com/a/ 410204077_260616?_f = index_pagefocus_1&_trans_ = 000014_bdss_dklzxbpcgP3p：CP = ）。

船级社总部办理船舶进口前技术勘验;三是至商务部申请机电产品进口许可;四是至所在地海关申请进口免税审批;五是至当地海关、检验检疫、海事、边检4家口岸部门申请办理船舶进口查验及免税进口手续,其中实船查验规定对企业运营影响很大。根据该项政策的前期实施经验,上述流程时间存在不确定性,需要6个月以上时间不等,每船花费高达几十万至上百万元不等。

(2) 船舶登记操作方面,涉及部门多,流程复杂的情况仍较普遍,部分程序时限及操作流程仍有待明确。由于中资方便旗船舶特案免税登记政策只是在现行船舶登记制度下的部分调整,在相关流程上仍受到各相关部门和规定的制约。经梳理,一艘船舶登记将至少涉及15个部门,12个步骤,30余项申请。每个申请短至7个工作日,长至无法预计,且存在一定的串联许可现象。此外,中资方便旗船舶特案免税登记政策仅是在进口环节给予适用船舶以税收方面的优惠,在程序上仍视为进口,需要委托具有进出口贸易资质的公司代办进口许可证等一系列手续,审批流程较为烦琐,且办理费用相对较高。

(3) 其他影响因素方面,中资方便旗船舶特案免税登记政策实施效果不理想的原因还在于相关配套政策没有跟进,例如,①船籍改变后航运企业运营税加重。中资方便旗船舶船籍转回中国籍后,会增加一些需要缴纳的税费项目,主要有增值税、企业所得税和船员个人所得税等。②融资环境使船舶无法实现转籍。多年来,国内航运企业纷纷到海外寻求购造船舶的资金来源,但申请境外贷款,抵押合同往往也是注明要适用该国法律。特案免税登记政策实施后,这种通过境外贷款建造的船舶要回归中国籍,就必须适用中国法律,这就给这类中资外籍船舶回归设置了一个巨大障碍。③避免转籍后保险公司选择受限。根据我国《保险法》规定,境内法人(组织)或保险标的在境内的,应当向中国境内的保险公司投保。④另外,转籍后使得船员雇佣受限、运营航线受限(仅能从事国际航线运输)、船舶转让费用增加等。

总体来看,单靠中资方便旗船舶特案免税登记这一项政策不足以吸引中资国际航行船舶由"方便旗"转回"五星红旗",若要增加航运企业将旗下方便旗船舶转籍至国内登记的动力,必须从船舶登记、造船融资、船企运营税收等多方面入手,打造真正意义上可与实施国际船舶登记制度或方便旗制度的国家和地区相匹敌的政策环境。

6.4.6　启运港退税

启运港退税是我国在新形势下出口退税制度方面的政策创新,其是对传统外贸货物出口退税程序的改进与优化。在传统出口退税流程中,外贸货物需运至出运港口并实际离境出口,办理结关手续后方能退税。而在启运港退税政策框架下,外贸货物在启运港办理放行手续后,凭启运港出口货物报关单信息等相关材料即可前往主管退税的税务机关申请办理退税,无须等待货物实际离境出口并结关核销后再办理退税。相比传统出口退税流程,启运港退税能够使得出口企业提前获得退税,进而加快出口企业资金周转[22]。

我国考虑实施启运港退税制度是在 2008 年全球金融危机之后,国家有关部门拟通过实施启运港退税政策来支持上海等地打造国际航运中心,引导出口外贸货物向枢纽港集聚,增强相关港口的货流吸引能力,进而带动和推进产业结构优化和升级,实现经济发展方式的转变。2009 年,国务院印发《关于推进上海加快发展现代服务业和先进制造业建设国际金融中心和国际航运中心的意见》(国发〔2009〕19号),其中就明确提出要"在完善相关监管制度和有效防止骗退税措施前提下,实施启运港退税政策,鼓励在洋山保税港区发展中转业务"。因此,启运港退税政策的提出与上海国际航运中心建设密切相关。

由于国家税收制度的特殊性,启运港退税政策提出后并未能马上落地实施。经过若干年的深入调研和全面考虑,2012 年 3 月 21 日,财政部、海关总署、国家税务总局发布了《关于在上海试行启运港退税政策的通知》(财税〔2012〕14 号),决定在青岛、武汉至上海洋山保税港区之间试行启运港退税政策,2012 年 8 月 1 日起,启运港退税政策正式落地实施。财税〔2012〕14 号文对适用启运港退税政策的出口货物的启运地口岸和出口口岸、适用启运港退税政策的运输工具、适用启运港退税政策的企业做了明确的规定。同年,国家税务总局根据财税〔2012〕14 号文以及国家出口货物劳务增值税和消费税管理的有关规定,制定了《启运港退(免)税管理办法》(国家税务总局公告 2012 年第 44 号),从出口企业退(免)税备案、申报、审核、复核、退运等环节明确了出口企业、税务机关的具体操作内容。

2014 年 7 月,财政部、海关总署、国家税务总局根据《国务院关于印发中国(上海)自由贸易试验区总体方案的通知》(国发〔2013〕38 号)的有关规定,结合前期试点情况,决定扩大启运港退税政策试点,发布了《关于扩大启运港退税政策试点范围的通知》(财税〔2014〕53 号),对原有的启运港退税政策范围进行了扩大,退税条件也进一步放宽。在启运港退税政策的推动下,出口企业退税周期明显缩短,与此同时,上海港水水中转集装箱比例显著提升。同年 8 月,国家税务总局根据财税〔2014〕53 号文对 2012 年出台的《启运港退(免)税管理办法》予以了相应调整,颁布了新的《启运港退(免)税管理办法》(国家税务总局公告 2014 年第 52 号),新规定增加了运输企业所在地省级国家税务总局会同当地财政、海关等部门,认定符合适用启运港退(免)税政策条件的运输企业和运输工具名单并上报税务总局的内容,税务总局将汇总各地上报的名单,定期发布。适用启运港退(免)税的申报、审核办法仍与税务总局 2012 年制定的《启运港退(免)税管理办法》规定一致,未做修订。

为进一步完善启运港退税政策,扩大政策成效,结合前期政策实施情况,2018年 1 月,财政部、海关总署、国家税务总局再次联合发布《关于完善启运港退税政的通知》(财税〔2018〕5 号),对启运港退税政策予以了必要完善,进一步扩大了启运港退税政策的实施范围,如取消直航要求,对挂靠指定经停港然后自离境地口岸离境的货物和以经停港作为启运港的货物也实行启运港退税政策。随后,2018 年12 月,国家税务总局对《启运港退(免)税管理办法》进行了必要修订,修订后的《启运港退(免)税管理办法》(国家税务总局公告 2018 年第 66 号)更加强调启运港出口货物报关与申报退(免)税的电子化、无纸化管理,与原政策的管理思维及方式有明显变化。

启运港退税政策涉及多个关键政策方面,如航线要求、启运港、经停港、离境港、运输企业、运输工具、出口企业等等。本小节基于启运港退税政策的主要政策点对财税〔2012〕14 号文、财税〔2014〕53 号文以及财税〔2018〕5 号文展开对比研究。

通过表 6.6 的政策对比,可以看到现行的启运港退税政策(财税〔2018〕5 号文)相比之前的政策,主要有如下几方面的突破和完善:第一,取消了直航要求,增设了经停港,并允许经停港加装货物,有效放宽了启运港退税政策的适用范围,更加符合外贸出口货物的运输实践;第二,进一步增加了启运港数量,所增设的启运港全部位于长江沿线,对提升长江经济带的外贸出口竞争力有积极的促进作用;第三,更为细致地明确了出口退税办理条件,并将企业的信用等级作为对运输企业及出口企业监管的重要依据,突出了加强事中、事后监管的监管思路;第四,进一步加强了电子化管理,取消纸质出口货物报关单,同时增强了货物报关信息在海关和税务部门间的传输时效性,可进一步提升出口管理效率,压缩企业的退税周期。

表 6.6　有关启运港退税三大政策文件的主要内容比较

主要政策点	财税〔2012〕14 号文	财税〔2014〕53 号文	财税〔2018〕5 号文
启运港至离境港的航线要求	要求直航	要求直航	取消直航,可中途经停
所覆盖的启运港	青岛前湾港、武汉阳逻港	南京市龙潭港、苏州市太仓港、连云港市连云港港、芜湖市朱家桥港、九江市城西港、青岛市前湾港、武汉市阳逻港、岳阳市城陵矶港	泸州市泸州港、重庆市果园港、宜昌市云池港、岳阳市城陵矶港、武汉市阳逻港、九江市城西港、芜湖市朱家桥港、南京市龙潭港、张家港市永嘉港、南通市狼山港、苏州市太仓港、连云港市连云港港、青岛市前湾港
所覆盖的经停港	无	无	南京市龙潭港、武汉市阳逻港、苏州市太仓港①

---

① 承运适用启运港退税政策货物的船舶,可经停上述三个港口加装货物,但不得经停除上述港口以外的其他港口或在上述港口卸载货物。

（续表）

主要政策点	财税〔2012〕14 号文	财税〔2014〕53 号文	财税〔2018〕5 号文
所覆盖的离境港	洋山保税港区	洋山保税港区	上海市外高桥港区、洋山保税港区
对运输工具的要求	运输工具限为永裕016、永裕018、新滨城、向莲	运输工具应配备导航定位、全程视频监控设备，并且符合海关对承运海关监管货物的运输工具的相关要求	运输工具为配备导航定位、全程视频监控设备并且符合海关对承运海关监管货物运输工具要求的船舶
对运输企业的要求	因对运输工具已限定，故无明确规定	运输企业应在启运地与离境地之间设有直航航线，纳税信用级别被税务机关评价为B级及以上，并且三年内无走私违规记录	运输企业为在海关的信用等级为一般信用企业或认证企业，并且纳税信用级别为B级及以上的航运企业①
对出口企业的要求	须满足以下条件：①属于海关管理的B类及以上企业，具体由海关负责审核；②属于无涉税违法违规行为的自营出口企业，具体由主管出口企业出口退税的税务机关在办理出口退税手续时负责审核	应同时满足以下条件：①纳税信用级别被税务机关评价为B级及以上，并且不属于出口退税审核关注信息中关注企业级别为一至三级的自营出口企业；②属于海关管理的B类及以上企业	出口企业的出口退（免）税分类管理类别为一类或二类，并且在海关的信用等级为一般信用企业或认证企业②
出口货物报关单（即退税证明联）	启运地海关依出口企业申请，对其从启运港启运的符合条件的货物办理放行手续后签发纸质出口货物报关单（出口退税专用）	启运地海关依出口企业申请，对其从启运港启运的符合条件的货物办理放行手续后，签发纸质出口货物报关单（出口退税专用）	启运地海关依出口企业申请，对从启运港启运的符合条件的货物办理放行手续后，生成启运港出口货物报关单电子信息。以经停港作为货物启运港的，经停地海关依出口企业申请，对从经停港加装的符合条件的货物办理放行手续后，生成启运港出口货物报关单电子信息

① 财税〔2018〕5 号文进一步明确"税务总局定期向海关总署传送纳税信用等级为B级及以上的企业名单。企业纳税信用等级发生变化的，定期传送变化企业名单。海关总署根据上述纳税信用等级等信息确认符合条件的运输企业和运输工具"。
② 财税〔2018〕5 号文进一步明确"海关总署定期向税务总局传送一般信用企业或认证企业名单。企业信用等级发生变化的，定期传送变化企业名单。税务总局根据上述名单等信息确认符合条件的出口企业"。

（续表）

主要政策点	财税〔2012〕14号文	财税〔2014〕53号文	财税〔2018〕5号文
出口货物报关单（即退税证明联）信息传递的范围和时间	海关将已启运并签发退税证明联的报关单数据（加标识）实时发送给国家税务总局，每月将正常结关核销的报关单数据（加标识）和未实际到达离境港货物的报关单数据（加标识）发送给国家税务总局。国家税务总局将已退税的报关单数据反馈海关	海关总署将已启运并签发退税证明联的报关单数据（加标识）实时发送给国家税务总局，每月将正常结关核销的报关单数据（加标识）和未实际到达离境港货物的报关单数据（加标识）发送给国家税务总局。国家税务总局将已退税的报关单数据反馈海关总署	海关总署按日将启运港出口货物报关单电子信息（加标识）通过电子口岸传输给税务总局；启运港启运以及经停港加装的出口货物自离境港实际离境后，海关总署按日将正常结关核销的报关单数据（加标识）传送给税务总局。税务总局按日将已退税的报关单数据（加标识）反馈海关总署
办理出口退税的凭证	主管出口企业出口退税的税务机关，根据国家税务总局清分的退税证明联及结关核销报关单数据，为出口企业办理退税及调整已退税额	主管出口退税的税务机关，根据国家税务总局清分的退税证明联及结关核销报关单数据，为出口企业办理退税及调整已退税额	主管出口退税的税务机关，根据企业出口退（免）税分类管理类别信息、税务总局清分的企业海关信用等级信息和启运港出口货物报关单信息，为出口企业办理退税①；主管出口退税的税务机关，根据税务总局清分的正常结关核销的报关单数据，核销或调整已退税额
逾期未办理结关核销手续的规定	对已办理出口退税手续的货物，自启运日起2个月内未办理结关核销手续的，视为未实际出口货物，应追缴已退税款，不再享受启运港退税政策	对已办理出口退税手续的货物，自启运日起2个月内未办理结关核销手续的，视为未实际出口货物，应追缴已退税款，不再享受启运港退税政策	对已办理出口退税手续但自启运日起超过2个月仍未办理结关核销手续的货物，除因不可抗力或属于上述第（六）项情形②且出口企业已补缴税款外，视为未实际出口，税务机关应追缴已退税款，不再适用启运港退税政策
过渡期（实现报关单电子化传输前）的政策	无	无	海关总署和税务总局对启运出口货物报关单电子信息加标识、正常结关核销报关单数据加标识以及已退税的报关单数据加标识，实现按日电子化传输前，启运港出口退税仍按现行纸质报关单签发流程办理

① 财税〔2018〕5号文进一步明确"出口企业在申请退税时，上述信息显示其不符合启运港退税条件的，主管税务机关根据税务总局清分的结关核销的报关单数据（加启运港退税标识）办理退税"。

② 上述第（六）项情形是指"货物如未抵离境港不再出口，启运地或经停地海关应撤销出口货物报关单，并由海关总署向税务总局提供相关电子数据。上述不再出口货物如已办理出口退税手续，出口企业应补缴税款，并向启运地或经停地海关提供税务机关出具的货物已补税证明"。

就启运港退税政策的实施效果而言,该政策的实施对增强上海港集装箱中转能力和提高外贸出口企业资金周转效率有积极的促进作用。但需要指出的是,由于政策设计、协调和操作等方面的问题,启运港退税政策在实践中的运用规模尚且有限,外贸企业反响一般。为进一步挖掘启运港退税政策的政策潜力和扩大政策效应,2019 年 7 月,国务院印发的《中国(上海)自由贸易试验区临港新片区总体方案》中就明确提出要"进一步完善启运港退税相关政策,优化监管流程",上海市人民政府出台的《中国(上海)自由贸易试验区临港新片区管理办法》也明确规定要"进一步完善启运港退税相关政策,对符合条件的出口企业经洋山港离境的集装箱货物,实行更加便利高效的监管和服务"。另外,值得关注的是,在 2020 年 6 月,中共中央、国务院印发的《海南自由贸易港建设总体方案》中提到"对符合条件并经洋浦港中转离境的集装箱货物,试行启运港退税政策",以及 2020 年 8 月,国务院印发的《中国(浙江)自由贸易试验区扩展区域方案》中也提到要"在有效监管、风险可控的前提下,研究在宁波舟山港实施启运港退税政策的可行性"。不难看到,启运港退税政策将在我国进一步扩大实施范围。因此,启运港退税政策值得进一步跟踪研究。

6.4.7　船舶排放控制区

设立船舶排放控制区是国内外控制船舶排放大气污染物的典型政策手段。所谓船舶排放控制区政策即指政府间国际组织或相关国家及地区政府机构通过颁布具有强制约束力的国际公约或国内法律法规或规范性文件,划定出一定地理范围的水域,要求进入划定水域的船舶(通常军用船舶、体育运动船艇和渔业船舶除外)采取相应措施(一般要求船舶使用低硫燃油)以执行更为严格的排放标准来控制船舶大气污染物(主要针对硫氧化物、氮氧化物和颗粒物)排放的实践[23]。

我国政府长期以来高度重视船舶的空气污染控制问题,在 2006 年 8 月就正式批准和加入《国际防止船舶造成污染公约》附则六《防止船舶造成空气污染规则》。随着生态文明建设在我国的持续推进,为贯彻落实《中共中央　国务院关于加快推进生态文明建设的意见》《大气污染防治行动计划》和《水污染防治行动计划》,结合履行国际公约相关义务和我国水运发展实际,全面推进船舶与港口污染防治工作,积极推进绿色水路交通发展,交通运输部于 2015 年 8 月出台《船舶与港口污染防治专项行动实施方案(2015—2020 年)》,其中,提出要"借鉴国际经验,突出国家大气污染联防联控重点区域,兼顾区域船舶活动密集程度与经济发展水平,设立珠三角、长三角、环渤海(京津冀)水域船舶大气污染物排放控制区,控制船舶硫氧化物、氮氧化物和颗粒物排放",并明确"2015 年底前,发布《珠三角、长三角、环渤海(京津冀)水域船舶排放控制区实施方案》,按照方案要求分阶段分步骤推进实施。在排放控制区内选择核心港口区域试点示范;适时评估试点示范效果,将排放控制要求扩大至排放控制区内所有港口。2018年底前,评估确定采取更加严格排放控制要求、扩大排放控制区范围以及其他进一步举措"。2015年12月,交通运输部出台《珠三角、长三角、环渤海(京津冀)水域船舶排放控制区实施方案》作为具体实施方案,正式设立了上述三大船舶排放控制区。自此,船舶排放控制区政策在我国正式实施。2018年11月,在前期政策基础之上,交通运输部又印发《船舶大气污染物排放控制区实施方案》,进一步扩大我国船舶排放控制区政策的实施范围,强化船舶大气污染物排放控制。纵观我国的船舶排放控制区政策,可以发现我国船舶排放控制区政策在不断地发展和完善,主要表现出如下四方面的演变特征[24]。

第一,排放控制区地理范围逐步扩大。2015年12月,交通运输部出台的《珠三角、长三角、环渤海(京津冀)水域船舶排放控制区实施方案》作为具体实施方案,决定在我国设立三大船舶排放控制区,并具体划定了排放控制区的海域边界和内河水域范围,确立了分阶段分步骤实施的工作原则。其中,明确提及要在2019年底前对船舶排放控制区政策的实施效果进行评估,以确定是否采用扩大排放控制区地理范围等进一步措施。2018年6月,中共中央、国务院《关于全面加强生态环境保护坚决打好污染防治攻坚战的意见》要求落实船舶排放控制区管理政策,随后,国务院出台的《打赢蓝天保卫战三年行动计划》也明确"2019年底前,调整扩大船舶排放控制区范围,覆盖沿海重点港口"。交通运输部随即形成《船舶排放控制区调整方案(征求意见稿)》,拟扩大排放控制区范围以覆盖更多的重点大型港口和航行密集水域。2018年12月,交通运输部出台《船舶大气污染物排放控制区实施方案》,正式扩大我国的船舶排放控制区地理范围,将控制区沿海水域拓展至全国领海基线外延12海里(1海里=1.852千米)内的所有海域及港口,特别划定海南水域及其港口以实施更为严格的控制政策。另在原有内河控制区的基础之上,新增两个控制区,分别是长江干线(云南水富至江苏浏河口)和西江干线(广西南宁至广东肇庆段)的通航水域。自此,我国船舶排放控制区的地理范围由珠三角、长三角、环渤海(京津冀)三大区域性水域拓展至全国沿海和主要内河水域。

第二,排放控制区限排要求不断提高。在我国船舶排放控制区正式设立之前,《船舶与港口污染防治专项行动实施方案(2015—2020年)》在其工作目标中就提到"到2020年,珠三角、长三角、环渤海(京津冀)水域船舶硫氧化物、氮氧化物、颗粒物与2015年相比分别下降65%、20%、30%"。为实现上述目标,《珠三角、长三角、环渤海(京津冀)水域船舶排放控制区实施方案》将使用硫含量(含硫质量比)不大于0.5%m/m的船用燃油作为排放控制区政策框架中的关键限排要求,并把使用硫含量不大于0.1%m/m的船用燃油作为重要的未来政策选项之一。2018年底,《船舶大气污染物排放控制区实施方案》出台,将使用硫含量不大于0.1%m/m的船用燃油正式确立为限排要求,规定"2020年1月1日起,海船进入内河控制区,应使用硫含量不大于0.1%m/m的船用燃油"和"2022年1月1日起,海船进入沿海控制区海南水域,应使用硫含量不大于 0.1%m/m 的船用燃油",并将"自 2025 年 1 月 1 日起,海船进入沿海控制区使用硫含量不大于 0.1%m/m 的船用燃油"作为政策评估后的备用政策选项。此外,需要关注的是,2015 年船舶排放控制区政策所规定的相关举措仅是对船舶排放的硫氧化物予以控制,未涉及氮氧化物。而 2018 年的政策在强化硫氧化物排放控制要求的同时,对氮氧化物排放也予以了限制性规定,要求根据船舶建造或船用柴油发动机重大改装时间、单台船用柴油发动机输出功率是否超过 130 千瓦等条件,使得船舶满足《国际防止船舶造成污染公约》各阶段氮氧化物排放限值要求。另外,值得提及的是,国家鼓励采取多种方式来确保使用低硫燃油或其替代措施的落实,例如,交通运输部《关于推进长江经济带绿色航运发展的指导意见》等政策文件就强调要通过优先使用岸电、建设船舶大气污染物排放遥感控制和油品质量监测网点等措施来贯彻落实排放控制要求。其中,岸电使用受到了高度关注。2018 年全国性的船舶排放控制区政策将船舶靠港使用岸电纳入政策框架,要求具有船舶岸电系统船载装置的船舶在排放控制区内具备岸电供应能力的泊位停泊超过一定时间时,在不使用其他等效替代措施的(包括使用清洁能源、新能源、船载蓄电装置或关闭辅机等)情况下应使用岸电。

第三,政策实施过程具有明显的阶段性。分阶段分步骤实施是我国船舶排放控制区政策在执行过程中的突出特点。船舶排放控制区政策的核心在于船舶使用低硫船用燃油,而低硫船用燃油的普遍使用受港口供油能力、船舶经营成本、燃油质量检测能力等多方面因素影响。因此,船舶排放控制区政策的实施不可能一蹴而就,需要递进式地分阶段实施。值得说明的是,国际海事组织层面的国际船舶排放控制区政策在执行过程中也遵循分阶段实施的工作原则,这为我国船舶排放控制区政策实施提供了很好的借鉴。从我国船舶排放控制区政策制定的角度来看,2018 年的《船舶大气污染物排放控制区实施方案》以 2015 年《珠三角、长三角、环渤海(京津冀)水域船舶排放控制区实施方案》为基础,对其进行了有效深化与完善,这就很大程度上体现了政策实施的阶段性。就上述两份政策文件的具体内容而言,更是突显了阶段性特征。两者均以时间为轴,将船舶排放控制区政策分为多个阶段(见表 6.7 和表 6.8)来相继执行,有序推进。

表 6.7　《珠三角、长三角、环渤海(京津冀)水域船舶排放控制区实施方案》
关于船舶排放控制区政策的主要实施阶段

阶段	时间	排放控制措施
第一阶段	2016 年 1 月 1 日起	排放控制区内有条件的港口可以实施船舶靠岸停泊期间使用硫含量不大于 0.5%m/m 的燃油等高于现行排放控制要求的措施

（续表）

阶段	时间	排放控制措施
第二阶段	2017年1月1日起	船舶在排放控制区内的核心港口区域靠岸停泊期间(靠港后的一小时和离港前的一小时除外,下同)应使用硫含量不大于0.5%m/m的燃油
第三阶段	2018年1月1日起	船舶在排放控制区内所有港口靠岸停泊期间应使用硫含量不大于0.5%m/m的燃油
第四阶段	2019年1月1日起	船舶进入排放控制区应使用硫含量不大于0.5%m/m的燃油
第五阶段	2019年12月31日前	评估前述控制措施实施效果,确定是否采取以下行动:①船舶进入排放控制区使用硫含量不大于0.1%m/m的燃油;②扩大排放控制区地理范围;③其他进一步举措

表6.8　《船舶大气污染物排放控制区实施方案》关于船舶排放控制区政策的主要实施阶段

阶段	时间	排放控制措施
第一阶段	2019年1月1日起	海船进入排放控制区,应使用硫含量不大于0.5%m/m的船用燃油,大型内河船和江海直达船舶应使用符合新修订的船用燃料油国家标准要求的燃油
第二阶段	2020年1月1日起	海船进入内河控制区,应使用硫含量不大于0.1%m/m的船用燃油
第三阶段	2020年3月1日起	未使用硫氧化物和颗粒物污染控制装置等替代措施的船舶进入排放控制区只能装载和使用按照相关规定应当使用的船用燃油
第四阶段	2022年1月1日起	海船进入沿海控制区海南水域,应使用硫含量不大于0.1%m/m的船用燃油
第五阶段	2025年1月1日前	适时评估船舶使用硫含量不大于0.1%m/m的船用燃油的可行性,确定是否要求自2025年1月1日起,海船进入沿海控制区使用硫含量不大于0.1%m/m的船用燃油

　　第四,大型枢纽港口起到引领示范作用。由于我国港口众多,且各港口因地理位置、腹地经济发展程度、集疏运条件等差异,港口规模和发展水平存有差异,进而也使得各港口贯彻实施船舶排放控制区政策的难易存在差别。对此,我国船舶排放控制区政策本身也予以了较为充分的考虑。例如,《珠三角、长三角、环渤海(京津冀)水域船舶排放控制区实施方案》就对相关港口做了"有条件的港口""核心港口"等类型划分。总体来看,大型枢纽港口在贯彻落实船舶排放控制区政策过程中发挥了引领示范作用,其中,以上海港为典型代表。早在我国船舶排放控制区政策正式实施以前,2015年上海市就制定了《上海绿色港口三年行动计划(2015—2017年)》,表示"研究支持长三角区域船舶减排的法律法规和鼓励政策,推进排放控制区或协作区的建立"。我国船舶排放控制区政策正式实施后,为进一步改善城市环

境空气质量,促进上海国际航运中心绿色发展,上海市专门印发《上海港实施船舶排放控制区工作方案》,以长三角区域核心港口身份率先实施船舶排放控制区政策,即自 2016 年 4 月 1 日起,上海市港口区域(包括海域和内河水域)实施高于现行排放控制要求的措施,要求船舶在上海港区域靠岸停泊期间(靠港后的一小时和离港前的一小时除外)应使用硫含量不大于 0.5% m/m 的船用燃油。这也意味着上海港提前 9 个月履行交通运输部设立船舶排放控制区所要求的政策职责。2018年 8 月,上海海事局与上海市地方海事局联合发布《关于上海港提前实施在航船舶排放控制措施的通告》,比原计划提前 3 个月实施更为严格的排放控制措施,即自 2018 年 10 月 1 日起,要求国际航行船舶和国内沿海航行船舶在上海港内行驶及靠岸停泊期间,应当使用硫含量不大于 0.5% m/m 的燃油。此外,在政策执行实践中,上海海事部门积极探索使用新技术手段来确保船舶排放控制区政策的有效实施。2019 年 7 月,浦东海事局在全国范围内首次利用无人机查获在航船舶使用燃油硫含量超标案件。大型枢纽港口带头提前实施船舶排放控制区政策,一方面发挥了引领示范作用,另一方面也为及时掌握政策实施难点提供了可能,可为后续中小型港口实施船舶排放区控制政策提供必要经验。

6.4.8　国际船舶登记

国际船舶登记制度是 20 世纪 80 年代中后期出现的一种既有别于传统的严格船舶登记制度,又有别于开放船舶登记制度的船舶登记制度。在国际船舶登记制度下,各国均在船舶条件、登记程序、船员配备、航行范围、税收政策、监管等方面,制定了不同于其现行船舶登记制度的特殊制度安排,不仅使从事国际船舶运输业务的国际航行船舶享有方便旗制度的运营便利与合理的税收环境,而且为国际航行船舶提供更好的监管和保护,其目的是强化各国对国际远洋船舶资源的配置能力和控制力,有效促进其国际远洋船队规模和质量的提升,带动航运中心及相关产业的发展,提高其在全球航运市场的地位,更好地维护国家安全和海洋权益。

我国探索建立国际船舶登记制度在实践层面最早可追溯至 2012 年 3 月在上海洋山保税港区启动的"保税船舶登记"试点,以"中国洋山港"为船籍港,可为注册在洋山保税港区的企业所拥有或境外光租的从事国际航运业务的保税船舶(即办理了出口退税或进境备案手续的船舶)办理船舶登记业务。洋山保税港区成为全国第一个可以开展保税船舶登记的海关特殊监管区,开创了国内保税船舶登记的先例,为进口保税船舶和国内制造入区退税船舶进行船舶登记创造了条件。同时满足"从事国际航运""洋山保税港区内注册的企业拥有或从境外光租的船舶""已经办理出口退税手续或予以保税的船舶"三项条件是船舶在洋山保税港区办理保税登记的重要前提。

在洋山保税港区"保税船舶登记"试点政策框架下,洋山保税港区内企业拥有或境外光租的中资"方便旗"船入区办理转旗换籍登记手续时,参照《融资租赁船舶出口退税管理办法》(国税发〔2010〕52 号)可将船舶视作货物,并依据《中华人民共和国海关法》进行监管,办理进出境备案手续并保税。国内新造船舶在"中国洋山港"登记,视同出口办理退税手续。因手续简便、可降低引航费和船员成本等优势比中资方便旗船舶特案免税登记政策更具政策吸引力。洋山保税港区"保税船舶登记"政策实施后,成功吸引 5 艘船舶在中国洋山港登记,并有 24 艘船舶有明确登记意愿。

但值得特别指出的是,2014 年 1 月财政部和国家税务总局联合下发《关于规范船舶进口有关税收政策问题的通知》(财关税〔2014〕5 号),叫停了保税船舶登记业务的实施。财关税〔2014〕5 号文表示保税港区等海关特殊监管区域的进口保税政策不适用于并不能实际入区的进境船舶。为规范政策,避免对国内船舶工业的发展造成冲击,除符合条件可享受中资方便旗船回国登记进口税收政策(也即中资方便旗船舶特案免税登记政策)的船舶外,其他在保税港区等海关特殊监管区域登记的进境船舶,应按进口货物的有关规定办理报关手续,统一执行现行船舶进口的税收政策,照章缴纳进口关税和进口环节增值税。

为贯彻落实《国务院关于天津北方国际航运中心核心功能区建设方案的批复》(国函〔2011〕51 号)和《国家发展和改革委关于印发天津北方国际航运中心核心功能区建设方案的通知》(发改基础〔2011〕1051 号)的要求,天津加快推动东疆保税港区国际船舶登记制度试点创新。2013 年 5 月,《天津东疆保税港区国际船舶登记制度创新试点方案》获得交通运输部批复同意,标志着国际船舶登记制度的"天津模式"正式落地,天津东疆在国内率先开展国际船舶登记。天津东疆保税港区国际船舶登记制度有选择地放宽了船舶登记的准入条件,从登记条件、船员配备、登记种类等方面进行了创新探索。在登记主体方面严格限制了船舶吨位大小,即为1 600 总吨以上的货船、不定期客船、钻井平台及其他水上移动装置;船舶法人的注册资本中有外商出资的,除中方投资人出资额不得低于 50%的要求外,新增了国有资产监督管理部门认定的境外中资企业回国投资,其出资可作为中方出资额,境内外商投资企业在天津东疆保税港区再投资设立的企业不受出资额比例限制等新的内容;已经办结海关完税、退税或保税手续的船舶也可登记。在船龄方面,新的国际船舶登记制度将各种进口船型的船龄年限均放宽两年。同时经海事机构核准后,允许船舶雇用外籍高级船员,但外籍船员比例不得超过 30%。此外,在登记业务形式上还增加了船舶融资租赁登记。《天津东疆保税港区国际船舶登记制度创新试点方案》特别指出"本方案所称的国际船舶登记是指在天津东疆保税港区试行的在船舶所有人的股权结构、船龄限制等方面跟现行的船舶登记制度相比,适度放宽的一种登记形式;并与现行的船舶登记制度在我国并行实施"。

洋山保税港区"保税船舶登记"试点政策被叫停后,上海一直未放松对国际船舶登记制度创新的探索。特别是 2013 年 9 月国务院印发的《中国（上海）自由贸易试验区总体方案》（国发〔2013〕38 号），其中明确指出要"充分发挥上海的区域优势，利用中资'方便旗'船税收优惠政策，促进符合条件的船舶在上海落户登记。在试验区实行天津试点的国际船舶登记政策。简化国际船舶运输经营许可流程，形成高效率的船籍登记制度"，这为上海进一步探索国际船舶登记制度创新提供了重要指引。2013 年 12 月，交通运输部批复《中国（上海）自由贸易试验区国际船舶登记制度试点方案》，对船舶所有人股权结构、船舶航行区域、船龄限制、外籍船员配备等做进一步放开，同时优化了登记程序。具体来看，较现行的严格船舶登记制度，上海自贸区国际船舶登记制度主要有五个方面的突破：一是在登记主体方面，自贸区国际船舶登记制度放宽了登记船舶所属法人注册资本中的外资比例限制，外商投资比例可以高于 50%；二是在船龄方面，国际船舶登记制度下的船舶船龄可以在现行船龄标准基础上放宽两年；三是在外籍船员雇佣方面，基本放开了对外籍船员的限制，原来雇佣外籍船员需要由交通运输部审批，现在只需向上海海事局报备即可；四是在船籍港方面，设置两个船籍港，如果船舶处于保税状态，则登记为"中国洋山港"，如船舶处于完税状态，则登记为"中国上海"，两个船籍港均享受国际船舶登记制度的各项政策便利；五是在登记种类方面，充分考虑社会经济发展实际需求，在现有登记种类的基础上增加了船舶融资租赁登记，并可结合自贸区实际情况，适当增设必要的登记种类。同时，在登记程序和相关配套程序上也授权上海海事局进行优化、完善，切实提高国际船舶登记效率。

历经上海和天津在国际船舶登记制度的不懈探索，2016 年 12 月，交通运输部出台《中华人民共和国船舶登记办法》（中华人民共和国交通运输部令 2016 年第 85 号），其中，第八章为"自由贸易试验区国际船舶登记的特别规定"，首次从制度上明确国际船舶登记在我国的法律地位，并从五方面展开了制度创新：一是放宽了登记主体股比限制，明确规定"依据中华人民共和国法律在自由贸易试验区设立的中资企业、中外合资企业、中外合作企业，以及依据国务院自由贸易试验区相关方案设立的外商独资企业和港澳台独资企业的船舶，可以依照本章有关规定申请办理国际船舶登记"；二是明确自贸区国际登记船舶"只能从事国际及港澳台航行、停泊和作业"；三是对标其他国家和地区国际船舶登记的成功经验，结合便民的需要，提供网上申请预登记，申请人网上申请后领取证书时再到登记机关进行现场材料确认；四是突出服务理念，切实为相对人提供便利，规定了海事"一站式"办理以及内部材料免予提交；五是规定船舶营运办证各相关机构简化各项业务办理条件、优化办理程序，缩短办结时间，并建立信息共享机制，对通过信息共享可以获得的材料，免予申请人提交。为进一步完善自贸区国际船舶登记制度，2019 年 6 月，国家海事局发布《关于放开自由贸易试验区国际登记船舶入级检验有关事项的公告》，明确"自由贸易试验区国际登记船舶可以自愿向中国船级社或者经中华人民共和国海事局批准的符合规定条件的外国验船公司申请入级检验",并具体规定了外国验船公司开展自由贸易试验区国际登记船舶入级检验业务的基本流程与要求。

　　我国现行的基于自由贸易试验区建设而实施的国际船舶登记政策,虽然在制度层面较传统的严格船舶登记政策已有很大突破,并成为与严格船舶登记制度并行实施的有关船舶登记的重要制度,在登记主体股比限制、入级检验等诸多方面均已放宽要求,但仍存在需要进一步完善提升的政策空间。就实施效果而言,现行的国际船舶登记制度尚未完全达到预期目标,未能明显吸引方便旗船舶回国登记以及避免国际航行船舶出国登记。究其原因,主要症结在于现行的自贸区国际船舶登记制度下的船舶在运营环节并无配套优惠政策可以享受,这严重影响国际船舶登记政策效应的发挥。例如,我国企业 25% 的企业所得税率安排,较境外国际运输企业较为普遍的 15% 所得税率有较大差距,即本身船舶所有人或者控制人在境内设立国际船舶运输企业的动力十分缺乏。再如,船舶回归登记时,新注册企业申请国际船舶经营许可证需要 30 个工作日,也会一定程度上对船舶运营造成影响。如果将复杂的船舶登记程序比作是"短痛"的话,航运企业所处的整体营商环境问题将是更加困扰企业的"长痛"。值得指出的是,我国仍在持续探索完善国际船舶登记政策。2019 年 7 月,国务院印发的《中国(上海)自由贸易试验区临港新片区总体方案》,就明确提出了要"在确保有效监管、风险可控前提下,对境内制造船舶在'中国洋山港'登记从事国际运输的,视同出口,给予出口退税"。2020 年 6 月,中共中央、国务院印发的《海南自由贸易港建设总体方案》也明确提出要"以'中国洋浦港'为船籍港,简化检验流程,逐步放开船舶法定检验,建立海南自由贸易港国际船舶登记中心,创新设立便捷、高效的船舶登记程序。取消船舶登记主体外资股比限制。在确保有效监管和风险可控的前提下,境内建造的船舶在'中国洋浦港'登记并从事国际运输的,视同出口并给予出口退税"。相信随着我国对外开放力度的进一步加大和对内改革的进一步深化,国际船舶登记制度将愈加完善。

6.5　中国香港的主要航运政策

6.5.1　自由港政策

　　"自由港"一词在国际上未有统一的定义。世界海关组织使用的"自由区"概念相对比较权威,其定义来自 1973 年的《京都公约》①,指的是"一国的部分领土,在这部分领土内运入的任何货物,就进口税及其他各税而言,被认为在关境外"。根据上述定义以及自由港建设的国际实践,自由港的主要特征通常归纳为三个方面:

---

① 即《关于简化和协调海关业务制度的国际公约》,该公约是世界海关组织在简化和协调各国海关手续方面较为系统和全面的一个国际文件。

一是"境内关外",即位于一国领土境内,但免于实施惯常的海关监管制度,免征关税;二是自由化,区内在海关监管、货物流转、金融市场、进出口管制等方面具有高度开放的特征;三是综合化,自由港的总体发展趋势是多功能、综合化,兼具转口贸易、出口加工、商业旅游等功能,同时还实施综合政策体系,包括免税优惠、外资投资、金融外汇及出入境自由等[25]。

　　香港实施自由港政策历史悠久。自 19 世纪 40 年代被英国侵占成为殖民地后,英国便宣布香港为自由港,推行自由贸易政策。经过上百年的发展,香港逐步由单一的转口贸易港发展成为经济结构多元化的自由港。纵观香港自由港的发展历程,依据工业革命以来世界殖民与自由贸易扩张、战后产业分工与区域一体化的宏观背景及其自身发展条件与规律,以产业结构、政策框架与空间要素为主,香港自由港可以大致划分为转口贸易型(19 世纪 40 年代至 50 年代)、加工贸易型(20世纪 50 年代至 70 年代)、综合型(20 世纪 70 年代末至 90 年代)和跨区域综合型(20 世纪 90 年代香港回归后至今)四大发展阶段[26]。

　　香港之所以能够成为世界上最自由、最开放、最活跃的自由贸易港,得益于自由的经济政策、便捷的通关条件以及简便的税收制度。具体来看,在经济政策方面,实施自由的企业经营制度:对外来投资项目不设任何管制(除了金融、电信、公共运输、公用设施及部分大众媒体等领域);企业注册效率高,企业进入及经营门槛低;对本地公司及外商一视同仁,实行少干预、无补贴政策。实施自由的贸易制度:对进出口贸易不设置管制(为履行国际义务及维护香港安全原因对贸易实行必不可少的管制除外);进出口手续极为简便,一般商品进出口无须报批,只需在 14 天内向海关递交填写完整的报关表即可;外来船舶免办进港申请及海关手续,关检、卫检手续简便,并豁免港口行政费用。实施自由的金融制度,香港拥有高度开放和自由的金融市场,主要表现在:一是资本市场完全开放,对外资公司参与当地证券交易没有限制;二是对外融资自由,企业可以获得各类融资渠道,融资自由度高;三是实行自由汇兑制度,香港是亚洲地区唯一没有离岸业务和本地业务之分的"一体化中心";四是本地资金和境外资金均可自由进出、自由流动。在通关条件方面,实施诸多便利商贸计划:一是通过实施"香港认可经济营运商计划",为符合条件的企业带来海外国家给予的多种优惠;二是通过实施"多模式联运转运货物便利计划",利用电子预报货物数据和电子锁及全球定位系统监测货物,从而减少海关检查次数;三是通过实施"海运简易通关计划",简化海关清关程序,为海运货运代理提供电子渠道。采用多个电子货物清关平台,提高清关效率:一是在航空、远洋及内河货物方面,承运商可通过电子货物舱单系统,同时向香港海关、政府统计处及工业贸易署以电子形式提交货物舱单;二是为业界提供空运货物清关系统,与香港国际机场内的空运货物营运商接轨;三是为托运人及货车司机或其货运代理公司向香港海关提交电子预报货物资料设立道路货运系统和清关平台。在税收制度方面,香港实行以直接税为主体的"避税港"税收制度,有效促进了香港企业的成长和香港经济的繁荣发展。香港的税收分为直接税和间接税,其中,直接税仅征收利得税、薪酬税、物业税,间接税只对汽车、烟草、部分酒类、燃油和少数其他项目征税。税率较低,目前,香港仅征收利得税最高税率为 16.5%、薪酬税最高 17%、物业税统一为 15%,并且还设有宽松的免税额制度和其他扣税项目,使税负得以再减轻。世界银行与国际金融公司组织调查 189 个经济体系的赋税状况后联合发布的《赋税环境报告》显示,香港的赋税环境是全球最佳之一[27]。

6.5.2　航运管理机构及其职能

　　总体而言,香港对航运及港口行业实施的是"积极的不干预"政策,港航相关的行政管理环境较为宽松,通过将政府职能限定在尽可能小的范围内,给市场以充分的自由。特区政府未设立专门的港航管理机构来进行港航事务的管理,主要设置了海事处来负责香港一切航行事务和所有等级、类型船只的安全标准。海事处的主要职能包括:促进香港水域内船舶航行、客货运输安全快捷;确保在香港注册、领牌和使用香港水域的船只,均符合国际和本地的安全、海上环保标准;管理香港船舶注册、订立符合国际公约规定的政策、标准和法例;确保在香港注册、领牌和使用香港水域的船只所聘用的海员均符合国际和本地规定的资格,并规管香港海员注册和聘用等事务;履行香港应有的国际责任,协调海上搜救行动,并确保行动符合国际公约所订标准;对付香港水域内的油污、收集船只产生的垃圾和清理香港水域内特定范围的漂浮垃圾;以最具成本效益的方式,提供并保养大量政府船只,配合各部门的需要①。

　　另外,值得一提的是,2016 年,香港特区政府在原香港航运发展局和香港港口发展局的基础之上,将上述两机构合并成立了香港海运港口局(Hong Kong Maritime and Port Board)。香港海运港口局虽隶属于运输及房屋局,但仍作为一个政策咨询机构,并不具有相关行政管理职权。香港海运港口局的主要作用在于就香港海运及港口业的发展方针和政策提出策略指引,该局的主要职权范围如下:就发展香港成为海运服务枢纽和推动香港港口持续发展的政策及策略,向政府提供建议;督导发展香港海运及港口行业的工作,监察及协调落实情况;在海外和中国内地展开推广工作,推广香港为国际海运中心及主要港口;推动发展多元化的海运服务,以吸引企业投资本港海运业务;制定海运及港口业人力资源发展策略,并且推出方案,以满足业界所需,并监察海运及空运人才培训基金的落实工作;以及就国际海运业趋势及作业模式进行研究,以助制定相关政策、策略及措施②。香港

---

① 资料来源于香港特别行政区政府海事处官网(https://www.mardep.gov.hk/sc/aboutus/functions.html)。

② 资料来源于香港海运港口局官网(https://www.hkmpb.gov.hk/sc/terms-of-reference.html)。

海运港口局下设三个专门的委员会,分别是海运及港口发展委员会、推广及外务委员会和人力资源发展委员会。其中,海运及港口发展委员会主要负责制定策略及措施,以发展香港成为海运服务枢纽及巩固香港港口的竞争力;推广及协调政策研究及市场调研,谋求海运及港口业的发展机遇;为海运及港口业界提供平台,协力促进业界发展;以及推行香港海运港口局议定与上述提及的相关工作。推广及外务委员会主要负责制定政策及策略,推广香港为国际海运中心及主要港口,并监督工作落实情况;推出和进行推广及宣传活动;联同海运及港口业界协力推展推广工作等。人力资源发展委员会主要负责因应海运及港口业的人手供求情况,制定人力资源策略、措施及方案,以支持本港的海运及港口发展;督导及进行与海运业人力资源发展相关的研究和调查;监督海运及空运人才培训基金下与海运业有关计划的落实情况,并提供相关意见等。

6.5.3 开放船舶登记政策

就船舶登记制度而言,香港实施的是开放船舶登记制度。所谓开放船舶登记制度又称方便旗制度,是指允许由外国船东和外国人控制的船舶在本国登记,并对船东提出较为方便和宽松的登记要求的一种船舶国籍登记制度[28]。世界上实施开放船舶登记制度的主要包括巴拿马、利比里亚、巴哈马、塞浦路斯、新加坡、中国香港等国家或地区。香港开放船舶登记制度已有超过 150 年历史,由隶属于香港特别行政区政府海事处的香港船舶登记总署专门实施船舶检测。香港登记注册服务范围主要是船舶临时和永久注册登记;临时和永久注册船舶的抵押注册登记;转管租约船舶的注册登记。符合国际海上安全和保护环境污染要求的船舶,均可满足在香港注册的要求。截至 2020 年 9 月底,在香港注册登记的船舶超过 1 亿 3000 万总吨。

香港特区政府海事处对香港船舶注册的优势概括如下:拥有高资历和负责任的专业员工,随时提供技术支援和意见;采用低税率制度;豁免船舶从国际营运所得的利得税;与主要贸易伙伴订立双重课税宽免安排的协议;在香港注册船上工作的海员没有国籍限制;清廉、高效和契合商业的公共服务;优质一流的船舶管理、融资、通信、法律和其他设施;完全独立而健全的普通法制以及香港本身是进入中国内陆的枢纽①。

根据香港船舶登记的相关规定,凡符合以下规定的船舶可在香港注册:一是船舶的过半数权益由一名或超过一名"合资格的人"拥有,或由一个身为合资格的人的法人团体以转管租约方式营运;二是船舶没有在其他地方注册;三是船舶不属

---

① 资料来源于香港特别行政区政府海事处官网(https://www.mardep.gov.hk/sc/pub_services/reg_gen.html)。

于下列类别,如用来装载石油产品或危险货物的非自航趸船,上述石油产品或危险货物均属于《国际防止船舶造成污染公约》附件Ⅰ、Ⅱ或Ⅲ涵盖范围内的任何物质;居住趸船;渔船;用作加工海洋生物资源的船舶,包括鲸加工船、鱼品加工船和水产养殖船;用作研究、考察或测量的专用船;专在某国境内水域(香港和内地水域以外)服务而又不会驶出大海的非公约船舶;以核能推进的船舶;移动式近海钻井装置等。其中,"合资格的人"必须为持有有效香港身份证并通常居于香港的个别人士、在香港成立的法人团体或根据香港《公司条例》第Ⅺ部注册的非香港公司。

香港不允许船舶有双重国籍。因此,如果船舶于香港注册时仍然是一艘在香港以外地方注册的船舶或该船舶其后在香港以外地方注册,则该船舶将不再是可注册的船舶。香港以外地方注册包括"船东注册""光船租赁注册""中止注册"或"隐藏注册"。

为了鼓励船舶长期在香港注册,香港海事处自2006年2月1日起实施香港注册船舶吨位年费减免计划。根据该计划,香港注册船舶如持续在香港注册两年年期(合资格年期),并在该两年内从未有在任何港口国监督制度下的滞留纪录,便可合资格获减免随后一年的吨位年费六个月。此外,自2000年1月开始,香港注册船舶在中国大陆港口享有高达29%的港口吨税优惠。预期香港将与其他采用双重标准收费制度的国家签订协议,寻求香港注册船舶在其港口获得港口费用的优惠。

就船舶挂旗而言,香港注册船舶的正确船旗是在香港特别行政区区旗之上悬挂中华人民共和国国旗。香港注册船舶在必要时可获中华人民共和国领事馆给予所需协助。

6.6　中国台湾的主要航运政策

6.6.1　造买船补贴政策

1949年国民党当局退至台湾时,其船舶大多来自大陆,船型传统且超龄,规模也逐渐递减。在1953年起实施的"一、二期经建计划"中,海运部门继续呈现了衰退现象。为扭转不利局面,从1961年开始,台湾当局先后实施了"商船汰旧更新计划""贸易、航业及造船配合实施方案""国轮船队扩充及汰旧换新长期计划"等一系列鼓励造买船的阶段性政策,大力发展海运船队,以维持其海岛型经济的生存与发展。

根据"贸易、航业及造船配合实施方案"及其造船计划,台湾船舶所有人的造船贷款为7.5%固定利率。但是,随着台湾金融市场贷款利率的不断降低,各公司已大多采用市场贷款利率,而不受上述固定利率的约束。如1989年,阳明公司的造船贷款利率仅为5%~5.25%,且与银行每半年议定一次利率;长荣公司则为5.5%~5.75%浮动利率;等等。

针对这些变化,台湾当局在废止"贸易、航业及造船配合实施方案"的同时,宣布造船的贷款利率随金融市场而变,政府不再直接规定统一的贷款利率。目前,台湾当局的造买船优惠措施主要体现在《"中国"造船公司造船融资实施要点》中。

《"中国"造船公司造船融资实施要点》于 1985 年 6 月发布,1986 年和 1987 年两次修订。该要点的基本内容如下:

(1) 船舶所有人只需支付船价的 20%,余下的 80% 船价可由船舶所有人向公营银行贷款。贷款融资时间最长可延至船舶正式交付使用起的 12 年,船舶大改装(包括加长或更新主机)的贷款融资最长为 5 年。

(2) 上述 12 年贷款期内,船舶所有人最长可分为 12 年 24 期平均分期偿还贷款。台湾船舶所有人以新台币签约并偿还新台币,外国船舶所有人以美元签约并偿还美元。

(3) 台湾船舶所有人的造船贷款分为岛内支付和境外支付两部分。船价中进口设备所耗贷款,其利息完全按市场价格确定,政府不予补贴。船价中岛内花费的部分,其贷款利息的支付分为三种情况:贷款利息低于 5.5%,全部由船舶所有人自己负担;贷款利息在 5.5%～7.5% 之间,政府补贴 28% 利息,船舶所有人负担 72%;利息超过 7.5%,超过部分的利息由政府全额补贴。

(4) 境外船舶所有人在台湾造船,亦可得到船价 80% 的贷款。贷款利息低于 6%,当局不予补贴;利息为 6%～8%,当局补贴 28% 利息;超过 8%,超过部分的利息由当局全部补贴。

《"中国"造船公司造船融资实施要点》颁布不到 10 年,便面临着重大的财政困难。于是,台湾"立法院"经济、预算委员会联席会议审查 1994 年度预算时,不仅删除了"中国"造船公司的全部利息补贴预算,而且进一步要求一年内废止《"中国"造船公司造船融资实施要点》。在此压力下,台湾当局于 1994 年通过了《"中国"造船公司造船融资实施要点》修正案,主要内容有二:一是造船融资利率以年息 8% 为上限,超过部分由政府全额补助,同时删除贷款利率 5.5%～7.5% 之间由政府补贴 28%,船舶所有人负担 72% 的规定;二是删除台湾船舶以新台币订约、偿还的规定,改为岛内外船舶一律以美元签约。这些措施大大减轻了台湾当局的负担,仅以"中国"造船公司 1995 年度承接的新船为例,台湾当局便可节省开支 6.73 亿元新台币。1998 年初,台湾当局又决定从 1999 年起,取消对"中国"造船公司的造船补贴,以抛掉该补贴实施以来每年承担的 2 500 万美元负担。而后,又召开奖励国轮发展政策座谈会,但未充分重视海运产业经营困境规划出有效应对方案,造成船舶登记数目与吨数逐年下滑。

6.6.2　货载优先

1. 货载优先政策的沿革

在二十世纪五六十年代,台湾当局便对两个主要的进出口货源——自美国进口原棉与一般器材、向日本出口原材料与初级产品,采取了由台湾本地商船优先承运的措施,以鼓励台湾船公司经营国际航线。1959 年 3 月,台湾当局颁布《进口大宗物资处理原则》(1960 年 5 月修正颁布为《大宗物资进口办法》),决定将粮食、硫黄等项大宗物资进口业务,交由海外航务联营总处处理,由其统一协调各船公司的装运计划,按期呈报台湾当局,并与各采购机构签订承运合约。

1975 年,台湾当局颁布《贸易、航业及造船配合实施方案》,决定进一步强化货载优先措施,并拟订了散装货由本地船舶承运 70%,一般杂货承运 40% 的目标。为了具体实施该方案,1979 年 12 月,台湾当局先后推出《国货国运加强船货配合实施办法》《关于公营事业机构进出口物资交由国轮承运政策实施原则》两个文件。1981 年初,又出台了《公营机构进口一般器材实施国货国运作业要点》和《公营机构进口大宗物资实施国货国运作业要点》,其中明确规定:公营机构进口物资实施"国货国运",以配合经贸发展,扩建商用船队,避免外轮垄断。

1988 年,台湾当局废止了《贸易、航业及造船配合实施方案》及其相关实施细则,以免因浓厚的保护色彩而招致外人抵制与报复,但为了继续发展本地船队及确保进出口服务不被外商垄断,台湾当局仍然坚持政府机关与公营事业采购的进口物资应交本地船队承运,并专门制定了新的、更完善的船货运输配合体制。

2. 货载优先政策的现状

台湾当局现行的货载优先规定主要有《"中钢"、台电进口砂煤船运配合实施要点》《政府机关及公营事业机构进口物资船运配合作业须知》两个文件。

1)《"中钢"、台电进口砂煤船运配合实施要点》

该文件与 1988 年 1 月通过并实施,主要内容是将台湾地区两个最大的散货进口商公营"中国"钢铁公司和台湾电力公司进口的总量为每年 1 000 万吨的矿石与燃煤,以议价方式整批交由台湾籍船队承运。

2)《政府机关暨公营事业机构进口物资船运配合作业须知》

鉴于上述《"中钢"、台电进口砂煤船运配合实施要点》并不能包涵台湾全部官方进口商,台湾当局经过两年的协商研究,又于 1993 年 11 月 25 日正式颁布了《政府机关暨公营事业机构进口物资船运配合作业须知》作为补充,而后于 2014 年进行修订,主要内容如下。

(1) 进口大宗货物 50 000 吨及以上,由有关执行机构负责指派台湾船舶承运。但在两种情况下可以例外,一是台湾船舶的报价大大高于外籍船报价;二是若无船可派,则由执行机构出具证明文件,由货方自行安排。

(2) 进口 20 万美元以上的一般器材,由有关执行机构指派台湾船公司承运。运费除另行协议外,一般不得高于承运公司向台湾当局报备的运价表。若无船可派,由货主自行安排。

(3) 如进口物资采购不以船上交货价(free on board, FOB)条件签约,必须有交通主管部门指定的执行机构出具证明文件。

（4）上述"执行机构"是指官方的"中央"信托局储运处和民间的海运联营总处。

（5）《政府机关暨公营事业机构进口物资船运配合作业须知》实施后，原《"中钢"、台电进口砂煤船运配合实施要点》继续有效。

通过上述措施，台湾当局一面抓住政府货物，一面又抓住大货主。考虑到台湾目前实行所谓的"混合经济"，官办企业在岛内经济中占有突出地位，台湾当局的这些办法确实收到了一些效果。20 世纪 70 年代，台湾船舶的承运率达 40%，20 世纪 80 年代降至 20%，20 世纪 90 年代再度回升到 30%，台湾当局对外贸货物的控制发挥了相当重要的作用。

6.6.3　营运补贴与扶持

1. 营运补贴

1)《奖励投资条例》

台湾地区对航运业的营运补贴主要采取间接方式，体现在《奖励投资条例》中。

《奖励投资条例》于 1960 年公布，其对运输业的优惠举措主要有以下几个方面。

（1）运输业新成立的公司五年免税，增资扩展（公司新购船舶等）四年免税，运输设备耐用年数加速折旧。

（2）包括轮船运输业在内的资本密集企业，在开始营业的两年内自行选定延迟开始免税时间，最长不超过四年；一次性实收资本额在 5 亿元新台币以上、用于购买生产设备 2 亿元的国际轮船运输业，适用于延迟开始免税标准。

（3）包括轮船运输业在内的民营企业向国内厂商采购机器设备，可在不超过当年年度生产设备投资金额 20% 限度内抵减当年应纳所得税额；当年应纳所得税额不足抵减的，在以后 5 年应纳所得税额中抵减。

（4）包括轮船运输业在内的股票上市公司，减征所得税额 15%。建造或检修国际航行船舶所订立的合同免交印花税。

（5）节能设备和防污染设备可以加速折旧。

（6）包括国际轮船运输业在内的企业，其所得税及附加税捐总额不得超过其全年课征所得税的 25%。

另外，航运业者购置台湾籍轮船，向国外金融机构融资所付利息，免征营业税（5%），但需征所得税（20%）。

2)《促进产业升级条例》

《奖励投资条例》废止后（1991 年 12 月 31 日期满），台湾当局又推出了《促进产业升级条例》，继续对部分产业实施扶持和鼓励。由于后者鼓励的重点是以整体产业升级为导向,奖励重点在于促进整体产业水平的提高,以及鼓励关键性科技事业与投资事业,因此,《促进产业升级条例》中的 5 年免税部分航运被排除适用。《促进产业升级条例》自 1991 年 1 月 1 日公布施行,于 2000 年延长施行,于 2009 年 12 月 31 日届满,交通部门将原条例各章节及条文做全面调整,并配合未来产业发展需要推出《产业创新条例》作为接续,对工业用港口及码头做了进一步规范。据台湾另一文件《重要投资事业之交通事业适用范围标准》(2000 年 3 月 24 日废止)的规定,航运业认定的标准要高于科技业近 10 倍。

3)《指定船舶运送业经营特定航线客货运送补偿及监督办法》

2020 年,为应急需求,台湾当局发布《指定船舶运送业经营特定航线客货运送补偿及监督办法》,在陆上运输中断(天灾或不可抗力)且港口间没有航线的情况下,可申请经营特定航线。对指定经营航线的船公司运营损失提供补助,范围如下:

(1)自接获通知后调派所属船舶,自船舶所在港口航行至指定航线端点港口及完成特定航线最后一航次,自所在港口航行返回船舶原所在港口所产生的成本。

(2)经营特定航线的补偿金额,以每航次合理营运成本计算。

(3)完成运送旅客至目的港后,协助接驳至当地高铁、机场及铁公路转运中心的费用。

(4)经营特定航线客货运送致无法执行原本经营固定航线或不定期航线,所产生的合理利润损失。

(5)配合执行至指定航线港口演练所产生的费用。

(6)其他经营特定航线产生的费用。

2. 双边协定免税

为加强本船舶在国际海运市场上的竞争力,台湾当局注重与外国,特别是海运大国签订互免海运所得税协定。截至 2021 年底,已签署生效的全面性所得税协议有 33 个;另海、空或海空国际运输互免所得税单项协议有 13 个。

1)全面性所得税协议(包括海运所得税)

(1)亚洲:印度、印度尼西亚、以色列、日本、马来西亚、新加坡、泰国、越南。

(2)大洋洲:澳大利亚、基里巴斯、新西兰。

(3)欧洲:奥地利、比利时、捷克、丹麦、法国、德国、匈牙利、意大利、卢森堡、北马其顿(原马其顿)、荷兰、波兰、斯洛伐克、瑞典、瑞士、英国。

(4)非洲:冈比亚、塞内加尔、南非、史瓦帝尼(原斯威士兰)。

(5)美洲:加拿大、巴拉圭。

(资料来源:中国台湾税务局)

2)单独性的互免海(空)运所得税协定

(1)亚洲:日本、韩国、澳门、泰国。

（2）欧洲：欧联、德国、卢森堡、荷兰（海运、空运各 1 个）、挪威、瑞典。

（3）美洲：加拿大、美国。

6.6.4　船员雇佣政策

按照台湾当局规定，台湾本地船舶雇佣的船员必须为台湾居民。外国籍船舶雇佣台湾船员，必须依照《外国籍船舶运送业雇佣台湾船员办法》向台湾当局申请，而每船人数则由船舶所有人自定。

1994 年 7 月 6 日，台湾当局颁布实施了《外国籍船员雇佣许可及管理办法》，并于 2022 年 1 月 7 日进行修订，规定：船舶所有人或船舶营运人雇用外国籍船员前，应优先雇用台湾籍船员。如雇用外国籍船员，甲级（高级）船员部分，除了船长和轮机长必须由台湾船员担任外，甲板部和轮机部各可雇佣 1 名外籍船员担任大副、大管轮或二副、二管轮以下职务；乙级船员部分，可雇佣不超过全船乙级船员人数 1/2 的外籍船员。

外国籍船舶改登记台湾籍后，无法雇用台湾籍大副、大管轮或雇用台湾籍乙级船员人数不足的，可向相关部门申请调整上述人数规定，调整期限为一年，必要时可延长一年：甲级船员部分，除了船长和轮机长必须由台湾籍船员担任外，甲板部和轮机部各可雇佣 1 名外籍船员担任大副、大管轮以下职务；乙级船员部分，可雇佣不超过全船乙级船员人数 2/3 的外籍船员，但不得超过船员最低安全配额证书要求。

针对油轮、化学液体船、液化气体船、高速船、配备特殊主机设备、从事离岸风电业务或海事工程的船舶，其船舶所有人或船舶营运人经公开征求台湾籍船员至少十四天且无符合需求者，可向主管机关申请调整雇用外国籍船员，调整期限一年，必要时经重新公开招募台湾籍船员至少十四天且无符合需求者，可申请延长一年：甲级船员部分，除了船长和轮机长必须由台湾籍船员担任外，甲板部和轮机部各可雇佣 2 名外籍船员；乙级船员部分，对最低安全配额外增雇的外国籍船员人数不受比例限制。

其中从事离岸风电业务、离岛货运或海事工程船舶，其船舶所有人或船舶营运人雇用外国籍船员职务及人数调整方式的实施期限至 2025 年 12 月 31 日止。受雇的外国籍船员数额不得调动至船舶所有人或船舶营运人下属的其他台湾籍船舶。

为进一步保障台湾船员权益，2020 年 1 月 1 日，台湾当局发布《船员薪资岸薪及加班费最低标准》，对船员最低工资及加班费用进行了规范。

6.6.5　与海运相关的内陆服务

近些年来，随着集装箱多式联运的发展与成熟，水陆运输日益变得密不可分。

在这种情况下,台湾地区的内陆市场开始面临美国等西方海运发达国家的压力。

20 世纪 80 年代末以前,台湾岛内的海运辅助服务市场基本处于封闭状态。20 世纪 80 年代末期,在西方国家的不断施压下,台湾当局逐渐开放了船务代理业、货运承揽业、集装箱场站业务。1987 年 11 月颁发的《货柜集散站经营业管理规则》修正案,同意美国船公司在台分公司经营内陆集装箱集散站业务即为一例。

然而,西方国家对台湾有限度地开放海运辅助服务并不满意,尤其占各国船公司在台最大营运成本的内陆拖车运输,更是要求开放。结果,台湾当局被迫在第四次"台美运输咨商会议"上,同意尽快给予外国船公司以海陆多式联运权。

经过三年酝酿,1992 年台湾当局提出对《公路法》第 35 条的修正案,决定外国船公司在台设立的分公司可以投资经营汽车运输业,只是仅能运送公司自己揽到的进出口海运集装箱(不包括其营运船运送的其他船公司所承揽的箱子)。到 1994 年 3 月,台湾当局又对上述修正案做进一步修改,根据欧美日等海运发达国家对台开放经营全部进出口海运集装箱内陆汽车运输的状况,对等允许相关的外国船舶运输业在台设立分公司,投资经营汽车集装西运输业,运输其全部进出口海运集装箱。1997 年,台湾当局通过《船务代理业管理规则》修正案,将外国投资额从 1/3 以内放宽至 1/2 以内,后于 2014 年进一步修订,明确外国籍船务代理业分公司资金不得低于新台币九百万元。每增设一分公司应增资新台币一百五十万元。1998 年,台湾当局又与欧共体达成共识,从 1999 年 1 月起,欧共体船公司可以独资在台设立子公司或分公司,直接从事船代业与货代业。1998 年 3 月,台湾当局又与美国达成协议,决定向美国开放海运保险业市场。2014 年,当局发布《海运承揽运送业管理规则》(货代及无船承运人),市场对外国货运企业开放,明确外国籍海运承揽运送业分公司,在其境内营运资金不得低于新台币七百五十万元。每增设一分公司,应增资新台币一百五十万元。

<h2>参考文献</h2>

[1] 交通运输部海事局.中国海事史[M].北京:人民交通出版社,2017.

[2] 李恭忠.《中国引水总章》及其在近代中国的影响[J].历史档案,2000(3):103-106.

[3] 韩庆.中国近代航运发展史(晚清篇)[M].大连:大连海事大学出版社,2012.

[4] 彭思瑶.官督商办模式的产生、破灭与影响:以轮船招商局为例[J].新西部,2017(30):101-103.

[5] 张代春.试论清末民初中国航商的诡寄经营[J].江汉论坛,2009(8):54-58.

[6] 刘利民.论晚清时期的航权观念与民族航运事业发展关系[J].晋阳学刊,2018(2):28-35.

[7] 谭刚.抗战时期国民政府的交通立法与交通管理[J].抗日战争研究,2007(3):132-157.

[8] 迟香花.抗战时期川江的木船运输[D].重庆:西南大学,2008.

［9］王洸.平时与战时之水运政策［J］.交通建设季刊,1941(1)：169－170.

［10］夏初时.我国在过渡时期的总路线和总任务［J］.江苏教育,1953(13)：4－10.

［11］《交通部行政史》编委会.交通部行政史［M］.北京：人民交通出版社,2008.

［12］袁森.1949—1956 年民生公司的"公私合营"［D］.上海：复旦大学,2011.

［13］《中国远洋海运发展史》编委会.中国远洋海运发展史第一卷·中远发展史(1949—1978)［M］.北京：人民交通出版社,2020.

［14］邬倩倩.我国沿海运输权开放问题研究［D］.大连：大连海事大学,2016.

［15］王杰,吕靖.货载保留政策：中国如何应对［J］.中国水运,1997(10)：4－5.

［16］周珏如,赵一飞."货载保留"政策研究［J］.交通企业管理,2007(8)：39－40.

［17］贾大山.提升国际竞争力　扭转海运服务贸易巨额逆差［J］.中国远洋海运,2018(12)：60－62.

［18］黄庆波,王孟孟,李焱."国货国运"政策探究［J］.大连海事大学学报(社会科学版),2013,12(3)：1－5.

［19］章强,王学锋,刘越.我国集装箱班轮运价备案制度研究：一个新的分析框架［J］.重庆交通大学学报(社会科学版),2016,16(1)：29－33.

［20］傅海威.集装箱班轮运输市场的稳定性结构研究［D］.上海：上海海事大学,2006.

［21］陈德明.2001 年国际集装箱运输市场回顾［J］.集装箱化,2002(1)：34－36.

［22］李光春.中国自贸区启运港退税制度的思考［J］.中国海商法研究,2015(1)：71－76.

［23］章强,陈扬,陈舜.多层级治理视野下中国船舶排放控制区政策研究：以长三角区域核心港口为例［J］.大连海事大学学报(社会科学版),2017,16(5)：56－61.

［24］章强,郑中琪.中国船舶排放控制区政策的发展演变研究［J］.大连海事大学学报(社会科学版),2020,19(3)：67－72.

［25］季祖强.香港自由港建设的主要特征、动力机制及镜鉴启示［J］.哈尔滨师范大学社会科学学报,2018,9(2)：94－97.

［26］陈会珠,孟广文,高玉萍,等.香港自由港模式发展演化、动力机制及启示［J］.热带地理,2015,35(1)：70－80.

［27］季祖强.香港自由港建设的主要特征、动力机制及镜鉴启示［J］.哈尔滨师范大学社会科学学报,2018,9(2)：94－97.

［28］杨海涛.国际船舶登记法律制度研究［D］.大连：大连海事大学.2013.

第**7**章
国外主要国家和地区的航运公共政策

7.1 美国的航运公共政策

7.1.1 美国航运公共政策发展历程

一个国家在制定航运公共政策时,大多都会把维护本国安全、保护本国的航运业发展、促进本国对外贸易作为重要的政策目标。美国作为世界头号资本主义大国,长期以来,一直高度注重本国航运业的发展,在不同的历史阶段采用不同的航运公共政策。总体来看,美国建国以来的航运公共政策发展历程大体可以分为四个阶段[①]。

1. 美国独立战争到美国南北战争期间

从美国独立战争结束到美国南北战争期间是大规模移民时期,可以看作美国实施航运保护主义政策的第一阶段。这一时期,由于对中国三角贸易的开放,远东贸易给美国航运业带来了发展良机,创造了美国航运史上的早期繁荣。美国的航运集团作为美国新宪法的积极支持者,在国会中占有相当的实力,因此,第一届国会就立即制定了对航运业加以保护的第一个法令,即 1789 年 7 月 4 日法令,该法令为美国海运立国打下了基础。该法令规定给予使用美国建造的船舶或美国公民拥有的船舶运入的进口货以 10%的关税折扣,并鼓励新发展起来的远东贸易,允许降低从东方直接运抵美国的茶叶关税,即美国船舶运输的茶叶只需支付外国船应付关税的一半。同时,为了打击东印度公司,规定对该公司从欧洲买来的即使是用美国船舶运入的茶叶也苛以重税。同年 7 月,第一届国会又通过了另一项法令,对使用美国建造和美国公民所拥有的船舶运入本国海港的货物,每吨征收关税仅六美分;而对使用美国建造而为外国人所拥有的船舶运入的货物,每吨征税三角;对使用外国建造和为外国人所拥有的船舶运入的货物每吨征税伍角。同时还规

[①] 本节关于美国航运公共政策发展历程的介绍主要参考"金钰.美国航运政策及其立法研究[D].大连:大连海事大学,2000."一文。

定,美国船舶在全国各海岸进行贸易时每年只缴一次吨位税,而外国船舶每进港一次就纳税一次。

19 世纪上半叶,美国还陆续颁布了《1807 年第一次禁运法令》《1809 年经济绝交法令》《1810 年麦孔法令》《1812 年第三次禁运法令》等,上述法令在当时主要是为了对抗英国。这些充满明显保护主义色彩的航运政策为这一时期美国海运业的发展创造了条件。到 1860 年美国南北战争前夕,美国的海运运费总额已达到 6.87亿美元,其中 2/3 由美国船装运,货运量高达 237 万吨,达到了美国早期商船业及运量的最高水平。

2. 美国南北战争到第一次世界大战期间

南北战争到第一次世界大战时期是美国航运业的相对衰退时期。自美国南北战争爆发后,美国商船业的地位较前一时期大不相同。虽然美国政府对商船业采取了一系列保护性的财政资助措施,例如,1881 年的高额关税政策、1890 年的《谢尔曼反托拉斯法》、1891 年的《邮政运输补贴法》以及 1912 年的《巴拿马运河法》等,但其补贴力度远远小于英国、法国和意大利等国。1879 年,美国的远洋船队为150 万总吨,到 1910 年时约下降了一半,仅为 80 万总吨。美国商船队对本国贸易货物的装载比例也从 1870 年的 35.6% 降至 1910 年的 8.7%。

这一时期商船业衰退的原因一方面是由于内战后大批船舶被击沉,造船能力也遭到严重破坏,而巴拿马运河法案中有关购买外国造船舶入籍美国的船龄限制,也造成了美国商船吨位奇缺;另一方面是由于经济效益较显著的蒸汽动力船舶已被欧洲各国广泛运用,但当时美国国内都把资本投资于国内内陆运输业和原料的开发业以取得更大的利润,特别是铁路部门吸引走了很多资金,这样就直接影响到对商船业的投资,再加上来自经营顺利且受到政府补贴的英国航运业的竞争,美国船队处于竞争劣势。到第一次世界大战爆发时,美国不能运出的外贸货物总额高达 37.85 亿美元。1914 年第一次世界大战爆发之后,由于本国军备供应的需要,外国船舶纷纷撤出了美国对外贸易货物运输,使得美国外贸顿时陷入运力不足的困境。

3. 第一次世界大战到第二次世界大战期间

两次世界大战期间可视为美国航运政策发展的第三阶段。第一次世界大战爆发前后,美国相对不足的航运运力与其繁荣的对外贸易间形成巨大反差,从而促进决策层深刻认识到发展航运业对美国的重要性,政府开始反思其航运政策的得失,并积极对航运政策进行调整,在此期间,美国国会通过了美国历史上第一部比较完整的航运法规——《1916 年航运法》,该法明确规定对美国的航运企业进行保护,鼓励他们向海外扩张,这是威尔逊海运外交的典型标志,其在美国航运史上占有举足轻重的地位,为美国成为海运大国奠定了基础,在推动美国走上资本主义世界霸权地位的过程中起到了重大的作用。该法不仅从理论上阐明了航运立法的经济性和非经济职能的重要性,阐明了航运政策与美国经济政策和外交政策的关系,而且集中反映了美国政府为开展保护性和扩张性商业贸易而进行的国家干预经济的强烈意志。《1916 年航运法》从法律上肯定了开放式班轮公会的合法性,使其被排除在谢尔曼法的适用范围之外,同时又对它的活动做出了一定的限制;创建了专门实施美国航运政策、发展美国航运业的政府机构——海运局,并由其负责筹建国有船队和管理定期船运输。在海运局赋予建造权的船舶中,船舶总竣工量达到了 2 311 艘,总吨达 1 364 万吨,使得美国拥有当时世界上规模最大的船队。

为进一步发展本国航运业,美国随后出台《1920 年商船法》,该法是美国在战后以强大的国力为后盾,旨在扩大和强化本国航运的重要法律。该法的实施停止了国有船舶的建造和购入外国船舶;规定了国有船舶处理给民间的办法;提出了造船贷款基金、邮船补助合同的缔结、差别关税的恢复、沿海运输权向殖民地延伸等一系列政策性保护措施。根据《1920 年商船法》,海运局力图把耗资高达 30 亿美元的船舶以低价出售给私人企业。虽遭参议院极力反对,海运局还是在 1921 至 1928 年间,以奇低的价格出售了 1 164 艘船舶,还豁免了美国航运公司的共同所得税和超额利润税,规定由此积累的资本可用于在美国船厂新建造的新船。在班轮公会问题上,《1920 年商船法》对《1916 年航运法》做了某些修正,一方面明确规定了《1916 年航运法》对班轮公会所实施的限制只适用于美国及属领地对外国港口间的客货运输;另一方面规定如有外国船公司在同样条件下允许其他船公司加盟而拒绝美国船公司加盟,则美国商务部在接到海运局通告后,可以拒绝该外国船公司的船只进入美国港口。

20 世纪 30 年代,面对资本主义世界遭受的重大经济危机,1935 年,时任美国总统罗斯福在向国会提交的咨文中,要求建立新的航运扶持政策,并最终促使《1936 年商船法》的出台。该法第一条就明确提出了政策声明,即为了国防和发展对外和国内贸易,美国需要拥有一支商船队。《1936 年商船法》规定了和平时期美国海运政策的框架,并宣布为了国家利益对本国商船队给予直接而充分的补助是必要的。在新的政府机构——海事委员会所同意的航线上,所有美国公民都可以提出申请要求补贴,以造船差额补贴和营运差额补贴取代以前的补助。造船差额补贴以国内造价的 33.5% 为限度(特别情况可达 50%),补助与国外造船的差额。营运差额补贴则以同一船舶与外国船营运相比较,取其差额为限,给予补助。虽然《1936 年商船法》的通过主要是为了适应 1924 年《海牙规则》的有关规定,以与国际惯例接轨,但由于该法明确美国发展商船队是为了国防和发展对外和国内贸易的需要,对造船、船员配置、船籍、航运、货载保留等方面的规定也明确体现了美国奉行的航运保护性、扩张性政策,实际上是一部美国对商船进行全面政府补贴的法案,其被公认为是当时美国最全面的航运政策立法。

4. 第二次世界大战至今

第二次世界大战至今的一段时间可作为美国航运政策发展的第四阶段。这一时期是美国全面地向世界市场进行渗透和扩张的时期,在此之前,由于美国充分利用了两次世界大战创造的有利时机,由航运大国而一跃成为首屈一指的航运强国,取代英国成为海上霸主。为了适应新的航运发展形势,美国通过一系列的立法对其海运政策做了相应调整。这一时期较有影响的海运政策立法有与从政治上、经济上控制欧洲的马歇尔计划相呼应的《1946 年商船销售法》《1954 年货载优先法》、1960 年"邦纳"立法、由尼克松总统建议的《1970 年商船法》,为反对以苏联国有海运公司为首以低价打入美国班轮市场而在 1978 年 11 月开始实施的《受控承运人法》《1984 年商船法》和 1999 年 5 月 1 日开始生效的《1998 年航运改革法》。此外,还于 1996 年通过"海运保障计划",用来接替原来的"劳动差额补贴",对服务于对外贸易且有军事用途的 47 艘悬挂美国旗的船舶予以补贴。

纵观美国的航运政策发展历程可以看出,由于处于一个特殊的地理位置及与航运的特殊关系,美国一直保持航运立国的传统,航运政策长期作为国家政策的重要组成部分,随着美国航运业的发展而不断发展变化。其中,《1998 年航运改革法》最能体现当代美国海运政策的发展趋势,该法是在世贸组织海运服务自由化谈判于 1996 年 6 月破裂后,美国利用自身的特殊地位,通过自己国内的海运立法,把自己的海运政策强加于其他国家。该法一方面削弱了联邦海事委员会对班轮运输的管理职能,另一方面又强化了对国外班轮公司的歧视,尤其是通过对受控承运人规则的修改,进一步强化对外国国有班轮公司的歧视,其实质是为美国商船队进入他国航运市场开辟道路,是打着开放旗帜的保护主义。最终,通过上述立法可以得知,美国商船队在确保其在本国地位的同时,进一步向外扩张,明显地体现了与其航运地位、资本结构变化相适应的变化,其主要标志是大量的资本和企业包括航运业向国外大规模的结构性转移。

7.1.2　美国航运管理机构

由于历史等原因,美国联邦政府一直未对交通运输实行由一个机构统一全面管理,而是分设于不同部门。在航运管理方面,主要的管理机构有美国交通部下属的海运管理署(MARAD)、属于综合海上执法性质的海岸警卫队(US Coast Guard)以及隶属于国会的联邦海事委员会(FMC)。

1. 海运管理署

美国海运管理署根据《1981 年海事法》设立,其职责是建立并维持一支充足的、平衡的商船队,能够足以承运国内的水路货物和相当部分对外运输中的水路货物,在战时或者国家非常时期能够服务于海军。此外,海运管理署还负责管理美国修造船行业、港口业、水陆多式联运业等。

美国海运管理署旨在以尽可能经济的方式满足政府在运输方面的要求,维护美国航运业的质量,并且创造与贸易和航运业相关的就业机会。此外,还通过其他费用维护国防储备船队,为一些美国旗船舶或者部分为美国公民所拥有的外国旗船舶提供战争险。

在造船和货载优先方面,海运管理署专门设立造船和海运技术办公室、货载优先办公室、船舶融资办公室和财政审批办公室等部门,相关部门通过对国家货载优先以及船舶建造与船厂设备现代化资助等计划的实施进行管理,包括为政府货载确定公正合理的指导运价,对船舶建造资本基金以及储备基金的管理,对资助申请人进行财务评价与审批,并致力于建立政府与航运业间成本共担的伙伴关系。造船和海运技术办公室主要负责技术方面的事务管理,提供船舶设计、船舶工程、船舶建造设施与技术以及降低船舶建造成本等方面的管理服务。

在保障国家安全方面,海运管理署主要职责是在紧急状态(战争)时期为国家提供商船队和国有船队,以满足美国国防部海上运输的战略需要,其中包括建立国家防御储备力量和预备储备力量等。

在港口多式联运方面,海运管理署致力于促进与海运相关联的多式联运系统的开发及其利用率的改善,同时对开展多式联运的有关各方提供技术支持,包括改善进入港口的运输通道条件等,还涉及公共团体和私营企业在国内港口和国际港口的有关活动,开发和推广先进的技术方法,以提高港口竞争力,并对美国国内贸易的货流及运输方式进行分析。此外,海运管理署还设有环境保护办公室,主要职责在于消除和控制船舶营运带来的港口环境污染。

在政策与国际贸易方面,海运管理署积极开展航运相关政策的规划与实施,通过对有关项目和计划进行研究与评估,为美国的双边和多边海运谈判和签订协议提供支持,同时也为美国航运业提供统计和经济分析。

2. 海岸警卫队

海岸警卫队是美国主要的航运管理机构之一,其成立始于1915年威尔逊总统签署的《建立海岸警卫队法》。总的来看,美国海岸警卫队主要有五大职责:一是保障海事安全;二是促进海事畅通;三是实施海事保障;四是参与国家防卫;五是加强海洋自然资源保护。

海岸警卫队负责保障船舶航行安全,包括海上搜寻和施救,协助遇难船舶,帮助船舶航行,建设和维护浮筒、标志,发射无线电领航信号和长期的航行信息,以及提供其他海、河和港口方面的交通服务。海岸警卫队还负责对美国水域内的美国或者外国船舶贯彻实施有关设计、建造以及经营方面的标准,从而确保商船的安全。对于不符合安全方面要求的外国船,海岸警卫队可以禁止其进入美国水域或者限令其离开。海岸警卫队还负责美国深水港、游乐船安全以及破冰船方面的发证和管制,同时还具有管制走私方面的职责。20世纪70年代以来,海岸警卫队在防止海洋污染、渔业管理以及毒品控制方面的职能逐渐加强,成为这些领域法规的主要执行者。

美国海岸警卫队的另一个重要作用是与联邦海事委员会等机构合作,协助执行该委员会做出的决定,如对联邦海事委员认为对美国承运人构成不利的外国船舶实施限制行为。此外,海岸警卫队通常代表美国参加有关海上人命安全、石油和有毒有害物质污染以及其他海事方面的国际公约的国际会议并表态。

3. 联邦海事委员会

美国联邦海事委员会成立于 1961 年,独立于联邦政府,直接隶属于国会,负责美国对外贸易中国际航运的监管工作。联邦海事委员会的管理职责主要包括:对从事美国对外贸易的托运人、承运人和其他人予以保护,使他们不受外国政府的限制性规则和规定以及悬挂外国旗的承运人对美国外贸海运有负面影响的行为的危害;根据自己的动议或他人提出的指控,对歧视性的、不公平的或是不合理的费率、费用、分类,以及从事美国外贸的远洋公共承运人、码头经营人和货运代理人的行为进行调查;接受远洋公共承运人或码头经营人之间的协议,并对这些协议进行监督,以保证不会在实质上削弱竞争,或在其他方面违反《1998 年航运改革法》;接受、审阅和维护电子运价本的备案,这些运价本中包含经营美国和另一国家间水上运输的各个承运人所确定的费率、费用和规则;对外国政府控制的、经营美国航线的承运人运价本中的费率、费用、分类、规则和规定进行管理,以保证其公正性和合理性;向美国境内的远洋运输中介人发放证书;要求美国境内的远洋运输中介人和美国境外的无船承运人交纳保证金;发放客船证书,表明船舶所有人或租用人具有在财务上支付人身伤亡裁定赔偿,或是对未能履行的航次或航程予以退票赔偿责任。

联邦海事委员会除通过正式和非正式的调查来行使自己的管理职能,它还可以举行听证会、审查证据、做出决定、发出命令和实施管理规定,除此之外,还对与海上运输有关的纠纷做出裁决。联邦海事委员会对海运业的管理包括许多方面,但不对船舶的运营、航行、船舶的建造、船舶证书、船舶检验、海员证书、航行辅助物的保养、航道的疏浚等进行管理。这些工作由联邦政府的其他机构、各州和当地政府的机构负责管理[1]。

7.1.3　美国主要的航运公共政策

1. 沿海运输权政策

美国沿海运输权政策的主要法律依据来自《1920 年商船法》,该法出台于第一次世界大战结束后,美国当时已形成较大规模的造船工业,以期进一步筹建和发展一支强大的美国商船队。《1920 年商船法》充满鲜明的国家民族主义色彩,特别是有关沿海运输权的相关规定对此有直接写照。

《1920年商船法》第27条规定:"美国领土内水路运输或者水陆联运的任何货物,不论是否直接或间接经过外国港口,必须由在美国建造、根据美国法律登记以及为美国公民所有的船舶承运。否则,将被处以没收货物的惩罚。"该法也做了一些除外规定。根据上述条文,不难看出,美国沿海运输权政策的保护主义色彩浓厚,不仅要求从事美国沿海运输的船舶属于美国籍,更是要求相关船舶需在美国建造。值得进一步说明的是,美国沿海运输权政策实质是其货载保留政策的一种变形,通过提供稳定货源以维持一支具有一定运力规模的美国籍商船队。

总体来看,美国的沿海运输权保留政策有以下几个特点:第一,美国所谓的沿海运输范围广,因为美国地理位置和历史的原因,它所形成的惯例具体包括美国本土大西洋和太平洋沿岸、两洋彼岸之间,以及美国大陆与阿拉斯加、夏威夷、波多黎各之间,美国本土与属地之间的运输。第二,美国推行该政策的历史悠久,几乎与它的建国历史差不多,最早在1789年新宪法指导下通过的第二部法律里,美国国会就颁布了一项针对外国船舶进行沿海贸易运输的歧视性关税法案,1871年国会制定了《沿海运输法》,完全禁止外国船舶从事沿海运输,从而限制外国船舶加入美国国内的运输市场。第三,美国这种做法发展到后来的1920年《商船法》第27节,即《琼斯法案》,将沿海运输权问题规定得严密而坚决。它重申了对外国船舶经营沿海运输的禁止,并更加明确地定义了"美国船舶"为"在美国建造、在美国登记并为美国公民所有的船舶",而"美国公民"根据相关规定来看,是指"受控制利益为美国所有的公司、合伙或联合体"。如果是公司,则其总裁或者首席执行官以及理事会主席都必须为美国公民;构成最低法定人数的理事必须是美国公民;同时该公司应当按照美国或者某个州、地区或者领域内的法律组织成立。如果一个公司、联合体或者合伙经营从事沿海运输的船舶,则美国公民所控制的利益必须达到75%。

尽管美国沿海运输权政策对美国维持一支本国国籍的商船队有着积极意义,但是,必须看到,美国在船舶建造、船舶经营等方面的运营成本明显高于其他海运大国,这也就意味着美国国内沿海运输系统的维持是以较高的经济成本作为代价的,特别是美国本土与阿拉斯加、夏威夷、波多黎各之间海上运输的运价水平一直相对较高。因此,在美国国内对于放松现行沿海运输权政策的呼声也不断高涨。2017年,美国参议院约翰·麦凯恩提出《2017年美国水域开放法》(*Open America's Waters Act of* 2017)法案,以期取代并放松《1920年商船法》有关沿海运输权的相关管制,但上述法案未能最终在国会通过,这也在一定程度上反映出保护性的沿海运输权政策在美国国内仍很有市场,拥有强大政治力量的支持。

2. 货载保留政策

美国货载保留制度是美国联邦政府对于联邦政府作为国际贸易的当事人或因联邦政府计划中的财政支持、联邦政府提供担保等情况下的国际贸易,规定全部或部分海运货物保留给美籍船舶承运的一项政策制度。

美国是最典型的货载保留国家。美国实施货载保留政策的法律法规主要包括《1904 年军事货物优先法》、1934 年第 17 号公共决议、《1936 年商船法》《1954 年货载优先法》《1985 年食品安全法》等。例如，《1904 年军事货物优先法》规定美国国防部的所有军需物资与供给必须由美国籍船舶或由美国拥有的船舶运送，只有在美国籍船舶运费率高昂或不合理时除外[2]。《1954 年货载优先法》变更了《1904 年军事货物优先法》，要求至少 50% 的军事物资由私人拥有的美国籍商船运输。1934 年美国政府第 73 届国会通过了美国政府第 17 号决议案要求美国进出口银行提供贷款购买或出售的所有货物由美国籍船舶运输。尽管该决议案不具有法律效力，但在实践中仍作为一项规制予以实施。《1936 年商船法》第 901 条规定：美国政府为其本国目的或者为外国而采购或者提供资金的货物，至少应有 50% 由私人所有的美国籍船舶承运，其中包括所有政府人员和他们的私人物品在美国和外国或者属地间的运输。美国政府的军事供应品和援助食品的海上运输也必须由美国籍船舶完成。《1954 年货载优先法》规定了三类实施货载保留的货物：一是由政府支付购买的货物；二是由外国支付而由美国政府提供的货物；三是由美国政府通过预付资金赠款与贷款或保证外币兑换而出口的货物。该法案规定当这些货物由海运方式运输时按总吨数计算，美国籍船舶在费率公平合理的条件下，至少承运 50%（1961 年又对这一条款进行了修改，规定美国籍船舶必须在美国建造，或在外国建造入籍美国 3 年以上）。该法案还明文规定，当美国国会、美国总统或国防部宣布紧急状态时可以取消 50% 的规定。《1985 年食品安全法》规定美国农业部对外国援助计划下 75% 的农业货物由美国籍船舶运输。

货载保留政策给美国带来了很大好处。目前美国能源部每年战略石油储备项目中的石油运输、100% 的军事运输项目、政府因各种原因向发展中国家提供的粮食运输、进出口银行贷款项目下的货物运输以及与各个签订双边协议的国家的协议份额的运输都为美国航运企业提供了可靠货源。

3. 运价管理政策

美国的运价管理政策主要源于《1916 年航运法》《1984 年航运法》以及《1998 年航运改革法》。1916 年美国颁布了其历史上第一部航运法，即《1916 年航运法》，该法首创了美国的运价报备制度和服务合同报备制度。该法规定，所有州际和国际海运的承运人都必须向美国海运理事会报备运价本和服务合同，所有运价本中的运价都必须符合海运理事会的合理性标准；如果根据成本、服务的价值或者其他运输条件而无法被认为是正当的运价，海运理事会可以将其取消。但是，海运理事会不能确定对外贸易中的运价水平[3]。

20 世纪 80 年代后，美国海运中对外贸易运输份额大大提高，远洋运输在航运业中的地位和作用发生很大变化。于是，美国首次出台了对从事美国对外贸易运输的远洋公共承运人及班轮公会进行规范的《1984 年航运法》。该法对《1916 年航运法》中的运价报备制度做了一定的修改,要求承运人将其与托运人之间约定的运价向联邦海事委员会申报,且运价只有经过报备才能生效。联邦海事委员会根据该法的规定,监督报备运价的执行情况。

《1998年航运改革法》又对《1984年航运法》中有关运价的规定做了较大的改动,主要表现在如下四方面[4]。

第一,该法取消了向联邦海事委员会报备运价本的要求,代之以要求承运人发展自有的自动电子运价本系统,公众支付合理费用有权进入该系统。该法授权联邦海事委员会规定进入这些系统的条件和信息的准确性,并进行定期审查。联邦海事委员会通过这些措施,与运价本公开者一起建立一个高效率的运价本公开系统。联邦海事委员会有权对与该法不符的系统采取适当的强制行动。

第二,非受控承运人的新费率或者引起托运人运费增加的对现行费率的修改,如无联邦海事委员会的特许,不得在早于公布之日起30天内生效,但使得托运人运费开支减少的对现行费率的修改,则可在公布之日生效。

第三,由于该法允许服务合同条款不公开,因而取消了"跟进"(me-too)待遇条款,允许船公司针对不同客户谈判不同的运输合同,且在服务合同方面给予单独承运人比班轮公会更多的自由。所谓"跟进"待遇条款,是指承运人与托运人订立的服务合同,对后来其他处于相同或相似地位的托运人而言,其有权要求承运人按照该合同条款与己订立服务合同。这就是美国航运法中承运人对托运人必须"没有歧视或者不公平"的规定。

第四,该法将"新组装的机动车"列为免受运价本上公布费率约束的商品。因而,加上《1984年航运法》规定的散货、林业产品、可回收的金属废料产品及废纸等的运价不受联邦海事委员会控制,班轮公司可以其最优惠的运价争取货源。

4. 受控承运人政策

美国"受控承运人"(controlled carrier)制度起源于冷战时期,是美苏两大阵营争霸的产物。1974年,美国国会通过《贸易法》修正案(即杰克逊-瓦尼克修正案)以限制与社会主义国家发展正常贸易关系。1978年美国第95届国会通过了《1978年远洋航运法》,该法规定了受控承运人的定义,并把受控承运人与普通的远洋公共承运人区别对待,从而创立了受控承运人制度。《1978年远洋航运法》因此也称为《1978年受控承运人法》。该法案最初的目的是应对苏联和东欧社会主义国家的航运公司,以低价竞争承揽美国航线货物,其是二十世纪七八十年代美国国家战略的组成部分,也是冷战的产物。核心措施是授权联邦海事委员会对受控承运人的运价及其运价规则,特别是对降低运价的行为,进行严格限制和监管。美国受控承运人管制制度的主要理论依据是:受控承运人的市场决策机制受到其政府的影响,并可获得非市场化的资源,因而可能采取不合理的、低于市场正常水平的价格,对市场竞争秩序带来不利影响,对私营航运公司构成损害[3]。

　　根据《1984 年航运法》的规定,受控承运人是指"自身或其营运的资产由其所悬挂国旗的国家政府直接或间接拥有或者控制的远洋公共承运人"。"政府拥有或者控制"的具体认定标准包括承运人中的大部分利益由政府、政府所属机构、政府控制的任何公共机构或者个人以任何方式拥有或者控制;或政府有权任命或者否决承运人公司中的大部分董事、首席运营官或者首席执行官。不难看出,《1984 年航运法》规定的受控承运人定义强调船旗国与在该国登记的船舶经营人在经济或者人事上与政府之间存在直接或间接的联系,这种经济上或者人事上的联系通常存在于国有背景的航运公司中。随着方便旗船舶的广泛出现,国有航运企业可通过将旗下船舶悬挂方便旗的方式绕过有关受控承运人的规定。鉴于此,美国《1998 年航运改革法》扩大了受控承运人的适用范围。《1998 年航运改革法》将受控承运人定义为"自身或者其营运资本直接或者间接由某一政府拥有或者控制的远洋公共承运人"。相比《1984 年航运法》,《1998 年航运改革法》无疑是强化了对受控承运人的监管,鲜明地反映出美国在海运领域霸权主义战略思维,《1998 年航运改革法》关于受控承运人规定的修订集中体现在如下三方面[4]。

　　第一,取消受控承运人定义中船旗国的概念。通过对定义条款的这种修改,取消了船舶悬挂方便旗以规避该法的可能。

　　第二,扩大受控承运人制度的适用范围,取消了原有例外条款中的双边运输例外、"经合组织"例外及加入远洋公共承运人协议组织例外。例如,《1984 年航运法》规定,受控承运人在其本国和美国之间运输货物时,可以和非受控承运人享受同样的待遇,不受受控承运人规则的管辖。《1998 年航运改革法》删除了该条款,从而使受控承运人在其本国和美国之间运输货物时,也受到受控承运人规则的限制。

　　第三,禁止受控承运人在服务合同中订立在受控承运人所在国仲裁的解决争议条款。尽管英美法系国家十分重视当事人意思自治,但是《1998 年航运改革法》限制了当事人的仲裁选择权。

　　根据 2019 年 4 月 30 日,美国联邦海事委员会公布的最新受控承运人名单,总共有 4 家公司被列为受控承运人,分别是中远海运集装箱运输有限公司(COSCO SHIPPING Lines Co.，Ltd.)、东方海外货柜航运公司(Orient Overseas Container Line Limited)、东方海外欧洲公司[OOCL(Europe)Limited]、中远海运集运欧洲公司[COSCO Shipping Lines(Europe)GmbH]。被列入受控承运人名单的我国航运公司在与其他航运公司的竞争中处于较为不利的竞争地位,主要表现为:第一,失去运价谈判的主动权和灵活性。其他远洋公共承运人可根据市场变化,主动降低运价,运价一经公布立即生效,而被列入受控承运人名单的我国航运公司,降低运价须等待 30 天后方可生效。因丧失灵活性,我国航运公司处于与其他承运人不平等的竞争地位。第二,增加诉讼成本。由于受控承运人与托运人的争议不能约定由我国的仲裁机构或者司法机构管辖,使被列入受控承运人名单的我国航运公司与外国客户的争议不能在我国处理,增加了我国航运公司的诉讼成本。第三,增加营运成本。受控承运人管制大大增加了被列入受控承运人名单的我国航运公司在美国的经营成本,其不得不雇佣专职律师、公关机构和运价报备专职人员以应对联邦海事委员会的各种检查和评估[3]。

5. 航运补贴政策

美国涉及航运补贴政策的航运法律法规主要是《1936 年商船法》,该法案由罗斯福总统颁布,被认为是美国航运史上政府干预最彻底和最全面的法律。其关于航运补贴主要是制定了有关造船差额补贴(construction differential subsidy,CDS)和营运差额补贴(operating differential subsidy,ODS)两项政策。为了不使补贴范围过广,上述两项补贴只限于"对促进、发展、扩大和保持美国对外贸易必不可少的"航线上使用的船舶及其营运。航线的标准由海事委员会确定。

CDS 政策是指美国政府对美国航运企业在美国国内建造的船舶造价与在外国建造的差额给予部分补贴。《1936 年商船法》规定:CDS 的申请人必须是美国公民,相关造船计划必须经海军部审核,证明新造船舶在一定条件下适合于转变为军事用途。此外,还规定获得 CDS 必须满足以下条件:第一,符合美国对外贸易的需要,有助于促进和发展对外贸易;第二,申请人有建造、经营和维修船舶所必备的能力、经验、财力和其他条件;第三,对补贴申请的核准应做合理安排,以达到用现代化的新船取代过时、报废的旧船或者能够有效实现该法规定的其他政策目标。美国 CDS 政策对美国海运业的发展的确起到了一定的推动作用,并在一定程度上刺激了美国船东在国内造船的积极性,但同时也耗费了美国政府的大量资金,从1936 到 1988 年美国 CDS 实行的 52 年,美国用于 CDS 的补贴费用多达 38 亿美元。为了缓解政府财政困难,在 1982 年的财政预算中终止了 CDS 计划,即对新的船舶订造停止支付差额补贴金。这样除了对那些以前已经签订的合同还支付部分补贴金之外,不再支付其他新造船的建造差额补贴。到 1989 年,原有的 CDS 补贴计划全部到期,美国政府完全停止了补贴的支付,至此,美国的建造差额补贴 CDS计划制度完全终止。

ODS 政策是指美国政府在一定条件下,根据航线同样营运条件,对那些悬挂美国旗,使用美国籍船员的航运公司,实行营运差额补贴,以使得美国籍船舶同外国船的最低营运费用平衡。根据《1936 年商船法》的规定,发放 ODS 审查的标准是船舶营运必须符合公众利益,且申请人必须符合与 CDS 申请人同样的条件。与CDS 不同的是,ODS 的发放并不是完全无偿的。如果船舶经营人享受了 ODS,且在任何 10 年内所得利润大于"必需"的投资资本的 10%,则须将超额部分的一半交给政府,用于设立"储备基金"[4]。据统计,1936 到 1993 年美国政府所支付的 ODS补贴总费用为 95 亿美元。ODS 补贴政策对美国航运业的发展确实起到了一定的推动作用,特别是对改善美国几家大班轮公司的经营状况起了较为重要的作用。1996 年对美国国籍的部分船舶实施 10 年营运补贴,每艘船补贴额前 5 年每年高达 250 万美元,后 5 年每年为 200 万美元。

20 世纪 80 年代以来,随着航运自由化浪潮的兴起,美国对航运业进行直接补贴的力度也越来越小,相关补贴政策陆续退出历史舞台。但需要指出的是,尽管直接的航运补贴减少了,维护本国造船工业和商船船队的发展仍是美国航运政策的重要宗旨,美国政府仍通过不同形式的支持性政策来扶持本国航运业发展。

7.2　欧盟的航运公共政策

7.2.1　欧盟航运政策的发展历程

1. 1957—1984 年

这一时期欧盟的运输政策刚刚起步,英国、丹麦和爱尔兰加入欧共体的行列,这对欧洲航运政策的发展有重要作用。起步阶段的运输政策主要侧重于促进运输自由化,建立欧洲统一市场,这最早在 1957 年各缔约国签署的罗马条约中得以体现。罗马条约的核心是如何促进各缔约国经济的发展,建立欧洲统一市场,以促进缔约国之间货物、服务、资金及劳动力的自由流动。

欧洲统一市场的建立离不开畅通的运输活动。因此,罗马条约第 75 条规定:"国会应该颁布共同规则来促进国际运输或缔约国之间的运输或国内运输的发展,非本国承运人在成员国内提供运输服务的条件,加强运输安全的措施,以及其他的一些措施。"该条规定也就是通常所说的共同运输政策(common transport policy,CTP),奠定了欧洲运输政策的法律地位。

这一时期欧共体航运业的发展面临重重困难,运输政策所调整的范围仍然局限于各成员国国内的运输政策。继罗马条约后,1961 年,一个备忘录提出"各成员国运输诉讼程序的纲要",但并没有引起各成员国的兴趣。1976 年,欧共体委员会又呈交了一份通报,这份通报旨在实现以下几个目标:航运企业致力于为设立该企业的地方提供服务、保护自由进入自由竞争的世界航运业的权利、促进公平竞争、力求持续发展、考虑发展中国家加入世界航运业的愿望、提高船员的社会地位、维持和改善安全标准、保护环境等。这份文件就是欧共体委员会致力于发展航运政策的初步尝试,也是日后欧盟航运政策发展的基础。

2. 1985—1991 年

这一阶段中,欧共体拥有的船舶吨位继续减少,以及第三世界国家竞相降价等因素促使欧共体把制定新的航运政策提到日程上来。1985 年,欧共体委员会就航运业存在的问题递交了一份新的通报。这份通报旨在建立一个适合航运政策持续合理发展的整体框架。为了实现这个目标,委员会认为必须在以下相关领域里采取一系列措施:海上安全、环保、港口国监控、沿海航行体系的实施、关于欧共体内部船舶登记转移的程序问题、利用欧共体外部关系提供高素质的训练有素的船员以及港口争端等问题。此外,1985 年还有一个"实现欧盟一体化市场"白皮书颁布,指出了阻碍各成员国之间运输服务、贸易发展的一些制约因素,为各成员国运输法规的协调与统一奠定了基础。这两个通报共同规定了一系列发展海运的条例,是欧盟运输政策(共同运输政策)发展的一个转折点。

此后,欧共体部长理事会于 1986 年 12 月同意了海运一揽子协议。这一揽子协议由四部分组成:欧洲共同体理事会第 4055/86 号条例——自由提供海上运输服务;欧洲共同体理事会第 4056/86 号条例——竞争规则;欧洲共同体理事会第 4057/86 号条例——不公平定价行为;欧洲共同体理事会第 4058/86 号条例——协调行动。这四部分规则既有法律约束力又有灵活的协调方式,适用于班轮及散货贸易、贸易自由化及竞争等领域。尤其是在班轮公会的运价和舱位管理上,4055/86 号条例对其进行了豁免,而这恰恰是欧共体竞争规则 81、82 条所不允许的,这是当时欧共体为发展航运业给予的特别优待,当然,由于政策根据内外部环境的变化亦处于不断的演化之中,随着竞争法的完善,欧盟委员会对 4055/86 号条例进行了一次回顾,认为没有证据显示对航运业的豁免产生了效率或服务上的提高,因而,在 2006 年用 1419/2006 号条例代替了 4055/86 号,班轮公会的豁免政策至此结束。

作为对 1986 年措施的补充,委员会于 1989 年 6 月制定了有关航运的两个文件。第一个文件承认了欧共体航运业面临的问题,针对关于沿海运输权、欧洲船舶登记制度(EUROS)和船东的法律定义等问题立法工作的进一步发展,提出了一系列的建议;第二个文件则是在咨询的基础上涉及补贴的问题。至此,委员会就给予航运公司补贴方面达成一致意见,他们认为在符合某些情况及规定的约束条件下,可以给予航运公司补贴,以便为竞争提供一个公平的环境。

随后,为了加大政策的实施力度,欧洲委员会又出台了一系列促进经济发展、严格市场准入、加强基础设施投资和统一技术标准的指令,其中包括"欧洲共同体铁路发展"91/440 指令、"共同体公路运输"85/3820 指令、3 个"航空运输自由化"一揽子计划等。这些指令的颁布与实施,使欧盟成功开放了公路运输市场和海运市场,部分开放了航空运输市场和水路运输市场。

3. 1992—2000 年

1992 年颁布的《共同运输政策未来发展白皮书》,以及随后的《共同运输政策诉讼程序 1995—2000/1998—2004》,是欧盟运输政策历史发展的重要里程碑。1992 年白皮书的重要性在于扩大了共同运输政策的调整范围,尤其在交通运输可持续性发展与社会经济发展相协调方面。白皮书中除了强调进一步促进一体化市场的进程,还强调采取相应政策使一体化运输系统的发展与运输基础设施的建设相协调,从而实现欧盟经济的融合,消除各地区之间经济发展的不平衡,而且该白皮书明确地将环境的可持续性发展列入实施日程,严格限制运输中二氧化碳的排放量。

这一阶段,欧盟委员会还设立了海运业论坛,目的在于促进整个行业的全面发展,促使欧盟内部的航运业发展成为一种可依赖的运输方式。1995 年,委员会呈交了关于发展近海运输的通报。这份通报考虑到近海运输的前景和挑战,在三个方面采取措施:提高近海运输的质量和效率;改善港口及其基础设施;把近海运输纳入整个欧盟航运政策的外部关系之中。

此后,委员会分别于 1997 年和 1999 年发布两份报告,报告分析了推动可持续发展和安全流动性的近海运输结构,如何使近海运输融合到整个物流,近海运输的概念及其发展过程中存在的障碍等。

值得一提的是,1996 年 3 月委员会同时呈交的两份通报,指出欧盟航运政策的另一发展方向:提高欧盟航运业的质量,重视造船业、港口及其他有关部门在整个航运业发展体系中的作用。

4. 2001—2008 年

2001 年,欧盟委员会通过了《欧盟面向 2010 年运输政策白皮书》(简称《欧盟白皮书》),其中绝大部分内容已在 1992 年白皮书及其以前的一些文件中提到,但 2001 年的白皮书比原有的内容更加综合,主要内容如下:构建海运—内陆水运—铁路之间无缝运输,以促进多式联运的发展。此项提议旨在发展海上运输,将原来穿过阿尔卑斯山的公路运输改为海上运输;修改泛欧运输网纲要,建立新的项目,并修改原来相关的内容。该项内容在于为构建运输基础设施设立一套法定的执行程序。通过程序的执行,可以完善各成员国间的基础设施建设。值得注意的是,欧洲委员会决定加大对此项目的投资力度,投资比重由原来的 10% 提高到 20%;对航空运输进行重新定位,尤其对空中容纳力、使用和收费、航空运输与铁路运输的互联性、航空网络等方面进一步整合。

5. 2009 年至今

2008 年,航运业受到了金融危机的冲击,欧盟认为需要制定一个适合的政策措施,保证欧盟海上运输体系持续发挥作用,并最终为恢复世界经济做出贡献。正是在这一背景下,2009 年 1 月 21 日,欧盟委员会通过了《到 2018 年欧盟海运政策战略目标和建议》(简称《海运战略 2018》)。在《海运战略 2018》中,欧盟描绘了到 2018 年欧洲海上运输体系的主要战略目标,强调了欧盟航运对全球海运持续发挥作用的战略意义,明确了欧盟将强化竞争力并提高一些重要领域的环境表现,制定了欧盟在 2018 年之前海运政策的战略目标和建议。通过调整欧盟的海事政策措施,欧盟旨在继续致力于促进优质航运,保证欧盟海上运输体系的持续作用及恢复世界经济,保证欧盟具有必要的人力和技术能力,保持欧盟未来航运的持续发展和竞争力,保证欧洲海上运输体系作为一个整体,发挥长期作用并造福于所有其他的经济领域和终端客户。与其之前推出的诸多海事法令和政策的目标相同,《海运战略 2018》进一步清晰地描绘出欧盟在海事领域强势崛起的意愿与路径。

近年来,安全和环保成为欧盟航运政策的主题,通过对前述政策的修订和更新,不断完善着航运政策,如 2012 年,2012/33 号条例对船舶废气排放的控制,2013 年公布的《欧盟拆船规范》对欧盟船籍船只拆解所带来负面影响的约束等。

7.2.2　欧盟的航运管理法律制度

欧盟作为世界上最成功、最活跃的经济一体化组织,其崛起代表着当今世界经济关系的发展趋势——集团化,也代表了航运行政立法的最新动态,这种趋势对国际航运经济关系的变化和国际航运多边法律体制的发展具有深远影响。在欧盟内部正运用一体化建设逐步将航运纳入其共同的运输法规中,短短几年已出台了多项调整航运管理的法律法规,为当代国际航运经济发展和国家干预航运经济活动的范围、模式等提供了范例,在国际航运管理立法中占据重要地位。总体上看,欧盟的航运管理立法服务于欧盟的航运政策,涉及船舶登记、自由提供服务、航运竞争、船舶建造、航运安全、国家补贴、拆船基金、沿海运输权等多个方面,从而形成了一整套完善的海运管理法律体系。欧盟的成员国受欧盟法律的制约,并且欧盟法律的效力高于成员国的国内法。

从广义上讲,欧盟航运法包括四方面:一是条约。欧共体条约是欧洲共同体法律中规范航运业最基础的部分,竞争、国家资助、非国籍歧视等方面的基本原则在欧盟航运立法过程中被证明是十分重要的。二是条例。有许多条例是规范竞争、自由提供服务和反倾销等方面的行为。三是非强制措施。有许多非强制的措施被广泛应用于诸如安全等方面,并常常成为同一领域内制定强制性措施的准备。四是案例法。案例法主要是欧共体法院和欧共体委员会的决定,案例法对欧盟航运立法未来发展起着重要作用,其作用不仅仅是补遗,而且将开辟新的领域。

(1) 竞争法。欧盟航运法最精彩也最吸引人的部分就是将欧盟竞争法运用到航运业,竞争法的目的是确保欧盟成为一个公平、自由和高效的单一市场。航运业需要一整套竞争规则是显而易见的,作为一项基本法规,欧共体条约禁止共同市场中经营主体之间订立阻止、限制和扭曲竞争的反竞争协议,严格禁止在欧洲共同体或欧洲共同体的重要部分占有支配地位的经营主体滥用其优势。根据欧盟条例,除对班轮公会和纯技术性协议有豁免外,对进出一个或多个欧盟港口的国际海运服务(非班轮运输除外)适用欧洲共同体条约规定,对违反欧洲共同体竞争法规则的行为设定了很重的罚款。欧盟航运法的一个新领域是将竞争法原则适用到港口,拥有和使用港口者不能将竞争劣势强加给竞争者。反倾销法是欧盟将贸易领域里的反倾销法律引入运输领域的产物,旨在对海运领域里的不公平定价行为采取措施,处以罚款。

(2) 国家资助。欧共体公布了对航运公司的国家资助的指南,国家资助必须维持在达到目标所必需的限度内,不能以牺牲其他成员国的经济利益为代价,并保持应有的透明度。

(3) 安全。多年来欧盟一直关注海上安全,制定了一系列欧盟安全体系标准和海上共同安全政策,欧盟海上安全体系充分考虑到了旅客、船员、船东、船舶经营人、保险人、货主及环境和沿海国的需要。海上安全虽早已成为国际规则调整的对象,但仅依靠这些现存国际规则本身,既不能挽救生命,也不能挽救船舶,最关键的是实施这些规则,欧洲共同体委员会坚信欧盟在安全方面是能够发挥作用的。

欧盟一直有着明确的航运管理与发展目标,即在政府的有效控制下,逐步实现航运的自由化,而运输自由化的实现、公平市场环境的建立,主要是通过法律的逐步调整完成的。欧盟的航运法律规定很详细,但执行起来却很简明,很难见到他们会因企业资产属性、规模、经营范围的不同,而设立不同的管理制度。

(1) 政府和市场间的平衡。航运业所特有的自由性和全球性使欧盟成员国充分认识到该行业需要一个限制自由市场很少的政府,但是没有任何公共的干预,任何市场尤其是具有很强竞争性的航运市场将在混乱中结束。因此,政府的平衡作用表现在,一是建立一种市场框架,该框架在一定条件内必须给公司营业创造最大的灵活性,商业性是公司的一切,这些框架条件反映了社会在安全、环境、秩序和社会问题方面的要求,同时政府必须保证航运界、雇主和雇员遵守这些条件;二是致力于间接的市场调控手段,如通过税收的调整和各种补贴政策,实现对市场的宏观调控;三是市场准入的控制,欧盟国家重视市场的准入,而且控制得很严格,但其市场准入的条件主要集中在从业人员的资格、船舶技术条件和环境保护方面。

(2) 安全与效益的平衡。航运市场的价格竞争压力是巨大的,船舶所有人为了应付价格压力,只有降低成本,这往往是以牺牲安全作为高昂代价的。因此,政府必须从公益出发制定一系列安全标准,迫使船公司将外部的安全成本变成运输的内在部分。一般情况下,政府通过市场与行政管理相结合来达到社会最适状态:一是用市场的力量、自律及主体自身来解决安全问题,诸如增加船舶市场质量的透明度、检验的准确度等手段;二是制定完备的安全标准、增加质量检验者的法律责任以及货主对运输质量的选择责任等。

(3) 立法的科学性与高效性。欧盟的航运立法十分重视信息的收集和整理工作,通过法律规定、专门机构和多种渠道,将成员国的航运信息及时、全面、准确地汇总,为立法决策提供可靠的依据。通过对掌握的数据信息的研究,探求航运市场内在的发展规律及利益矛盾的产生点,并充分利用社会研究力量,委托研究机构对立法内容做系统的理论研究,而欧盟以理论研究成果为基础,进行立法决策。欧盟的每一项立法均按统一的程序制定公布,以使欧盟航运法律在实施中高效。

自 1974 年航运纳入欧盟共同运输政策以来,无论其间颁布什么样的法令,均具有统一的政策目标,即对内消除成员国国别歧视,建立统一的海运市场,对外促进国际航运竞争开放,并在竞争中确保欧盟的利益。

7.2.3　欧盟航运政策的主要内容

1. 船舶登记制度

1989 年,欧盟提出建立与各成员国并行的欧盟船舶登记制度(EUROS),这是一种双重登记制度,即要求各成员国的船舶除了在本国登记并悬挂本国国旗外,还需向"欧洲船舶登记处"登记并加挂欧盟的旗帜。

在 EUROS 登记的登记人应符合下列条件:船东是欧盟成员国公民;船公司依据欧盟成员国法律建立;按照非欧盟成员国法律建立的公司必须有 50%以上的船员为欧盟成员国公民或 50%以上的股权为欧盟成员国公民所有。同时,登记入籍的船舶要求符合以下条件:船舶吨位为 500 总吨以上;已在欧盟成员国内登记,并用于客货运输或其他商业用途;船龄不超过 20 年。并且登记的船舶还享有下列优惠:成员国给予税收优惠;有自动改为其他成员国船籍的自由;有获得其他成员沿海航行权的自由;除悬挂本国国旗外同时加挂欧盟旗帜,以此来作为同属欧盟统一商贸的象征。

1991 年,欧盟部长理事会对一个成员国国内登记的船舶转移到其他成员国提供了更为便捷的方式,即实施便利船舶转移规则,这使得各船公司最大限度地减少经营成本,提高竞争力。

2. 货载优先和沿海运输权政策

在货载分配方面,954/79 号规则规定欧盟成员国之间或其他经合组织成员国之间的航线上,完全遵循自由提供服务原则,从市场自由取得货载份额。

欧盟关于沿海运输权的规定主要体现在 1992 年通过的《在成员国之间海运领域里适用自由提供服务的 3577 号理事会条例》(以下简称"3577/92 号条例")中,该条例规定,成员国的沿海运输权向任何成员国登记或悬挂任何一个成员国国旗的船舶开放。但考虑到沿海运输对欧盟地中海国家特别是希腊、西班牙、葡萄牙、法国、意大利等国的特殊利益,对以上国家的某些领域则暂停适用该规则。考虑到沿海运输还涉及一国的主权,3577/92 号条例在援引自由提供海运服务原则时也做了一些限制。

根据该条例的规定,只有在船公司为"共同体船舶所有人"(community shipowner),并且其所经营的船舶在欧盟内某一成员国登记的情况下,该公司才拥有在欧盟内部从事沿海运输权的资格。其中,"共同体船舶所有人"是指在一欧盟成员国注册,其主要的营业场所也在一成员国内,并且其在该国的经营确实有效且处于控制之下的船公司。除此之外,这些船舶还必须完全符合其登记国对经营沿海运输船舶的各项要求。

3577/92 号条例的建立基础是"提供服务自由"原则,由于沿海运输具有一定特殊性,因而该条例在援引过程中也存在一些限制:第一,成员国可以要求其他从事该国沿海运输的成员国承担所谓的"公共服务"的义务,即其他成员国必须保证在一些经济效益不好的航线上同等地提供服务;第二,从事一成员国岛间运输的其他成员国的船舶必须根据该国的法律规定来配备船舶人员;第三,这项法规建立了危机机制,授权欧盟委员会对因沿海运输权开放而引起的严重混乱采取特别行动,如果欧盟委员会未采取行动,则该国有权单方面采取措施。

从当前的情况来看,欧盟内部的沿海运输开放程度较高,但这也经历了十分漫长的过程。20 世纪 80 年代,尽管当时欧共体各界均认为应当采取措施进一步提高共同体航运业的竞争力和效率,但直到 1989 年欧共体委员会才制定了有关航运业的两个文件,其中之一就涉及沿海运输权。实际上,这一议题来源于欧共体理事会的第 4055/86 号关于自由提供海上运输服务的条例,以及北欧各国对沿海贸易自由化政策的采纳。1990 年 12 月,欧共体部长理事会对此达成协议,但此时欧共体的沿海贸易自由化又受到阻碍,反对的声音主要认为 1990 年达成的协议违背了《罗马协定》。于是,这一议题又于 1992 年在通过 3577/92 号条例时被重申。

虽然 3577/92 号条例同意沿海运输自由适用于共同体船东,实际上沿海运输权自由化的进程是分阶段开展和进行的,也并不是一蹴而就的。

目前,欧盟实行沿海运输权的状况如下:第一,对沿海运输没有任何限制的国家,例如丹麦、荷兰、爱尔兰、比利时、冰岛以及挪威;第二,沿海运输权仅对悬挂欧盟成员国国旗的船舶开放,对仅在欧盟成员国登记的船舶也不享有沿海运输权的国家,如芬兰、德国、希腊、意大利、葡萄牙和西班牙;第三,不论船舶是否挂欧盟成员国的国旗,均不享有沿海运输权,法国就采这一做法。法国将沿海运输权区分为次要的(petit)和重要的(grand)两种。"petit cabotage"是指在同一海域的港口间从事沿海贸易,"grand cabotage"是指在位于大西洋上的一个法国港口和一个位于地中海海域的法国港口之间的沿岸贸易。并且,根据相关法令的规定,这两种沿海运输都必须由法国籍船舶承运。

2014 年,欧盟委员会颁布了新的沿海捎带指引,以适应欧盟法律关于公共采购、特许服务以及欧洲法院判例法的更新。新的指引对提供沿海捎带服务的船舶上的船员、准入范围以及奖励措施等进行了更新。其中,将公共服务航运合同期限从原先的 6 年延长至 12 年,以解决原先期限过短使船东难以收回投资进行再投资的问题。

可见,欧盟对沿海运输权的开放仅仅是盟国内部之间的互相开放,并且这种开放是有一定条件的。并且,盟国内部不同国家各自的沿海运输权制度也有所不同,有对所有国家都完全开放本国沿海运输权的国家,也有对盟国也不开放沿海运输权的国家。这种区域性的开放模式是由欧盟特殊的政治和经济形态而形成的一种特殊制度。

3. 造船业反倾销政策

长期以来,西欧造船企业一直依靠政府造船补贴,以生产高附加值船为主,才得以在市场立足。但在公平竞争日益成为国际共识的氛围下,欧盟做出逐步减少并最终取消船价补贴的动议。1986 年,欧盟明确 1999—2000 年对造船企业继续保持 9% 的补贴水平,但在 2001 年 1 月 1 日前完全取消。这对经营状况每况愈下的欧洲造船厂无异于雪上加霜。以欧韩造船官司为例,1999 年 1 月 18 日,欧盟 12 家造船企业紧急召开高层会议,一致要求欧盟委员会立即采取对抗韩国的措施。从 1999 年 12 月到 2000 年 3 月,短短的 4 个月内,欧韩之间就进行了三轮正式谈判。在欧盟的压力下,韩国政府与欧盟一度达成谅解备忘录,但因缺乏有效的实施机制,欧盟委员会于 2003 年 6 月 11 日将韩国政府对造船业提供"非法补贴"的问题诉诸世贸组织(WTO),这成为世界上第一例起诉到 WTO 的船舶工业贸易纠纷。

欧盟指责韩国政府在以下方面违背了 WTO《补贴与反补贴措施协定》:一是通过国有和国有控股银行以债务免除、借款、免息及债转股等方式,提供法人重组补贴;二是韩国《特别税待遇控制法》中,针对法人重组的公司设立两种税收程序,对以货代款、母公司收回子公司全部股本使之脱离等计划提供特殊税收支持;三是韩国进出口银行对订立出口合同的造船企业以优惠利率提供完工前贷款,提供预付款偿付担保,即担保韩国企业一旦未能履行出口合同,国外买家将获得偿付;四是补贴涉及各类商船,包括散货船、集装箱船、油船、成品油船/化学品船、液化石油气船和液化天然气船、客船、滚装船以及其他非货运船(包括近海工程船舶)。

欧盟委员会认为,韩国的这些措施属于被禁止的专向性补贴,损害了欧盟集装箱船和化学品船制造业的利益。所以欧盟要求韩国将市场上不同船种的最低竞标价格分别提高 10%~15%。同时,鉴于 WTO 处理此案通常要用 18 个月左右,为防止在此期间各成员国造船企业继续蒙受损失,欧盟部长理事会同意欧盟委员会"关于重新恢复造船补贴的临时防御机制"建议和具体做法。即从 2002 年 10 月 1 日起恢复造船补贴,最高补贴金额为船价的 6%;补贴船种暂定为集装箱船和成品油船/化学品船;临时防御机制的终止时间为 2004 年 3 月 31 日。

为进一步在经合组织(OECD)国家的造船业中建立正常的,即无补贴和无倾销的竞争条件。欧盟委员会于 2016 年制定了 2016/1035 条例①,确保非欧盟竞争对手在欧盟出售的船舶不会低于其正常价值。2016/1035 条例该法规将造船有害

---

① 详见 https://eur-lex.europa.eu/legal-content/EN/TXT/?uri=legissum%3A4314920。

定价规则①(shipbuilding injurious pricing code，SIP code)转化为欧盟法律，以此来保护欧盟造船业的利益。

4. 航运补贴政策

1）财务补贴措施

财务竞争是欧盟成员国和第三国之间的主要争端。为改善船公司财政气候，许多成员国采取了特别的措施，如加速船舶资本折旧、在卖船款若干年免税的基础上留存利润，只要所获收益重新投入船舶即可。这些通过特定方式适用于航运业的起缓和作用的财政措施被认为是国家补贴的一种。同样，那种用在某些成员国和第三国的以取代通常的公司计税方式的吨税也是一种国家补贴。

2）劳务费用补贴

在 1997 年 1 月，委员会发布了一篇关于控制国家补贴和降低劳务费用的通信，它基本上涉及所有的经济因素，特别关注低技能的市场。它提出了减轻劳务费用有抑制国际市场的功能和不利欧共体工业竞争及长远工作的创设的风险警告。委员会特别考虑到了该方案潜在的对超负荷或危机产业(依据对欧共体产品的需求停滞或下降而定义)、敏感产业(具有欧共体内部重要的贸易和竞争)以及国际性竞争产业的消极负面影响。

3）投资补贴

当前，某些成员国只对新建的船舶给予补贴，别的成员国也针对购买某些类型的二手船或改造现有船舶给予补贴。这些方案旨在创造或维持超负荷，以降低运费率，刺激欧盟船舶经营人削减费用，在很多场合是通过到外国登记船舶来实现的。而且，该方案却使船东在某些情况下为了财务而不是商业原因做出买卖船舶的决定。船舶建造的第七号指令延展施用至 1998 年 12 月 31 日。因此，新船投资者必须遵守这些规则以及别的用来代替他们的欧共体法规。

5. 海上安全政策

在 1978—1993 年间，欧盟就海上安全方面共出台或批准加入的法规、决议、指令、国际公约达 20 多个，使欧盟成员国的船舶质量、人员素质等方面都上了一个新台阶。近几年来，欧盟在海上安全方面所付出的努力更是不断加大，他们意识到运价降低、成本上升及不公平竞争促使世界范围内越来越多的船舶经营者将其经营开支降低到确保海运安全的最低边缘，而且他们采取的污染防治措施也已非常乏力；同时，欧盟成员国内的船舶经营成本普遍较其他地区高，为了提高他们的航运竞争力，对挂靠欧盟成员国港口的任何国籍的船舶实行有效、严格的海上安全标准，迫使其他地区建立符合国际认可的安全标准，是解决欧盟船舶不利竞争局面的有效措施之一；另外，近几年来发达国家公民保护海洋环境、防止海洋污染的呼声

---

① 1994 年经济合作与发展组织造船协议的附件。

普遍高涨,所以欧盟在此方面的努力更是不遗余力。

到目前为止,欧盟出台的有关海上安全方面的主要措施包括滚装客运码头安全管理的3051/95号规则、压仓物隔离液体仓收费制度的2978/94号规则、港口国实行有效管理的21/95号指令、关于船级社的57/94号指令、关于通知义务的75/93号指令等。由此可以看出,欧盟在此方面的工作涉及范围很广泛,但显然,此种努力还并没有上升为一种整体上的立法行为。

从20世纪70年代到21世纪初长达30年的时间里,欧盟海上安全政策基本上都是海难事故的催生产物。从1978年油轮Amoco Cadiz号在法国布列塔尼海岸沉没引发关于在北海及英吉利海峡深水引航员引航船舶的欧洲法令79V115/EEC,到1987年在美国水域发生的"自由先驱论坛"号沉没和Exon Valdez号搁浅事故带来欧盟通过关于防止事故造成海洋污染及提高客渡船安全的决议,再到2000年Erika事故后欧盟出台Erika第一套和第二套一揽子措施,处处体现出欧盟缺乏对海上安全的整体和有效管理,以及海上安全指导战略的不足。

2002年11月19日Prestige事故发生后,欧盟开始再次审议其政策和法律体系,着手提出制定新法令及进一步修订现有法令的建议。经过3年酝酿,2005年11月23日,欧盟执行委员会(EC)副主席兼运输专员Jacques Barrot先生宣布欧盟最终通过了第三套海上安全一揽子措施的建议案(3rd MSP)。虽然从严格意义上说,3rd MSP仍然是海上安全事故的产物,也是欧盟第一次试图通过全面解决海上安全涉及的所有方面,包括船旗国履约、港口国控制、海上劳工标准、责任和赔偿、船舶通航管制和海上事故调查存在的问题,来促进欧洲水域的海上安全和环境保护。

2009年3月11日,欧洲议会最终通过了3rd MSP所包含的六项法令和两项条例,它们分别是:满足船旗国要求法令(2009/21/EC)、港口国控制法令(2009/16/EC)、关于船舶检查和检验组织及海事主管机关相关活动共同规范和标准法令(2009/15/EC)、建立共同体航行监管和信息系统法令(2009/17/EC)、制定海上运输事故调查基本原则法令(2009/18/EC)、船东为海事索赔保险法令(2009/20/EC)、船舶检查和检验组织共同规范和标准条例(391/2009)和海上发生事故时旅客承运人责任条例(392/2009)。

6. 欧盟新航运战略

1996年3月,欧盟委员会向欧盟议会、理事会、经社委员会提交了一份题为"新海运战略"的文件。该文件在总结欧盟现行海运政策的基础上,提出了一套新的海运政策,主要内容有如下几部分。

(1)适用国际标准,增强欧盟海运业竞争力。欧盟委员会认为,随着国际贸易和生产方式的全球化发展,全球化成为海运业一个重要特征,因而,制定、保持和提高欧盟海运业竞争力政策的核心问题是全球化问题。欧盟委员会通过审查各种政策的优缺点,认为应制定一套双重战略,即采取措施确保国际开放市场中的海运安全和公平竞争;制定增强欧盟海运业竞争力的法律,建议应通过全球开放的市场政策手段,特别是制定国际竞争规则,以提高欧盟海运业竞争力。

(2)安全和公平竞争。欧盟委员会建议,通过船旗国的质量控制和港口国的管理措施,制定并执行安全和环境保护方面的国际规则。欧盟委员会认为,在安全和环境保护方面,海运业应有统一标准;为了提高海运业安全和公平竞争,有必要采取强制执行措施来杜绝海运中的不安全因素;有关的政策不应局限于通过采取禁止性的措施来消除对环境有害的和不公平的海运行为,还应建立机制使海运业的发展不仅能满足国际海事组织和国际劳工组织的最低标准,还应致力于提供高质量的服务;对特殊情况制定较高的共同体标准。

(3)保持市场开放。在确保全球海运自由化和公平竞争方面,欧盟会倾向采取利用WTO等多边协商的办法,建议各成员国协调统一,在谈判中利用其贸易、政治和海运力量,提高国际海运市场的自由化水平,并维护公平竞争的环境。

(4)竞争力政策。关于培训与就业,欧盟委员会就未来出现高级船员供给不足的问题,开始了一项有关成员国培训与就业问题的演练,包括海上就业趋势、成员国采取何种提高海运教育的步骤以吸引年轻人从事海上职业的措施等。

2005年3月,在时任欧盟渔业及海事事务司司长Joe Borg先生的倡导下,欧盟开始着手制定一个综合的海事政策,以期形成管理欧洲人民与海洋之间关系的新愿景文件,并于2006年6月7日发布了《欧盟未来海洋政策绿皮书》(以下简称绿皮书)。绿皮书包括引言、保持欧洲可持续海洋发展的领先地位、最大限度提高沿海地区生活质量、提供管理人类与海洋之间关系的工具、海洋管理、恢复欧洲海洋传统并重新确立欧洲海洋地位及发展方向等七章,详细阐述了欧盟在海洋相关领域,如旅游、捕鱼和钓鱼、海洋运输、海洋管理和可再生能源等存在的利益、面临的挑战和可能的应对措施,覆盖了最广泛的海洋领域及海洋活动。

2009年1月21日,欧盟委员会通过了《海运战略2018》,从长期(10年)远景、目前的经济形势以及航运市场周期的特点着眼,所提出的战略目标和建议主要涉及两个方面:一是在海上运输领域,提供适应欧盟可持续经济增长及世界经济所需要的节约型海上运输服务的能力;二是在欧盟航运领域的长期竞争力方面,提高航运业在欧洲整个海事产业中直接和间接创造价值和就业的能力。从内容上来说,《海运战略2018》分别从具有竞争力的欧洲航运、人力因素、优质航运(包括更环保的海上运输)、国际合作、短途航运及研究和创新等六个方面,提出了欧盟的战略目标和行动建议。

不论是从3rd MSP,《海运战略2018》和正在酝酿的欧盟综合海洋政策来看,还是从欧盟制定并不断更新的海上运输、造船、拆船等海洋产业的发展战略来看,欧盟近年来在海事立法方面强势崛起一方面是与其经济发展和复兴以及海洋之间的密切联系相关联,另一方面也是欧盟实现可持续发展,提高海洋产业竞争力,重新确立其在海洋领域领先优势的需要。欧盟在绿皮书中明确说明:"考虑到欧洲的出口型经济、贸易额的增长及其地理环境,在航运、造船、船用设备和港口业方面的竞争力对欧盟来说利益攸关。为保证竞争力,有必要为这些行业提供一个公平的国际竞争环境。鉴于海洋活动大都在全球市场中竞争,这一点更显得至关重要。"为了维护自己的海洋利益,确保海洋产业的发展,并由此带动整个欧洲经济的复兴,欧盟近年来不遗余力,不论是在参与制定国际规则方面,还是在推行单边立法方面都是非常激进的。可以说,欧盟加深了对海洋意义和作用的全新认识,认识到了海洋持续为欧洲人民的福利和经济机遇做贡献的巨大潜力。因此,为了维护自己的发展和持续发展的空间,为了在竞争日益激烈的条件下立于不败甚至处于领先地位,欧盟在海事立法方面的强势出击就可以理解了。

7.3　英国的航运公共政策

7.3.1　英国航运政策发展历程

1. 工业革命前的保护主义航运政策

英国工业革命前实施的保护主义航运政策最具代表性的当属《航海条例》的颁布与实施。自从 1649 年英国资产阶级新贵族取得政权建立共和国以后,英国政府为了夺取世界贸易霸权和控制海外殖民地,曾经数次颁布《航海条例》。1651 年,英吉利共和国政府针对当时英国海上贸易的主要竞争对手荷兰颁布《航海条例》,其中规定凡从欧洲运往英国的货物,必须由英国船只或商品生产国的船只运送;凡从亚洲、非洲、美洲运往英国或爱尔兰以及英国各殖民地的货物,必须由英国船只或英属殖民地的船只运送;英国各港口的渔业进出口货物以及英国国境沿海贸易的货物,完全由英国船只运送。这些规定排挤了荷兰在国际贸易中的作用,危及荷兰的海上利益,直接导致了 1652 年的第一次英荷战争。荷兰战败,被迫承认这一条例。

1660 年资产阶级新贵族勾结王党所建立的复辟政府,仍继续执行共和国发展工业的政策,不但严格执行航海条例,而且还将其适用的范围进一步扩大,旨在发展英国的航运业并将北美殖民地变成英国的工业原材料供应地和商品倾销地。1660 年的《航海条例》对货运船只和船员的国籍做出了限定。根据规定,英国和英属殖民地的船只上四分之三的船员必须是英国人;所列明的某些殖民产品及重要战略物资,只能从原产地直接出口到英国或英国殖民地,起初列表包括烟草、糖、靛蓝、棉花、羊毛、生姜、黄颜木和其他染料木。不久,国会便再一次扩展列表,将海军用品、麻、大米、糖蜜、海狸皮、皮草、铜矿石、铁和木材等纳入其中。上述原材料要是运往第三国,必须先在英国卸下,然后由英国船舶运往第三国。

《航海条例》在 17 世纪后半期先后又经过四次修订,其内容进一步扩展和完善,例如,1663 年修订的《航海条例》就新增了欧洲运往美洲的所有货物必须首先在英格兰进行装运,糖、大米和烟草等大宗商品不得在纳税之前运往他国等限制性条款,旨在帮助英国商人获取殖民地烟草和糖类等大宗商品的贸易垄断权,同时阻止未加工品的出口扩散,使英格兰成为殖民地进出口贸易的唯一获益者。《1707年合并法案》出台后,苏格兰也享有了同样的特权。

《航海条例》的推行使得英国对外贸易在自我封闭的状态下得到发展,英国不断增强自身的贸易优势,逐步建立起以伦敦为中心的大西洋商业体系。严格的贸易控制不但维系了海外贸易的正常运转,还使得英国获得了国内经济发展所需的工业原料,英国的航运、港口和商业从中收益颇多。与此同时,皇家海军的质量和规模得到快速提升。海军实力的增长为英国海外殖民政策的进一步推行奠定了基础,同时,由于国家坚定地维护其在海洋的垄断地位,海军和商船队在组成和功能上的区别变得更加明显。

2. 工业革命后的自由主义航运政策

战后的英国航运经历了一段平静发展。当技术变革袭来时,已经是 1956 年苏伊士运河危机之后:海上旅客运输逐渐消失,干散货船取代了老式不定期船,滚装船成为近海运输的主要运载工具。航空事业的快速发展也使得海上旅客运输逐渐退出历史舞台。1958 年航空客运量首次超过海运客运量,英国船队规模也随之缩水,1948 到 1970 年之间,英国在世界船队的运力比例从 22.4% 下降到了 8.3%。面对这些变化,1967 年工党政府成立了咨商委员会对航运业进行调查,根据最新市场与科技发展情况,回顾英国航运业的组织结构,调查航运业运营模式及影响航运有效性与竞争力的因素。该咨商委员会由威斯康特·罗克迪尔主持,就航运业的各方面提出了建议,包括近海运输、远海定线运输与不定线运输和液货运输,涉及技术、培训、税收以及航运金融。尽管发现了诸多挑战,该报告对于航运的前景依然抱有乐观态度。该报告指出:"考虑到世界海运格局,我们会发现对于海运的需求依然会有持续的增长,新技术的应用会极大地改变航运服务类型。航运依然会向着技术密集与资金密集型方向发展。"

当时许多航运人士,尤其是一些海员,对于航运前景与未来就业机会抱有深深的忧虑。但是这一时期的政府决策者认为,英国航运业需要掌控自己的命运,有了决心,就能实现行业发展。报告建议:首先,航运公司必须调整自身适应外界变化;其次,必须提升管理专业性,最大限度利用现有技术水平扩大业务范围。政府决策者认为,凭借英国航运业的创新精神,不仅可以提升航运的生产效率,还可以促进行业成长壮大,并确保未来再续辉煌。

然而,后续历史证明,政府决策者的结论过于乐观。1982 年马岛战争彻底暴露了英国航运业衰败的事实。英国与阿根廷在马尔维纳斯群岛发生了主权冲突,而在征调英籍船舶的过程中,举国上下突然发现英国的船队所剩无几,运力从1975 年的 5 000 万吨下滑到 1982 年的 2 800 万吨。马岛战争再次把英国航运业推向全社会瞩目的焦点,仅有来自 33 家公司的 54 艘船舶被征调,完成医疗、补给和维修等任务,与二战结束之时英国船队及海员规模相比形成巨大反差。

3. 新自由主义航运政策

1982 年马岛战争暴露出的英国航运实力衰退引发了大规模政治辩论。争议焦点在于保守党政府一贯奉行自由竞争,反对政府政策干预经济,而航运业恰恰需要政策扶持与财政补贴方能扭转颓势。航运业的需求与执政党政策之间的冲突使得大辩论持续了长达 15 年之久。保守党政府试图避免对航运业进行财政补贴,尽管这些补贴为其他航运国家所偏爱。英国政府试图追求自由贸易,开放市场,与此同时,又认为维持英国籍船舶安全管理与海员水准十分必要。

尽管关于英国船队整体下滑的原因争议较多,但其中最广为接受的原因是船舶离岸登记,以及方便旗的广泛使用。此外,英国船员较高的人力成本与严格的船上住宿标准是业内公认的问题。再者,英国执法部门倾向于严格执行国际公约确立的安全标准,较诸多方便旗国更为苛刻,这也给航运企业增加了营运的成本。在第一次国会辩论中,鲍勃·米歇尔指出:"马岛战争表明我国需要充足的本国船舶、本国高级船员与普通船员。我主张商船海员应当被视为英国国防战略的一部分。如果可能,应从国防经费拨款确保一支强有力的商船海军队伍。"时任交通大臣的杰瑞·维根对米歇尔就商船规模下滑的论点做出回应,他并不赞成对于航运业提供直接财政拨款,因为英国商船船队既然可以完成马岛战争的战略补给任务,也就说明目前的海上力量可以满足英国国防需要。因此,1984 年,英国政府废除了对于购买或建造船舶的补贴。

1986 年交通委员会宣布对英国商船队衰退进行调查,但由于 1987 年大选的来临,使得对该调查只能进行一个短期临时的研究。新国会在 1988 年才得以发布完整报告。然而,在调查报告发布之前,新的《商船航运法案》(1988)颁布。1988年《商船航运法》包括三部分,即船舶注册、建立商船海员储备的措施,以及促进船员培训的补贴措施,以保证航运安全。商船海员储备的规定是回应马岛之战后国内上下对于航运政策缺失的批评。新《商船航运法》于 1988 年 5 月 3 日得以批准,在交通委员会正式调查报告发布之前出台,为政府提供船员培训与减税的措施确立了法律基础,并确定了商船海军预备役的建制。紧随其后,海员免税的措施也得以推行,免税的门槛从 10 个月海外工作时限缩减到了 9 个月,这使得大多数船员可以满足免税的条件,远洋海员职业经济上的吸引力增强。据估计,免税措施为航运业带来了 1 500 万~2 000 万英镑的效益。

1988 年 7 月 7 日,英国政府与开放登记国家巴哈马签署协议,确保英国的海外船舶在战争与危机之时依然可以被政府征用。通过这些举措,政府希望可以保证英国航运业能够继续为国家提供运力和海员。

1993年12月,时任国务卿约翰·麦克格雷宣布了扶持航运业的一系列举措,包括:修改船舶注册登记要求;允许欧盟成员在英国设立航运企业,注册船舶;首次允许光船租赁在英国登记;对于英籍船舶聘任外籍高级船员进行咨商;延长对实习生和操作级海员的补贴措施,鼓励职业晋升;提升全球范围内的船旗国检查水平,确保国际条约可以执行。

1995年英国正式放弃了对于高级船员国籍的限制,自1919年以来实行的对英国和英联邦爱尔兰的海员国籍的规定被全部废除,规定只要持有英国海员适任证书或相应证书的海员,就可以在英籍非战略性船舶上工作。英国航运政策大辩论时期处于保守党执政的18年之间,而对航运进行干预与保守党的执政方针存在冲突,所以也造成这一阶段政府扶持航运的政策处于难产状态。尽管保守党内部的有识之士意识到了航运业中市场失灵的问题,但是直接财政补贴的做法无法得到广泛的支持。

4. 20世纪90年代末至今

1997—2010年为工党执政时期,由于工党更倾向于航运补贴政策,为这一时期航运政策的繁荣奠定了基础。在1997年大选宣言中,工党承诺:"致力于航运港口建设,激发航运经济潜力。"赢得大选之后,交通部并入了"超级大部"——环境、交通与地区发展事务部,由副首相约翰·普利斯科特担任部长。1997年10月,普利斯科特宣布重振英国航运的三点主张:一是促进国际合作,鼓励提升国际航运安全管理标准;二是培训顶级质量海员;三是政企高度合作繁荣英国航运。

1997年11月17日,交通部部长格兰达·杰克逊宣布:"新政府将力阻英国航运的衰退,赋予航运业足够的支持。毫无疑问,我们坚信可以看到英国船队的复兴。"普利斯科特成立了专门航运工作组,负责航运发展核心议题:确保使航运业促进经济与环境效益最大化;扭转英国船队下滑的局面;扩大海员就业与重振海员培训;鼓励船东及全行业对海员培训的人力物力投入。

1998年专门工作组完成调研报告,由于工作组由多方利益代表组成,不同意见众多,最后送交首相与内阁定夺。之后,工作组报告成为英国航运白皮书《英国航运:开拓新道路》的重要组成部分。英国政府白皮书指出:国际航运市场被外国航运企业的价格战和国家补贴扰乱,新的航运政策应当基于更为长远的目标,企业、工会和政府三方要密切合作投身于新航运政策的制定。

专门工作组提出以下建议。

(1)资助培训。设立海员培训基金,由航运及港口物流行业资助,确保海员技术储备。鼓励英国劳务公司为外国船东培训船员,保证海员就业,更新海员劳动力市场供应。设立行业培训税目,由各航运企业缴纳,确保未来航运人才可持续供应。提高 SMarT 计划(Support for Maritime Training)①资助比例,百分之百覆盖培训费用,政府应当对 SMarT 进行长期财务投入。(接受)

(2)提升并简化培训。确保 SMarT 计划不会打乱混派船舶公司管理,建立航运院校毕业生快速晋升通道。(接受)

(3)增加英国普通船员竞争力。创立普通船员数据库,为雇主、雇员、培训机构、工会、政府提供数据。鼓励普通船员考取高级船员证书,增强英国普通船员的就业竞争力。(接受)

(4)全面提升就业环境。①减轻航运雇主的社会保险税负(拒绝,英国政府拒绝为任何行业开辟减免社会保险的先例,政府认为破坏社会保险基本原则弊大于利)。②修改社会保险规则,允许服务于外籍船舶的英国海员自愿加入国民社保计划(政府同意考虑,在福利改革背景下,可以将外派船员纳入国民社保计划)。③扩大海员个人所得税免除计划,但对于公司的减税予以限制,只有当公司履行最低培训任务时,方可减税(政府同意修改海员个税减免计划)。④扩大现有海员所得税减免的地理适用范围,只要海员在船工作满足一定时限,即可减免(拒绝,在英国领土范围,包括在船舶工作的英国公民不符合海外收入减免条件)。

(5)保障英国海员就业前景。修改现行移民规定,提英国海员国际就业机会,寻求与欧盟各国合作开展短途水上客运商业机会(接受);确保英国海岸警卫队有充足的经费执行船旗国管理与港口国监督(接受);考虑将 500 总吨以下船舶纳入安全配员管理体系。

(6)保障英国海员劳动权利。①确保受雇于英国航运公司的海员的劳动权利得到充分保护;②检查并打击在国内航行船舶上非法使用外籍劳工的情况。(接受)

(7)改善财政环境。对英国居民航运企业及非英国居民航运企业在英分支,引入吨税制度;对于航运企业固定资产折旧额度予以优惠,允许航运企业在吨税与所得税之间做出选择;确保英国拥有优惠的税收环境。(讨论,但未承诺)

(8)为英国航运创造新的机遇。保障现有港口和水路运输规模;鼓励英国航运企业积极融入欧洲航运市场;扩大英国海员国际就业机会。(接受)

(9)政企合作,确保英籍登记船舶保有良好声誉。(接受)

英国航运白皮书得到保守党的广泛支持。考虑到保守党长期坚持自由放任的

---

① SMarT 计划全称为"航运支持计划",由英国海岸警卫队海事技术支持处负责。SMarT 计划以财政年度(每年 4 月至次年 3 月)为周期,对于海员培训进行支持。具体包括对五类海员的支持:①实习生,正在接受经认证的航海教育,并即将首次获得高级海员适任证书的学员。②操作级高级海员,接受经认证的进修课程,以期获得更高级别的海员适任证书。③普通海员,参与经认证的岸基培训课程,且该课程不超过 52 周。④持有高级海员适任证书,为再次激活证书参与再培训的人员。⑤冗余普通海员参与二等职业资格进修的,例如渔船船员、退役海军人员及其他普通海员可以参加油轮业务培训。

治国理念,这一成果来之不易。但白皮书之中所设想政策的最终落实则是由 1997 年执政后的工党政府推行的。基于《英国航运:开拓新道路》政府白皮书,工党落实了三大支持海员的政策:一是吨税改革与公司最低培训责任,二是 SMarT 计划,三是保护海员免受歧视、骚扰和伤害的法案。

吨税制度是作为企业所得税的替代方式,根据船舶净吨位计征税收的一种方法。吨税制度可以确保清晰确定的税负,为广大欧洲国家使用。在英国进行管理与运营的航运公司均可以选择加入吨税制,之后船舶并不需要在英国重复注册登记。英国吨税制度的核心特征在于最低培训义务。此项义务要求每一航运公司,在其船队的每 15 个高级海员岗位中,招募并培训一名高级海员实习生,并且对于普通海员的聘用与培训予以适当考虑。该海员实习生必须为英国公民或者具有英国居民身份的欧盟公民。

政府为航运业提供支持,意欲提升英国海员技能。英国政府通过 SMarT 计划覆盖了大约一半的高级海员实习生培训成本。政府也通过海员所得税减免计划支持航运业。SMarT 计划通过财政支持航运组织,确保英国可以始终保持拥有专业航海人才。起初每年财政预算为 1 200 万英镑,目前已提高至 1 500 万英镑。

7.3.2　英国的马恩岛第二船舶登记制度

作为现代海商法代表国家的英国,最早是通过"吨位税"的方式进行船舶登记的。船舶税以吨位为基准征收,被认为是一种初始状态的船舶登记制度。《1894 年商船法》打破了长久以来的登记限制,将登记船舶的特权扩大到全世界的英国船舶和船员,并对新登记的船舶引入了官方的正式编号,将船舶登记由贸易限制工具发展为一套综合的法律规范,是所有现代船舶登记法律制度的模板和鼻祖。但是,大量本国船舶移籍海外的问题也接踵而来。英国政府坚持自由资本主义,避免直接补贴。在各国纷纷加大扶持力度,尤其是方便旗大肆盛行的情况下,其本国船队的国际竞争力明显削弱。船东企业为了降低运营成本,增加利润空间,只能将大量船舶转移到海外,在境外进行登记。为了应对这一难题,英国政府于 1978 年在马恩岛设立了第二船籍登记处,允许登记船舶享受优惠登记费。

马恩岛船舶登记处简化现有流程,采用新型收费结构,为其全球领先的服务增添更多价值,从而满足现代航运业需求。这一离岸登记制度的特点主要有:第一,放宽登记限制,兼采"利益说"。允许在马恩岛进行船舶登记的船东包括在马恩岛居住的英国公民和主要营业场所在岛内的公司。但对于不能创造一定价值的船舶,海事当局可以拒绝其在此登记。第二,登记费用低,且 1 500 总吨以上的船舶免收吨位税。仅仅这一项优惠政策,就比英国本土的登记制度更具吸引力。再加上船舶所有人享有的减税政策,优势十分明显。第三,规范船长执业资格,取消船员国籍限制。在马恩岛登记船舶的船长和轮机长必须持有英国或英联邦国家颁发的资格证书,或持有欧洲经济区域(EEA)以及北大西洋公约组织(NATO,土耳其除外)颁发的适任证书。对普通船员没有国籍的限制,船东可以按其所属国的工资标准雇佣外籍船员。第四,提高安全标准。规定在马恩岛适用有关船舶和船员安全的公约,并在马恩岛设置了海事检查人员,专门负责至少每年一次的船舶安全检查。第五,取消航线限定,扩大航行区域,登记船舶可以在任何航线行驶。

虽然拥有马恩岛船籍能够享受各种英国本土登记没有的优惠政策,但马恩岛开放船舶登记后,英国的船舶登记量并没有得到显著增长,政策未达到预期的效果。于是,在20世纪90年代,马恩岛船籍登记处增加了光船租赁的登记种类,取得了一定成效。伴随着英国航海业与国际贸易的迅猛发展,英国政府相继设立了安圭拉岛(Anguilla)、百慕大(Bermuda)等国际船舶登记处。但马恩岛作为率先进行第二船籍登记制度的地区,承担了占所有船舶载重吨1/3的船舶登记业务。较为成熟的法律体制,完善的运输、服务和通信设施,以及发达的船舶管理体系,都是马恩岛船舶登记制度的优势。各国在马恩岛设立船舶管理公司的门槛较低,促进了相关海运业、融资租赁、金融保险等服务行业的一并发展。

7.3.3 英国的船舶吨税政策

现代船舶吨税制度是世界各主要航运国家所普遍采用的一种航运扶持性政策手段,该制度最早由希腊在1957年推出。在现代船舶吨税制度下,航运企业不再以企业实际利润为征税基础,而是实施以企业所营运船舶的数量和净吨位为基准征税。作为企业所得税的替代税,现代船舶吨税具有低税负、易核算的特点[5]。为振兴本国航运业,吸引更多船舶在英国注册登记,英国于2000年开始引入现代船舶吨税制度,专门面向航运企业,基于航运企业所营运船舶的数量和净吨位计算推定利润,而不针对航运企业的实际收入进行征税。

目前,全球实施现代船舶吨税制国家主要采用的是希腊模式或荷兰模式。其中,希腊、塞浦路斯和马耳他等国采用的是希腊模式,其他国家则主要采用的是荷兰模式[6]。希腊模式将吨税计算与船舶吨位和船龄相关联,即用船舶吨位、与吨位相对应的系数来计算应税总吨位后,乘以与船龄相对应的税率,据此确定应纳吨税额[7]。荷兰模式的吨税计算则与船龄无关,即以船舶吨位数和核定利润率相乘来计算利润,再将利润乘以企业所得税率后确定应纳吨税额。英国船舶吨位税制度以荷兰模式为基础,并结合本国的需求,将船员培训要求等纳入政策体系。

适用英国船舶吨税制度需要满足一系列要求[8],并不是任何航运企业均可以选择使用英国船舶吨税政策。航运企业适用该政策需要满足相关适用条件包括航运企业具有相应的船舶经营要素以及船舶需在英国被战略性和商业性地管理（strategically and commercially managed）；适用船舶吨位税制度的船舶应满足海上航行要求和吨位要求以及具体的用途要求；航运企业承担规定的船员培训责任。

确定一家航运企业是否可以选择适用船舶吨位税制度，需要考察该航运企业是否运营一艘或多艘符合条件的船舶以及这些船舶是否在英国进行战略性和商业性管理。值得进一步说明的是，所谓"战略性管理"意味着该航运企业的英国董事和关键人员享有实实在在的战略决策权，仅仅在英国设立永久性实体未必满足"战略性管理"的要求。该项标准集中评估的是航运企业做出高层决策的地点，包括关于重大资本支出和资产处置的决定（如买卖船舶）、签署主要合同等。可能影响战略性管理标准的因素还包括总部所在地、召开高级管理人员及公司董事会会议的地点、召开业务委员会会议的地点、董事和核心员工的住所。所谓"商业性管理"主要是要求该航运企业在英国范围内开展一系列船舶和技术管理活动，如船舶航线规划、货物及乘客的订舱服务、保险、财务、人员管理、安排培训、船舶的维修和保养、船舶监管、燃料管理、安全管理、招聘和管理船员等。

在英国船舶吨税政策框架下，船舶必须为"由任何国家或地区的主管当局证明可以在海上航行"，即船舶需得到的认证必须涵盖在其使用时能够在海上作业以及具有在海上进行商业运营的属性。吨位要求为船舶总吨位为 100 吨或以上，并且具有有效的国际吨位证书或根据英国国内吨位规定记录其有效吨位的有效证书。就船舶用途而言，相关船舶满足以下一项或多项用途：海上旅客运输（不包含港海渡轮服务、内河轮渡）、海上货物运输、海上拖航、打捞或其他海上援助活动。渔船、游艇等特殊用途的船舶不纳入船舶吨税政策体系。

作为英国船舶吨税制度的一大创新，英国将适用船舶吨税政策的条件与对船员的培训职责相结合，要求相关航运企业必须承担相应的船员培训责任，从而提升船员素质。履行最低培训义务是航运企业选择适用船舶吨税政策的前提条件。最低培训责任指的是航运企业应按其经营的船舶上的岗位进行计算，每 15 个高级船员岗位培训一名合格的高级船员实习生。如果航运企业无法提供此项培训，则需要向海事培训信托基金进行付款以代替自行培训。航运企业还必须考虑为船员提供额外的培训和就业机会。船员培训要求的具体实施情况由英国运输部管理和监督。运输部负责颁发航运企业船员培训计划的批准证书，监督航运企业对这些计划的遵守情况，并在必要时颁发不遵守培训义务的不合规证书。

就船舶吨税税额的计算而言，英国船舶吨税政策因采用荷兰模式，故分两步来计算：第一步，按照船舶的净吨位，根据事先规定的船舶梯度利润标准（见表 7.1）以及船舶营运天数来计算船舶的应税利润；第二步，基于应税利润，按照公司所得税税率再计算应纳船舶吨税税额。

表 7.1 英国船舶吨税制度规定的核定利润标准

船舶净吨位 T/吨	每天的核定利润/(英镑/100 净吨)
$<1\,000$	0.6
$1\,000<T<10\,000$	0.45
$10\,000<T<25\,000$	0.3
$>25\,000$	0.15

7.4 日本的航运公共政策

7.4.1 日本航运政策发展历程

1. 第二次世界大战前的日本海运政策(1870—1945 年)

日本近代航运业起步较晚,"明治维新"以后,日本政府提出"富国强兵"的战略目标,并制定了一系列扶持性海运政策。1870 年 1 月,日本政府发布了《商船规则》,奖励和保护商船所有者。1873 年,日本三菱商会成立,并独家经营军用物资运输。两年后,内务大臣大久保利通提出主要针对三菱商会的补助政策来保护国内船主和对抗海运强国的建议。10 年后,为避免在激烈竞争中两败俱伤,三菱商会与共同运输会社合并成日本邮船公司。同期,大阪商船公司也成立。自此,日本海运业主要由这两家大公司经营,政府的政策也专门以这两家公司为对象推行,即以航线和船舶补贴为直接对象的"船主本位"保护政策。

1896 年 3 月,日本政府为进一步促进本国航运业发展,先后颁布了《航海奖励法》《远洋航线补助法》和《造船奖励法》。其中,《航海奖励法》规定,只要远洋船舶在 1 000 总吨以上,航速超过 10 节(1 节 = 1.852 千米/小时),船龄低于 15 年都给予优惠待遇。同时,还选定一些对外定期航线作为"特定命令航线",对在此航线航行的船舶给予一定年限的补贴。1909 年,《航海奖励法》期满时,日本政府对以前的补贴进行了调整,并于 1910 年 1 月实施以"航线本位"为核心的《远洋航线补助法》,资助欧洲航线、北美航线、南美航线以及澳洲航线,期限为 5 年。1921 年 4 月,日本政府又开始制定新的特定定期航线补贴,并继续进行"邮件定期航线补贴"。1929 年 4 月,由于受到世界经济危机的冲击,日本政府再次恢复了《远洋航线补助法》。《造船奖励法》则主要通过对造船业者支付补助金,降低国内船舶的造价,促进国内造船业发展。《造船奖励法》一直持续到 1917 年 7 月。后来,由于世界经济危机爆发,为挽救造船业和海运业这两大产业,日本政府于 1932 年实施《船质改善扶持措施》,着力处理不经济船舶,并以近代化新船代替老旧船。1935 年和 1936 年又连续两次实施扶持措施,进一步清理老旧船舶。

在此期间,除了上述的营运补贴和造船补贴之外,日本政府还制定了移民补助、各种船舶金融支持、损失补偿等辅助措施扶持本国航运业。这一系列海运政策收效良好,在 1896 到 1906 年的 10 年时间,日本商船发展了 1 390 艘,跃居世界第六位。可见,有效的扶持和奖励是日本海运业迅速发展起来的关键,这也从某种程度上奠定了第二次世界大战前日本海上霸主的地位。

2. 第二次世界大战后的日本海运政策(1947—1995 年)

第二次世界大战后,日本政府将复兴海运业作为恢复经济的重要途径。但日本面临诸如行业管理被美国控制、航运业基础较差、"保罗最终补偿法"限制行业发展规模、行业资金短缺等一些困难,为改变这些不利因素的影响,日本政府采取了以集约化为主要内涵的一系列重大举措。

1) 计划造船,扩大商船队

"计划造船"是有计划地利用国家开发银行和民营城市银行资金,支持本国船舶的建造,这是战后日本政府对航运企业最大的优惠政策。最初 5 年主要为生产近海船舶服务,从 1952 年开始转向生产远洋船舶。截至 1993 年的 41 年间,共建造远洋船舶 1 071 艘,投入资金 4 万亿日元,其中国家投资 2.5 万亿日元。

2) 扩大船舶融资途径

1946 年,日本政府制定了《复兴金融金库法》,并设立用以资助船舶建造的复兴金融金库,建立船舶公团,负责发放复兴资金。金库设立仅三年就新造船 93 艘,维修在航船舶 74 艘,打捞沉船 38 艘,改造战船 81 艘,大大促进了日本商船队的发展。1953 年,日本政府还颁布了《外航船舶建造融资利息补助法》和《外航船舶建造融资利息补助法和损失补偿法》,向船东提供低息贷款,其中国家开发银行的利息为 3.5%,民营城市银行的利息为 5%。

3) 实现海运业"民营还原"

第二次世界大战后,日本的商船均由美国实行"国家管理",直到 1949 年开始陆续将船舶归还船主,实现了日本航运界的"民营还原"。

4) 推行海运产业集约化政策

20 世纪 50 年代,虽然好转的国际和国内形势使日本航运业得到迅速复兴,但希腊、挪威等欧洲国家航运业迅速发展对日本海运企业构成了有力的竞争威胁。鉴于此,日本海运造船合理化审议会在 1962 年提出《关于海运对策的建议》:集中合并航运业以排除不正当竞争;增强投资力度,扩大企业规模,确保企业自立体制。这一建议得到采纳,并随即制定了一整套集约化政策。1963 年 7 月 1 日,日本政府正式公布实施《关于海运业的重建准备临时措施法》和《利息补贴法的部分修改案》。其中《关于海运业的重建准备临时措施法》通过以只对拥有 100 万载重吨以上的船队的船公司提供补贴为条件,来调动企业合并的积极性,并最终实现规模化经营。《利息补贴法的部分修改案》则大幅度改善利息补贴制度,提高计划造船财政贷款的比例,并对以往的债务利息补贴给予补助的优惠。日本海运企业集约化改革取得了预期的成功。1964 年,日本形成了以日本邮船、大阪三井、川崎汽船、日本海运、昭和海运和山下新日本为核心的六大航运集团,共拥有船舶 659 艘,占整个日本远洋船舶的 82%。

3. 日本新海运政策(1996 年至今)

进入 20 世纪 90 年代中期以后,由于日元大幅升值,与之俱升的航运成本严重影响了航运企业的经济效益。为了降低营运成本,日本船东将大量本国籍商船向海外移籍。面对这种不利局面,1995 年,日本运输省讨论制定旨在阻止日本籍船舶大量向外移籍和保护日本船员待遇的政策问题,拟定设立《国际船舶制度》的提案。1996 年 10 月 1 日,通过修改《海上运输法》的 44 条,开始部分实施《国际船舶制度》。其具体内容为:在调整船舶登记许可证税和固定税方面,船舶的登记许可证税和固定资产税分别降到原船价的 1‰和原船价的 1/15;在国际船舶让渡和租借管理方面,船东必须事先提出申请并授予运输大臣劝告中止船舶让渡和租借的权利;在船员配备制度方面,实行国际船舶"日本籍船员二人制"。

在不断完善《国际船舶制度》的同时,日本政府还制定了符合国情的其他航运支持性和改革性的政策。

1) 1997 年海运税制改革

1996 年 8 月,日本船舶所有人协会召开理事会,敦促当局修改海运税制,并向运输省及政府的其他有关部门提交了税制改革方案。同年底,自民主党税制调查委员会也通过了 1997 年税制改革大纲中与海运相关的改革措施。

在海运税制方面,继续实行现行的船舶特别折旧制度,并将折旧期限延长两年;征收国籍船舶固定资产课税标准为 1/15,并将其适用范围扩大到海外让渡船;特定物资设备税制也做了相应的调整。

在船员财政预算方面,对船员雇佣促进事业提供了 17 800 万日元的补贴,对因国际渔业制度和修建横跨东京湾公路而离职的船员提供 9 900 万日元补贴,向发展中国家提供 9 000 万日元的船员培养费,向外派船员补贴 28 400 万日元等。

2) 增强国际竞争力的新提案

为了进一步补充和完善国际船舶制度,增强日本海运的国际竞争力,1997 年,日本海运三大行业协会还制定了一系列海运政策提案。

日本海运造船合理化审议会于 1997 年 5 月发表了题为《为适应新的经济环境,远洋海运的发展方向》的报告。在船舶税制方面,将特别折旧制度和压缩记账制度作为日本海运政策的主要支柱;在船员税制方面,参照其他所得税制的标准;在船员培养方面,制定年轻船员教育培养计划;对 LNG 船等船舶建造资金,官方银行和民间金融机构一起采取优惠融资措施。

日本船舶所有人协会于 1997 年 6 月提出了一项补充《国际船舶制度》的政策建议。在完备与国际标准相同的竞争条件方面,通过补充《国际船舶制度》增强日本商船队的国际竞争力;制定与国际海运相适应的税收政策;改革港口管理政策。在进行与经济一体化相适应的体制改革方面,取消阻碍海运企业经营的各种制度;从根本上修改与时代不相适应的法律规定。

1997 年 9 月,全日本海员大会同意海运造船合理化审议会报告中的各项措施,并将增加船员补贴和改革税收政策作为其工作重点。同时,还增加对外籍海员海上适任资格方面要求,限定国轮上的外籍船员人数;船长和轮机长必须由日本人担任;不与国际公约相抵触。

3) 放松行政管理,提倡自由竞争的政策趋势

日本政府在《1997 年 12 月行政改革最终意见》中对放松港口运输的行政管制做出了如下调整:由"认可制度"代替现行的营业"许可证制度";由收费"通知制度"代替现行的收费"认可制度"。1998 年 3 月 31 日,日本政府颁布了放松管制的新三年行动计划,着力推进符合国际惯例的自由市场竞争政策。

在国内沿海运输方面,日本国土交通省近日出台了综合性放宽管制政策——新一代内航海设想。根据这一设想,日本将废止对国内沿海运输企业实施舱位总量控制的管理制度,此后,中小企业进入国内航运市场将实行自由进入的登记备案制。此外,日本国土交通省将允许企业船舶管理外包、简化船舶定期检查手续、修改船员定编规定等,并计划于 2003 年向国会提交《内航海运业法》等有关法律的修正案,力争于 2004 年以后全面实施放宽行业管制的政策,力图通过自由竞争降低日本国内物流运输成本。

7.4.2　日本的航运政策体系

1. 决策模式

日本的海运政策决策模式是"政府主导下的多元参与协调决策模式"。首先其决策主体具有政府主导下的多元性特点,其参与者大体包括政府主管机构(运输省及下属相关局、课,如海运局、船舶局)、政党(如自民党、社会党等)、财界(银行,包括政府银行和民间银行)、团体(如日本船主协会、船主团体联合会、工会)、业界(公司代表)和学界(学者和技术人员)。

海运决策相关的审议机构是海造审及其他专门审议会(如航运技术方面的海技审议会、造船方面的造船技术审议会、劳动政策方面的船员中央劳动委员会、安全方面的航行安全审议会、船员教育方面的船员教育审议会),审议会绝大多数都是长期性的,但有时也设置个别临时性审议会。海造审是日本战后海运政策最主要的综合性政策审议组织,对日本海运造船业的发展起着领航作用,其前身是1950 年成立的造船合理化审议会,其人员构成官方除运输省两名次官外,还包括大藏、通产、经济安定总部等主要经济官厅首脑,以及日本银行、开发银行、兴业银行等政府金融机构的负责人;民间人士一部分来自经济团体或协会,大部分民间委

员则来自海运、造船和钢铁行业的大型企业。

日本海运政策的决策过程大体包括政策建议及要求→政策咨询→调查及审议→答询→制定初步方案→协调、调整并制定最终方案→国会审议通过等几个主要阶段。

在政策建议方面,作为船主方面代表的日本船主协会、作为政党代表的自民党及作为船员方面代表的全日本海员工会起了主要作用,另外其他相关业界(如造船业界及钢铁业界)有时也提出一些政策要求,上述要求主要是向作为直接主管局的运输省提出;接受上述政策要求或建议后,作为主管大臣的运输大臣即向相关审议会提出政策咨询;接受运输大臣咨询要求的审议会,随即展开相关审议。为了更好地进行审议,审议会往往要设立专门的调查会或小委员会进行相关调查,大多数调研是与审议并行的,但有时也有先行进行者。在审议会进行调研审议的同时,其他有关部门也进行相关的研究调查,并提出相关建议,以供审议会参考。特别是在先进技术或制度的引进方面,经常组织有官公劳使各方代表参加的专门调查团到欧美进行大规模的考察。在进行多次广泛的调研审议基础上,审议会才向运输大臣进行答询,答询有时一次而终,但有时则需进行多次中间答询之后,才能进行最终答询;运输省接受答询之后,即根据答询精神,制定相关的初步政策方案;随后,运输省即将上述方案提交相关部门进行协商与调整,例如在计划造船及其利息补贴预算方面,运输省经常要与大藏省进行多次协商,才能制定最终方案,最后提交内阁审议。作为财政方面的主管部门——大藏省在预算决策方面起着关键作用;经内阁审议的最终方案要想最终付诸实施,还必须经过国会参、众两院审议通过,才能最终以政策法令形式公布实施。

2. 运营机制

以上述审议方式为主要内容的日本战后海运决策模式可称为"政府主导下的多元参与协调决策模式"。这种模式由于参与决策主体的多样性,特别是业界、工会及学者的参加,可以说在很大程度上避免了决策的集权化,带有民主与集中相结合的色彩,在一定程度上有利于决策的正确性,而其中起关键作用的便是协调机制。这种机制不仅存在于海运决策过程中,在海运政策实施过程中也得以体现,也不仅仅是海运部门的主要机制,在其他产业部门的政策运营过程中也发挥着重要作用,甚至成为日本战后整体经济政策运营的重要机制。

(1) 体制传统与变革。在战前日本的经济政策运营中,政府与业界已通过审议方式建立了协调关系。以海运政策运营为例:在第一次世界大战期间,与海运决策相关的主要审议机构是作为首相的咨询机构并直属内阁的经济调查会及其下属的特别委员会;20 世纪 20 年代有在田中义一内阁时期设立的经济审议会(1928年 9 月 7 日设立);20 世纪 30 年代初则有国际借贷审议会及专门的海事审议会。而其参与决策者也大体包括政府官僚(如各省次官及海运管理机构官员)、政界、行业团体(如日本船主协会)、业界(主要包括海运及造船企业的社长、董事及顾问等)、工会(如海员工会会长)及学界(如东京大学教授),已具备了多员参与的性质。但由于天皇制封建体制的影响及财阀垄断势力的存在,削弱了上述协调体制所应有的决策民主性。战后改革彻底地摧毁了绝对主义天皇制封建专制统治体制的基础,削弱了日本政府的专制统治权。与此同时,打击财阀,实现了经营者的革命,增强了经济社会下层,包括下层管理者及工会的发言权,为他们参与决策打开了方便之门。学者的地位也大大提高,他们的建议被充分加以重视。从而使战前出现的以审议会形式为外在表现的协调决策机制在战后得以更充分地运用。

(2) 利益驱动下的相互依存。由于面临共同的发展目标和课题,日本政府和业界形成了一种相互依存、关系密切的利益共同体。第一,在资源分配方面,战后日本的经济发展曾长期存在资金及原材料短缺、企业自筹资金能力薄弱及社会基础结构落后的情况,使政府不得不考虑由其自身掌握一定的资源分配权。而企业要获得发展所需的资源,必须与政府保持密切的关系。第二,在经济发展目标及任务的完成方面,战后日本政府长期面临经济赶超任务,这一任务的实现,必须有来自各方的支持,尤其是企业界的力量不容忽视。第三,在对外经贸关系方面,日本政府和业界经常要共同面对来自外部的压力和挑战。第四,在日本战后经济社会中存在各种不同的利益阶层及利益集团,由于集团利益的内敛性与排他性,使得各利益阶层或集团之间,在经济决策过程中往往会产生意见分歧及矛盾对立,不利于提高决策效率。协调不同利益冲突的方式有独裁的与民主两种,在现代民主社会中一般只能用民主的协调,由各方均做出让步而达成各方都基本能接受的协议或政策条款。此外,现代社会各利益集团的对立并不是绝对的,因为在经济事务中各利益集团还有相互依赖的一面。从博弈的角度看,仅仅强调对立,而不在必要的时候让步,实际上会导致双方利益受损。也就是说,有时候协调是政策绩效双赢的主要途径,这也是政策运营中协调机制存在的必要性。而当政策主体间面临另一个共同的对立者或共同的困境时,就更容易达成协调。战后日本的产业政策运营中,之所以协调体制成为其特色,这也是一个重要的原因。

仅就第二次世界大战后日本的海运政策来讲,日本海运决策中的协调体制首先是基于体制前提及历史传统,而更关键的还是利益驱动。首先,第二次世界大战后日本海运各政策主体面临一个共同的竞争对手便是外国海运企业,在日本海运重返国际舞台之时,外国海运业无论在定期船运输方面,还是不定期船运输方面,都占据了绝对优势,如果日本海运业相关各界不采取一致的行动,便不可能在国际航运市场中占据一席之地,更不可能实现赶超。其次,第二次世界大战后日本的海运相关部门面临共同的困境,政府需要发展海运,因为海运是日本经济发展的重要服务部门,尤其对外贸易物资的运输,没有海运便成为无源之水;而海运企业在资金短缺等问题困扰下,需要政府的支持。上述因素使协调机制成为日本海运政策运营中的一大特色。

3. 政策体系

从日本海运政策历史进程看,日本海运政策体系首先有一个以时间为轴的纵向变化序列。日本政府根据不同阶段海运业发展的阶段性特征及需求,而实施了不同的干预。

第二次世界大战后复兴阶段,日本海运业面临的最大问题是船舶数量不足,因此,这一时期的海运政策侧重于量的增长,而大量造船又面临资金与原材料供应不足的瓶颈问题。这与战时的情况相似,所以日本政府实行计划造船政策,旨在通过资金及原材料的集中供给解决瓶颈问题,使海运业走上良性循环的轨道。20世纪50年代初,日本海运业重返世界海运市场后,日本海运业面临的最大问题是与外国海运业竞争。为了能在竞争中取胜,日本政府一方面将政策重心向大企业倾斜,着意打造具有国际竞争力的大企业,另一方面在海运造船业界推行合理化政策,以提高船舶质量和管理水平,降低运营成本。后来在高速增长期内,即海运业具备一定的国际竞争力之后,特别是为了迎接贸易汇兑自由化后带来的更激烈竞争,日本政府在海运业推行集约化政策,重在培育海运产业整体的集团竞争优势,创造规模效益。进入20世纪70年代以后,后发优势的丧失以及世界经济结构的转换使日本海运业进入结构转型期,大规模地向海运业发放补助以扩充商船队的政策已不适用,适度的调整型政策占据主流,这一政策至今仍在执行过程中。而这种纵向的政策发展变化,是由诸多横向政策措施的制定实施来完成的。这些政策措施大体包括针对海运及其关联的造船业的资金及成本问题实施的金融、财政及税收三方面的政策措施,如计划造船、造船利息补贴、航运补贴、特别税制等,针对海运技术发展的技术政策,针对船员雇佣及劳资关系的劳动对策等。

1) 计划造船政策

"计划造船"政策是战后日本海运政策的核心,它是政策金融与计划干预相结合的产物。所谓政策金融,特指日本政府针对特定产业部门的财政投融资制度,就海运政策而言,即是指日本政府通过特定的金融机构向海运造船部门的财政投融资,特定的金融机构先是复兴金融公库,随后是对日援助回头资金特别会计,其后则是开发银行。

计划造船的强度随海运业国内外环境的变化,尤其是经济景气变动而有轻重缓急之别。投融资的政策指向则随海运发展的阶段性需求、世界航运技术的变化而变化。在战后初期,以扩充商船队为主,采用了平均主义的做法,企业无论大小,均允许自由竞标,主要以量的扩充为要。其后,随着海运业的恢复,对外竞争的加剧,计划造船开始向大型企业倾斜,随后更以培育大型企业集团为重。就船舶种类而言,则有大型化→专用船→集装箱船→合理化船之变。而这种针对海运造船的投融资活动是由政府制定造船计划、选择和决定参与计划造船的企业,通过投标方式实行的,船主及造船厂的选择方法、融资结构、融资比例在不同的阶段也有所差异。

从世界范围考察,该政策既体现了"计划"的特色,与自由市场运营方式大相径庭,但又有别于战后大多数社会主义国家所采用的强有力的、近乎僵化的"计划经济"。而从日本经济政策角度看,海运、造船部门的"计划造船"制度较之对国民经济整体的计划调控有力,也比对其他产业部门的政策干预强劲,但又未完全剥夺业界的自主权。通过这种方式,一方面,通过政府干预,弥补了海运、造船业长期资材供给不足无力自主发展的市场缺陷,保障了资源的有效分配和利用。与此同时,又对海运、造船业施行了较为有效的管理,降低了自由竞争的无序性。

2）财政补贴政策

与计划造船关系较为密切的是财政补贴政策,包括设备近代化投资、造船利息补贴及航线补贴等。其中尤以造船利息补贴政策为典型,它是政府为改善海运企业的经营,针对海运造船业的投融资而实施的一种直接补贴措施,其内容是国家通过金融机构给予具有特定的船型和速度的远洋运输船建造贷款以一定利息补贴,以减轻船主的利息负担,主要方法是降低利息率、延长还款及利息支付年限。为了促进民间银行对协调融资的积极性,与利息补贴并行,日本政府还实施了主要针对民间融资的损失补偿制度。财政补贴措施的实施力度根据每个阶段的不同需求而有所调整。该制度创始于 20 世纪 50 年代初,当时正是日本重返国际航运舞台同海运发达国家展开激烈竞争之时,其后该措施不断强化,到 1957 年,随着海运企业实力的增强以及国际海运市场状况的好转,该制度一度停止,但其后不久,海运市场又再度恶化,该制度再次恢复并长期延续,直到 1982 年废止。

3）海运税制

与计划造船相关联的间接补助措施则是海运税制,包括特别折旧、税收减免（包括减轻登记税、固定资产税等）、缩短船舶耐用年限、出口所得特别扣除制度等。特别折旧旨在通过加快企业设备折旧速度以促进企业设备的现代化,加快资本的流通及循环;税收减免措施是通过减轻各种税收,以减轻企业的负担,增强企业的实力;船舶耐用年限特殊规定是通过缩短船舶的耐用年限来加速船舶的更新;出口所得特别扣除制度是针对企业的收益采取的一种措施,允许企业将部分收益作为特别基金扣除,以增加企业的内部积累,改善企业经营。

4）其他政策

技术政策、劳动政策等也是促进海运发展的重要政策手段。技术政策主要指促进航运技术革新,提高船舶技术含量的政策。第二次世界大战后,世界航运技术先后经历了大型化、专门化、高速化、集装箱化、自动化、省力化等几次大的变革,为了顺应这种潮流,特别是为了改变本国航运技术落后的局面,日本政府与企业密切协作,在对旧船进行技术改造、引进国外先进技术的同时,大力进行技术研发,使日本的航运技术后来居上,跃居世界前列。劳动政策主要是针对船员劳动及劳资关系的。战后,日本政府加强了与海员工会的对话与协商,提高了船员的劳动争议权,大幅度改善了船员的劳动条件及劳动待遇,为了保证船员的供给实行了预备船员制,其主要目的都是营造稳定的劳动体制,从而降低管理和运营成本。

7.4.3　日本航运政策的法律规制

日本的航运政策是由以政府为主导的多元决策主体共同协作构成的。按纵向的时间序列,包含了一系列阶段性调整型政策,如海运复兴政策、合理化政策、集约化政策、结构调整政策;而若按横向矩阵排列又有横的发展系列,其核心则是政策金融与计划造船政策,以及财政补贴、租税特别措施,技术政策、劳动政策及港湾政策等。协调体制不仅存在于决策过程,而且在政策实施过程及反馈过程中也有所体现,故可将其视为海运政策运营重要支柱的内部运营机制,而法律规制作为一种强制性的外部规范机制,对海运政策体系的运行起着限制作用。

法律规制是战后日本海运政策的长期特色之一,日本海运规制大体包括两类:一类是直接规范海运业的基础性法律,是一种直接性的法律规制;另一类为政策性法令,是使海运政策法律条文化并作为其依据的规制,属于间接性法律规制。

基础性法律主要是对海运生产要素及其业务活动做出的法律规范,主要包括船舶、船员、航运管理、航道、港湾、安全及环保等几个方面,其相关法律的制定及变更情况大体如下:船员方面有《船员法》(1947.9.1)、《船员职业法》(1948.7.10)、《船舶职员法》(1951.4.16);航运管理方面有《船舶运航管理令》(1949.1.26)、《海上运输法》(1949.6.1)、《国际海上货物运输法》(1957.6.13)、《内航二法(内航海运业法、内航海运工会法)》(1964.6.26);航道方面有《航路标识法》(1948.5.24)、《航道法》(1949.5.30);港湾方面有《港则法》(1948.7.15)、《港湾法》(1950.5.31)、《港湾运输事业法》(1951.5.29)、《港湾劳动法》(1965.6.3)、《修改港湾运输事业法》(1966.6.15 日);安全方面有《海难审判法》(1948.11.19)、《海上碰撞预防法》(1953.8.1)、《海上交通安全法》(1972.6.16);环保方面有《油污损害赔偿三法》(1975.12.12)等。

政策性法律规制主要是针对海运政策措施制定的政策性法令,按照海运政策大的类别主要有综合性政策法令及专门性政策法令,综合性政策法令是针对综合海运政策而制定的,而专门性政策法令则是针对金融、财政、税收、技术、劳动等海运政策的主要组成部分而制定的。

综合性政策法令如《远洋船舶增强对策》(1950.12)、《海运企业整顿计划审议会令》(1963.6.10)、《关于海运业的重建整顿临时措施法》(1963.7.1)、《关于海运业重建整顿临时措施法实施令》(1963.7.30)、《新远洋运输海运对策》(1970.11);专门性政策法令金融方面如计划造船要领,以及针对船主及造船厂的选择、融资贷款制定的诸多标准；财政补贴方面又包括造船补贴、航线补贴等方面，与造船补贴相关的有《远洋船舶建造融资利息补贴法》(1953.1)、《远洋船舶建造融资利息补贴及损失补偿法》(1953.8.15)、《与补贴金等临时特例相关的法律》(1954.5.28)、《与日本开发银行融资相关的远洋船舶建造融资利息补贴临时措施法》(1961.5)、《远洋船舶建造融资利息补贴及损失补偿法与部分修改与日本开发银行融资相关的远洋船舶建造融资利息补贴临时措施法》(1963.7.1)，与航线补贴相关的有《三国间运输补贴支付规则》(1959.6.3)、《孤岛航线整备法》(1952.7.4)；税收方面有《租税特别措施法》；技术政策方面与技术改造相关的有《低性能船买入法》(1950.8.10)、《临时改善船舶质量等补助利息补贴法》(1953.8.1)、《利用日本开发银行融资与拆除战标船相伴的替代建造要领》(1961)。

上述法令都是根据某一阶段的海运发展及其政策需求而制定的，具有临时性特征，且大多间接对海运业的活动起了限制或促进作用。它们在就政策的内容做出相关规定的同时，对政策主体的行为亦即政策制定、施行及监督，以及政策对象的权利及义务做了有关规定，对妨碍政策实施的行为往往有惩罚性规定。此外，还对政策的实施期限等做相应规定。适应不同时期不同的需求，政策性法令也有保护、扶植、促进、调整等不同的区分。

7.5　新加坡的航运公共政策

7.5.1　新加坡航运政策发展历程

1. 1819—1964 年

由于地理位置优越，新加坡一直就是西方在东南亚殖民活动的政治、经济和军事要地，新加坡经济的发展史其实就是一部发端于英国殖民活动的"贸易史"。1819 年，英国东印度公司的托马斯渐坦福来佛士爵士(Sir Thomas Stamford)乘船抵达新加坡，发现这里是一个天然的避风深水港后，决定在此建立一个贸易站。随后，英国取得了新加坡的租借权，宣布将新加坡的全境开辟为自由港。1820 年，新加坡自由港开始盈利，3 年后贸易额就超越了 1786 年即被辟为自由港的马来西亚槟城。1824 年，英国通过英荷协定和与胡申苏丹、天猛公阿都拉曼签订的条约，使新加坡正式成为英国的殖民地。受工业革命的影响，机器生产逐渐取代了手工操作，生产力得到极大提高，为了将其本国生产的工业产品销售到其他国家市场，同时廉价收购东南亚的原料，英国开始主张消除关税壁垒，开展自由竞争，于是在世界范围内鼓吹自由贸易政策，新加坡自由港就成为其推行这一政策的工具。此后，新加坡的转口贸易迅猛发展，在 1824—1872 年间，贸易额增长了 8 倍。

这个时期的新加坡是完全意义上的自由港，各国船可以只自由进出港口，除了烟、酒和殖民地政府专卖的鸦片烟外，其他的进出口货物一律免征关税。近乎零关税的优惠政策给当时推行高关税政策的荷兰以沉重的打击,各地的商船和商家纷纷从其统治的爪哇和马来群岛的港口转而来到新加坡进行转口贸易。早期移民艰苦奋斗的创业精神,加上年苏伊士运河的通航,以及先进蒸汽机在运输业上的运用促进了贸易的发展,新加坡迅速成长为东南亚地区一个重要的转口贸易港。

2. 1965—1996 年

1965 年,新加坡宣布独立,开始制定符合自身经济发展的贸易及航运政策。为了降低关税保护对转口贸易的影响,1966 年,新加坡国会颁布了"自由贸易区条例",并于 1969 年在裕廊港码头设立第一个自由贸易区。到目前为止,新加坡一共开辟了七个自由贸易区,其中六个是处理海运货物的,主要进行货物的进出口、包装以及转运,吸引了众多航运企业在新加坡提供服务。1990 年,新加坡港口集装箱吞吐量跃居世界第一位,时至今日,新加坡仍然在全球集装箱港口的排名上名列前茅。新加坡有多条航线连接世界多个港口,同时又是亚太地区重要的航运中心。

新加坡最早于 1966 年开始实行新加坡船籍注册(Singapore Registry of Ships, SRS),1968 年,新加坡建立国家船队,设立新加坡船只注册法,以增强航运竞争能力,现是亚洲最大、世界前十位的船籍注册地,拥有超过 3 000 艘注册船舶,总吨数达 4 370 万吨,注册新加坡船籍可享受税费减免和资费优惠。自 1969 年以来,新加坡便开始对新加坡旗船舶在国际航运的运营利润实行免税。这项免税政策在 20 世纪 70 年代和 80 年代一定程度上扩大了新加坡船队规模。但是由于大部分船队的经营基地都设在海外,因此没有获得长期的收效。

3. 1996 年至今

1996 年前,新加坡港务集团(Port of Singapore Authority, PSA)沿用的是新加坡港的政企合一体制。PSA 既要负有部分港口的管理职能,同时也需直接经营港口日常的仓储、装卸等业务。1996 年 2 月,新加坡港做出了一个重大决策——进行港口管理体制改革,实现政企分开的管理体制,由新加坡海事及港务管理局(Maritime and Port Authority, MPA)和新加坡港务集团(PSA)共同分管运营,并开始拓展国际码头市场。原港务局行政管理部门与交通部的海事局和海事委员会合并组建 MPA,行使港口管理的职能和负责技术问题。而原港务局的生产、经营部门改组为新加坡港务集团有限责任公司,实行股份制和私有化经营,原来的法定机构转化为一个商业机构,只承担港口投资、经营职能,而不负有港口管理职责,这就是我们现在看到的新 PSA。

进入 21 世纪,新加坡政府依托其独特的地域优势,更新港口基础设施,大力发展集装箱中转业务,推出自由港政策,具体包括实行自由通航,自由贸易,允许境外货物和资金自由进出,对大部分货物免征关税等等。与此同时,为了保持其在亚太区国际金融中心的地位,以及尽快从生产型向服务型国际航运中心转变,MPA 陆续出台了包括船旗转换优惠政策(BFS)、获准国际航运企业计划(AIS)、海事金融激励计划（MFI）等一系列政策措施，并实行海运信托计划、新加坡海事组合基金（MCF）政策，推动新加坡航运集群，刺激船舶融资、航运经纪、海上保险、法律服务等航运服务业的发展。

为吸引更多跨国企业在新加坡设立亚洲总部，新加坡政府根据经济扩张促进法（Economic Expansion Incentives Act）和所得税法等推行了各项免税政策等一系列支持航运、港口以及海洋技术发展的长效政策。

7.5.2　新加坡航运行政立法

新加坡是一个市场经济发达的国家，其市场化、自由化、国际化的程度很高，同时又有严格的政府管理，经济管理严而有序、放而不乱，素有"强势政府"之称。其现行法律体系以英国普通法为基础，主要法律渊源包括成文法、判例法和习惯法。新加坡作为普通法国家，其主要的法律领域，尤其是合同法、信托法、物权法与侵权法等法律领域的某些方面法律规定已在一定程度上进行了法规化，但仍极大地保持着法官创制法的传统。法官通过自书判决解释新加坡成文立法，发展普通法、衡平法的法律原则规则，并成为具有法律强制力的判例法。另一方面，在如刑法、公司法及家庭法等法律领域，已经基本完全成文法化。

新加坡的成文法分为议会制定法及附属立法。新加坡的立法机关为总统和国会。宪法是新加坡的最高立法，宪法生效实施后，任何与宪法存在不一致的制定法均无效。新加坡现行的部分制定法没有基于英国制定法订立，而是基于其他司法管辖区成文法而立法。但是，包括英国议会、印度议会总督、英国海峡殖民地立法会在内的其他新加坡历史上的立法主体所制定的法律，除特别废除的以外，仍然现行有效。新加坡的附属立法，又称授权立法或下位法，由新加坡行政机构或立法委员会根据法律授权制定。

新加坡的判例法方面，除了作为法律渊源的新加坡判例，新加坡法官仍继续援引英国判例法，尤其当所审判案件争点落脚于传统的普通法领域或有关以英国法为基础制定的新加坡成文法及适用于新加坡的英国成文法。近年来，新加坡法院也多有援引英联邦其他重要司法管辖区（如澳大利亚与加拿大）的判例。

就新加坡的习惯法而言，习惯需经新加坡的案件判例认定而上升为习惯法。虽然新加坡规定具有确定性、合理性的法律习惯或贸易惯例可被判例承认而成为习惯法，但由于对习惯地司法认定情形并非大量存在，导致新加坡的习惯法目前仍仅是其次要的法律渊源类型。

1996 年 2 月 2 日，新加坡政府建立 MPA 作为负责监管新加坡港的港口和海运服务及相关设施并负责发放相关执照的国家机关，其管理机构为董事会，由 13 名来自政府、航运企业、社会政治等部门的负责人组成。该机构当时是由国家海洋部、海事部和从前的新加坡港务局的监管部门组成，并由新加坡交通部管理。

　　MPA 以将新加坡发展成为全球领先的港口枢纽和国际航运中心为目标,在新加坡港口和海运发展中扮演港口当局、港口管理者、港口规划师、国家海运代表等角色。职能主要表现在六个方面。一是作为海港管理部门,主要负责港口船舶的交通动态、航海安全的观测与保障、海事服务与设施服务、环境保护等。二是作为港口规划机构,主要是规划限制船舶数量,使港口资源得以高效利用;对常用航道、通道、锚地以及公共码头地区进行规划等。三是作为港口管制机构,主要是管制港口服务、港务业的经济贸易活动;通过制定政策,吸引、发展商船队,发展海事及港口事业等。四是作为海事管制机构,主要负责国际标准、船员雇佣、船员培训和船员福利等管理。五是作为全国的海域运输代表,主要是确保水域交通安全及水路免受污染,参与国际海事组织、航道组织、港口协会等。六是作为"国际海事中心",主要是研究发展航运中心,原设在贸易局,现划归海事海港局。MPA 的任务:吸引更多的大船公司,为其提供各种便利,包括提供企业注册、人员安置、办公地点选择等服务;提供海事服务、海事仲裁、海事法律服务。

　　MPA 共下设 8 个部门,归口相关业务和事务管理:①策略部,下设港口发展处、港口管理处、国际处;②港口部,下设海事服务处、港口服务处、港口岸电供应控制处(onshore power supply, OPS)控制处;③海运部,下设船舶安全处、船舶调查处、登记和海事管理处;④技术部,下设系统发展处、工程和研究处、计算机供给处;⑤培训部,下设培训发展处、培训标准处;⑥国际海事中心(下设机构不详);⑦企业服务部,下设组织发展处、人力资源处、法律事务处;⑧资源管理部,下设行政管理处、财政事务处、设施管理处、新加坡海员俱乐部。

　　新加坡法律赋予 MPA 一定的立法权和执法权。根据新加坡的立法体系,其立法由议会立法和附属立法组成。议会立法(statutes)或法案(acts)(以"章节"编号的)是成文法,由新加坡议会制定。其中,最重要的法律是《新加坡共和国宪法》,其他法规都必须与宪法保持一致。这些法规以活页的形式发布,称为"新加坡共和国议会立法"。议会法案制定一般性法律。而附属法例(subsidiary legislation)则是由政府部门或法定机构制定,不直接由议会制定,而是在议会立法(或"母法")职权之下制定。母法通常会授予执行主体权力去制定附属法例。其中,《商船法》第100 章有关"权力机关制定规章的权力"的规定就授予 MPA 在部长许可下享有制定规章的权力。因为附属法例需要经常修订,或要经常处理许多本质为技术性的事项,因此要求高度的灵活性。新加坡这种双重立法体系使得议会能更有效地发挥作用,不受那些属于附属法例范畴的细节所困扰,也不需要每次附属立法修订都需要议会通过一个新的议会法案。因此也使得 MPA 能更灵活地行使管理和监督职能。

　　新加坡海商法广泛涵盖了海上货物运输、海事法和商船法的内容。海上货物运输方面,由普通法原则以及两部成文法典即《海上货物运输法》和《提单法》组成。

在海事法领域,最主要的立法是《新加坡高等法院(海事管辖权)法》。新加坡的《商船法》则涵盖了各个领域,包括港口机关的职权、船舶登记、船舶抵押登记、责任限制和船员权利等。目前,新加坡 MPA 执行的议会立法主要有《新加坡海事港务局法》(Chapter 170A)、《商船法》(Chapter 1879)、《防止海洋污染法》(Chapter 243)和《商船(石油污染民事责任和赔偿)法》(Chapter 180)。执行的附属法例则主要包括以下几项。

(1)《新加坡海事港务局法》的附属法例,包括 MPA 有关许可证费用,会费范围,比例和一般费用,港口范围,领航区域,锚地和航路,高度限制区域,禁止区域,犯罪构成,危险货物,石油,爆炸物,海港行业人员配备执照考试,领航,游艇,港口,领航海员登记和雇佣等方面的通告。

(2)《商船法》的附属法例,包括有关商船海运船舶伤亡、申诉、再审、调查法庭、牲畜海运、旅客汽船测量、人事调动的规则,有关商船海运培训、审核和人员配备、船舶注册、药物储备、指定表单、载重线、新加坡船舶测量、船舶登记、避免海上碰撞、安全惯例、载重量、甲板人员、轮机工程师、熟练使用救生艇等方面的条例,以及有关商船海运客船特别限制和非传统船舶的安全条例。

(3)《防止海洋污染法》的附属法例,包括有关防止海洋污染的油、散装有害液态物质,污染事件报告,接收设施和垃圾设施,油污染准备,反应和合作,违法构成,垃圾、气体、污水、有害物质的防污染系统条例。

(4)《商船(油污染民事责任和赔偿)法》的附属法例,包括商船(油污染民事责任和赔偿)(强制保险)条例。

(5)《商船(燃油污染民事责任和赔偿)法》的附属法例,包括燃油污染民事责任和赔偿民事责任和赔偿法案(开始)通告(2008 年版)和燃油污染民事责任和赔偿民事责任和赔偿强制保险条例(2008 年版)。

此外,为实现航运业的有效管理,新加坡通过国有控股的形式进行管控。在新加坡有一家庞大的国有企业,产值可占新加坡 GDP 总量的 13%,市值几乎占据整个新加坡股票市场的半壁江山。这个庞然大物就是新加坡主权财富基金——淡马锡控股,通过控股多家港航企业,实现新加坡航运业的国家管理。

7.5.3　新加坡主要的航运政策

1. 船舶登记

新加坡船舶注册处(Singapore Registry of Ships,SRS)于 1966 年成立,隶属于新加坡海事和港口局。自 2011 年以来,新加坡船舶登记处一直是全球前五名的船舶登记处,目前登记于新加坡船旗旗下的船舶超过了 4 000 艘,登记总吨位超过 9 200 万。由于悬挂新加坡旗有诸多好处,因此在新加坡注册船舶成为许多国际船东的优先选择。在新加坡注册的船舶不仅能够享受到一系列税收优惠和金融激励政策,而且由于新加坡是几乎所有国际海事组织通过的有关船舶安全与防治污染公约的缔约国,加上新加坡船舶注册处在世界主要港口的良好记录,能够使拥有新加坡注册船舶的船东在全球海域经营船舶得到便利与实惠。新加坡船舶注册处拥有一批经验丰富并且高度负责的工作团队,能够高效优质地回应和处理注册船舶的需求。此外,多达9家可供选择的国际认可的船级社以及自由灵活的船员国籍要求,都是新加坡吸引国际船东选择注册的优势。

1)在新加坡注册船舶的程序

新加坡船舶注册处提供的船舶注册服务简便快捷,总共只需要5个步骤就可以完成注册,包括确定船东和拟注册船舶满足注册条件;向船舶注册处提出书面申请,这包括取得拟注册船舶的船名许可,申请船舶编号和呼号,以及获得"大批转籍计划"(the block transfer scheme)的申请;提交拟注册类型所需的相关文件;缴付初始注册费和吨位年费;取得船舶登记证书和刻板登记项目(carving and marking note)。

2)新加坡船舶注册类型

一是临时注册。新加坡与中国香港一样,都可以对船舶进行临时注册。但不同的是,新加坡船舶临时注册的有效期为1年且不可申请延长,因此,船东必须在1年有效期满前将船舶转为永久注册。这种转换将在船东补交所有永久注册所需文件之后自动生效,并且不会产生任何费用。进行临时注册所需要递交的文件包括申请临时注册表格、企业经营信息表、指定1名代理来填写临时注册申请表的声明、指定1名船舶经理人来负责船舶营运与联络、船舶所有权证明、船舶价值证明、吨位证明和船级证书。

二是永久注册。除了上述临时注册所需文件之外,如果一艘船舶想要在新加坡永久注册或从临时注册转为永久注册,还需要提交以下文件:船舶所有权证明[如果是新造船舶,则需要提交造船人证书(Builder's Certificate);如果是旧船,则需要提交卖据和经认证的原所有权证明信];如果上述造船人证书或卖据是在非新加坡地区生成,那么需要在递交前经公证认证、吨位证明、船级证书、其他有效的船舶法定证书、取消原注册的证明和经过新加坡海事和港口航运局或其他被授权船级社认可的刻板登记项目书,并且该刻板登记项目书要在签发之后30天内交还给船舶注册处。

三是再注册。再注册包括变更船舶所有权注册和船舶改装之后的注册。其中,当对船舶进行下列情况的改装时,该船舶需要进行重新注册:船壳或船舶结构(包括船厂、船宽、吃水或密闭舱室的面积)、船舶推进设备、改装后的船舶有不符合原登记证书上所记载的内容。

四是船舶抵押注册。根据抵押文件所显示的内容,船舶抵押权会在船舶注册之后迅速进行登记。如果船舶在申请注册的时候没有提交原始船舶所有权文件而处在临时注册的情况,那么,只有在抵押权人确认看过这些所有权文件的情况下,才给予抵押权注册。

五是光船租赁注册。与中国香港光船租赁注册的含义不同,新加坡的光船租赁注册是指如果一艘在新加坡注册的船舶以光租的方式租赁出去并且以光船承租人的名义在非新加坡地区进行登记注册的情况。在光租期内,该船舶在新加坡的注册就应申请中止。当光船租赁期届满之后,船东可以再申请激活原注册。

六是注销注册。如果船东想要注销在新加坡的船舶注册登记,那么首先必须要确保在此时船舶没有任何抵押权,也没有任何法院禁令阻止有关该船舶的交易。此外,还必须确认所有的吨位年费和其他费用都已缴清,并且不存在拖欠船员工资的情况。如果船舶灭失,无论是实际全损抑或是推定全损,船东都必须及时向船舶注册处报告。

一般注册费为每净吨位 2.50 新元,最低收费限额为 1 250 新元(即 500 净吨位),最高收费限额为 50 000 新元(即 20 000 净吨位)。新加坡为了鼓励航运业者将船舶变更登记为新加坡国籍,针对所谓的“大批转籍计划”提供登记费的特别优惠:在两艘船舶的总吨位超过 4 万净吨,3 艘船舶的总吨位超过 3 万净吨,4 艘船舶的总吨位超过 2 万净吨或 5 艘船舶以上(没有吨位限制)的情况下,可以享有每一净吨位数 0.05 新元的优惠登记费用,最低收费额为 1 250 新元(即 2 500 净吨),最高收费限额为 20 000 新元(即 40 000 净吨)。

2. 航运税收及金融优惠政策

1) MSI-AIS 计划

MSI-AIS(Maritime Sector Incentive scheme-Approved International Shipping Enterprise)计划最早于 1991 年推出,当时称为 AISE(Approved International Shipping Enterprise)鼓励计划,是一项旨在提升新加坡国际航运中心地位、鼓励本地和海外船东和船舶运营商在新加坡建立运营中心的税费优惠政策。其要求船公司必须在新加坡注册,并拥有良好的国际网络和业绩,以及明确的商业规划和立足新加坡的运营计划。

起初该项计划只针对拥有或运营货船的船公司实行免税,从 2000 年起浮式存卸货船和浮式生产储存卸货船,2003 年起拖带船和打捞船,2005 年起挖泥船、震波勘测船和石油钻塔也都可以享受免税。2005 年起,船舶租赁公司也可以享受该优惠政策,但还只限于运营租赁,不包括金融租赁。在 AIS 中,特许企业享有以下优惠:①免除经营外籍船舶所得税;②免除船舶租金预扣税;③从特许子公司收取的股息可免征税;④自 2004 年起,出售船舶所得收益被视为资本收益,可免征税(优惠有效期将长达 5 年)。

特许企业可享有 10 年的 AIS 资格,并在资格消失后可申请延长 10 年。特许企业必须为新加坡经济发展做出贡献,每年至少达到 400 万元新币的本地消费。

目前,AIS 最长有效期也从原先的 20 年延长到 30 年。

2) MSI-ML 计划

MSI-ML(MSI-Maritime Leasing)计划针对符合条件的船舶或集装箱租赁公司、基金公司、商业信托公司或合伙企业实行为期 5 年的收入税费优惠政策,旨在优化新加坡国内的船舶融资结构,继续提升新加坡船舶和集装箱金融服务。相似的计划最早提出于 2006 年,被称为海事金融优惠(MFI)计划①。该计划同样要求企业拥有良好的业绩并在新加坡注册,符合条件的公司可以获得管理收入 10%的税费减免。运营及符合条件的融资租赁都可以享受该计划的优惠政策。

3) MSI-SSS 计划

MSI-SSS(MSI-Shipping-related Support Services)计划旨在培育配套航运服务产业,鼓励船舶公司在新加坡设立相关服务功能。符合条件的公司将享受 5 年、10%的船舶相关配套服务所产生的收入税费减免,主要包括船舶经纪、远期运价协议贸易、船舶管理、船舶中介、货运代理和物流服务以及其他企业相关服务收入。凡是拥有良好业绩并承诺在新加坡发展业务的企业均可以享受优惠。相似的计划最早提出于 2004 年,称为 ASL(Approved shipping & Logistics)计划,其主要针对新加坡航运业的船舶代理机构、船舶管理机构、国际物流运营企业和货运代理企业。

4) 预扣税减免计划

为继续发展航运事业,新加坡财政部在 2011 年财政预算中表示将对从国外借贷融资购买或建造新加坡或国外旗船而需支付贷款的利息实行自动预扣税减免,这就是预扣税减免计划(Withholding tax exemption,WHT exemption)。该项税费豁免适用于新加坡注册船舶企业、MSI-AIS 船舶企业以及 MSI-ML 船舶租赁

---

① 2006 年,新加坡政府针对船舶租赁公司、船务基金和船务商业信托制定较为优惠的鼓励措施,即新加坡海事金融优惠计划。

(a) 船舶租赁公司、船务基金或船务信托在 10 年优惠期内购买船舶所赚取的租赁收入,只要符合条件将永久豁免缴税,直至相关船舶被售出为止。

(b) 负责管理船务基金或企业的投资管理人所获得的管理相关收入,只要符合条件即可享有 10%的优惠税率,为期 10 年。

(c) 相关条件:从事船舶租赁活动的新加坡非纳税居民;所经营的租赁船舶注册地为新加坡,租赁的船舶由特许国际航运企业计划(Approved International Shipping Enterprise Scheme,AIS)支持下的企业经营。不限定船舶类型,除集装箱船外,用于散货、石油和天然气运输的其他类型船舶均可以申请加入优惠计划之中。相关企业可以在 2006 年 3 月 1 日至 2011 年 2 月 28 日申请获得该计划的帮助,享受该奖励时效最长为 10 年。

该计划提高船舶租赁公司和船务信托对潜在投资者特别是社会公众投资者的吸引力,刺激新加坡海运信托基金等类似船舶投资工具的生成。从市场表现看,近期一些航运企业对该计划表示出更多兴趣,即对船舶融资新渠道的探索,将船舶融资主体由传统的航运企业和银行转向机构投资者和大众散户。鼓励在新加坡发展船舶租赁企业,通过信托基金募集资金造船,通过长期船舶租赁锁定租金获利。

机构。

5）港口税折扣

鉴于国际航运市场上干散货、集装箱运输的持续低迷，MPA 宣布，自 2016 年 4 月 15 日起，对挂靠新加坡港口且装卸货作业不超过 5 天的干散货船只减征 10% 的港口税。其实，此前，新加坡港口就曾对集装箱船及海工石油支持船实施税收优惠，对干散货船实行与上述新政策内容相同的港口税减征政策。

6）海上集群基金

海上集群基金（Maritime Cluster Fund，MCF）设立于 2002 年，投资规模为 8 000 万美元，旨在提升新加坡的航运事业，其中 5 000 万新元用于帮助企业培育专业航运人才，包括设立奖学金以及建设本地培训设施，在高校设立相关课程。具体包括：船舶管理、船舶金融、船舶经纪和租赁以及航运法律和仲裁等方面的人力资源培养及设施建设等。其余的 3 000 万新元用于帮助船公司减轻运营成本，为集装箱班轮公司提供鼓励及优惠政策，以推进新加坡中转港口建设，主要为帮助在新加坡新设立的航运企业或组织发展相关业务，或为帮助既有航运企业或组织开发新的航线业务。

2004 年，MPA 考虑到技术发展、船舶设计、海洋工程等在整体航运业所发挥的重要作用，将受惠范围扩大到港口码头和海上服务领域，具体包括①港口码头管理、规划及发展，②港口经纪、营销及定价，③船舶及海上结构设计及建设（ship/offshore structure design and construction），④海洋工程和海上技术（marine engineering and offshore technology）等。并且对非专业管理岗位的人群也提供相应航运专业课程资助。

3. **海事企业发展计划和海事人员培训计划**

海事企业发展计划主要目的是为鼓励各海事企业（包括航运企业、海事辅助服务企业和海事非官方机构）在新加坡推出新的海事服务和产品。在该计划下，海事企业推出新的海事服务和产品所需支付的合格消费将能得到高达 50% 的财务援助。计划给予的援助每年将不超过 3 万新元，而合格消费包括企业成立的费用、高层员工工资及办公楼租金等。

为吸引更多优秀人才加入海运业和提高海事人员技能，新加坡推出一系列培训项目。其中，MPA 设立了一个 8 000 万新元的海事培训基金，支持各海事企业的人员培训以及兴办海事教育，在新加坡各大学成立博士基金，邀请知名海事专家前来授课。2004 年 7 月，新加坡南洋理工大学开设本科及硕士海事学课程。在海事基金的支持下，各海事企业也可把人员派往国外航运企业实习。基金将抵消高达 50% 的合格费用，抵消限额是 5 万新元。

2018 年，新加坡启动 PIER71™（PortInnovation Ecosystem Reimagined @ BLOCK71）项目，在培育初创企业氛围和企业家精神方面取得了重大进展。截至

2021 年底，MPA 已吸引了 500 多个项目提案，并资助了 30 多家初创企业。近年来，新加坡 MarineTech 初创生态系统的发展势头强劲。MPA 计划对初创企业的支持力度再增加 5 倍，到 2025 年达到 150 家初创企业，在未来几年吸引更多的风险投资。此外，MPA 还通过监管沙盒（如 Living Labs、Maritime Drone Estate）、研发基金和海事数据等推动因素，为创新和数字转型培育有利的环境。未来将有大量的数字化项目和举措加速行业的数字化转型[例如数字加油联盟、增材制造联盟和港口船舶电气化联盟等技术联盟项目，海事创新挑战赛（MIC）、港口创新生态系统项目（PIER71）和海运业数字项目，海事集群基金等行业项目]。

参考文献

［1］张京中.美国联邦海事委员会简介[J].中国远洋航务公报,2000(2)：51.

［2］刘胜雷.美国海运政策及其发展趋势[J].中国水运(理论版),2007(1)：36－37.

［3］於世成.美国航运法研究[D].上海：华东政法学院,2006.

［4］於世成,胡正良,郑丙贵.美国航运政策、法律与管理体制研究[M].北京：北京大学出版社,2008.

［5］邱晨.浅谈完善中国船舶吨税制度的若干思考[J].中国水运,2020(11)：41－43.

［6］冯昱.浅议国际海运大国的船舶吨税制[J].涉外税务,2010(10)：52－54.

［7］王玥.中国海运也需要加快引入现代吨税制度[J].对外经贸实务,2015(7)：12－16.

［8］王文婷.英国船舶吨位税制度研究[D].大连：大连海事大学,2019.

第 **8** 章
航运协议组织的航运政策

8.1 班轮公会的航运政策

8.1.1 班轮公会概述

1. 班轮公会的定义

班轮公会(Conference 或 Shipping Ring),又称水脚公会或航运公会,是指两个或两个以上经营班轮运输的船公司,在某一特定航线或某一特定区域各航线上,为限制或避免竞争,维护彼此利益,通过在运价及其他经营活动方面达成一致协议而建立的具有卡特尔性质的国际航运垄断组织。在班轮公会百余年的发展过程中,许多国家和国际组织曾先后尝试给它下过定义,其中重要的如下。

(1) 1909 年英国皇家班轮公会委员会报告:航运同盟(Shipping Ring)或班轮公会(Shipping Conference)是许多船公司在一条或多条航线上,为调节或限制彼此间竞争而成立的松弛或严密的结合体。

(2) 1924 年国际联盟全权会议通过的《班轮公会行动公约》(*Convention on a Conduct for Liner Conference*):班轮公会是两家以上国际性定期船经营者,在一特定航线或一特定区域内各航线上,取得一致或达成协定,来统一或沟通运价,并规范其他营运活动的团体。

(3) 1974 年联合国贸发会议通过的《班轮公会行动守则公约》(*Convention on a Code of Conduct for Liner Conference*):两个或两个以上经营船舶的承运人,在特定的地理范围内,在某一条或数条航线上提供运输货物的国际班轮服务,并在一项不论何种性质的协定或安排的范围内,按照划一的或共同的运费率及任何其他有关提供班轮服务的协议条件而经营业务。

(4) 1986 年欧共体部长理事会通过的《有关根据欧共体条约第 85、86 条竞争规定适用于海运的实施细则》[*Laying Down Detailed Rules for the Application of Articles 85 and 86 of the Treaty to Maritime Transport*,Council Regulation

(EEC) No.4056/86]：班轮公会是指由两个或两个以上的经营船舶的承运人组成的集团,该集团的承运人在特定地域范围内的一条或数条特定航线上提供国际班轮货运服务,并且在按照统一或共同费率和任何其他有关提供班轮运输服务一致的条件下,从事营运活动的范围内,订立的协定或办法,而不论其性质如何。

(5) 1998 年美国国会通过的《1998 年航运改革法》(*The Ocean Shipping Reform Act of 1998*)：班轮公会是指根据批准的或是有效的协议而采取协调的行动,并使用一共同费率的多个公共承运人所组成的联合体,但不包括联合服务、联营集团、公摊、航行或转运安排。

由上可见,尽管第二次世界大战前后的班轮公会的定义有所不同,并且不同国家之间也不尽相同,但在大体上,随着时间的推移,班轮公会的定义日渐清晰,内涵和外延也更为具体。

2. 班轮公会种类

班轮公会本质上是国际航运卡特尔组织。根据各个国际航运卡特尔组织(班轮公会)规定的诸航线加入和退出公会的不同条款,世界上的国际航运卡特尔组织可以分为封闭式公会(closed conference)和开放式公会(open conference)两种形式。

(1) 封闭式公会。该种公会对于其他会外船公司的加入申请有一套严格的审核程序和制度,规定提出申请的船公司需具有相当的资格和经营实绩,并必须获得公会大多数成员甚至全体成员的投票同意,才准许加入公会,新入会者的资格仍需限制,公会内部的事务对外界绝对保密。具体而言,封闭式公会由可以细分为以下三种形式：仅决定运价的封闭式公会,其不划分市场、不公摊运费、不规定航次,成员船公司只要有稳定的货源,就可以自由地扩充市场占有率,属于封闭式公会中内部限制较少的一类;不规定航次的封闭式公会,其除了规定运价外,还为各会员公司划分营运区域,公摊运费,属于封闭式公会中内部限制较多的一类;规定航次的封闭式公会除了决定运价、公摊运费以外,还设有航运协调中心来有计划、有系统地安排全部公会船舶,并限定船舶航次的时间间隔,属于封闭式公会中内部限制多的一类。

(2) 开放式公会。任何会外船公司只要具备简单的条件,并愿意遵守公会的运价表,经过短时间的预告,就可以加入公会。成为公会成员后,可以只在自己希望的时间内派船提供服务(美国法律规定只要每月开航一个正规班次就可以自由加入公会),也可以长期不派船仍能保留会员资格,并且公会对其成员的内部竞争限制程度远较封闭式公会低。该种公会始于 20 世纪初的美国,因为美国《谢尔曼法》《联邦贸易委员会法》《克莱顿》等反垄断法律禁止卡特尔化或相应的竞争限制程度较高的卡特尔的存在,所以出现了这种自由度极大和限制竞争程度很低的开放式公会,以此取代在美国对外贸易航线上营运的封闭式公会。目前,美国、澳大利亚、加拿大等国承认开放式公会的存在。一般而言,封闭式公会大多采取延期回扣制,开放式公会则明确禁止使用延期回扣制,而是采用一种双重运费制。

3. 班轮公会的历史与现状

19 世纪中后期,随着班轮运输这一营运方式的出现,班轮公司的数量及其运力激增,导致了航线上的供需矛盾尖锐。一方面,大量出现的蒸汽机船速度快,营运效率高,并且吨位也比木帆船要大,导致运力供大于求的矛盾十分尖锐;另一方面,苏伊士运河的开通大大缩短了欧洲至东南亚地区的航路,这更加剧了国际班轮市场上的运力过剩。船公司之间为了揽取有限的货物而激烈竞争,导致运价一落千丈,许多船公司(特别是远东航线的船公司)面临破产。残存公司则往往以最低运价和回扣为条件与大托运人签订"特惠契约"来确保货源。"特惠契约"的大量出现,进一步加剧了国际航运业的恶性竞争,使原本已不景气的运价继续下跌。经过一段时间的较量,不少船公司终于意识到长此下去势必两败俱伤,于是约束或限制竞争(尤其是运价竞争)的船公司间自发组织——班轮公会就应运而生了。

世界上第一个班轮公会是 1875 年 8 月成立的加尔各答班轮公会(Calcutta Steam Traffic Conference),它由半岛东方(P&O)、不列颠印度(BIS)等七家英国船公司组成,专门经营印度加尔各答—英国班轮航线。该公会规定了成员公司在航线上的派船数、最低运价,同时实施托运人均等运价制并废止"特惠契约"。但是,由于当时公会对托运人并无实质约束力,托运人极力反对上述统一运价并转而使用会外船舶;同时,公会对成员船公司也只有道义上的约束而无罚款等制裁,不能达到限制或避免内外竞争的目的。为克服这些问题,1877 年,该公会对航线上的主要货种曼彻斯特纺织品导入了一种新的、有效的约束托运人的手段——运费延期回扣制(deferred rebate system),终于达到了把托运人与公会船公司联系在一起并约束托运人的目的。

此后,依靠运费延期回扣制这一有效的手段,以英国为核心的班轮公会迅速发展起来,1879 年对中国航线,1884 年对澳大利亚航线,1895 年对西非和北巴西航线,1896 年对拉普拉塔河和南巴西航线,1904 年对南美西岸航线,先后均有班轮公会成立。这些公会不仅决定各自的运费率,而且还互相缔结尊重各自势力范围的谅解或协定。

在早期公会中,最有代表性的是中国班轮公会(China Conference)。该公会于 1879 年 8 月由英国霍尔特轮船公司、卡塞尔轮船公司、葛连轮船公司、大英轮船公司和法国轮船公司所组成,专门负责英国—中国之间的货物运输。公会实行统一运价和运费延期回扣制,有时还分配航次、安排挂靠港口、分配收入等。1887 年,该公会又进一步发展成为远东班轮公会(Far Eastern Freight Conference, FEFC),会员包括 28 个国家的 40 个船公司。到 1998 年,远东班轮公会仍是一个成员包括 13 个国家的 17 个会员公司、协调范围覆盖了亚欧两大洲 45 个国家的庞大国际航运垄断组织。

进入 20 世纪,班轮公会遍布于世界各国的对外贸易航线,并在 20 世纪 80 年代以前达到鼎盛。根据联合国贸易与发展会议统计,公会鼎盛时期的 1974 年,世界上大约有 375 个班轮公会控制着全球三分之一的班轮航线,有 4363 个船公司参加班轮公会成为会员。然而,20 世纪 80 年代以来,随着集装箱运输革命的出现和美国航运法出台等因素的影响和作用,班轮公会的垄断力量不断削弱,大量会外船舶涌入班轮市场,班轮公会开始走向衰弱。为了在激烈竞争中维持营运,公会公司被迫降价揽货,实际收费与公会规定的运费存在很大的差距,致使班轮公会作为一个制定运费组织的作用日益削弱,前景不容乐观。

进入 21 世纪,在全球货主"尽快废除允许船公司集体订立运营协议、运价协议以及附加费等现行体制,取而代之以通过公平竞争来实现效益,并建立以客户为导向的业务关系新体制"的呼声中,欧盟委员会提出了废除"反垄断豁免权"的提议。在一浪高过一浪的呼声中,2005 年 12 月 14 日,欧盟委员会根据欧洲货主协会的请求,向欧盟部长理事会正式提交了《关于撤销对班轮公会反垄断豁免权的建议书》。欧盟部长理事会于 2006 年初开始对建议书进行了审议,随后确定了取消班轮公会反垄断豁免权的时间表,即 2008 年 10 月 18 日起正式废除班轮特权。生存百余年的远东班轮公会正是在欧盟的废除令下被迫宣布 2008 年 10 月 18 日停止运作。那一刻,也注定成为历史的转折。远东班轮公会的停止运作标志着班轮公会时代瓦解的开始,它证明了班轮公会的垄断地位已岌岌可危。但据了解,目前美国、日本等诸多国家仍有 300 多个班轮组织,且美国、日本对班轮公会仍在给予反垄断豁免,并且两国目前尚没有对此做出调整的计划。

8.1.2　班轮公会的内外部航运政策

1. 班轮公会的对内政策

1) 共同的运价政策

运价政策是所有班轮公会的一项基本政策。从运价的协定方式来看,包括有固定运价(fixed rate)、最低运价(minimum rate)或差别运价;从运价构成上看,包括单独的海运运价、海陆联运运价(内陆运价与海运运价由船公司统一收取)。另外,随着近些年来码头装卸费(THC)、燃料附加费(BAF)、币值附加费(CAF)等各种附加费的引入海运营收,并且在运费构成中日益占有重要的地位,因此公会成员船公司有关附加费费收标准也由公会制定。

运价协定由班轮公会开会决定后,通常以公会运价本(表)的形式公布,各成员必须依照公会运价本的规定收取运费。为配合市场形势变化以及与公会外船公司竞争,并防止大托运人引诱个别会员擅自调价,公会内部还规定了一套运价调整程序。同时组织货物抽查小组,随时检查各成员公司承运货物的运价和计价方法是否符合规定,以防止托运人和承运人勾结,将运输的货物以多报少或以贵报贱,变相实施降价竞争。

由于班轮航线采用事先预备或公告运价本(表)制度,因此,公会的有关运价制定程序比较简便。一般而言,公会的运价制定或调整要由公会成员大会投票表决,以多数成员决定公会决定,每个成员限投一票,不受其实际货运量多少的影响。某些大型公会还建立专门的运价委员会,由其负责运价的调整与制定,交大会通过。

近些年来,一些班轮公会在运价的制定程序方面,从以往的"多数表决通过原则"逐渐过渡到目前的"尊重少数权利原则"。这方面的典型例子是运价动议制和独立行动权制:运价动议制是以欧洲为中心的公会所实施的,即当会外船大幅度降价导致公会在该航线上的承运份额跌至 70% 以下时,任一成员公司都可以提出议定新运价的动议,只要有另外一两家成员公司给予同意附议,新运价便可以在附议 30 天后生效,并对全体成员产生约束力。独立行动权制是指以美国为中心的公会所采纳的,即允许成员公司独立设定与公会不同的运价,并在发出通知 30 天后生效。这种运价动议制或独立行动权制有一点类似于寡头定价中的"价格领导"(price leadership)体制,即第一家厂商确定价格,而其他厂商作为"价格追随者"就会跟进。可以说,以上两种办法一方面大大增强了班轮公会内运价议定的灵活性,有利于公会市场竞争地位的提高;另一方面也加强了个别大型班轮公司的定价地位,它完全可以凭借雄厚的实力而自然成为一个领导者,而其他船公司则决定他们最好是与领导的价格保持一致。

2) 规定航次比例

班轮公会决定一定时期内投入航线营运船舶的总航次次数以及各航次间的时间间隔,然后按照一定比例,将航次数分配给各成员公司,并结合每一航次的靠港数制成船期表,各成员公司均需遵守。一旦航线出现运力紧张的情况,各成员公司可以按照原有比例扩大自己的航次次数。通过航次比例的限制,可以避免成员公司因运力过剩与船期重复所造成的浪费。

3) 划定营运区域

为了限制公会内部船公司之间的货载竞争,班轮公会还经常采用为成员公司划定装卸港口(即营运区域)的办法。具体方式有两种:一是规定某些成员船舶只能停靠一些港口载货,另一些成员船舶只能停靠另外一些港口载货;二是规定某些成员船舶有权停靠公会控制的所有港口装货,另一些成员船舶则只能停靠部分特定的港口装货。

4) 分配货载

公会规定成员公司组成的联营集团或单个成员公司之间在一定时期内货载的分配数额,并为此分配额规定一定的浮动比例,浮动比例内的实际装货量将作为确定下一个时期分配比例的依据,公会内各船公司按照承运份额协定提供运输服务。

但是,公会内部联营集团或成员公司之间也经常为货载分配比例而展开激烈的斗争。

5) 运费公摊制

在客观情况要求进一步加强合作时,班轮公会成员公司要提取一定时期内运费收入的一部分或全部(一般以一年为期),交由公会设立共同基金(公会往往将其委托给一家会计师事务所办理),按照事先约定的比例在各成员间再分配。分配金额的多少与各成员实际货运量无关。运费比例的提取有多种办法,最常见的是先将运费收入扣除航运成本,但也有的不先扣除航运成本,还有的根据提单所记载的吨数或其他方式计算。通过这种方式,超过对其规定的货载配额的成员应将超额货物的运费上缴公会,用它补偿未达到货载配额成员的损失,并对前者运输超额货物所支出的有关费用进行补偿。这样,可以避免公会内各公司争揽高价货而舍弃低价货,或以恶性手段竞争,达到各方利益均衡。

参加公摊协定的公会成员公司在数额比例上并不一致,有的是全体成员,如英国—加尔各答公会对于返航运输中茶叶运费收入的公摊;有的是部分成员,如上述公会对于往航运输中曼彻斯特纺织品的运费收入公摊只限于英国西岸的船公司。公摊的对象有的是公会船公司运输的全部货物,有的是公会船公司运输的特定货物。另外,公摊实施的范围也不尽相同,有的包括整个公会管辖区域,也有的仅限于公会管辖区域内的某些特定港口或航线。

6) 联合服务

公会成员公司间缔结联合服务协议,将公会管辖各航线的经营业务分别委托给一个或几个成员公司经营,每隔一段时间,所有成员公司按事先约定的比例分摊公会的盈亏。这事实上是在公会内部将资源和运费收入完全公摊,使得托运人对船公司的选择受到限制甚至变成不可能。

目前,随着公会内外各大公司间联营活动的兴盛,"联合服务"一词往往被授予更多新的含义,其协定内容也不再是十分严密了。

2. 班轮公会的对外政策

1) 运费延期回扣制

公会船公司将本应支付给托运人的运费回扣,在拖延一段时间以证明托运人对公会的"忠实"之后,再发放给托运人。美国《1916 年航运法》曾给延期回扣制下过定义:"一个承运人退还任何部分运费给托运人,作为该托运人将其全部或一部分货运业务交给它或任何其他承运人承运或为其他目的的交换条件,允许延迟支付到为此付款的业务完成以后,而且仅在延迟期间托运符合回扣合同或协议的条件时才作支付。"美国《1998 年航运改革法》对此又进一步予以明确:"延期回扣系指公共承运人返还某托运人之部分运费,以酬谢该托运人在一固定期间内交付其全部或部分货载给该承运人或其他任何公共承运人。此项回扣延迟至该支付运费的运动服务完成后,且托运人承诺未来将继续交装该公共承运人或其他公共运送人时才予以支付。"

运费延期回扣制的具体操作办法是,托运人与公会签订"忠诚信约"(loyalty contract),规定在一定期限内(通常为 4～6 个月)托运人未使用公会外船舶,而将所有货物交由公会船运送,则该货物运费的一部分(通常为 10%),在经过与该期限相连续的一段时间(通常为 4 至 6 个月),证明该托运人仍未使用公会外船舶后,可由原托运人领回。

回扣金大多由原承运货物的公会船公司发放,但也有个别公司规定托运人必须向公会申请并由公会发放回扣金。通过这种约束托运人的过去、现在和将来的行为的办法,公会迫使辖区内的托运人为了领回回扣,放弃与会外船舶交易的机会,将所有货物交由公会船运送,以达到垄断货源的目的。

2) 使用战斗船

按照美国《1984 年航运法》第三条第十款的定义:"战斗船,是指在某一特定航线上远洋公共承运人或若干远洋公共承运人为排除、防止或减少竞争而将另一远洋公共承运人驱逐出该航线所使用的船舶。"

战斗船是公会与会外船公司在航线上进行公开对抗式竞争的一种相当原始的策略。其具体内容是,当公会控制的航线上出现非成员公司的营运船舶时,公会就派专门的公会船只紧随会外船,与之同时开航和靠港,并以相同于或低于会外船的运价争取其货物,不计其营运成本和利润。这样,经过反复削价的价格竞争,直到非公会船只被迫退出该航线或接受公会条件时为止。使用战斗船所造成的损失由公会全体成员共同承担。

由于战斗船系以驱逐或排除竞争者为目的的一种敌意的降价竞争,因而早在美国《1916 年航运法》中已被明确禁止,但《1998 年航运改革法》却删去了"战斗船"定义,而只保留了原来战斗船的部分含义。日本在第二次世界大战后制定的《海上运送法》第 28 条也曾规定其非法,但 1959 年法律修改后,又恢复了战斗船的合法性。

3) 合同运费制

合同运费制又称双重运费制(dual rate system)或公会专用合同运费制(exclusive patronage steamship conference contract rate system)。在这种制度下,公会运价本中分别规定了合同运价(contract rate)和非合同运价(non-contract rate)两种价格,如果托运人与公会签订保证忠实地将全部货物交由公会船只运送的合同,托运人就可以立即享受比非合同运价低廉的合同运价,反之则需按照非合同运价收费。通常合同运价与非合同运价的差额以百分比计算(大约在 9.5%～15%),但亦有直接以金额表示的情况。除了承运人本身不能及时提供舱位以及合同约定的个别货物可以例外之外,托运人一旦在合同期内将自己的货物交由会外船运输,则必须按照合同的约定向公会支付罚款(一般为公会运费的 50%)。

合同运费制最早在欧洲航线上为封闭式公会采用,但后来主要是在开放式公会中流行。由于美国《1916 年航运法》规定延期回扣制为非法,公会为了继续保证对货主的控制,又发明了合同运费制。延期回扣制与合同运费制的重要差别在于延期回扣制可以由公会自行实施,因为如果托运人不专门向公会的船舶托运,公会便可以扣留回扣,而合同运费制种,倘若托运人违反合同,公会只能对其提出诉讼以收回损失。可见,合同运费制对船货双方交易的控制远较延期回扣制小。

4) 三重运费制

某些班轮公会为了进一步排挤会外船公司,在原来的双重运费制基础上又追加了一项更加优惠的运费条款,从而形成对非合同托运人的非合同运价、对附有条件[船上交货(FOB)货物除外条件]的合同托运人的合同运价、对无条件的合同托运人的特别合同运价三种运费体系。具体而言,在双重运费合同中追加禁止托运人以 FOB 条件出口货物的特别条款,并规定如果托运人在合同期限内绝不以FOB 条件出口货物,则可适用特别合同运价,特别合同运价比合同运价更低2.5%。

该政策于 1964 年 5 月首先被日本—欧洲航线上的日本—欧洲公会所采用,但日本公正交易委员会以三重运费制不正当地限制托运人的商业与交易自由为理由,反对三重运费制。1966 年 10 月,该政策被恪守义务回报制代替。

5) 恪守义务回报制

该策略为三重运费制的变种,其内容是:不论买主是否以 FOB 条件指定会外船运输,合同托运人均坚持履行只使用公会船的承诺,并向公会提出恪守义务回报申请,则班轮公会每隔一段时间(通常为 4 个月)检查认可一次,然后按照该时间内按照合同运价收取的运费总额的 2.5%以恪守义务回报的名义发还给托运人。就对托运人约束力及排除会外船的作用而言,恪守义务回报制虽然不如运费延期回扣制,但却比双重运费制更见成效。

6) 保证合同制

公会应托运人要求而由双方签订合同,规定托运人有义务在一定时期内和一定运价下,以利用公会船为主,从事特定范围内的货物运送,公会则保证托运人不受班轮市场运价波动的影响。通常情况下,保证合同的运价要比公会运价本的运价稍高一些,但公会不可在合同期内因海运市场运价上涨而变更已保证的合同运价。20 世纪 80 年代末期,这种合同或安排,在某些市场或航线上已占 50%～60%。

7) 联运协定

班轮公会与其他运输业(如铁路、公路)签订相互揽载或交换货物的协定。随着集装箱班轮运输的发展,为适应集装箱运输流程的连续性,力求对参与运输的各个环节进行一体化工作,许多公会出面与铁路、公路等运输业者签订协作合同。这样,一方面公会可以尽量控制货载,并为托运人提供更好的服务;另一方面也可以趁机将公会的垄断价格从海运延伸到其他运输方式中。

8.1.3　班轮公会的航运政策特征

1. 时代灵活性强

随着客观环境的变化,班轮公会采用的政策也往往能够做出相应的调整,对陈旧的条款和费率表适时抛弃。以公会控制托运人的主要手段运费折扣制度为例,早期公会为了同会外船竞争,采用的是运费延期回扣制度。但到了 20 世纪初,美国反托拉斯法日益严密和加强,延期回扣制受到反对,公会转而采取了双重运费制度。20 世纪 60 年代,为应付会外船愈来愈强的挑战,部分公会再在双重运费合同中追加一项新条款,形成了三重运费制度。在三重运费制被有关国家禁止后,部分公会又采用了与三重运费制度基本相同的恪守义务回报制等等。通过上述延期回扣制、双重运费制、三重运费制、恪守回报制等一系列前后衔接的变化,公会不断适应新的竞争环境,以达到约束托运人并排除或限制会外船的最大效果。

2. 核心政策突出

无论班轮公会政策如何千变万化,其最根本的政策——共同的运价政策始终是公会存续与运作的基础。就封闭式公会而言,其对内不仅制定统一的运价体系,而且还规定了严格的运价调整程序;其对外竞争的多种策略也都是建立在统一的差别运价基础上的。至于开放式公会,统一的运价体系更是其区别于航线稳定化协定、联营体等其他形式的航运公司同业组织的唯一标志。

3. 可操作性强

班轮公会政策中的对内约束力和对外排斥力都比较强。最突出的例子就是运费延期回扣制度,其要求托运人不仅在合同期间内,还必须在货物交运后的一段时间内,继续使用公会船营运,以证明托运人对公会的"忠诚",然后才可以退还该货物的部分运费(以回扣名义)。这样,在连续的两段时期都约束着托运人,从而有效地限制了托运人的选择范围。另一突出例子就是公摊制度,通过将运费收入的全部集中于公会,再在各成员公司之间进行分配,实际上完全消除了公会内部的竞争,达到了约束成员的目的。

8.1.4　针对班轮公会的评价

一百多年以来,班轮公会的特殊性一直是国际航运界与法律界争论的焦点问题。尽管公会体制在经济学理论上被认为违反公平竞争的基本原则,也不利于经济学者倡导的海上自由竞争体制,但由于航运业资金密集、投资回报率低等特点,使班轮公会的存在对当时的货主及船东两方都有利,也为国际贸易的稳定发展起到了积极的促进作用。

在班轮公会光辉的岁月里,它名利双收,备受推崇。但随着发展中国家的逐渐崛起,班轮公会的垄断特性暴露无遗,尤其海运发达国家通过班轮公会垄断航运业务的做法严重阻碍了发展中国家航运事业的拓展,这使得公平竞争在世界航运大市场上几乎成为一种奢求。到 20 世 70 年代末期及 80 年代,虽然贸易全球化及交通工业趋于成熟,但国际航运班轮业仍然得到发达国家反垄断豁免权的支持。与此同时,班轮公会变本加厉,为了攫取高额利润而采取一系列垄断与歧视性手段。这逐渐遭到了许多国家的货主、政府部门及会外船公司的强烈批评与反对。

在第三世界国家的争取下,1974 年联合国在贸易和发展会议全权代表会议上通过了《班轮公会行动守则公约》,规定了班轮公会货载分配原则、入会条件和公会提高运价的期限。公约的制定和实施为国际海上货运有秩序发展提供了便利,促进了班轮运输更有效地为国际贸易服务,限制了发达国家对班轮航运的垄断,同时给发展中国家船队进入班轮市场带来了动力,使得班轮公会的垄断地位开始松动。

尽管如此,班轮公会的强势地位并未因此而扭转,相反,其愈演愈烈的"利己"行为越来越成为货主的众矢之的。与此同时,货运集装箱化的成熟发展给独立承运人带来了蓬勃生机,形成了班轮公会的强大竞争对手,随之而来的便是来自各方面的强劲挑战。于是,班轮公会面临了更大的冲击,主要包括:一是托运人协会在班轮市场上的作用日益重要,极大地限制了班轮公会的垄断运营;二是许多国家纷纷制定了鼓励竞争和限制垄断的政策法规;三是随着集装箱运输的快速发展与新航线的大量开辟,以现代化船队和优质服务为标志的独立承运人已成为班轮公会不可逾越的强大竞争对手。这些新发展趋势使得班轮公会的作用在渐渐削弱。面对如此应接不暇的冲击,班轮公会也进行了一些妥协、革新的内外政策。例如,班轮公会大大降低了强制性和严密性,其运价协定已变成一种软约束。在市场供需等因素变动时,公会协定的运价可以相应浮动,并且这种弹性运价体系对公会成员也并不具有强制性,成员具有独立行动权。这与协议组织的模式更为相近。班轮公司的营运安排也一改传统手段,以稳定市场份额、协调公会内外关系等主要功能手段取而代之。

8.2　联合国《班轮公会行动守则公约》

8.2.1　联合国《班轮公会行动守则公约》的概况

联合国《班轮公会行动守则公约》(*Convention on a Code of Conduct for Liner Conference*,以下简称《守则公约》)是联合国贸易与发展会议(UNCTAD)主持制定的一份全面规范班轮公会活动的国际性法律文件,1974 年通过,1983 年 10 月正式生效。该公约是要求建立国际航运新秩序的发展中国家与海运业在国民经济中有着重要影响的发达国家之间相互妥协的产物,对班轮公会这一国际航运垄断组织本身以及世界各国相关法律的制定产生了深远的影响。

1. 联合国《班轮公会行动守则公约》产生的背景

第二次世界大战后,亚非拉众多的中小国家先后取得了政治上的独立。但是,殖民主义时代遗留下来的旧经济体系却依然束缚着广大第三世界国家,严重阻碍了其经济的健康发展。在国际航运领域,发展中国家同样深受西方操纵的旧体系之害。在运价方面,20 世纪 60 年代起,西方航运公司垄断集团平均不到两年就提高一次运费,每次提高幅度为 10% 左右。20 世纪 70 年代以后提高运费更加频繁,幅度也更大。在运量方面,1973 年亚非拉发展中国家出口和进口的海上货运量分别占全球总数的 64.3% 和 17.5%。在运力方面,1966 年 3 月,发展中国家拥有的船队总吨位仅占全球的 7%(方便旗国家除外),1973 年更降为 6%。所有这些,显然使发展中国家的国际收支日趋恶化,损害了第三世界货主国家的利益,甚至导致广大第三世界国家的外贸运输和对外贸易被控制,从而影响到这些国家的经济独立。

西方国家控制的班轮公会直接影响到了第三世界国家经济、贸易和航运的正常发展。面临发展中国家与发达国家之间海运不公平的状况,1964 年 6 月成立的联合国贸易与发展会议(简称贸发会议)专门设置了航运委员会,以协商和寻求解决公会问题的对策。联合国贸发会议在对公会进行了调查后,在 1964 年提出的专门报告中写道:"公会制度的存在是稳定的运价和运输服务所必需的",联合国的任务不是在世界范围内取消公会,而是去寻求如何改造和限制公会垄断性的途径,在保证具有正常运输服务的同时,保护发展中国家的权益。其中促使发展中国家船公司加入公会,设置托运人协会以加强公会与托运人之间的关系两项议题,被排在该委员会的重点讨论之列。

2. 联合国《班轮公会行动守则公约》的制定过程

1)《守则公约》草案的提出

针对发展中国家的反对,西方国家意识到如果不改变现有的班轮公会的秘密主义和封闭性,将产生严重的后果。在这种情况下,由海运发达国家组成的航运协商组织 13 个成员国的官员于 1971 年 2 月在日本东京开会,决定制定一个公会守则,并委托欧洲国家船东协会委员会和欧洲国家托运人协会两个民间组织根据会议原则制定一个具体实施细则。在这种情况下,《欧洲国家船东协会班轮公会守则》出台。该守则的主要内容:在船公司入会资格的认定方面,规定船公司在加入公会的申请受阻时,需将争端提交给一个由各船东组成的专门委员会解决,并应征询托运人及其组织的意见;在公会政策的公开化方面,规定公会的公摊协议应让托运人知道,公会在提价或征收附加费时,需向托运人出示相关证据;班轮公会与托运人就有关问题协商未果时,应由双方代表组成专门委员会来解决,委员会主席由非官方的中立人士担任。

对于制定一部世界性的班轮公会行动国际规范的设想,广大发展中国家普遍表示赞成,但对发达国家单方面制定的《欧洲国家船东协会班轮公会守则》却强烈不满。在这种情况下,联合国贸易和发展会议于 1972 年 1 月召开海运立法工作会议,认为现有的《欧洲国家船东协会班轮公会守则》很难被发展中国家接受,因而要求制定新的公会规则。

1972 年 4 月,在智利首都圣地亚哥召开了联合国贸发会议第三次大会。在会议过程中,由发展中国家组成的 77 国集团经过内部协商,共同草拟了一个《班轮公会行动守则公约草案》,并以大会决议案的形式提出。该草案包括以下几项重要条款:贸易当事国船公司可以自由加入公会;贸易当事国双方船公司以 50∶50 比例分配货载;在第三国船公司加入的情况下,货载比例为 40∶40∶20;有关国家政府加入班轮公会与托运人之间的协商机构;为鼓励发展中国家的产品出口,应设立促进运费率;规定运费上调的具体手续;引入强制性国家仲裁制度,以处理船公司之间及公会与托运人之间的争端,其裁决应具有约束力。

《守则公约》草案在公会加入权、货载承运权、政府干预权和争议裁决权等几个方面明显不利于现行航运秩序的维持,引起了发达国家的坚决反对,成为双方斗争的焦点。经过双方的激烈交锋,贸发会议第三次会议最终通过采纳该草案为大会决议案。这样,第 27 届联合国大会于 1972 年 12 月 19 日相应地做出了第 3035 号决议,提请联合国秘书长于 1973 年 11 月召开全权代表会议来审议和通过这一公约,贸发会议将负责公约的起草并全权向会议提出,公约草案应以发展中国家提出的草案为基础。发展中国家的公约草案获得了胜利。

2)《守则公约》草案的修订与批准

遵照第 27 届联合国大会的决议,由贸发会议主持的公约起草筹备委员会于 1973 年 1 月和 6 月在日内瓦先后召开了两次会议。第二次会议上,除了原有的发展中国家提案外,又增加了发达国家提案与社会主义国家提案。鉴于三个提案在公约的范围和本质、国家航运公司的地位、货载份额、政府角色、争端的解决与仲裁等多项内容上,都存有尖锐的冲突,为此,公约起草筹备委员会决定将三个提案的调整统一交由 1973 年 11 月召开的贸发会议全权代表会议处理。

1973 年 11 月,贸发会议在日内瓦召开全权代表会议,会议的主要任务是制定一项多边的、具有法律约束力的班轮公会行动守则。虽然会议没有实现批准公约的原定目标,但通过发展中国家的积极努力并在一些问题上做了一定的让步之下,会议达成了在政府角色、货载份额、国家航运公司的入会权、争端的解决和运价设定等方面有利于发展中国家的一揽子交易,并决定 1974 年 3 月再次召开全权代表会议来审议和批准公约。

1974 年 3 月 11 日至 4 月 7 日,再次在日内瓦召开有 84 个成员国参加的全权代表贸发会议,4月6日对守则公约进行表决。投票结果,守则公约以72票赞成、7票反对(美、英、丹麦、挪威、芬兰、瑞典、瑞士)、5票弃权(加拿大、新西兰、意大利、希腊、荷兰)的绝对多数获得通过。中国代表团投了赞成票。

8.2.2　联合国《班轮公会行动守则公约》的主要内容

公约共分成两个部分、七章、五十四条,以及一个附件《国际强制调解的示范程序规则》,其主要内容如下。

1. 公约的目标与原则

目标:便利世界海洋货运的有秩序扩展;促进适应贸易需要的、定期的和有效率的班轮服务的发展;保证班轮航运服务的提供者和使用者之间的利益均衡。

原则:公会的各种办法不应对任何国家的船东、托运人或对外贸易有任何歧视;公会与托运人组织、托运人代表和托运人就共同关心的事项进行有意义的协商,如经请求,有关当局亦可参加;公会的活动如与关系方面有关,公会应向他们提供有关其活动的资料,并应公布有关其活动的有意义的情报。

2. 公会会员之间的关系

公约第二章"会员公司之间的关系"(第一至第六条)专门对此做出规定。

1) 关于会员资格

对于航线上国家的航运公司,公约第一条第一款规定:"任何国家的航运公司,在符合第一条第二款所定标准的条件下,都有权成为承运其国家对外贸易货物公会的正式会员。"其标准是:"申请参加公会的航运公司应提出证据,证明其有能力和愿望,按照公会协议的规定,在公会营运范围内,长期地经营定期的、适当的和有效率的航运服务,只要符合本项的标准,也可以使用租船;保证遵守公会协议的一切条款,并应于公会协议中有此规定时,提出财务担保,以便在以后退会、会籍中断或被开除会籍时,能够履行未清偿的债务。"

对于在公会航线上营运的国家航运公司以外的公司(即第三国公司),公约第一条第一款规定:"不是公会任何航线上的国家航运公司的航运公司,在符合第一条第二款和第三款所定标准并遵守涉及第三国航运公司的第二条关于货载份额规定的条件下,有权成为该公会的正式会员。"在审查不是有关公会任何航线上的国家航运公司的航运公司的入会申请时,除第一条第二款的规定外,并应考虑到下列各点:公会经营航线的现有货运量及其增长的展望;公会经营的航线对现有和预期的货运量是否有足够的舱位;接纳该航运公司加入公会后,对公会航运业务的效率和质量可能发生的影响;该航运公司目前是否在相同的航线上参加公会经营范围以外的货运;该航运公司目前是否在相同的航线上参加别的公会经营范围以内的货运。

对于有关船公司入会或重新入会申请的审查时限,公约第四款规定:"关于入会或重新入会的申请,公会应迅速做出决定并迅速通知申请人,无论如何不得迟于从申请之日起算六个月。公会如拒绝一个航运公司入会或重新入会,应同时以书面说明其拒绝的理由。"

2)关于货载分配

对于会员在公会货载承运方面的一般(或普遍)权利,公约第二条第一和第二款规定:"被接纳为会员的任何航运公司,应在公会所经营的航线范围内享有航次和装货的权利""公会实行公摊制度时,在公摊制度的范围内参加货载承运的所有会员公司都有权参加该航线的公摊。"

对于公共承运人货载的分配原则,公约第二条第四款规定:"在按照第二条第二款规定,确定个别会员公司及(或)国家航运公司集团的公摊货载份额时,除彼此间另有协议外,应遵守有关其参加公会承运货载的权利的下列原则:两国之间的对外贸易由公会承运其货载时,这两国的国家航运公司集团参加承运彼此间对外贸易的、由公会承运的货物,在运价和数量上享有同等的权利;倘有第三国的航运公司参加该航线的货载承运,它们有权获得运价和数量中一个相当大的部分,例如百分之二十。"

对于上述公会货载的分配原则,公约第二条第五、第六、第七、第八款还规定了某些情况下的修订(或调整)措施。

如公会承运其货载的任何国家,没有国家航运公司参加承运其货载,则按照第二条第四款规定由国家航运公司承运的货载份额,应在参加货运的各个会员公司之间按照它们各自的份额比例加以分配。

如一国的国家航运公司决定不承运它们的全部货载份额,则它们货载份额中不承运的部分,应在参加承运的各个会员公司之间按照各自份额的比例加以分配。

如有关国家的国家航运公司不参加公会营运范围内的这些国家之间的货运,公会承运的这些国家之间的货载份额,应在参加的第三国会员公司之间通过商业谈判加以分配。

一个地区内的国家航运公司,即公会经营航线一端的公会会员,可以按照第二条第四款至第七款规定互相商定把分配给它们的货载份额在它们之间重新分配。

3)关于公会决定

对公会做出决定的程序,公约第三条规定:"一项公会协议所包含的做出决定的程序,应以全体正式会员公司一律平等的原则为基础;这些程序应保证表决规则不致妨碍公会的正常工作和航运服务,并应规定将以一致赞同做出决定的事项。但是,没有经过两国的国家航运公司的同意,不能对公会协议中规定的有关这两国间贸易方面的问题做出决定。"同时公约第六条规定,所有的公会协议,以及公摊、靠港和航次权利的协议和修正,或其他直接有关及影响这种协议的文件,都应在接到请求时,提供给其货载由公会承运的国家及其航运公司为公会会员的国家有关当局。

在公会对会员公司的制裁方面,公约第四条规定:"除公会协议对退会期限另有规定外,为公会会员的航运公司有权在遵守公摊方案及/或货载份额计划中关于退会规定的条件下,提出为期三个月的通知后,解除公会协议条款的约束而不受处罚,但应履行其公会会员义务至解除约束之日为止。会员如有不遵守公会协议条款的重大情事,公会可以在按照公会协议的规定给予通知后,中断或开除其会籍。"公约第五条规定,公会应拟订并不断刷新一份尽可能详尽的说明性明细单,载列被视为不当的行为和(或)违反公会协议的行为,并应设立有效的自我管制机构来处理这些行为。

3. 公会与托运人之间的关系

公约第三章"与托运人关系"(第七至第十一条)专门对此做出了规定。

(1)对于忠诚信约的基本原则,公约第七条第一款规定:"公会会员的航运公司有权与托运人订立并维持忠诚信约,其形式和内容由公会与托运人组织或托运人代表协商议定。这种信约应提供保障,明确规定托运人和公会会员的权利。这种信约应以契约制或任何其他合法制度为基础。"

(2)关于忠诚信约中的运费率,公约第七条第二款规定:"不论签订何种忠诚信约,适用于忠诚托运人的运费率,应规定在适用于其他托运人运费率的一定百分比之内。如两种费率之间的差数变动提高了对忠诚托运人的费率,则该差数变动只能在向该托运人提出为期一百五十天的通知后才能实行,或依照区域的惯例及(或)协议实行。因运费率差数的变动而引起的争议,应按忠诚信约的规定予以解决。"

(3)对于忠诚信约中应明确的托运人与公会的权利和义务,公约第七条第三款规定:"托运人应对根据有关卖货契约条件由其掌握或由其分支公司或子公司或运输代理人掌握运输的货物承担责任,但托运人不得用规避、隐瞒或中间人的手法,企图违反忠诚信约,转移货物。"公会方面,"契约内应明确规定赔偿金或违约金及(或)罚金的范围",同时,公约还列明了忠诚信约应载明的几项内容。

(4)关于托运人的特免,公约第八条规定:"公会应在忠诚信约的条款内规定,托运人请求特免时,应予迅速审查和做出决定;如扣留特免,应在对方请求时以书面说明理由。如公会未在忠诚信约规定的期间内确认将为托运人的货物也在忠诚信约规定的期间内提供充分的舱位,托运人有权以任何船舶载运该项货物而不受处罚。对于需有最低货载限额才予弯靠的港口,如托运人虽已及时发出通知,而航运公司未来装货,或航运公司未于议定期间内答复,则托运人自然有权以任何可用船舶载运其货物,而不损及其忠诚地位。"

(5)关于公会行动的透明度,公约第七和第十条均做出了相应规定:"费率表、有关条件、规章及其任何补充规定、遇有请求时应以合理价格售给托运人、托运人组织和其他有关当事方面,并应在航运公司及其代理人的办事处备供检查。它们应载明与适用费率及运送货物有关的所有条件。""公会应就其活动向托运人组织或托运人代表提出年度报告,旨在提供他们所关心的一般报道,包括有关下列各事的资料:同托运人和托运人组织进行的协商,对申诉采取的行动,会员的变动,以及航线、费率及运输条件的重大变动。遇有请求时,公会应向公会经营其货运各国的有关当局提送这种年度报告。"

(6) 关于公会与托运人协商,公约第十一条规定:"协商应根据上述任何一方的请求随时举行。有关当局如提出请求,应有权充分参加此种协商,但他们的参加并不意味着具有做出决定的作用。"公约第十一条第二和第三款中列明了一些具体问题,可以作为协商的主题和属于公会活动范围内作为协商的主题。

此外,公约第十一条第四和第五款对协商的时间限制做出了规定:"除本守则内另有规定外,协商应在做出最后决定以前举行。""协商不得无故拖延,无论如何应在公会协议内规定的最长期限内开始,公会协议内如无此项规定,则应于收到协商提议后三十日内开始,但本守则内对期限另有规定时不在此限。"

4. 关于运费率

公约第四章"运费率"(第十二至第十七条)专门对此做出了规定。

对运费率的确定标准,公约第十二条做出了规定:"运费率应当在商业上可行的范围内尽量确定在最低水平,同时应当使船东能有合理的盈利;班轮公会的营运成本原则上应以船舶的往返航程估算,去程和回程视为一航程。在适用时,去程和回程应分开估算。除别的因素外,运费率应考虑货物的性质、货物体积与质量的相互关系以及货物的价值;在确定特定货物的促进贸易性运费率及(或)特别运费率时,应考虑到在公会承运其货载的国家特别是发展中国家和内陆国家内这些货物的贸易情况。"

对公会运价表和运费率的分类,公约第十三条规定:"公会运价表对相同情况的托运人不得有不公平的不同待遇。公会运价表应制定得简单明了,分类等级应尽量少,视货运的具体条件而定每一种商品的运费率及每一类别等级的运费率。"

对运费率的提高,公约第十四条规定:"公会应将其实行全面提高运费率的意图至少于 150 日前或依照区域惯例及(或)协议,通知托运人组织或托运人代表及(或)托运人,并于有此要求时通知公会经营其货运的各国有关当局,通知内应指明提高的幅度,实行的日期,以及提高运费率的理由。"对两次提高运费率的间隔时间,公约第十四条规定:"除非有关各方于协商时另有协议外,一次运费率全面提高的生效之日,与依照第十四条第一款就下一次运费率的全面提高发出通知之日,两者之间的间隔期间最短不得少于 10 个月。"

关于促进贸易性运费率,公约第十五条规定:"公会应规定非传统出口商品的促进贸易性运费率。公会应在收到这种资料之日起 30 天内对促进贸易性运费率的申请做出决定。促进贸易性运费率的制定,除有关双方另有协议外,通常应以

12 个月为期。"

关于附加费,公约第十六条规定:"公会因费用的突然增加或异常增加或收益减少而收取的附加费,应视为临时性质。上述附加费应随着所面临局势或条件的改善而减少,并应在促使其收取此项费用的局势或条件不再存在时立即撤销。不论全面地或仅对某一港口收取附加费,均应事先发出通知。"

8.2.3　联合国《班轮公会行动守则公约》的评价

1. 限制了航运竞争

《守则公约》的初衷是规范班轮公会的活动范围,而并非是给予某些国家特权,但最终通过的守则公约却规定了国家航运公司的入会优先权和 40∶40∶20 的货载分配原则,使各国的商船队不论如何弱小,都可以不受自身经济竞争能力的限制而进行扩展,这就在很大程度上使国际航运业脱离了市场自由竞争的原则。而原来的班轮公会体系虽然限制了传统的竞争,但毕竟仍不失为在商业基础上具有某种竞争的原则。

守则公约中严格的国家货载保留政策使承运人能够参与经营活动的市场范围缩小。两国双边贸易中货载优先的优点与取得第三国货载受限的缺点相比较,只有在以下的条件下才利大于弊,即一国的外贸能够产生足够多的货源保证本国航运业的经营活动有商业价值,并能给托运人的需求提供达到起码质量水平的服务。

2. 加强了政府干预航运业的权力

《守则公约》打开了政府干预国际航运业的大门,特别是在运费的设定方面,政府可以施加其规制和影响力,这对于以海运活动为主的国家贸易将产生重大影响。在保护主义下,航运业以事先定好的比例来分配运输的货物,而不是以市场竞争力来决定市场占有率,这对航运业、外贸乃至世界经济的发展所带来的负面影响是很大的。

3. 稳定了国际海运市场

从全球的航运经济立法的发展趋势来看,世界各国很难取得一致的最佳经济政策。在这种情况下,解决问题的唯一办法就是在各国之间相互进行一定的妥协,而《守则公约》便是海运业南北妥协的产物,是发达海运国家与发展中国家之间妥协的产物。因此,《守则公约》也就具有相对的稳定作用,为国际航运新秩序的建立提供了新思路。

8.3　国际航运联营集团的航运政策

8.3.1　国际航运联营集团概况

1. 国际航运联营集团概念

对于航运联营集团(又称联营体)这一比较新兴的航运组织形式,学界并没有做出统一的界定,而对于这一航运组织的名称国内外学者和相关立法也给予了不同的命名,例如有的称之为航运联盟,或者是国际联盟集团等。也有学者认为联营集团和联盟在范围上有所不同,根据联合国贸易和发展会议贸易和发展理事会,竞争法和竞争政策问题政府间专家组第十七届会议报告《发展中国家海洋运输业竞争和监管方面的挑战》,两者不存在实质性区别,联盟属于一种特定形式的联营体,因而本书将其统称为航运联营体。

1) 联营

所谓"联营"(consortium),按照英文字面的解释,是指一种"有志于共同目标的若干实体的临时联合"。在航运领域,广义的联营可指舱位互租、联营集团、合并等三种形式,狭义的联营则多指包括舱位互租在内的联营集团。

舱位(箱位)互租(space charter)是最简单、最松散的初级联营方式,即不同公司间为争取经营的灵活性和扩大市场领域而互相租借舱位,支付租金,并承担各自所租舱位的揽货责任。舱位互租最早为日本船公司所采用,它有两种租赁方式:其一为舱位互租,甲乙双方互相租用对方等量或不等量的舱位;其二为单方租舱,甲公司向乙公司(或联营体)租用舱位。

合并是联营的高级形式,即不同航运公司间或航运公司与相关公司间组成一个新的、独立的法人实体。常见的合并有两种:其一,航运公司间彼此横向合并,组成一个新的单独实体,由其负责全面营运与市场管理;其二,航运公司与大的综合性集团(主要是陆上运输经营集团)进行纵向合并,最终成为该集团的附属公司。

联营集团则是以英国为代表的欧洲航运业者最早推出的一种联营形式。目前,联营集团已被全球各大班轮公司普遍采用,并日益成为联营的主要内容。

2) 联营集团

联营集团又称联营体,是指两家或两家以上航运公司为了共同开展一项业务而产生的临时性自愿结合体。它有时采用设立新的法人公司这一严密组织形式,有时采用设立一个共同办事机构的松散形式,当前多采用后一种形式。1970 年发表的英国海运调查委员会报告书认为:联营体本质上是一个由多家航运合作者(或合伙人),按照事先约定的条件,共同加入某营利性组织的协议。经合组织认为:联营体为两个或两个以上的航运公司为了共同开展一项联合行动而结成的联盟,该联盟既可以是一个单独的法人机构,也可以是一个不具备法人地位的非独立机构,具体来说,是班轮运输公司之间"通过各种技术、运营或商业安排(例如,共同使用船舶、港口设施、营销组织等),主要为提供联合安排的服务"而达成的协议和(或)安排。根据欧盟航运联营体集体豁免条例的规定,航运联营体是指两个或两个以上经营船舶的承运人之间的协议或一系列与之相关联的协议,该协议专门为一条或多条航线的货物提供国际班轮运输服务,其目的是在海上运输服务的联合经营中实现合作,并改进未联营时各成员提供的服务质量,通过技术、业务和(或)

商业安排使其业务合理化。

联营集团(联营体)应具备下列基本要素：其一，联营目的主要是节省成本开支和提高服务质量，而不是基于垄断目的；其二，联营成员由两家或两家以上的船公司组成，联营范围为一条或一条以上的具体航线；其三，联营内容主要是按约定投入一定船舶或其他设备来联合经营，但市场营销等管理功能仍由各公司自己负责；其四，联营行为大都是临时性的，有一定时间限制；其五，联营集团主要存在于班轮公会成员之间，但这个现象目前已有所变化。

2. 国际航运联营集团的历史沿革

1957 年第一艘集装箱船"盖特威城"号的投入营运，揭开了海上集装箱运输的序幕。当时，因为考虑到集装箱航运业是一个资本高度密集型的新型产业，为了减少投资风险，诞生了联营集团(联营体)。最早的联营集团为 1965 年 9 月设于英国的海外集装箱公司(OCL)，其由 4 家英国船公司共同投资组成。1966 年 1 月，由丘纳德、埃勒曼、边行、兰星和哈里森 5 家英国船公司共同投资的联合集装箱运输公司(ACT)成立，专门从事欧洲—澳大利亚间的门到门运输。同年又成立了大西洋集装箱公司(ACL)。所有这些联营集团，都是由几家船公司共同投资组成一个单独的法人公司，主营集装箱运输，组织相当严密。

进入 20 世纪 70 年代，随着日本、新加坡、中国香港等亚洲船公司纷纷组织或加入联营行列，联营集团的组织形式也开始发生了新的变化，出现了公会内部成员组成的非独立法人的联营集团。这方面的代表有在欧洲—亚洲航线上出现的三大集团：1969 年，日本邮船、大阪商船、西德哈帕格·劳埃德、英国海外集装箱和边行共 3 国 5 公司联合组成了三联集团(Trio Group)，在日本远东—欧洲航线上开展联营；1975 年 6 月，日本川崎、新加坡东方海皇、中国香港东方海外和比利时法比 4 家公司组成了冠航集团(Ace Group)，在日本—欧洲航线上联营；同时，由瑞典东亚公司、丹麦宝隆洋行、挪威威廉臣航运、荷兰渣华 4 家船公司组成的北欧联合航运集团(Scan Dutch Group)，也在欧洲—远东航线开展联营。这三个集团均在远东班轮公会之内开展运作，有关运价制定、运力控制和成员加入等主要功能仍由公会负责，联营集团则承担船队调配、场站经营、收入公摊、共同营销等项职责。此外，全球其他航线上的船公司也可以按照该航线上班轮公会所规定的权利和义务，加入不同的联营集团中开展营运。

20 世纪 90 年代初期，随着欧共体的统一力度加大以及有关联营集团的联营时间届满，在联营集团最发达的欧洲—亚洲航线上，各联营集团纷纷开始新一轮的重新组合。除了欧洲—亚洲航线外，全球其他航线上的联营集团在这一时期也相当活跃。进入 1995 年，随着欧洲—亚洲航线几大主要联营集团的期满解散，各大集装箱班轮公司立即开始又一轮的联营，陆续形成了新的联营集团，并将这种联营推广到其他航线上。

3. 国际航运联营集团的现状

1995 年,全球范围内的联营集团开始了新一轮的重组活动。经过船公司间的考察、选择和激烈的讨价还价,最终形成了五大联营集团:伟大联营体、环球联营体、马士基/海陆联营体、韩进/三洲联营体、川崎/现代/阳明联营体。

1) 环球联营体(Global Alliance)

此联营体成员包括美国总统轮船、日本大阪商船三井、荷兰渣华、中国香港东方海外、马来西亚国际。联营的主要航线有亚洲—巴拿马运河—北美东岸航线,亚洲—欧洲航线,亚洲—北美西岸航线,还有集装箱互租等业务。

2) 伟大联营体(Grand Alliance)

此联营体成员包括日本邮船、德国哈帕格·劳埃德、新加坡海皇、英国半岛东方。联营的主要航线有远东—欧洲—北美钟摆航线,亚洲—欧洲航线。

3) 马士基/海陆联营体(马士基公司于 1999 年底并购海陆公司集装箱业务)

此联营体成员为丹麦马士基、美国海陆,主要联营内容:维持在跨大西洋、中亚—亚洲、越太平洋、拉美、北美—地中海、北美—红海—阿拉伯、波斯湾、印度次大陆等航线上的舱位共享协议;新辟欧洲—亚洲、欧洲—红海、欧洲内地、中亚等联营航线开展合作;在码头共享、设备互用、美国内陆集装箱场站、美国内地集卡与双层列车等方面展开广泛的合作。

4) 韩进/三洲联营体

此联营体成员在原有的韩国朝阳、德国胜利·罗斯托克两家基础上,还吸收了韩国韩进海运加入(已于 2016 年破产),主要联营内容:朝阳与胜利·罗斯托克两家继续在环球航线上开展广泛合作;拓展联营航线,进行舱位互租。

5) 川崎/现代/阳明联营体

此联营体成员有日本川崎、韩国现代、中国台湾省阳明三家组成,主要联营内容:越太平洋航线联营、亚洲—欧洲航线联营。

上述五家联营集团(体)经过一段时间的运作后,随着 1997 年半岛东方和渣华的合并以及海皇对总统轮船的收购,联营集团又出现了相当程度的重组。其中马士基/海陆、韩进/三洲两家联营体较为稳固;而伟大联营体和环球联营体则变化极大,前者退出 1 家而新加入了 3 家(渣华与半岛东方合并),后者退出 3 家而新加入 2 家(海皇收购总统轮船)。

航运联营集团发展总体上具有不稳定性,不断经历整合与重组,从近几年的发展便可大致看出航运联盟不断整合的过程:中国远洋运输集团(COSCO)和中国海运集团总公司(2015),达飞轮船(CMA CGM)和新加坡东方海皇集团(NOL)(2016 年),德国赫伯罗特航运公司(HPL)和阿拉伯联合航运(UASC)(2017 年),马士基和汉堡南美航运公司(HSDG)都分别合并成为一家公司。日本邮船(NYK)、川崎汽船(K Line)和商船三井(MOL)2017 年发表联合公告,建立一个新的多元化全球物流合资公司——海洋网联船务(ONE),整合三家企业的除日本外的全球集装箱业务。中国远洋海运集团还在 2018 年收购东方海外(国际)有限公司。目前的三大联盟包括 2M 联盟、海洋联盟和 THE 联盟,被称为"第四代航运联盟"。

8.3.2　国际航运联营集团的政策

1. 不承担统一定价的责任

联营体各成员的运价多由各成员公司自行掌握,联营体本身并不承担固定运价的功能,这是联营体在政策(功能)上区别于班轮公会的最大特点。具体而言,如果联营体由公会外船公司组成或由公会内船公司和公会外船公司组成时,所决定的固定价格协议是非法的,因而不能实施;如果联营体由同一个公会的成员船公司组成时,可以实施公会决定的统一价格,即该价格应是由公会而非公会内联营体统一决定。通常情况下,联营体内部的公会成员船公司仍采用公会的统一运价,而联营体内部的公会外船公司仍维持其自定运价的方法。

由于联营体不承担统一定价的责任,因此在运作过程中经常会碰到一系列问题。例如,在联营体内部的每家船公司的服务单独定价的情况下,一旦各方采取舱位互租或航线联营方式,那么同一艘船上运往同一目的地的货物将可能会有不同的运价;但如果一个联营体内部的各个成员公司不单独进行营销、定价和广告宣传等,他们又会丧失自身的独立性,这是大多数船公司绝不愿意看到的。怎样解决由于联营体不承担统一定价而引起的矛盾,是影响联营体今后发展的一个重要问题。

2. 采用多种形式的船舶联营服务

1) 舱位互租

舱位互租可以分为交换、代售或交叉租用舱位等几种形式。相对而言,舱位互租是一种简单和初级的联营形式。借用这种形式,各船公司一方面可以缓解公会成员与公会外成员公司间结盟而造成的技术障碍;另一方面,还能够在不投入大量资金的情况下顺利进入新的市场而不冒(或少冒)风险,因而具有投资少和服务快捷的特点。目前,这种联营方式正日益受到船公司的青睐。当然,与其他联营服务相比,舱位互租也有其相对松散、难以发展成长期合作、规模经济效益不显著等缺陷,需要注意。

2) 共同使用船舶(共同派船)

共同使用船舶即联营体各成员公司在某一航线上协调运力,共同派船并安排船期与挂靠港,以便在不增加运力的情况下,提供更优质的服务。由于运力互补等原因,可以使客户服务的质量大幅提高。此种联营,船公司各自营运自己的船舶并承担相应的成本,码头装卸费也各自结算。

3) 联合经营

上述共同派船的方式,在运作过程中也往往会遇到问题。例如,由于联营体内各船公司之间原有船舶的大小、船速等技术状态不一,导致在共同配船中的协调困难。为了解决这一问题,有些联营船公司又往往由参与联合经营的各方共同组成一个营运小组,分配各家公司的舱位后,全部营运成本由各家公司按所分配的TEU 舱位数比例共同承担,包括船舶租金、港口装卸费等,但各家公司按分配的舱位取得的货载收入则为各自所有;有时,还采用由一家船公司负责一条航线的全部派船,其他船公司租用的办法。

4) 共同投资造船或拥有船舶

鉴于共同协调配船往往会碰到船舶大小不同等项技术问题,因而某些联营体又涉足共同投资造船或拥有船舶。这是一种复杂和高级的联营形式,只有少数几个联营体采用。

在当前集装箱船舶日益大型化甚至巨型化的情况下,这种共同投资造船或拥有船舶的联营方式既可以分散投资风险和成本压力,又可以因为众多合伙人的参与而易达到满载,具有相当的实效。但这种联营方式操作起来十分复杂,一方面必须要由每一个成员公司认可;另一方面该联营体还必须订立长期的联营协议,否则将会引发新的问题。

3. 共同使用陆上设施

班轮公司联盟在经营集装箱运输的过程中,首先必须组成一个物流联盟,以便在后勤服务和资源共享方面进行合作。这种资源不仅体现在船舶使用方面,而且还包括对岸上的设备、码头、铁路、卡车、堆场等其他陆上设施进行共享和联合经营。

1) 共同使用码头设施

船公司结成联营体后,有关的联营调整自然要从海上向陆上延伸,作为海陆交汇的多式联运枢纽的港口码头也就自然需要共同使用。目前,全球不少班轮公司往往在某些重要港口拥有自营的专用码头或拥有优先靠泊权。海陆公司就在 14个港口有专用码头,在另外 14 个港口码头有优先靠泊权。一旦结成联营体,这些码头便可以通过联营协议为其他成员公司服务。

通过联营体内成员公司之间的码头设施联营,可以提高码头泊位和装卸设备的利用率,并保证船舶航班的准点率,具有良好的效果。但码头投资较大,并非每一个联营体成员都拥有足够的自营码头,而且联营行为在操作上也较为复杂,故此仅有少数几个联营体采用了这一联营政策。

2) 内陆输运设备联营

国外研究表明,班轮运输约 70% 的成本与陆上费用开支有关,而 70% 的陆上费用仅 15% 与码头费用有关。因此航运联营体正越来越重视从陆上联营中寻求规模经济效益,以降低成本。

（1）集装箱联营。集装箱联营的核心在于联营体内成员公司间保有足够数量的集装箱以供调配，达到减少设备购买和最大限度降低成本的目的。

（2）集装箱卡车、铁路、堆场等联营。这一领域最有代表性的联营体是海陆/马士基联营体。其在 1995 年达成的联营体协议中，除了共享码头和船舶设备外，还包括美国内陆运输的堆场、集装箱卡车、双层集装箱铁路运输等方面的联营。

3）计算机文件联合与系统联合

计算机文件联合指信息共享，系统联合指提单统一。目前，船公司一直承受着不断的压力，被要求提供越来越准确、及时的信息，既针对顾客也针对联营体伙伴，而这些联营体成员往往特别要求共享能与码头信息系统互换的营运性和非敏感的数据通信系统。当今以电子数据交换（EDI）为代表的信息系统既可以为用户提供优质服务，又能够节省管理费用，提高运输效率。但联营体成员间实行这种联合的困难不小，一是 EDI 目前只在承运人与码头等方面之间逐步推广，而在承运人同货主或托运人之间尚少使用；二是由于联营体多为临时的，缺乏长期计划，因此，难以在长期性的计算机文件与系统联合领域展开有效合作。现在仅环球联营体有过信息系统合作的意向。

4）行政和管理服务财务管理领域的合作

除了技术服务外，联营体内部船公司之间还有两个可以开展合作的领域，即行政管理和财务管理。欧盟第 870/95 号规则也规定，联营体成员可以共同使用一个或多个联合作业办事处，并享有反垄断法例外豁免。但尽管联营体成员一直不断地寻找合适的方法去减少由于行政机构重叠或继续实行公摊协议等所产生的额外费用，在财务和行政领域却仍然很少见到普遍的、具体化的联营成果。

8.3.3　国际航运联营集团的豁免制度

从政府治理的角度，航运联营体（联盟）属于反垄断豁免的法律范畴。国际航运反垄断豁免制度是指通过航运立法赋予国际航运业具有垄断性质的行为反垄断豁免的制度。该制度设立之初是为了给予班轮公会的垄断活动法律上的支持，以解决当时国际航运市场的恶性竞争难题，其制度内容也经历了以豁免班轮公会到以豁免航运联营体为主要对象的演变。

1. 欧盟的国际航运联营集团豁免制度

2006 年 10 月欧盟颁布了 1416/2006 号条例，决定取消班轮公会的反垄断集体豁免，将其纳入欧盟一般竞争法的规制框架内。欧盟针对班轮公会豁免权利所采取的改革方式显得尤为激进，但针对航运联营体的态度却截然不同。欧盟以专门立法准予航运联营体集体豁免—Consortia BER。《欧盟理事会第 906/2009 号条例》（简称第 906/2009 号条例）保留航运联营体享受反垄断集体豁免的权利，但从其规定的限定条件来看，此种豁免是一种有限的、附条件的整体豁免。也就是说，航运联营体在欧盟若要享受豁免,应当满足以下三个条件:不得从事固定运费、划分市场等属于"核心卡特尔"的行为;在相关市场上所占有的市场份额原则上不超过30%;航运联营体成员享有自由退出联营体的权利。

欧盟在2018年下半年发起针对Consortia BER的评估调查问卷,从法律效应、经济效率、重要性、一致性(与欧盟其他法律的协调关系)和欧盟附加价值这五个方面入手,向各相关利益方征求是否继续延长对航运联营体的反垄断豁免的意见。世界上很多国家视欧盟航运反垄断豁免政策为风向标,该问卷引起广泛讨论。国际运输论坛(International Transport Forum,ITF)曾出具一份《航运联盟对班轮运输的影响》(*The Impact of Alliances in Container Shipping*)的报告,认为取消对航运联营体的豁免将更有利于国际班轮运输市场的有效运行。世界航运理事会、欧盟船东协会、国际航运工会及亚洲船东协会则联合发表《航运联营体集体豁免规定评估》(*Commission Consultation on Consortia Block Exemption Regulation*)反对ITF的观点,从上述问卷的五个方面充分肯定了Consortia BER的合理性,认为Consortia BER保证了航运企业合作的法律确定性,促进了经济效率的提高,与欧盟其他相关法律协调一致,并且于欧盟区域性航运市场而言,其带来的整体利益是任何国家层面的法律所不能达到的。

对欧盟而言,延续第906/2009号条例有利于欧盟和其他区域贸易组织在法律上保持平衡。国际上很多重要的贸易大国或地区都以给予航运联营体豁免,欧盟若取消该制度,则很可能将置欧盟的航运企业于竞争劣势地位,欧盟进口方也会面临服务质量的恶化和供给成本的增加。因此,欧盟不应当轻易取消国际航运反垄断豁免制度,经过激烈论战,欧盟委员会认为该条例没有破坏竞争,并在2020年3月24日做出继续延用第906/2009号条例至2024年4月5日的决定。

在监管上,欧盟《执行条约第81条与第82条竞争规则的第1/2003号条例》适用于对国际航运市场的反垄断监管,采取"事后监管"的方式,承运人之间达成的各种合作协议无须向反垄断监管机构报备,欧盟反垄断执法机构可依申请或依职权在协议实施后进行是否涉及垄断的审查。但是,此种完全依赖"事后监管"的模式过于消极,看似减轻了企业与审查机构的负担,实则加重了监管机构在航运联营体协议实施过程中的监管任务,航运企业很可能利用不需要事先审查的漏洞,以联盟之名实施不正当竞争或集中之实,而监管机构在已经允许协议实施后,却很难举证航运企业之间存在"勾结"并对其进行有效规制。

2. 美国的国际航运联营集团豁免制度

《1998年美国航运改革法》(*Ocean Shipping Reform Act of 1998*)规定了国际航运反垄断豁免制度,但没有将航运联营体与班轮公会分别规制,航运合作协议只要符合法律规定的豁免实质性条件、完成报备程序、获得批准后即可得以豁免。从制度设计上来看,实际上对班轮公会的反垄断豁免权进行了严格的限制,并配以严格的程序要求,使班轮公会难以有效运营。2010 年 9 月,《2010 年美国航运法(草案)》(*Shipping Law 2010 Draft*)提出取消国际航运反垄断豁免制度,该法案尚待表决,能否生效暂无定论。但美国在 2012 年发布了《2008 年欧盟取消班轮公会反垄断豁免研究》(*Study of the 2008 Repeal of the Liner Conference Exemption from European Union Competition Law*)的最终报告,结论可总结为欧盟取消班轮公会反垄断豁免对美国班轮航线没有明显影响,国际航运市场集中度的确稍有提高,运价反而有所下降。这一结论似乎暗含着美国很可能不会取消航运反垄断豁免制度,那么航运联营体将依然享有豁免的权利。

美国的国际航运反垄断豁免制度可总结为将需要备案的协议进行分类,由美国联邦海事委员会依据个案判断的"个案豁免"模式。此种模式避免了欧盟"整体豁免"不分别规制松散型及紧密型的漏洞,并且全程监管的模式更加有利于维护国际航运市场稳定运行。但该制度也暴露出一定问题。航运联营体协议可归于第五条"远洋公共承运人协议"的笼统范畴,比如,服务合同制度的设计在航运联盟这种本身不会涉及"核心卡特尔"的协议面前显得可有可无,这就导致美国对航运联盟的规制几乎完全依赖于美国联邦海事委员会的个案审查,使审查机关的工作任务繁重,导致美国的事前审查流于形式,实践中美国至今未否决任何一个航运联营体正体现了这一点。

3. 中国的国际航运联营集团豁免制度

中国反垄断法律体系的构建主要借鉴的欧盟竞争法,但航运联营体的备案制度又是参考的美国航运法下的航运协议组织的备案制度。中国现有的规范航运业垄断和限制竞争的现行立法包括《中华人民共和国国际海运条例》(2016 年修正本,以下简称《国际海运条例》)、《中华人民共和国国际海运条例实施细则》(2017 年修正本,以下简称《实施细则》)以及《中华人民共和国反垄断法》(以下简称《反垄断法》)。《国际海运条例》第二十条规定了国际班轮运输企业之间达成协议的备案义务,第三十二条规定了对可能损害国际海运市场公平竞争的协议、联营体、行为的调查,第三十七条规定了对损害公平竞争的被调查人的处罚,第四十五条规定了对未履行备案手续的处罚,即条例允许国际班轮运输经营者以备案登记的形式进行横向协议垄断。《实施细则》第三十六条强调了班轮公会、运价协议组织应当遵守我国法律法规及相关规定,不得损害国际海运市场公平竞争秩序,而没有提及运营协议,可以看出我国法律有对协议进行类型化规制的意图。《实施细则》第三十条也提到了对参加订立协议的经营者分别备案的规定。2007 年交通运输部《关于加强对班轮公会和运价协议组织监督的公告》中提到了参与订立协议的航运企业的报备义务并列出备案提交的材料,但仍未规定审查的期限、协议生效的时间以及具体的备案程序。可以看出,我国对航运协议采用"事后监管"模式。此外,《反垄断法》关于豁免垄断协议的第十五条规定是反垄断法适用除外制度的重要组成部分,列举了适用豁免的共性要件和特性要件,未明确赋予航运联营体反垄断豁免权。因此,在《反垄断法》下,航运联营体涉嫌违法,应当加以禁止,这也成为 2014 年商务部未批准 P3 联盟的法律依据①。因此,目前的法律规范未明确航运联盟协议是否可以享受反垄断豁免,以及如何获得反垄断豁免。

8.3.4　国际航运联营集团政策的评价

随着全球贸易的发展,以追逐竞争优势和最大利润为宗旨的跨国公司已经把整个世界作为其经营舞台而通盘考虑,跨国公司要求运输的全球化。国际航运联营集团的政策能够最大限度地满足托运人和货主的需要,通过与各大型船公司联营,分工协作,优势互补,建立一个全球运输网络,适应世界规模的生产和市场格局。当前,各大船公司单凭自身力量进一步占领市场的前景难以实现,原因之一是其发展规模已近极限,在财务上难以支付巨额的成本与风险费用,为此,各大公司只能转而实施成本和风险均担策略,融合作与竞争为一体。联营,特别是战略联盟即为其可供选择的一种结构模式,减少其经营风险发生的概率。此外,联营通过资源共享和成本的降低,为船公司带来了直接的可观经济利益。

联营政策也存在一定的局限性。采取联营政策时,各家公司必须让出其单干时的一些长处,放弃部分独立性及商业秘密,从而使之在企业自主权、经营灵活性以及货运量控制权方面受到一定的制约。当前多家大型船公司组成联营体的规模越来越大,使得集团难以真正做到决策一体化和行动迅速化。此外,因为联营体的各成员之间存在社会背景、商业文化、法律制度、经营方式、管理水平等的差异,联营体的运作会有一个磨合过程,其间在控制和管理上存在一定难度。

8.4　世界贸易组织的航运政策

8.4.1　世界贸易组织简介

世界贸易组织(WTO)是一个独立于联合国的永久性国际组织,其职能是调解

---

① P3 联盟计划涉及全球最大的三家班轮运输公司——马士基、地中海航运和达飞。三大公司商定在三条主要航线,即亚欧、跨太平洋和跨大西洋航线联合运营,总运力相当于全球运力的 15%。该计划被视为该行业因运力过剩和运价波动而遭遇困难的一个标志。该协议已通知全球许多竞争管理机构,并获得了欧盟和美国相关机构的批准。然而,中国商务部于 2014 年 6 月决定不批准 P3 联盟,导致该联盟解散。

　　商务部根据其兼并制度评估了该联盟对竞争的潜在影响,认定该联盟形成了紧密型联营,与传统的船舶共享协议或舱位互换协议在合作形式、运营程序、费用分摊等多个方面存在实质区别。商务部认为,联盟将显著增强交易方的市场控制力,大幅提高亚欧航线市场的集中度,推高这一航线的进入壁垒。截至 2014 年 1 月,三大公司的合计运力份额高达 46.7%。商务部还审查了对其他有关经营者的影响,例如对竞争对手、托运人和港务局的影响,认定三大公司增强的市场控制力将损害其他有关经营者的利益,特别是联盟将增强三大公司相对于托运人和港务局的议价能力。

纷争,加入 WTO 不算签订一种多边贸易协议。它是贸易体制的组织基础和法律基础,还是众多贸易协定的管理者、各成员贸易立法的监督者,以及为贸易提供解决争端和进行谈判的场所。WTO 的前身是 1947 年 10 月 30 日签订的关税与贸易总协定(GATT)。1995 年 1 月 1 日,WTO 开始正式运作,1996 年 1 月 1 日,WTO 正式取代关贸总协定临时机构。

WTO 的组织宗旨包括提高生活水平,保证充分就业和大幅度、稳步提高实际收入和有效需求;扩大货物和服务的生产与贸易;坚持走可持续发展之路,各成员方应促进对世界资源的最优利用、保护和维护环境,并以符合不同经济发展水平下各成员需要的方式,加强采取各种相应的措施;积极努力确保发展中国家,尤其是最不发达国家在国际贸易增长中获得与其经济发展水平相适应的份额和利益;建立一体化的多边贸易体制;通过实质性削减关税等措施,建立一个完整的、更具活力的、持久的多边贸易体制;以开放、平等、互惠的原则,逐步调降各成员关税与非关税贸易障碍,并消除各成员在国际贸易上的歧视待遇。在处理该组织成员之间的贸易和经济事业的关系方面,以提高生活水平、保证充分就业、保障实际收入和有效需求的巨大持续增长,扩大世界资源的充分利用以及发展商品生产与交换为目的,努力达成互惠互利协议,大幅度削减关税及其他贸易障碍和政治国际贸易中的歧视待遇。

WTO 的基本原则是国民待遇原则、最惠国待遇原则、透明度原则以及程序合理性原则[1]。国民待遇原则被视为 WTO 的基石之一。国民待遇原则的宗旨是使国内产品和企业与其他成员方的同类产品和企业在市场竞争中处于平等的地位。尽管国民待遇原则在货物贸易、服务贸易和知识产权方面适用的方式有所不同,但目的都是为了给国内的产品和企业与外国的产品和企业创造公平交易的基础。最惠国待遇原则要求一个成员方赋予另一个成员方的货物和服务的待遇不低于向所有其他成员方提供的货物和服务的待遇。该原则同样适用于知识产权领域。其目的是保证不同的外国成员方在货物和服务贸易中享有平等竞争的待遇。透明度原则也是 WTO 的基石之一。根据透明度原则,WTO 成员方应公布所制定和实施的贸易措施及其变化情况,没有公布的措施不得实施,同时还应将这些贸易措施及其变化情况通知世界贸易组织。此外,成员方所参加的有关影响国际贸易政策的国际协定,也应及时公布和通知 WTO。透明度原则规定各成员应公正、合理、统一地实施上述的有关法规、条例、判决和决定。统一性要求在成员领土范围内管理贸易的有关法规不应有差别待遇,即中央政府统一颁布有关政策法规,地方政府颁布的有关上述事项的法规不应与中央政府有任何抵触。但是,中央政府授权的特别行政区、地方政府除外。公正性和合理性要求成员对法规的实施履行非歧视原则。透明度原则还规定,鉴于对海关行政行为进行检查和纠正的必要,要求各成员应保留或尽快建立司法的或仲裁的或行政的机构和程序。这类法庭或程序独立于负责行政实施的机构之外。除进口商在所规定允许的上诉期内可向上级法庭或机构申诉外,其裁决一律由这些机构加以执行。因此,透明度原则对公平贸易和竞争的实现起到了十分重要的作用。程序合理性原则即要求 WTO 争端解决机制中的程序合理。WTO 的争端解决程序被规定在《关于争端解决规则和程序的谅解备忘录》中,该备忘录的条款旨在为 WTO 协定的实施确立合理的程序。

8.4.2 《服务贸易总协定》与国际海运服务业

　　关税及贸易总协定(GATT)自 1947 年成立以来,已完成 8 轮谈判,前 6 轮谈判目标主要是削减关税,从第七轮东京回合开始,谈判重点逐渐转移到非关税措施。第八轮谈判于 1986 年 12 月在乌拉圭的埃斯特角开始,1993 年 12 月 15 日结束。该回合把总协定的谈判议题首次延伸到知识产权保护、投资政策和服务贸易,其中,服务贸易在 1988 年 12 月召开的蒙特利尔中期评审会议上达成了初步协议。1990 年 7 月,推出《服务贸易多边框架协议草案》。在此基础上,1994 年 4 月 15 日正式签订了《服务贸易总协定》(简称 GATS)。GATS 是关税及贸易总协定乌拉圭回合谈判达成的第一套有关国际服务贸易的具有法律效力的多边协定,其于 1995 年 1 月正式生效。GATS 宗旨是在透明度和逐步自由化的条件下扩大服务贸易,并促进各成员的经济增长和发展中国家服务业的发展,其首次为国际服务贸易提供了一套初步的总体规则框架,是国际服务贸易迈向自由化的重要里程碑。

　　GATS 由协议文本身、部门协议附则以及各国的承诺减让表三大部分组成。海运服务被排在 11 大类服务部门中的"运输服务"部门中,包括 6 个服务项目:客运、货运、船舶包租、船舶维护与修理、拖船与拖船服务、海运的支持服务。根据各国的初始承诺表,海运业的范围主要包括旅客运输、货物运输、班轮运输、集装箱运输、船舶租赁、货物仓储、光船租赁、非光船租赁、国际拖曳、沿岸设备、港口船上服务、海事公证及检验发证、客货转运码头经营、货代服务、助航通信及气象服务、船舶经纪、商港建设、常设代表机构。海运服务业是服务贸易的重要组成部分,所以GATS 中的主要条款如最惠国待遇、国民待遇、透明度、市场准入以及逐步自由化和增进发展中国家的参与等均适用于海运服务业各参加方。

　　海运服务业谈判的宗旨是在 GATS 原则与框架下,逐步取消一切限制进入海运市场的措施,允许外国在本国自由实现商业性存在,给予外国海运服务提供者国民待遇,最终实现海运全面自由化。

　　乌拉圭回合下的各参加国对海运业谈判表现出了很大的兴趣。从各国提交的开价单来看,海运发达国家承诺较多,限制较少;发展中国家承诺相对较少,限制较多。在要价方面,发达国家要价较多。各国的要价主要集中在两个方面:要求取消货载保留措施和要求准许本国的航运公司在他国实现商业性存在。另外,各国就海运业提出了较多的豁免申请,请求在一定时期内豁免承担给予其他各参加国最惠国待遇的义务。豁免申请内容主要涉及班轮公会成员之间的 40∶40∶20 货载分配原则,以及其他根据双边协议给予个别国家的优惠措施。从谈判总的情况来看,各国基本承诺在海运部门至少维持现状,不再增添新的更加严格的限制性措施。

1993 年 12 月 15 日,GATS 随着乌拉圭回合谈判的结束而正式形成,但海运服务业方面由于各国提交的初步承诺开价单的附加条件太多,且有关方面承诺与要价的分歧过大,因而没有达成协议,只是通过了一项关于海运服务业谈判的部长级决议。决议规定,海运部门成立一个"海运服务谈判组"负责后续谈判。该谈判组定于 1996 年 6 月前完成谈判,提出最终报告,并在报告中列明谈判结果的执行日期。在这期间,海运部门将暂不适用 GATS 下最惠国待遇的规定,各国也无须提出申请免除最惠国待遇义务清单。并且,在谈判结束之前,各国还可以对其在乌拉圭回合谈判期间所提交的初步承诺开价单,根据海运服务业谈判结果,加以改进、修正或者撤回,而无须承诺 GATS 第 21 条规定的对缔约方可能造成的影响给予补偿的义务。

8.4.3 《服务贸易总协定》框架下的海运市场准入

服务贸易领域的市场准入具体表现为各成员方针对特定服务部门所做出承诺的具体义务。根据 GATS 第十六条的规定,在 GATS 所规定的跨境交付(cross-border supply)、境外消费(consumption abroad)、商业存在(commercial presence)、自然人流动(movement of natural persons)四种服务提供模式的市场准入方面,每个成员给予其他任何成员的服务和服务提供者的待遇,不得低于其承诺表中所同意和明确的规定、限制和条件。

不同国家和地区在 GATS 框架下对海运市场准入的减让承诺有着自身不同的考虑[2]。例如,作为传统航运大国成员方的欧盟和作为现代航运大国的美国均没有在其服务贸易承诺减让表中专门就海运服务做出具体承诺。而新加坡、韩国、日本等国就在其服务贸易承诺减让表中对海运服务做了具体承诺。以韩国为例,其在服务贸易承诺表中做出的海运服务具体承诺主要涉及国际海上运输服务和海运辅助服务两方面。在国际海上运输服务方面,韩国对跨境交付模式下班轮运输做出了完全承诺,而对跨境交付模式下散货、不定期货轮运输以及其他国际性运输则须受到货载优先的约束,货载优先适用于原油、施肥原料、谷物、煤、石化产品原料、液化气及钢铁产品等八种货物的运输;对境外消费模式下的国际海上运输做出了完全承诺;对商业存在模式下的国际海上运输的承诺内容是除了尚未对在韩国注册公司经营悬挂韩国国旗的船队做出承诺外,其他形式的国际海上运输商业存在则不受约束;对自然人流动模式下的国际海上运输的承诺内容为:尚未对船员的流动做出任何承诺,对岸上人员则除了在水平承诺中做出的承诺内容外也尚未做出任何承诺。在海运辅助服务方面,首先,韩国对海运货物装卸服务、货物仓储服务(农业、渔业以及牲畜性质的货物的仓储除外)、清关服务以及集装箱场站服务均做出了一致的承诺,即对跨境交付模式尚未做出任何承诺,对境外消费和商业存在模式均做出完全承诺,对自然人存在模式除了在水平承诺中承诺的内容外尚未做出任何其他承诺。其次,韩国对海事代理服务、货运代理服务以及海运经纪人服务做出的承诺如下:对跨境交付和境外消费模式均做出了完全承诺,对商业存在模式规定所建立的合资或外商独资企业必须为股份制公司形式,对自然人流动模式除了在水平承诺中承诺的内容外尚未做出其他承诺。再次,韩国对船舶的维修服务做出的承诺如下:跨境交付模式尚未做出任何承诺,对境外消费模式做出了完全承诺,商业存在模式则要求所建立的合资或外商独资企业必须为股份制公司,对自然人流动模式则除了在水平承诺中承诺的内容外尚未做出其他承诺。总体来看,GATS 框架下各成员方做出的海运服务承诺内容和水平仍然有限。

在 GATS 海运服务市场准入规则的实际适用过程中常遇到的一个要问题是有关市场准入和国民待遇规则之间的界限问题,该问题主要表现在如下两方面:一是各成员方承诺清单中对市场准入所列举的限制性措施中是否包含了一部分涉及国民待遇的歧视性规则。GATS 市场准入的限制性措施主要表现为对服务及服务提供者的数量限制,而国民待遇措施一般表现为对歧视性待遇的限制。GATS 框架下市场准入和国民待遇均是以各成员方具体承诺的形式加以列明的,且 GATS 并未强制性要求各成员方在承诺表中对市场准入和国民待遇进行一一对应的规定。因此,GATS 本身包含的某些市场准入的例外实际上也违反了国民待遇原则。二是难以对市场准入和国民待遇规则的适用阶段进行有效区分。海运服务的无形性致使市场准入和国民待遇的区分并不像货物领域那样有明确的先后顺序,在海运服务领域,海运服务从进入到提供和消费往往在时间和空间上并无明确的时间界限。由此而产生的适用争议是 GATS 海运服务市场准入和国民待遇规则的适用是否应该严格以准入前、准入时和准入后来划分界限,以及 GATS 国民待遇是否也包含对一部分市场准入前和准入时待遇的规定[2]。

<hr />

参考文献

[1] 松下满雄,朱忠良.世界贸易组织的基本原则和竞争政策的作用[J].环球法律评论, 2003(1):49-58.

[2] 罗晓.GATS 海运服务市场准入法律制度研究[J].中国水运(下半月),2011,11(10): 68-70.

第9章
全球航运压载水管理政策

国际航运公共管理与政策的理论在实践的很多方面得到了应用。分析全球航运压载水管理政策进程可以帮助大家进一步理解相关问题。关注航运压载水问题的发达国家主要是美国、加拿大和澳大利亚,我国也十分关注这个问题。通过对压载水管理研究,可以发现海事污染治理存在的问题。对压载水管理进行对比研究,可以从四个角度开展,它们分别是立法层面、管理模式、压载水处理和更换制度、压载水报告制度。通过最新的数据比较,分析各个国家制定相应标准的背后深层次法律原因,结合该国家的政治、经济、社会等因素进行全面的分析。

自 20 世纪以来,得益于经济性和易操作性的特点,船舶压载水被广泛应用。由于压载水中携带大量外来生物、微生物、病菌等,船舶压载水已经成为被公认的海洋外来生物入侵的一个重要媒介。船舶从装货港开始,泵入压载水,这其中就能包括当地生态系统中的水生生物群体,其中含有大量的微生物、细菌等。经过海上运输,最终到达卸货港,在另一个生态环境中将压载水排放出来。研究表明,正是这些外来生物造成了当地生态系统的严重破坏。

我国作为航运大国,海岸线绵长,自南至北有大约 18 000 公里,在海岸线上共分布约 25 个主要港口,每年进出口货物吞吐量总计达 90 多亿吨[1]。进港船舶数量的增多,自然带来了规模庞大的压载水。据统计,每年进出我国沿海水域的压载水有数十亿吨之多。有害水生生物通过船舶压载水转移到世界的各个角落,给当地的生态环境带来了不可逆转的严重影响。我国的航运压载水管理依旧任重而道远,我国漫长的海岸线上容不得任何疏忽,主管部门要防患于未然,做好风险评估和监控,更好地保护我国的海洋环境,维护生态安全。

2004 年,国际海事组织在伦敦召开外交大会,在大会上通过了《国际船舶压载水和沉积物控制与管理公约》。该公约旨在通过控制和管理船舶压载水的排放,最终减轻并最终消除压载水转移所带来的有害生物入侵问题,其核心在于降低生物入侵的高风险。目前该公约已于 2017 年生效,并于 2019 年 1 月 22 日对我国正式生效。其生效给我国海洋环境的可持续发展带来了新的契机,也给海事部门带来了新的使命,所以借此机会,完善相关管理措施,对压载水进行管控。

9.1 航运压载水管理实践概述

9.1.1 航运压载水的概念

依照国际海事组织的定义,"压载水"是指船舶为控制吃水、纵倾、横倾、稳性、应力而装上船的水及其中的悬浮物,特点是便捷、高效且无费用。

资料显示,在当前全球化的背景下,全球的国际贸易中,船舶运输了世界上超过90%的货物。据估计,每年约有100亿吨压载水通过约85 000艘船舶,在世界范围内转移。

压载水管理的理念在我国方兴未艾,随着几次较大规模的港口污染及生物入侵,近年来,相关部门开始重视压载水问题,意识到海洋环境的脆弱性和易污染性,要从根本上预防压载水带来的污染,遏制压载水随意排放的现象,制定相关的政策法规进行管理。各种类型船舶压载水的用途如表9.1所示。

表9.1 各种类型船舶压载水的用途表

船舶类型	压载水用途
散货船	用于替代货物、增加吃水、保证稳性,压载水量需要量大,最主要用于空载航行中
液货船	
液化气体船	
矿砂/石油两用船	
普通干货船	用于船舶在所有的装载条件下需要用压载水调节稳性、横倾和纵倾
集装箱船	
空客/客滚船	
滚装船	
渡轮	
渔船	
冷藏船	
军事船舶	
浮上/浮下船舶	用于装卸货物操作,在当地加装压载水并在当地排放
浮动起重船	
载驳货船	

由表9.1可以看到,压载水主要有三个作用,第一类空载航行的作用被用于四种船舶;第二类调节稳性的作用被广泛用于八种船舶;第三种作用即装卸货物的压载水被主要用于四种船舶。由此可见,压载水的应用十分广泛,基本涵盖了各类船舶,使用率非常高。因此,压载水管理问题不容忽视,一旦放任不管,后果难以想象。

9.1.2　我国航运压载水管理现状

自压载水管理公约 2004 年问世以来,各国都投入大量金钱和精力进行研究,我国在压载水管理方面的管控与研究起步较晚,与先进国家之间还存在一定的差距。

在立法层面,我国法律上至宪法,下至地方主管部门的行政规章,各级法律均有生物入侵、环保等相关的规定,因此形成了相对完整的立法体系。但是,虽然立法层次相对完整,但并没有充实的立法内容与之相匹配,对压载水的规定数量很少且远远不能跟上时代发展,对船舶压载水所导致的外来生物入侵问题并没有过多过深的涉及,基本是一笔带过,从而对船舶压载水所造成的海洋生态环境损害严重,在监管上,很长时间内处于无法可依的局面。

在信息宣传方面,中国船级社出台并多次修订了相关船舶建造、检验方面有关压载水的指南,例如《船舶压载水管理系统型式认可指南》《船舶压载水管理计划编制指南》《船舶压载水管理检验发证指南》等。与此同时,我国有的海事局也开展了面向全国各级海事局举办的《压载水公约》培训班[2]。培训班从公约的内容及应对等方面对一线执法人员进行综合性的培训指导。

9.1.3　航运压载水对环境的危害

1. 残余货物污染

船舶压载水中由于混有所装货物的残余,例如油类、化学品等,这类压载水在排放后,将直接对海洋造成污染。压载水中的有毒有害物质不经处理随意排放,将严重危害当地的生态环境。货物残余中,尤其以散装油类和化学品类物质的危害为甚。

近几年来,秦皇岛港已连续发生 6 起此类由油船的压载水乱排放所导致的油污污染事件,破坏了当地港口的海洋生态环境,造成了巨大的经济损失。

以油船为例,压载舱中很有可能存在货物残余,压载水从压载舱排出时,残余货物自然也会排出。假如货物是重油,那么其污染程度可想而知,重油残余物不能溶解于水中,漂浮在海面,将对港口的周边环境造成严重的污染和破坏。因此,针对油船的压载水排放应当更加严格。

2. 生物入侵

根据研究表明,在船舶压载水中,存在大量水生物、植物及细菌,这些生物在漫长的海上运输之后依然能够存活,且极具生命活力,在排放后对当地的生物带来极大的威胁。

据估计,在平均每立方米的压载水中,存在大量生物,包括细菌 10 亿个、病毒 104 亿个、浮游动植物 1.1 亿个,有大约 7 000 多种海洋动植物、微生物随压载水被运输到世界各地的不同海域[3]。

尽管多数生物在压载舱内会由于各种原因死去,例如压载舱中的温度改变、缺乏氧气和养分等,但是,仍然有大量的微生物存活了下来。而这些存活下来的生物,往往具有极强的生命力和竞争力。

这些生物排放到海洋环境中,由于没有天敌且又具有极强的适应性,会进行人类不可控制的繁殖,具有极高的风险,造成严重的生物入侵问题,同时还排挤当地土著物种的生存。

3. 对人类健康造成威胁

除当地动植物、微生物之外,部分病菌、病原体也同时被泵入压载水中,随着压载水的排出而进入当地生态环境中。若不经处理,这部分物质一旦通过人类直接饮用或动物传播,使人类感染,那么后果不可设想。

这些病菌一般都是通过影响食物链的方式,危及人类健康,从而对人类的健康造成威胁。常见的案例是引发海洋赤潮的浮游藻释放的毒素,通过侵入人类食物链的方式,间接引发食用者中毒。此类案件已经在澳大利亚、新西兰两国多次发生,最著名的就是麻痹性贝类毒素中毒事件导致数百人中毒,甚至部分人因此丧命。除此之外,还有发生在秘鲁的流行性霍乱,大规模的疫情给当地人类健康造成了极大的威胁。

追根溯源,这些情况都是由通过船舶压载水携带的病原体引发的疾病,未经处理即被排放在当地港口沿岸,使得这些病原体进入人类的食物链,最终导致疾病的大爆发。

9.2　航运压载水管理实践对比研究

9.2.1　立法层面概述

1. 美国

在美国北部,由于五大湖的特殊水域条件,使得大湖区成为美国境内最容易遭受压载水外来生物入侵的水域,除五大湖之外,美国东西部均靠海,港口规模较大,进出船舶数量同样众多,应对压载水排放带来的环境污染问题一直是美国政府当局的头等大事。

在 19 世纪初,美国为了应对压载水随意排放造成对五大湖的危害,当时的几个主管机构,包括美国海岸警卫队、大湖区渔业委员会以及加拿大当局的主管机构,即加拿大海岸警卫队,几家机构共同制定了《控制倾入大湖区压载水的自愿指南》,这是美国第一个用于控制航运压载水排放的规则[4]。

进入 20 世纪,除了联邦立法外,各州也纷纷制定压载水管理的标准和规范,大都借鉴了联邦立法和美国海岸警卫队颁布的规则,再针对本州的具体情况,设置特别的规范,从而在一定程度上弥补了联邦立法的空白之处。但是,州立法与联邦立法并行也存在很大的缺点,船舶在各州之间运输货物,由于不同的标准导致船舶不得不按照要求最高的州的规定来安装相应的压载水处理装置,随之带来的就是运输成本增加,标准较低的州的规范则是形同虚设,行政效率非常低下,压载水话语权被标准高的州所掌控。

基于此,美国环保联合署联合美国海岸警卫队组织 26 位相关领域的专家,包括美国国家卫生机构、海军研究所、马里兰大学等编写了《环境技术验证建议书》,并于 2010 年 9 月发布。该建议书虽不是法规,但已成为获得美国海岸警卫队形式认可证书所开展的形式认可试验所必需的规则,此建议书与 2012 年美国海岸警卫队规则和船舶联邦法规安全要求等压载水管理规则一道构成美国压载水管理最为严密的规则体系,并废除了 2 个联邦州的条例和 29 个州政府的地方标准,实现了压载水管理的国内外统一。美国压载水立法如表 9.2 所示。

表9.2　美国压载水立法表

美国压载水管理	联邦州条例	地方州标准	环境技术验证书	2012 美国海岸警卫队规则	船舶联邦法规
	废除	废除	使用中	使用中	使用中

由表 9.2 可以看出,目前美国各州、各地方的标准条例均已废除,统一标准的权力收归联邦政府,目前是《环境技术检验证书》《2012 美国海岸警卫队规则》以及《船舶联邦法规》三个立法一起构成美国压载水管理的立法体系,为美国海岸及五大湖的环境安全保驾护航。

2. 澳大利亚

澳大利亚四面环海,因此,其国际贸易很大程度上依赖于航运业。据统计,澳大利亚每年大约有一万艘船舶排出的一亿五千万吨压载水进入澳大利亚领海圈,为保护海洋环境,澳大利亚在压载水管理方面一直处于世界领先地位。1992 年国际海事组织通过了《防止船舶压载水及沉积物排放传播有害的水生生物和病原体的国际指南》。虽然这份指南仅仅是自愿性质,不具有强制力,当众多国家还没有意识到压载水随意排放的危害性时,澳大利亚就已经紧跟指南的出台,在国内开始颁布压载水管理的相关立法,走在了世界的前列。

澳大利亚检疫及检查服务处在同年出台了《压载水自愿管理指南》[①],内容基本与国际指南相同,同样是自愿性质,且该份国内指南随着国际海事组织的几次修订而不断修订,与时俱进地跟进最新规则。

---

① Rey A, Basurko O C, Rodríguez-Ezpeleta N. The challenges and promises of genetic approaches for ballast water management [J]. Journal of Sea Research, 2018, 133, 134 - 145.

　　目前,最新的相关立法是澳大利亚农业和水资源部在 2015 年制定的《生物安全法》,根据该法相关规定,从 2016 年 6 月 16 日起,当澳大利亚境外出口货物进入澳大利亚领域后,所有货物将自动接受生物安全控制。按照生物安全控制要求,货主在某些情况下需要报告生物安全事件,直接向澳大利亚农业与水资源部报告。

　　3. 加拿大

　　同样是海洋大国的加拿大拥有世界上最长的海岸线,压载水管理的压力同样巨大。在国际压载水立法的过程中,加拿大也做出过贡献,1988 年,加拿大向国际海事组织提交了《有关大湖区中外来船舶压载水携带的物种现状报告》,这一报告引起了国际海事组织的关注和重视,压载水问题进入了国际视野,从而推进了压载水国际监管的统一化进程。

　　制定于 20 世纪初的《航运法》是调整加拿大航运领域的综合性联邦立法,该法第 657－1 条规定加拿大联邦政府部门有发布压载水规章的权力。但是,在 2004 年《船舶压载水公约》通过之前,加拿大联邦政府并没有发布与压载水排放的相关规章,也就是说,在 2004 年之前,加拿大联邦立法关于压载水管理的内容几乎是一片空白,仅有大湖区的几个相关规定是与美国机构共同做出的。

　　2006 年 8 月,加拿大联邦政府根据《航运法》制定了《压载水控制和管理规章》,这是加拿大联邦政府制定的第一个关于压载水管理的立法,也是其应对 2004 年《船舶压载水公约》生效的一部国内法。

　　4. 中国

　　目前我国的相关立法主要是《海洋环境保护法》和《国境卫生检疫法》,两部法律均对压载水排放的相关污染问题做出了规定。

　　在《海洋环境保护法》中,关于海洋生态保护的章节里面规定,为了避免海洋生态遭受损害,对引进的海洋生物物种要进行科学论证,但是只限于人为有意引种,不包含类似压载水引起的非有意引种。这对压载水造成的生物入侵问题做出了一定的规范,但是相关内容非常少,我国还缺乏压载水管理的立法内容,现行立法内容太过空泛。

　　《国境卫生检疫法》对未经处理,擅自排放压舱水的行为进行了处罚规定,规定对违规行为处以 1 000 元以上 10 000 元以下的罚款。这一惩罚标准虽然与实际造成的海洋环境污染的经济损失不相称,但是为执法者在进行处罚时,能够有法可依。

　　中国海事局于 2019 年 1 月 11 日下发了《船舶压载水和沉积物管理监督管理办法(试行)》的通知,这是我国目前针对船舶压载水的排放问题最新出台的行政法规规章,其中涵盖了压载水管理的各方面内容,标准与国际公约中的要求基本一致,配合《压载水公约》的有效落实。中美等四国对压载水管理的立法如表 9.3 所示。

表 9.3　各主要国家对压载水管理的立法比较

美国	澳大利亚	加拿大	中国
《2012 美国海岸警卫队规则》《船舶联邦法规》《环境技术检验书》	《澳大利亚压载水管理要求》《2015 年生物安全法》	《航运法》《压载水控制和管理规章》	《海洋环境保护法》《国境卫生检疫法》《防治船舶污染海洋环境管理条例》《国际航行船舶出入境检验检疫管理办法》《防治船舶污染水域管理办法》《船舶压载水和沉积物管理监督管理办法(试行)》

由表 9.3 可以看出,在立法模式上,美国、澳大利亚、加拿大目前均是由联邦立法进行统一管理,美国过去联邦立法和州立法并存的局面不再存在。我国也是由全国人大和政府统一立法进行管理。美国自行有一套压载水管理模式,其标准与国际《压载水公约》持平甚至更高。

表 9.4 表明了四个国家目前对《压载水公约》的态度,美国是未加入,澳大利亚则是加入,但国会一直不批准其生效,在加拿大和我国则是已经开始生效。美国和澳大利亚自然有本国的利益考量。从一方面来讲,美国对于压载水排放的污染问题非常重视,但是,从另一方面来讲,对于进入美国港口装卸的船舶来说,必须安装美国海岸警备队要求的压载水处理系统,统一进行压载水的处理和排放,否则将会受到严厉处罚。除国际要求的装置外,另行安装美国要求的装置,这对船东来说无疑是非常不公平的。但是如果船东安装了美国要求的设备,则在国际上航行均满足标准,可见美国希望在压载水问题上获得国际主导权。

表 9.4　四国加入《压载水公约》情况表

美国	澳大利亚	加拿大	中国
未加入	加入,但是国内未批准生效	加入并已生效	加入并已生效

9.2.2　管理模式比较

1. 美国

美国海岸警卫队是国土安全部下属的机构,是美国压载水管理的主管机关,也是美国海上唯一的综合执法机构。根据美国的《外来有害水生生物预防与控制法》,美国海岸警卫队被授权负责美国的压载水管理。该机构权力非常大,享有制定规则的权力,也就是说海岸警卫队可以根据国会出台的法律制定相关规则,这些规则将配合国会出台的法律,在全国执行,并已编入联邦法规。

在联邦和州并行管理的过去,除海岸警卫队外,美国各州在主管机关方面差异较大,各州主管部门各不相同,管理模式也是有较大区别。例如,俄勒冈州和密歇根州由环境质量部负责,华盛顿州由渔业和野生动物部门负责,而加州则由国土委员会负责[5]。

随着联邦和州并行管理的缺点越来越多,联邦政府决定收回压载水管理的国家管辖权,美国的海洋管理体制首先是打破"五龙治水"的局面,由美国海岸警卫队统领国防、商业、渔业、海事和环境监督,所有外来船舶都要受其管制,将执法权全部收归由美国海岸警卫队来行使。

目前,美国的压载水管理全部由美国海岸警卫队进行管理,上至制定规则,下至行政执法。

2. 澳大利亚

澳大利亚的船舶压载水管理体制自一开始就采用双轨制,实施效果较好,即联邦政府和地方州对压载水进行共同管理。目前,澳大利亚联邦政府和维多利亚州有两套不同的主管机关,除维多利亚州之外,其他各州均由联邦进行统一管理。

目前,澳大利亚压载水的主管机关隶属于政府的农业、渔业及林业部,其基本职能就是对进出澳大利亚的人员、货物和交通工具等进行检验检疫,以最大限度减少澳大利亚本土的生态危险。针对压载水的问题,该部门执行联邦立法,保护澳大利亚的沿岸海洋环境。在维多利亚州,该州拥有独立的船舶压载水管理机关,即环境保护部门,该部门专门负责本州内的来源于联邦内其他州的船舶压载水的管理,但是对于由外国进入维多利亚州的船舶压载水,还是由联邦政府进行统一管辖。

3. 加拿大

加拿大与美国类似,由加拿大的海岸警卫队作为主管机关对压载水进行管理。

根据加拿大的宪法规定,加拿大的海洋事务主要由加拿大联邦政府进行管理,联邦政府把内河航运一部分的监管权力授予各省,各省所具有的对水生入侵物种的管辖权只限于特定的入侵途径,或受到商业活动影响,各省的规章更侧重于关注外来水生物种入侵的商业因素,而非考虑生物多样性的潜在威胁。

因此,加拿大的航运压载水主管部门依然是海岸警卫队,其权力相比美国的海岸警卫队要小很多,仅限于进行执法管理,而不能根据国会的立法制定相关的规则。

4. 中 国

我国实行单轨制主要负责的管理,即由一个主管机构即海事局进行管理,其他部门辅助管理。各地海事局根据规定执行管理措施,例如上海海事局主要负责上海、江苏沿岸及长江下游的部分航段的管理。针对船舶在管辖区域内未按规定进行压载水的排放和处理,上海海事局有权做出行政处罚。

地方政府和地方主干管机构有权根据当地的具体情况制定相应的行政法规,但是不得违反高位阶的规章制度。

美国、澳大利亚、加拿大以及中国的压载水管理模式比较如表9.5所示。

表9.5　四国的压载水管理模式比较

国家	管理模式
美国	单轨制,废除州的管理权,完全收归美国海岸警卫队进行管理
澳大利亚	双轨制,由联邦政府的主管部门及地方主管部门进行管理
加拿大	单轨制,与美国类似,由加拿大的海岸警卫队进行管理
中国	单轨制主要负责,由海事局进行统一管理,其他部门,如检验检疫部门在污染发生后进行辅助管理

由表9.5可以看出,在四个国家中,目前仅有澳大利亚一国是实行双轨制,即联邦政府和州分别制定标准,各有主管机构进行压载水的管理。

在管理模式上,目前国际上就是单轨制和双轨制这两种模式,而这两种模式很难说孰优孰劣,根据本国国情选择更加适合的管理模式无可厚非。因此,适应本国的政治体制、经济发展,能够有效地对压载水进行管理,就是最为有效的管理模式。造成管理模式不同的主要原因就是国家结构的不同,澳大利亚、美国在政治上都采用联邦制,各联邦权力非常大,管理本州内的财政、税收、教育等几乎所有的公共行政事务,所以,才在最初形成了压载水管理的双轨制。随着时间发展,以及本国压载水管理的效果,美国发现双轨制并不适合,因此将管理权收回联邦,由美国海岸警卫队进行统一管理,将双轨制变为单轨制。加拿大也紧随其后,在20世纪90年代时开始压载水管理,吸取美国的经验,因此从一开始,加拿大就用单轨制的模式进行管理。

我国在政治体制上是中央政府对全国进行管理,各省需要服从中央领导。因此,我国实行单一制的管理模式。从经济角度考虑,单一制管理也是最为高效、便捷的管理方式,更加适合我国的国情。

9.2.3　压载水处理和更换制度

1. 美国

美国规定了强制性的压载水更换和处理制度,规则要求,船舶应当在距岸200海里的专属经济区之外,也就是进入美国水域之前,在水深至少为50米处,应进行压载水的更换。如果未能在上述要求的条件下更换压载水,出现处理装置损坏等特殊情况时,将压载水运至岸边,只有经过美国海岸警卫队的检查及许可后,可以在同意的地方排放压载水[6]。

除上述针对东西海岸的压载水排放要求之外,美国针对大湖区也有压载水处理和更换的明确具体要求。在大湖区,船长必须确保在距岸100海里的专属经济区之外,水深至少为50米处进行压载水更换[7]。

更换后压载水的要求也非常明确,美国海岸警卫队要求经过更换的压载水含盐量应该在 5‰以上,标准非常严格。如果由于特殊情况和航行安全要求,船长选择将压载水保留在船上时,船长必须铅封船舶上装载压载水的所有舱室,从而确保该船在大湖区航行期间不排放压载水,保证大湖区的生态环境不受船舶压载水的影响。

2. 澳大利亚

澳大利亚联邦的压载水更换和处理规则非常复杂,主要规定在《澳大利亚压载水管理要求》中,由于该规则是强制性的,因此,如有违反,违反者需要承担相应的法律责任。

该规则将所有的压载水分为两类。第一类称为"高风险压载水",这一类压载水的排放被认为具有导致生物入侵的高风险,指澳大利亚领域外泵入的其他国的港口或沿岸的海水,这一类压载水在澳大利亚领海内绝对禁止排放。第二类称为"低风险压载水",具体又分为四种任何来源的淡水。此类压载水是指在澳大利亚港口间进行货物运输时所装载的压载水。该类压载水管理主要针对澳大利亚专门做内贸的航运公司。

3. 加拿大

加拿大的压载水处理和更换制度主要包含在《压载水控制和管理规章》中。在该规章中,详细规定了加拿大压载水的处理和更换制度,其中包括压载水深海置换、在船舶安装压载水处理系统、压载水管理计划和规章义务免除的情况等,它通过制定配套指南的方式使技术规范和管理措施更加细化和更具有可操作性,其中关于压载水处理的性能标准与 2004 年《压载水公约》第 D－2 条的规定完全一致。由于加拿大在 2004 年之前没有专门针对压载水管理的立法,因此该规章的内容几乎完全照搬《压载水公约》。

该规章由加拿大交通部负责实施,适用于所有进入加拿大管辖范围的有压载舱的船舶。但对于仅在北美西海岸布兰科角以北的加拿大港口、浮码头或停泊区间航行的船舶,规章做出了例外的规定,这些船舶无须进行压载水的管理。

4. 中国

根据我国海事局最新下发的文件规定,按照公约要求需要置换压载水的船舶应当在距离最近陆地至少 200 海里,水深至少 200 米的水域实施压载水置换;航程小于 200 海里的,可在距离最近陆地至少 50 海里,水深至少 200 米的水域实施置换①。由以上规则可以看出,在压载水处理方面,我国基本按照国际公约的规定进行管理,标准与国际公约持平。

通过表 9.6 可以看出,在四个国家中,有三个国家的标准是持平于《压载水公约》的,仅美国的标准高于公约。这也就意味着,船舶进入美国港口,必须满足

① 参见《船舶压载水和沉积物管理监督管理办法(试行)》。

美国当局的压载水管理标准,船舶必须安装符合美国要求的压载水处理装置,否则将没有靠泊的资格。究其原因不难发现,美国希望在压载水管理这一方面获得国际话语权,由于美国航运需求旺盛,全球大量船舶为停靠美国港口,而不得不安装美国标准的压载水处理装置,美国的压载水处理装置又满足国际公约的要求,从而更多的船舶以美国的标准为要求,逐渐将全球的压载水话语权集中到美国。

表9.6　四国的压载水更换和处理制度比较

国家	压载水更换和处理制度
美国	比国际公约更加严格
澳大利亚	持平于《压载水公约》
加拿大	持平于《压载水公约》
中国	持平于《压载水公约》

9.2.4　压载水报告制度

1. 美国

根据美国规定,在整个美国水域,压载水报告均要强制提交。也就是说,不论是东西海岸还是五大湖区域,船舶必须要强制提交压载水报告。但是规定中也明确了一些例外情况,指明某些船舶可以免除提交压载水报告的义务,具体可以被免除提交义务的船舶有沿海运输的油轮、国防部的船舶军舰和只在某一港区范围内运营的船舶。

除此之外,根据国际海洋法的规定,某些具有无害通过权的外国籍船舶,在通过某国的领海或专属经济区时,只要在此过程中不排放压载水,或者进行了压载水处理或更换,也可以不提交压载水的报告。

美国针对压载水报告的接收机构根据地缘的不同而有区别,在东西两岸的外国籍船舶需要向美国海岸警卫队提交压载水报告,对于从专属经济区以外进入大湖区的船舶,必须在进入该地区至少提前24小时向当地主管部门申请接收船舶压载水报告。

2. 澳大利亚

澳大利亚的规则中将压载水报告统一放在到达前检疫报告,在这份报告中,包括船舶细节、船上人员健康状况、船舶近期挂靠的港口以及是否到过高风险的生物入侵地区。

如果船长或者代理没有提交压载水报告,那么主管机构就不会为该船舶办理正式的进港检疫清关手续。澳大利亚的规定要求,只有船舶在提交压载水报告后,收到明确的书面同意通知书,上面记载有相关的压载水处理方式,船舶才能够排放压载水,否则将受到处罚。

除联邦政府的规定之外,维多利亚州同样规定了压载水报告义务。维多利亚州规定所有进入当地的船舶必须向该州的主管机构提交压载水的报告,除了内河航行船舶和永久使用淡水作为船舶压载水的船舶。因为此类船舶在澳大利亚境内运输货物,造成压载水的污染风险很小。因此,船长在进入维多利亚州之前,必须提前24小时提交压载水报告,否则可能耽误船期,不能在维多利亚州境内进行压载水的排放。

3. 加拿大

加拿大海岸警卫队同样要求外籍船舶进入加拿大的港口之前需要提交压载水报告,具体规则和要求在《加拿大管辖水域船舶压载水排放控制指南》中。具体内容和美国的大同小异,包括填写压载水报告表,并提交给加拿大主管机关。特殊之处在于加拿大要求压载水报告应留存船上两年,以供未来出现事故时的溯源追查。

4. 中国

我国的压载水报告制度和国际公约相同,完全采用了国际公约的制度。根据海事局最新的政策规定,外来船舶在挂靠中国港口之前,船舶若想排放压载水,应当提前12小时向当地海事管理机构报告,靠泊后由船舶或其代理人在办理国际航行船舶进口岸申报时向当地海事管理机构提交《压载水报告单》。

由表9.7可以看出,各国的压载水报告制度并无太大的差别。四个国家有相同之处,那就是在压载水报告的主要问题上各国均规定所有外籍船舶在进入领海前必须强制性地提交压载水报告;除此之外,压载水报告的内容也基本相同,主要包括船舶信息、证书文件信息以及压载水管理信息。一些区别体现在如下几个方面:首先,各国对于压载水报告的提交时间上规定不同,例如美国规定是24小时,而我国则规定是12小时。其次,在提交压载水报告的豁免上,四个国家也有不同的规定。例如,美国列出了几类豁免船舶,包括军舰及内河船舶等;澳大利亚联邦和加拿大没有规定豁免,澳大利亚的维多利亚州则以协议的方式实行豁免。

表9.7　四国的压载水报告制度比较

国家	压载水报告制度
美国	强制提交,部分船舶免除,根据地域不同,接收压载水报告的机构不同
澳大利亚	联邦和维多利亚州分别有不同规定
加拿大	与《压载水公约》相同
中国	与《压载水公约》相同

我国规定有五类船舶可以申请免除压载水报告的提交,能够申请免除压载水管理。具体有以下五类,如表9.8所示。

表9.8　我国能申请压载水管理免责船舶

能够免除压载水 管理的船舶	仅航行于我国与其他国家划定的压载水管理互免水域的船舶
	仅在我国管辖水域和公海航行的船舶
	仅使用饮用水作为压载水的船舶
	无人船舶
	用于搜寻、救助和船舶污染物清除的专业船舶

9.3　我国航运压载水管理的完善

9.3.1　完善监管法律和技术法规

从立法情况和立法内容中可以发现,我国在压载水方面的立法理念和发达国家有所不同,我国都以传统的环境保护为基础,在宏观上进行立法管理,针对压载水随意排放带来的生物入侵问题,我国的立法尚缺乏对保护生态安全和生物多样性的综合考虑。

近年来,外来生物入侵对我国的海洋生态的威胁越来越严重,沿海区域曾几次爆发大规模的红藻污染。因此,需要完善我国对压载水管理的法律体系和技术法规体系。目前,海事局制定的试行管理规定内容尚不够详细,还存在可以改进的地方。例如,在规则中没有针对违法行为进行处罚的规定,而是仅从行政角度对压载水的管理过程做出了规定。

只有将立法体系做完整,立法内容完善,才能使执法者在执法管理过程中能够有法可依,在未来才能够更好地保护我国海洋环境。

9.3.2　加强港口国监督

港口国监管的内容超越传统意义上对海洋污染的认知,为防治海洋外来生物入侵,港口国监督是伴随国际社会对船舶污染认识的不断加深而产生的[8]。各国最初关注压载水是因为其中含有的油类物质、有毒有害化学物质和携带诱发传染性疾病的病原体,长期从防治船舶化学性排放污染和检验检疫角度认识和控制船舶压载水排放。

根据海上航行特点设置的港口国监督被比喻为"海上安全的最后防线",其主要职责已经从最初的作为监督船旗国船舶的行为,转变为纠正处罚船旗国船舶的违法行为,最终能够弥补船旗国管理的不足和漏洞。

我国海事局作为主管机构,主要职责是对抵港外籍船舶进行的监督检查,包括检查船舶、船员证书的合法性、船舶压载水管理报告以及历史数据的留存等,促使船舶在航行期间仍然能够努力保持安全适航和防止船舶带来的海洋污染。

9.3.3　完善安全风险管理系统

由于船舶压载水导致海洋外来生物入侵的特点是治理难度大,一旦发现,将花费巨大的时间精力和金钱再去恢复环境。因此,对船舶压载水带来生物入侵造成海洋环境污染的事前防范比事后治理要更加高效。这一点发达国家做得要更好,例如美国海岸警卫队的风险管理领先于世界,对各船舶潜在的污染风险能够有准确的把握和掌控。

目前,国际公约和各国防治外来生物入侵立法都在转变,由曾经的损害赔偿原则向风险预防原则转型。因此,我国也需要不断完善安全风险管理系统,毫无疑问,风险预防管理是处理船舶压载水高风险污染的最为经济和高效的方法。

◆◇ 参考文献 ◇◆

[1] 河北海事局.压载水管理及实施[M].上海:上海交通大学出版社,2015.

[2] 余妍慧.我国船舶压载水的法律制度研究[D].哈尔滨:哈尔滨工程大学,2014.

[3] 曲鹏翔.船舶压载水系统运行管理及建议[J].航海技术,2017(9):66-79.

[4] 张硕慧,涂娟娟.美国防止船舶压载水转移外来生物的立法[J].世界海运,2018(4):39-41.

[5] 李志文,杜萱著.我国港口防治海洋外来生物入侵的法律对策研究[M].北京:法律出版社,2015.

[6] 邱梅.船舶压载水典型处理方法存在的问题及对策研究[D].大连:大连海事大学,2009.

[7] 王晓琳.各国压载水管理情况浅述[J].造船技术,2013(5):5-9.

[8] 李淑娟.船舶压载水外来生物入侵的法律问题研究[D].大连:大连海事大学,2013.